经以济世

继往开来

贺教育部

人文社会科学

百项工程

李岚清
二〇〇八

教育部哲学社会科学研究重大课题攻关项目

城市新移民问题及其对策研究

NEW MIGRANTS IN URBAN CHINA

周大鸣
等著

经济科学出版社
Economic Science Press

图书在版编目（CIP）数据

城市新移民问题及其对策研究/周大鸣等著．—北京：经济科学出版社，2014.4
教育部哲学社会科学研究重大课题攻关项目
ISBN 978–7–5141–4347–8

Ⅰ.①城… Ⅱ.①周… Ⅲ.①城市－移民－研究－中国 Ⅳ.①D632.4

中国版本图书馆 CIP 数据核字（2014）第 032831 号

责任编辑：王东萍
责任校对：杨晓莹
责任印制：邱　天

城市新移民问题及其对策研究

周大鸣　等著

经济科学出版社出版、发行　新华书店经销
社址：北京市海淀区阜成路甲 28 号　邮编：100142
总编部电话：010–88191217　发行部电话：010–88191522
网址：www.esp.com.cn
电子邮件：esp@esp.com.cn
天猫网店：经济科学出版社旗舰店
网址：http://jjkxcbs.tmall.com
北京季蜂印刷有限公司印装
787×1092　16 开　28.5 印张　540000 字
2014 年 5 月第 1 版　2014 年 5 月第 1 次印刷
ISBN 978–7–5141–4347–8　定价：67.00 元
（图书出现印装问题，本社负责调换。电话：010–88191502）
（版权所有　翻印必究）

课题组主要成员

（按姓氏笔画为序）

王　川　　王兴周　　向春玲　　刘志扬
刘家佶　　刘朝晖　　江　帆　　杨小柳
李志刚　　李若建　　李　玲　　李翠玲
余成普　　周如南　　秦红增　　姬广绪
韩　恒　　程　瑜

编审委员会成员

主 任 孔和平　罗志荣
委 员 郭兆旭　吕　萍　唐俊南　安　远
　　　　 文远怀　张　虹　谢　锐　解　丹
　　　　 刘　茜

总　序

哲学社会科学是人们认识世界、改造世界的重要工具，是推动历史发展和社会进步的重要力量。哲学社会科学的研究能力和成果，是综合国力的重要组成部分，哲学社会科学的发展水平，体现着一个国家和民族的思维能力、精神状态和文明素质。一个民族要屹立于世界民族之林，不能没有哲学社会科学的熏陶和滋养；一个国家要在国际综合国力竞争中赢得优势，不能没有包括哲学社会科学在内的"软实力"的强大和支撑。

近年来，党和国家高度重视哲学社会科学的繁荣发展。江泽民同志多次强调哲学社会科学在建设中国特色社会主义事业中的重要作用，提出哲学社会科学与自然科学"四个同样重要"、"五个高度重视"、"两个不可替代"等重要思想论断。党的"十六大"以来，以胡锦涛同志为总书记的党中央始终坚持把哲学社会科学放在十分重要的战略位置，就繁荣发展哲学社会科学做出了一系列重大部署，采取了一系列重大举措。2004年，中共中央下发《关于进一步繁荣发展哲学社会科学的意见》，明确了21世纪繁荣发展哲学社会科学的指导方针、总体目标和主要任务。党的"十七大"报告明确指出："繁荣发展哲学社会科学，推进学科体系、学术观点、科研方法创新，鼓励哲学社会科学界为党和人民事业发挥思想库作用，推动我国哲学社会科学优秀成果和优秀人才走向世界。"这是党中央在新的历史时期、新的历史阶段为全面建设小康社会，加快推进社会主义现代化建设，实现中华民族伟大复兴提出的重大战略目标和任务，为进一步繁荣发展哲学社会科学指明了方向，提供了根本保证和强大动力。

高校是我国哲学社会科学事业的主力军。改革开放以来，在党中央的坚强领导下，高校哲学社会科学抓住前所未有的发展机遇，紧紧围绕党和国家工作大局，坚持正确的政治方向，贯彻"双百"方针，以发展为主题，以改革为动力，以理论创新为主导，以方法创新为突破口，发扬理论联系实际学风，弘扬求真务实精神，立足创新、提高质量，高校哲学社会科学事业实现了跨越式发展，呈现空前繁荣的发展局面。广大高校哲学社会科学工作者以饱满的热情积极参与马克思主义理论研究和建设工程，大力推进具有中国特色、中国风格、中国气派的哲学社会科学学科体系和教材体系建设，为推进马克思主义中国化，推动理论创新，服务党和国家的政策决策，为弘扬优秀传统文化，培育民族精神，为培养社会主义合格建设者和可靠接班人，做出了不可磨灭的重要贡献。

自2003年始，教育部正式启动了哲学社会科学研究重大课题攻关项目计划。这是教育部促进高校哲学社会科学繁荣发展的一项重大举措，也是教育部实施"高校哲学社会科学繁荣计划"的一项重要内容。重大攻关项目采取招投标的组织方式，按照"公平竞争，择优立项，严格管理，铸造精品"的要求进行，每年评审立项约40个项目，每个项目资助30万~80万元。项目研究实行首席专家负责制，鼓励跨学科、跨学校、跨地区的联合研究，鼓励吸收国内外专家共同参加课题组研究工作。几年来，重大攻关项目以解决国家经济建设和社会发展过程中具有前瞻性、战略性、全局性的重大理论和实际问题为主攻方向，以提升为党和政府咨询决策服务能力和推动哲学社会科学发展为战略目标，集合高校优秀研究团队和顶尖人才，团结协作，联合攻关，产出了一批标志性研究成果，壮大了科研人才队伍，有效提升了高校哲学社会科学整体实力。国务委员刘延东同志为此做出重要批示，指出重大攻关项目有效调动各方面的积极性，产生了一批重要成果，影响广泛，成效显著；要总结经验，再接再厉，紧密服务国家需求，更好地优化资源，突出重点，多出精品，多出人才，为经济社会发展做出新的贡献。这个重要批示，既充分肯定了重大攻关项目取得的优异成绩，又对重大攻关项目提出了明确的指导意见和殷切希望。

作为教育部社科研究项目的重中之重，我们始终秉持以管理创新服务学术创新的理念，坚持科学管理、民主管理、依法管理，切实增强服务意识，不断创新管理模式，健全管理制度，加强对重大攻关项目的选题遴选、评审立项、组织开题、中期检查到最终成果鉴定的全过程管理，逐渐探索并形成一套成熟的、符合学术研究规律的管理办法，努力将重大攻关项目打造成学术精品工程。我们将项目最终成果汇编成"教育部哲学社会科学研究重大课题攻关项目成果文库"统一组织出版。经济科学出版社倾全社之力，精心组织编辑力量，努力铸造出版精品。国学大师季羡林先生欣然题词："经时济世　继往开来——贺教育部重大攻关项目成果出版"；欧阳中石先生题写了"教育部哲学社会科学研究重大课题攻关项目"的书名，充分体现了他们对繁荣发展高校哲学社会科学的深切勉励和由衷期望。

创新是哲学社会科学研究的灵魂，是推动高校哲学社会科学研究不断深化的不竭动力。我们正处在一个伟大的时代，建设有中国特色的哲学社会科学是历史的呼唤，时代的强音，是推进中国特色社会主义事业的迫切要求。我们要不断增强使命感和责任感，立足新实践，适应新要求，始终坚持以马克思主义为指导，深入贯彻落实科学发展观，以构建具有中国特色社会主义哲学社会科学为己任，振奋精神，开拓进取，以改革创新精神，大力推进高校哲学社会科学繁荣发展，为全面建设小康社会，构建社会主义和谐社会，促进社会主义文化大发展大繁荣贡献更大的力量。

教育部社会科学司

序

费孝通先生在《乡土中国》开篇就写道："从基层上看去，中国社会是乡土性的。"这一论断，直到20世纪70年代末，都是适于中国社会的。在漫长的农业文明阶段，中国社会的生计方式主要是精工细作的小农经济，"安土重迁"成为中国文化的一个特色。当然，很多时候迁移是不可避免的，灾荒、战争、殖民等都会导致大规模的人口迁移。在农业文明时代，迁移要么是一种外力压迫所致，要么是一种平衡人口与土地关系的策略，迁移的目的是为了不迁移，延续安土重迁的农业文明。虽然近代中国出现了一批沿海沿江沿线新兴城市，但中国以农业、农村和农民为主导的局面仍然没有改变。

1949年中华人民共和国成立后，以户籍制度为核心，逐步建立起一套严格的城乡二元制度，极大地限制了人口的迁移，尤其是乡村向城市的移民几乎停滞了。仅有的几次大规模的人口迁移运动亦都是逆城市化的，如1960年代初，大批城市职工回到乡下居住以躲避灾荒；随后，1968~1978年的知识青年上山下乡运动，沿海城市大量企业内迁，在偏远山区建立"三线企业"等。与此同时，大量的农民仍然被束缚在土地上，农业内卷化趋势明显，工业化并未引起城乡之间人口的大规模迁移和城市的扩张。

改革开放后，一方面是1980年代初的农村改革释放了大量的农业剩余劳动力，另一方面是部分沿海地区乡村工业的分散发展，小城镇迅速崛起，在吸收地区农业剩余劳动力的同时，还吸引了全国各地的农民工。一场规模巨大的人口迁移序幕由此拉开。在近三十年里，从最初的以农民工为主的城乡迁移群体，到今天来源和特点多样化的移民群体；从以沿海发达地区为目的的迁移，到蔓延到以大中小城市以及中西部地区为目标的全国性人口迁移；从第一代迁而不留的农民工群体，到今天有定居意向的城市新移民群体的出现，我国人口迁移的新问题、新特点、新趋向层出不穷，体现出持续性、复杂性和多元性的特点。全国性的以城市为中心的人口迁移，将农民从土地的束缚中解脱出来，是中国从农业文明向现代工业文明和城市文明转型的重要动力，从此迁移，替代了安土重迁，成为多数中国人日常生活的一部分。

　　规模巨大的人口迁移带来了我国城乡的剧烈变迁，其中一个重要表现就是城市的移民化趋势。在珠三角、长三角、京津冀等全国迁移人口最为集中的区域，其移民人口数量众多、构成多样、异质性极高。在族群身份上有汉族、少数民族、外国人；在来源上有本省、本区域内迁移的人口，也有跨省、跨国迁移的人口；在职业上有农民工、专业技术人员、企业主等等；在户籍身份上有原居民、通过各种途径入户的外地人、没有本地户口的外地人；在迁移方式上有迁而不留的人群，亦有大批具有定居意向的新移民；等等。他们在极短的时间内汇聚，使这些地区移民化程度极高。而且，近十年来随着国家主体功能区战略实施，以及中西部地区经济快速发展和城市化进程的推进，这股城市移民化的潮流正在向中西部地区的城市和中小城市扩散。除了国内的迁移之外，中国还正在成为国际移民的迁入国。在北京、上海、广州、深圳等这些具备世界性城市特质的大城市中，因商贸往来而兴起的外国人"经济区"（或经济集聚区）尤为引人关注，如北京的望京（韩国城）、广州的小北路（非洲街）、远景路（韩国街）和义乌的稠州路、工人路等（国际街）。这些民族聚居区往往异文化特点鲜明，使现代城市呈现出文化多元的显著特点。

　　多样性、异质性的迁移人群在城市中的迅速聚集，在给城市带来巨大活力的同时，也带来了城市和谐发展的挑战。如何消除和改革围绕户籍制度而形成的一系列城乡不同的福利、分配、土地、产业等的制度设计等往往成为各界讨论的重点。在笔者看来，一系列城乡二元制度已经与人们的日常生活紧密联系，成为一种构建人和人差异与不平等的社会机制。因此移民城市的和谐发展，不但是一个制度层面的建设和完善的问题，更是一个在制度引导下，基于日常生活层面，促进移民社会融合，养成多元文化共存习惯的问题。

本书就是立足于上述认识，从三个层面展现了我国城市移民化的趋势和问题，并就相关问题提出了政策建议：

一是对人口迁移最新动向的把握，尤其是打破"农民工"概念的局限，用新移民的概念，涵盖了更多来源、职业、身份、文化水平的移民群体，并以"有意识在城市定居"的迁移人群为主要研究对象，把握其迁移和生存发展的基本状态，积累了丰富的一手资料。

二是从制度层面就如何弥合城乡二元结构，促进移民城市和谐发展进行了思考。笔者看来，城乡二元体制不但是一系列制度设计，更是一种区分人群、构建差异的社会机制，因此如何改革制度，首先需要理解作为社会结构的制度如何运作。笔者将城市移民化的趋势视为一个弥合城乡二元结构的实践过程，并将二元体制置于这一实践过程中，关注作为社会结构的制度的运作，在此基础上思考如何利用制度来推动城乡二元结构的弥合。

三是从日常生活层面，就如何促进城市新移民的社会融合进行分析。实现新移民的社会融合，是实现城市和谐发展的重要目标。除了制度引导外，社会融合还涉及一系列日常生活中的适应和调整。对于新移民个体而言，从农业文明到城市文明、熟人社会到陌生人社会，自身的思维和行为方式需要不断根据外在环境的变化而相应调整，以适应外在环境。对于老居民和新移民而言，不同的群体之间如何有效融合而不是形成对立甚至是社会断裂，凸显现代性和理性，显得非常重要。

本书为教育部重大攻关课题《城市新移民问题与对策》的结项成果。本课题于2008年年初立项开题，至2012年年初提交结项成果，经历了整整4年，调查点涉及广州、东莞、杭州、郑州、沈阳和成都六个城市，收集了3 000余份问卷和近150例访谈个案。项目合作单位包括浙江大学、郑州大学、辽宁大学、四川大学等，主要参与人员包括刘朝晖（浙江大学）、韩恒（郑州大学）、江帆（辽宁大学）、王川（四川师范大学）、杨小柳（中山大学）、王兴周（中山大学）、余成普（中山大学）等学者。在这样一个涉及面广、延续时间长的项目中,课题组成员精诚团结,攻坚克难,在高效完成项目任务的同时,也形成了一股研究的合力,为今后就相关问题开展进一步研究奠定了良好的团队基础。在项目的实施过程中,教育部社科司、中山大学社科处及各合作单位的领导和工作人员从各方面给予了大力支持,保证了课题的顺利开展,笔者在此代表课题组表示深切感谢!

  我国城市新移民问题出现的原因和机制极为复杂,相关对策的提出也要考虑各方各面的要素,本书研究的错漏之处难免,希望本书能为将来形成更加深入的相关研究提供借鉴。

摘　要

我国的工业化发展水平在当前已经取得重大成就，但是城市化的水平仍然相当低。城市新移民问题课题重点关注城市新移民的分类及各群体特征，以及该人群的社会分化及对城市社会结构的影响，进而探讨新移民的适应与融入，乃至于定居和城市居民身份的转换。

城市新移民问题及其对策研究对我国经济发展和社会稳定具有重大意义。首先，随着我国现代化和城市化进程的发展，城乡之间与城市之间的劳动力流动和定居都已成为常态，新移民群体数量将不断增加，如何解决这部分新城市成员的融入问题，是关系到社会公平和社会稳定发展的重大问题。其次，在初始阶段，城市新移民往往从事一些城市居民不愿从事的脏累苦活，工作风险大，工作环境差，社会地位偏低。在这一庞大的群体中，还有数量可观的妇女和儿童，这些相对的社会弱势群体的基本权益保障还有很多工作要做。最后，将城市新移民纳入城市社会建设和居民管理范畴是社会公平与效率兼顾的需要，是保证人民安居乐业的重要前提，也是我国社会主义制度优越性的体现。

本文对"城市新移民"概念的界定含有以下几大要素：出生地与原户籍都不在本地，在本地居住 2～5 年；有在城市（城镇）定居的意愿；具有合法居所；具有合法收入。主要分为劳力型移民、智力型移民和经营型移民三大类。文中以定量和定性研究的实证资料为研究基础，2008 年 11 月至 2009 年 4 月间，课题组先后在广州、东莞、沈阳、成都、杭州、郑州开展新移民调查，共发放问卷 3 300 份，并在 6 个城市中获得 146 份个案访谈资料。调查中采用半结构式的提纲进行访谈，主要内容包括访谈背景、迁移及立足过程、社会网络的现状和变迁、对城市社会的参与情况、社会保障情况、未来规划等内容。

通过对三类城市新移民的迁移和立足过程分析发现：智力型移民有着高学历的知识背景和较为清晰的城市化意愿和进入策略，劳力型移民在现有国家政策和市场经济条件下，很难获得市民待遇，在城市社会中被严重隔离。而经营性移民与劳力型移民相比，他们的城市定居意愿更强烈，家庭化趋势明显。

三类城市新移民在城市中的社会网络以及动员社会网络资源的能力也有差异。围绕社会网络形成的资源聚集是经营型移民重要的城市适应策略，它能有效帮助新移民提高社会地位。劳力型移民的工作圈子和生活交流圈多限亲戚老乡，朋友也往往产生于亲戚老乡之中。但仍然有相当部分的劳力型移民在积极构建新的社会关系网络，这一构建过程也是劳力型移民适应城市生活的过程。智力型移民可以动员的社会网络和资源较多，使其较为顺利地找到一个安身之地，但与本地人的隔阂并未完全消除。智力型移民与本地居民进行初级关系的结构性融入依然需要较长的过程。

研究发现，新移民"散居"在城市社区的各个角落，处于社会底层。新移民的社区生活处于"无组织有纪律"的状态，即使有组织，大多"有名无实"，而有些地方则出现了"隐形组织"；新移民自我认同和他者认同的程度较低，社区参与度很低；在各级政府主导的社区建设中，新移民并没有作为一个重要的因素被考虑进去。

在社会保障上，调查结果显示，调查地城市的公共产品供给（如住房、教育和基础设施等）都表现出滞后的情况，户口、档案、保险等都设置了层层限制，不能满足城市新移民移居城市的基本需要，或者说造成了社会保障的制度排斥。

本文结尾提出七点建议：突破对外来人口的单一界定，重视新移民的分化；以满足具有定居意向能力的城市新移民需求为重点；继续加强对一般流动人口的有序化管理；提高新移民的城市认同，倡导多元和谐文化；推动参与式城市管理，提高新移民的社会参与度；引导新移民与本地居民建立和谐的社会关系；实现新移民的梯级安置。

Abstract

In China, though industrialization has been well-developed and significant achievements have been made, the urbanization level is still quite low. Studies on Urban new immigration focus on the classification of urban new immigrants, identifying their distinctive features, and specifying their influences on social differentiation and urban social structure. Scholars also investigate and analyze strategies adopted by urban new immigrants to adapt to urban life, to settle down in cities, and to transform into urban residents.

The study on problems and policy adjustment concerning the urban new immigrants is critical and essential for the development of economy and social stability in China. Firstly, with the development of modernization and urbanization, migration between the urban and rural, and between urban and urban, have becomes normal; the size of urban new immigrant groups will continue to increase. The integration of urban new immigrants into city critically involves important issues such as social justice and social stability. Secondly, in the initial stage, urban new immigrants often engaged in some hard and dirty work that city residents are not willing to do and that are featured by high risks, poor working environment and low social status. In addition, there are a large number of immigrant women and children, and a large amount of work has to be done so as to ensure the basic rights of this disadvantaged group. Finally, it is necessary to put these new immigrants into urban construction and urban management so as to ensure fairness, stable development and people's decent daily life, which will manifest the superiority of the socialist in China.

In this manuscript, the concept of "urban new immigrants" contains the following key elements: those whose birthplace and original registered permanent residence are not local and those who live in city for 2 – 5 years; those who are to settle down in cities (towns); and those who have Legal residence and legal income in the cities. Thus defined, the concept includes labor migrants, intellectual migrants and operational migrants. The manuscript is written based on quantitative and qualitative research. Between November 2008 and April 2009, our investigation team successively conducted ethnographic fieldwork in Guangzhou, Dongguan, Shenyang, Chengdu, Hangzhou, collecting 3300 questionnaire answers and 146 cases. With our semi-structured interview outline, we focus on background, migration and settlement, the status and changes of the social network, the involvement of urban society, the social security situation and future planning, etc.

In analyzing the three above mentioned categories of urban new migrants, we found that: with highly educated background, intellectual migrants have clear urbanization willingness and entry strategies; under the current nation-wide policies and market economy, it is difficult for labor migrants to get citizen welfare thus experiencing serious isolation in cities; compared with labor migrants, operational migrants have more strongly settlement intentions and obvious familial tendency.

These three categories of urban new immigrants developed different social networks as well as different strategies and abilities to mobilize social network resources. It is important for operational migrants to consolidate resources gathered through their social network-an adaptive strategy that effectively help them improve their social status. For labor migrants, the circle of work and daily communication is limited to relatives and fellow villagers. A number of labor migrants is building new social network in the urban society, which serves as an adaptive strategy. Intellectual migrants can mobilize much wider social networks and more resources, enabling them to settle down in the city more smoothly. But still they can not completely eliminate the gap with local people. It needs a long time for intellectual migrants to build primary relationship with local people.

We also found that urban new immigrant "diaspora" in the corners of city communtity, living at the bottom of society. Their community life is in a status of "no organization but being disciplined". Even in the case of organized community, the organization is mostly "nominal". However, in some areas there existed "invisibility organization". Urban new immigrants have low self-recognition and recognition-by-others, thus low community participation. Within the community construction the local government, urban new immigrants are not taken into consideration as an important factor.

According to our investigation, public product supply in the city (such as housing, education and infrastructure) are lagging for urban new immigrants. Several restrictions are set up for them, such as registered permanent residence, archives and social security. As a result, the supply does not meet the basic needs of urban new migrants, and even limits them to gain social security.

At the end of the manuscript, we made seven policy recommendations: 1) to enlarge the single definition of urban new immigrants and to highlight its internal differentiation. 2) To meet the demands of urban new immigrants who have settled intention and ability. 3) to continue to strengthen the management of floating population. 4) To increase new immigrants' identification with cities and advocate multicultural and harmonious society. 5) To promote participatory urban management and improve the social participation of new immigrants. 6) to guide new immigrants and local residents to establish harmonious social relationships and 7) to achieve cascaded placement of urban new immigrants.

目 录

第一章 导论　1

　1.1　研究背景　1

　1.2　研究综述　3

　1.3　外来人口研究的两种表述　9

　1.4　核心概念的界定　14

　1.5　研究方法　16

第二章 劳力型移民的生存状况　20

　2.1　基本特征　20

　2.2　生计收支　23

　2.3　居住状况　32

　2.4　工作状况　38

　2.5　社会保障　44

　2.6　子女教育　52

　2.7　社会生活　56

　2.8　心理状况　61

第三章 智力型移民的生存状况　66

　3.1　智力型移民的形成　66

　3.2　智力型移民的生存状况　70

　3.3　智力型移民的群体特征　84

第四章 劳力型移民、智力型移民与经营型移民的比较分析　91

　4.1　人口学特征的差异　91

4.2 定居意愿比较　93

4.3 居住状况比较　94

4.4 工作状况比较　98

4.5 生活状况比较　100

第五章 城市新移民的迁徙与立足　107

5.1 智力型移民的迁徙与立足　108

5.2 劳力型移民的迁徙与立足　113

5.3 经营型移民的迁徙与立足　122

第六章 城市新移民的社会网络　128

6.1 定量描述城市新移民的社会网络　130

6.2 劳力型移民的社会网络　134

6.3 经营型移民的社会网络　138

6.4 智力型移民的社会网络　146

第七章 城市新移民的身份认同与社区生活　152

7.1 新移民的身份认同　153

7.2 城市新移民的社区生活　158

第八章 城市新移民的适应与融入　169

8.1 引论　169

8.2 城市新移民适应与融入评估指标体系　173

8.3 城市新移民适应与融入现状评估　177

8.4 城市新移民适应与融入影响因素　182

第九章 城市新移民的社会流动　208

9.1 农民工"回流"研究　208

9.2 农民工"转工"研究　216

第十章 城市新移民的社会保障　230

10.1 定量分析城市新移民社会保障的现状　232

10.2 劳力型移民的社会保障　233

10.3 经营型移民的社会保障　242

10.4　智力型移民的社会保障　244

第十一章　城市新移民的基本现状及问题：基于郑州的调查　249

11.1　郑州市概况　249
11.2　郑州市移民政策演变　252
11.3　郑州市城市移民的现状描述　259
11.4　郑州市移民生活中存在的问题　278

第十二章　城市新移民的问题与对策：基于成都的调查　286

12.1　移民留在成都的原因　286
12.2　新移民的精神压力　288
12.3　新移民所面临的物质压力　290
12.4　解决新移民问题的途径措施　292

第十三章　城市新移民社会关系的嬗变与重构：基于杭州的调查　295

13.1　调查数据与分析　297
13.2　分析与讨论　300

第十四章　经营型移民的社会流动：基于东莞的调查　307

14.1　社会流动的分析视角　307
14.2　研究点介绍　309
14.3　学校中的移民网络关系——社会流动的方式与机制　310
14.4　生活在学校——移民社会交往与流动的隔离性　315
14.5　移民社会认同与定居意向——社会流动的相对性　318

第十五章　老工业基地移民融入的社会观照与人生观照：基于沈阳的调查　326

15.1　沈阳移民融入的背景：老工业基地的社会特质与文化积习　327
15.2　老工业基地移民融入的社会观照　329
15.3　老工业基地移民融入的人生观照　337

第十六章　新移民与城市管理重大问题研究：基于广州的调查　341

16.1　广州市外来人口发展的主要阶段　342
16.2　新移民：广州市外来人口发展的新动向和一种新的视角　343

16.3　国外的城市化与人口迁移　358

16.4　广州市外来人口城市管理面临的重大问题　363

16.5　建议　369

第十七章 ▶ 总结与建议　374

17.1　总结　374

17.2　政策建议　377

参考文献　385

附件：城市新移民问题及其对策研究调查问卷　397

Contents

Chapter 1   Introduction   1

    1.1   Background   1

    1.2   Literature Review   3

    1.3   Two Statements on Migration Studies   9

    1.4   Core Concepts   14

    1.5   Research Methods   16

Chapter 2   Living Situations of Labor Migrants   20

    2.1   Basic Features   20

    2.2   Livehood   23

    2.3   Residence Conditions   32

    2.4   Working Situations   38

    2.5   Social Security   44

    2.6   Chindren's Education   52

    2.7   Social Life   56

    2.8   Psychologic Status   61

Chapter 3   Living Situations of Intellectual Migrants   66

    3.1   Formation of Intellectual Migrants   66

    3.2   Living Situations of Intellectual Migrants   70

    3.3   Characteristics of Intellectual Migrants   84

Chapter 4 Comparative Analysis of Labor Migrants, Intellectual Migrants and Operational Migrants　91

    4.1　Discrepancy in Demographic Characteristics　91
    4.2　Settlement Intention　93
    4.3　Residence Conditions　94
    4.4　Working Situations　98
    4.5　Living Situations　100

Chapter 5 Migration and Settlement of Urban New Immigrants　107

    5.1　Intellectual Migrants　108
    5.2　Labor Migrants　113
    5.3　Operational Migrants　122

Chapter 6 Social Network of Urban New Immigrants　128

    6.1　Quantitative Description　130
    6.2　Labor Migrants　134
    6.3　Operational Migrants　138
    6.4　Intellectual Migrants　146

Chapter 7 Identity and Community Life of Urban New Immigrants　152

    7.1　Identity of Urban New Immigrants　153
    7.2　Community Life　158

Chapter 8 Adaptation to and Engaging in Life of Urban New Immigrants　169

    8.1　Introduction　169
    8.2　Evaluation Index System　173
    8.3　Current Situation Assessment　177
    8.4　Influence Factors　182

Chapter 9 Social Mobility of Urban New Immigrants　208

    9.1　Rearch on Migrant Workers' Backflow　208
    9.2　Rearch on Migrant Workers' Changing Jobs　216

Chapter 10　Social Security of Urban New Immigrants　230

　　10.1　Quantitative Analysis of Current Social Security for Urban New Immigrants　232

　　10.2　Labor Migrants　233

　　10.3　Operational Migrants　242

　　10.4　Intellectual Migrants　244

Chapter 11　Current Situations and Problems of Urban New Immigrants: Based on an Investigation in Zhengzhou　249

　　11.1　General Situations of Zhengzhou　249

　　11.2　Evolution of Immigration Policy in Zhengzhou　252

　　11.3　Description of Current Situations about Urban New Immigrants　259

　　11.4　Problems in Daily Life　278

Chapter 12　Problems and Policy Adjustments of Urban New Immigrants: Based on an Investigation in Chengdu　286

　　12.1　Reasons for Residing in Chengdu　286

　　12.2　Psychological Pressure　288

　　12.3　Material Pressure　290

　　12.4　Measures and Approaches　292

Chapter 13　Evolution and Reconstruction of Social Realtions: Based on an Investigation in Hangzhou　295

　　13.1　Analysis on Survey Data　297

　　13.2　Analysis and Discussion　300

Chapter 14　Social Mobility of Operational Immigrants: Based on an Investigation in Dongguang　307

　　14.1　Analytical Perspective　307

　　14.2　Introduction to the Investigation Site　309

　　14.3　Immigration Network in Schools: Mechanism and Pattern of Social Mobility　310

　　14.4　Living in School-Isolation in Social Interaction and Mobility　315

　　14.5　Social Identity and Settlement Intention-Relativity of Social Mobility　318

Chapter 15 Social Concerns and View of Life of Immigrants from an Old Industrial Base: Based on an Investigation in Shenyang 326

15.1 Background: Social Characteristics and Cultural Habits in an Old Industrial Base 327

15.2 Social Concerns 329

15.3 View of Life 337

Chapter 16 Urban New Immigrants and Research of Significant Problems on City Management: Based on an Investigation in Guangzhou 341

16.1 Major Stages of Immigration Development in Guangzhou 342

16.2 Urban New Immigration: New Tendency and Perspective 343

16.3 Urbanization and Population Migration in Foreign Countries 358

16.4 Significant Problems in City Management 363

16.5 Recommendations 369

Chapter17 Summarize and Recommendations 374

17.1 Summarize 374

17.2 Policy Rcommendations 377

References 385

Appendix: Questionnaire for Urban New Immigration Problems and Policy Adjustment Research 397

第一章

导　论

1.1　研究背景

改革开放30余年，中国的工业化已经取得重大成就，到2008年非农产值比例高达88.7%，城市化水平由1978年的17.9%上升到2008年的45.7%，非农就业比例则超过50%①。然而我国的城市化水平还相当低，非农就业比例远远低于非农产值比例，整个城市化进程与工业化进度不相协调。新中国成立以来我们在推进城市化上多有失误和犹豫②，特别是改革开放以后对农村劳动力流入城市的各个环节设置种种限制，更不用说接纳流动人口为城市居民③；人口发展因而形成流而不迁的钟摆模式④，典型者有如历次起起落落的民工浪潮。以往片面追求"经济建设为中心"的发展观，以及长期"重生产、轻生活"的城市发展模式，使得基础设施和公共服务的供应明显跟不上城市化进程的加速，这个矛盾又集中体现在流动人口问题上。当年"百万民工下广州"，媒体惊呼"盲流"泛滥，政府则担心由于人口的涌入可能造成交通堵塞、住房紧张、社会治安恶化等

---

① 国家统计局：《中国统计摘要2009》，中国统计出版社2009年版。
② 周天勇：《中国推进城市化的犹豫、失误和后果》，载《城市观察》2009年第1期。
③ 本文中外来人口和流动人口口径一致，概念含义不同。
④ 周大鸣：《渴望生存：农民工流动的人类学考察》，中山大学出版社2005年版。

"城市病"。所以，整个 20 世纪 80 年代对于人口流动严格限制，甚至多次对城市外来人口尤其是农民工进行清理、遣返。

20 世纪 90 年代人口流动政策转向有序化，有关部门先后成立外来人口管理协调机构，发布户籍、就业和社会保障等方面的管理政策。2003 年以来，中央一号文件多次肯定农民工作为产业工人在我国现代化建设中的地位、作用，而且表示要"推进大中城市户籍制度改革，放宽农民进城就业和定居的条件"①。国家"十一五"规划纲要指出"对在城市已有稳定职业和住所的进城务工人员，要创造条件使之逐步转为城市居民"；"十五"、"十一五"期间，北京、上海、广州、深圳、杭州、郑州、武汉和沈阳等大城市纷纷取消暂住证，代之以居住证和相应的户口准入政策。我国正处于工业化成熟期，经济结构面临升级和调整；推进城镇化是"促进国民经济良性循环和社会协调发展的重大措施"，国家"鼓励农村人口进入中小城市和小城镇定居，（要求）特大城市要从调整产业结构的源头入手，形成用经济办法等控制人口过快增长的机制"②。

事实上，从 1996 年开始全国城市化水平保持年均 1.3% 左右的增长速度，这个趋势表明我国已经并将继续处于城市化加速期，③ 城市化进程会逐渐跟上工业化进度。目前我国"工业化、城市化进入中期加速的新成长期；经济结构和社会结构将发生深刻转换，社会结构变迁进入破除城乡二元结构的新成长期"④。据我们测算，到 2030 年我国城市化水平将在 64% ~75% 之间，也就是说未来 20 年需要 4 亿~5 亿人成为城市常住人口；虽然这个趋势意味着中国将进入移民时代；但是，全国流动人口的大量存在，比如 2008 年就达到 2.01 亿人，则说明中国在进入移民时代之前还需解决这个历史遗留的错位问题。如果现在不实施接纳流动人口，未来 30 年可能形成 5 亿城镇人口、5 亿流动人口、5 亿农村人口"三分天下"的格局⑤，势必影响社会稳定和国家竞争力。

---

① 《中共中央国务院关于促进农民增加收入若干政策的意见》（2003）。
② 《中华人民共和国国民经济和社会发展第十一个五年规划纲要》（2006）。
③ 参照 Ray M. Northam 的城市化过程"S 曲线"及其阶段划分，我国目前正处在城市化的加速期（Acceleration Stage）；参见 Ray M. Northam, *Urban Geography*, New York: John Wiley & Sons, 1975, pp. 65 - 67。
④ 中国社会科学院"社会形势分析与预测"课题组，李培林、陈光金执笔：《中国进入发展的新成长阶段——2009~2010 年中国社会发展形势分析与预测》，《2010 年中国社会形势分析与预测》，社会科学文献出版社 2009 年版，第 9~10 页。
⑤ 吕雪莉：《我国人口分布将形成"三分天下"格局》，http://news.xinhuanet.com/newscenter/2009-04/14/content_11184857.htm，2009 年 4 月 14 日。

1.2 研 究 综 述

发达国家经过三次科技革命,都已完成工业化和城市化,而发展中国家普遍面临"时空压缩"①,其工业化和城市化纷纷遭遇问题;中国也经历着这一独特的城市化过程,形成特殊的城乡二元社会结构。发展经济学认为城乡二元转型是任何国家都不可抗拒的经济社会发展趋势。城乡二元社会结构转型的机制是城市化推动农业社会向工业社会转变,促使更多的农业劳动力转移到收入较高的非农产业就业,进而促使社会结构由乡村社会向城市社会转变。我们认为城乡二元经济社会结构的现代化转型其实就是移民的过程。

1.2.1 国外乡—城移民研究

19世纪初,以英国为代表的欧洲发达国家率先进入现代化转型进程,前后一百年完成乡城劳动力转移。英国地理学家 Ravenstein 曾两次撰文探讨英国国内县域 (county) 人口迁移,②作者根据人口得失 (gain and loss) 判断各地区人口迁移类型——聚集 (absorption) 和疏散 (dispersion),以此描绘全国形势图,从而总结人口迁移规律。1889 年 Ravenstein 把这个方法应用在欧美 20 余国的人口统计资料上,试图证明"不同国家在相似条件下有着相似的移民运动"③。后来 Lee 则明确总结到,迁移及迁移流量与经济的繁荣程度正相关;那么,在经济大发展的情况下,迁移流量势必大增④。20 世纪上半叶,美国经济大发展,大量的"农民被挤出农村,转向城市寻找非农就业",⑤发现这一时期涌入城市的农民多是青年农民(尤其是 25 岁以下);这些乡城移民受教育程度较低(很少大学毕

---

① 李培林:《现代性与中国经验》,载《社会》2008 年第 3 期。
② E. G. Ravenstein: *The Birthplace of the People and the Laws of Migration*, *The Geographical Magazine*, Vol. 3 (1876), pp. 173 – 177, 201 – 206, 229 – 233. E. G. Ravenstein: *The Laws of Migration*, *Journal of the Statistical Society of London*, Vol. 48, No. 2 (June, 1885), pp. 167 – 235.
③ E. G. Ravenstein: *The Laws of Migration*, *Journal of the Royal Statistical Society*, Vol. 52, No. 2 (June, 1889), pp. 241 – 305.
④ E. S. Lee: *A Theory of Migration. Demography*, Vol. 3, No. 1 (1996), pp. 47 – 57.
⑤ Blaine E. Mercer: *Rural Migration to Urban Settings: Educational and Welfare Problems*, *International Migration Digest*, Vol. 2, No. 1 (Spring, 1965), pp. 52 – 62.

业生），职业技能较差（甚至没有技能），从事工人阶级的工作①。

我们认为不管发达国家和发展中国家，当工业化快速进行时，移民尤其是乡城移民是一个国家最明显的社会现象；发达国家能够"为许许多多的进城农民提供可能和机会争取体面的生活"②，而发展中国家出现"劳动力无限供给"的困境③，大量的乡城移民虽然能够提高农村人口的人均收入，但这个收入长期维持在相当低的水平上，使得城乡差距和城乡二元结构难以破解。托达罗（Michael P. Todaro）认为发展中国家的乡城移民取决于农民"预期的乡城收入差异"（the rural-urban "expected" income differential）以及在城市找到工作的可能性（the probability of finding an urban job）④；他将发展中国家的整个移民过程分为两个阶段：首先没有太多技能的农村移民到城市找到传统部门的工作，然后经过一段时间（本时代内或者几代人的时间）努力和适应再找到稳定的现代部门职位。半个世纪之后，韩国、中国台湾地区、日本等东亚后发达国家和地区按这个路径成功完成转型，农村居民不仅能在城市找到稳定的工作，而且可以选择回流乡村地区从事非农职业⑤；相反，拉美国家没能走过"刘易斯拐点"，经济社会发展停滞不前，大量移民聚集在城市传统部门，甚至几代人的努力都没办法实现向上流动⑥。

Lipset 和 Bendix 研究工业社会农村移民对城市职业结构的影响，发现城市化的扩展使得同样条件的进城农民和城市居民有着不一样的流动情形：农村移民进城沦为底层，而本地底层却有机会实现职业向上流动⑦。布劳和邓肯（Blau and Duncan）在《美国职业结构》（The American Occupational Structure）一书中也有类似的描述，农村背景的移民在社会经济地位获得上处于劣势，通常处于最差的职业层次；而城市居民和城市背景的移民在农村移民占据底层之后，加上城市居

---

① Arnold Rose& Leon Warshay：*The Adjustment of Migrants to Cities*，*Social Force*，（October，1957），pp. 72 – 76.

② Blaine E. Mercer：*Rural Migration to Urban Settings：Educational and Welfare Problems*，*International Migration Digest*，Vol. 2，No. 1（Spring，1965），pp. 52 – 62.

③ W. Arthur. Lewis：*Economic Development with Unlimited Supplies of Labor*，*Manchester School of Economic and Social Studies*，Vol. 22，No. 2（1954），pp. 139 – 191.

④ Michael P. Todaro：*A Model of Labor Migration and Urban Unemployment in Less Developed Countries*，*The American Economic Review*，Vol. 59，No. 1（1969），pp. 138 – 148.

⑤ Alden Speare，Jr. ：*A Cost – Benefit Model of Rural to Urban Migration in Taiwan*，*Population Studies*，Vol. 25，No. 1（March，1971），pp. 117 – 130.

⑥ Manoela Guidorizzi Borges：*Citizenship for the Urban Poor? Inclusion trough Housing Program in Rio De Janeiro*，*Brazil*，Doctoral Dissertation，the University of Colorado，2005.

⑦ Lipset，Seymour M. and Reinhard Bendix：*Social Mobility in Industrial Society*. Berkeley：University of California Press，1959，pp. 204 – 216.

民有良好的教育和培训条件，自然不会获得更差的职业地位[①]。Hagen Koo 将这一情形概括为两种相互联系的模式：静态的底层模式（Underprivilege Model）和动态的铺垫模型（Push Up Model）[②]；但他发现已有的相关研究并不支持这一流动模式，至少是在亚洲和拉美国家。首先城乡移民具有很强的选择性（Selectivity）[③]，所谓选择性是指乡城移民有相当大比例来自于农村社会中上层家庭，而不是想象中的低技能和底层群体，他们有足够的教育和资源与城市居民来竞争较好的职位；所以农村移民的铺垫角色是不存在的，而且发展中国家的城市经济通常分化为传统部门和现代工业部门，大部分城市居民从事边缘经济活动，只有小部分的人能有很好的职业；也就是说，城市居民的优势是不明显的。

Calvin Goldscheider 对发展中国家的研究也表明，农村移民在城市的劣势并不明显，特别是移民一段时间之后；他们和城市居民之间没有太多的系统差异（Systematic Differences）[④]。（1）经济动机（比如找到非农工作或寻找更好的就业机会）是乡城移民的主要动机，但迁移决策的依据不是实际的工作机会而是潜在的就业机会和移民的意愿及其家庭的策略；（2）乡城移民消化农村剩余劳动力，满足城市经济扩展的需求，本质上是一个社会实现代内和代际职业流动的过程，也是国家经济整合的重要机制；（3）乡城移民具有选择性，移民到城市的农民更多是有技能的、有明显的动机，能够和城市居民竞争的一群人；（4）教育和技能是农村移民和城市居民在正式和非正式部门实现职业获得（Occupational Attainment）的最重要因素，就农村移民而言，不仅有很多人聚集在非正式部门，也有很多人获得白领和蓝领职位；（5）移民的住房问题与其贫困相关，特别是新移民还没有融入城市经济中。总之，Calvin Goldscheider 认为以往的研究表明发展中国家并不存在结构因素阻碍新移民参与城市经济；在城市的新移民能够获得经济和社会意义上的利益，从而很好地融入城市。

不过在 Goldscheider 和 Hagen Koo 之前，有学者研究拉美国家的乡城移民时发现，移民选择性会随着社会经济条件的变化而改变：一方面是大城市诱人的工作机会和农村的人口压力，另一方面城市发展需要更多的劳动力，使乡城移民数

[①] Blau, Peter M. and Otis Dudley Duncan: *The American Occupational Structure*. New York: Wiley, 1967, p. 269.

[②] Hagen Koo: *Rural-Urban Migration and Social Mobility in Third World Metropolises: A Cross-National Study*, The Sociological Quarterly, Vol. 19, No. 2 (Spring, 1978), pp. 292–303.

[③] Blau and Duncan 在《美国职业结构》（*The American Occupational Structure*）一书（第272页）也有类似移民选择性的论述，（无论如何）"移民都会获得更高的职业地位，比非移民更容易实现向上流动"；我们认为这是美国作为发达的工业社会的一种移民特性，不同于发展中国家的移民选择性。

[④] Calvin Goldscheider: *Migration and Social Structure: Analytic Issues and Comparative Perspectives in Developing Nations*, Sociological Forum, Vol. 2, No. 4, Special Issue: Demography as an Interdiscipline (Autumn, 1987), pp. 674–696.

量越来越多,其选择性越来越低①。选择性降低意味着城乡移民从精英型(Selective Pattern)转向大众型(Popular Pattern),即由农村和小城镇的高技能人口扩大到广大的农村地区,包括大量的低技能人口②。精英型—大众型的结构转变导致大量低技能的移民难以融入城市经济结构和社会结构,而这个转变也在一定程度上解释了为什么拉美国家社会形势会恶化。

1.2.2 外来人口与农民工研究

改革30年来,中国经济结构由农业社会逐渐转向工业社会,城市里的外来人口、流动人口和暂住人口越来越多。虽然外来人口、流动人口和暂住人口都是统计非户籍人口迁移的指标,但"把大量的外来人口称为流动人口(或暂住人口)是不合适的,因为他们当中的相当一部分人是长期居留的人口"③,而流动人口或暂住人口的概念往往使人们注意外来人口的流动性,而忽略其定居性。因此,本书采用"外来人口",指称参与城市经济活动、非本地户籍的常住人口。学术界一直比较关注外来人口在城市的生存状况、适应过程和利益诉求,以及城市对外来人口应有的政策保障,尤其是外来人口的工资待遇和劳动环境、社会保障、维权、身份转换等是否享受城市公共服务等方面。分学科来看,经济学注重农村剩余劳动力转移的原因和规模,社会学强调外来人口生存状况,人口学研究外来人口的年龄、性别等人口学特征及变动规律,人类学则侧重外来人口的文化适应、社会组织、群体关系和族群认同等方面④。本章更关注外来人口的分类及各群体的特征,外来人口的社会分化及对城市社会构成(Social Strata in Cities)的影响。

辛胜阻、李德滨将流动人口分为经济型和非经济型两类,其中经济型流动人口指直接参与城市经济活动的流动人口,包括"外来的各业合同工、临时工、保姆等劳务人员",经营型商贩(买卖农村土特产或廉价的城市工业品),以及

---

① Jorge Balan: *Migrant-native socioeconomic differences in Latin American cities: a structural analysis*, Latin American Research Review Vol. 4, No. 1 (Spring, 1969), pp. 3 – 29. Harley L. Browning and Waltraut Feindt: *Selectivity of Migrants to a Metropolis in a Developing Country: A Mexican Case Study*, Demography, Vol. 6, No. 4 (November, 1969), pp. 347 – 357. William P. Mangin: *Latin American squatter settlements: a problem and a solution*, Latin American Research Review, Vol. 2, No. 3 (Summer, 1967), pp. 65 – 98.

② Alan B. Simmons and Ramiro Cardona G.: *Rural – Urban Migration: Who Comes, Who Stays, Who Returns? The Case of Bogotá, Columbia, 1929 – 1968*, International Migration Review, Vol. 6, No. 2, *Internal Migration in Latin America* (Summer, 1972), pp. 166 – 181.

③ 李若建:《广东省外来人口的定居性与流动性初步分析》,载《人口研究》2007年第6期。

④ 周大鸣、周建新、刘志军:《"自由"的都市边缘人——中国东南沿海散工研究》,中山大学出版社2007年版,第3~11页。

来自农村的手艺人；非经济型流动人口则是因为探亲、旅游或者公务活动而短期逗留城市的流动人口①。我们认为外来人口研究的对象只是经济型流动人口，并不包含非经济型流动人口；外来人口按照行业细分包括：务工人员，指从事工业、手工业、建筑业、运输业等劳务人员；务农人员，指从事种植业、养殖业、畜牧业等人员；经商人员，指从事经营、贸易等人员；服务人员，指从事服务业、商业、饮食业、修理业等人员；还有非正式就业人员。备受关注的农民工其实是外来人口中务工人员的一部分，其最初含义是受聘于城镇国有或集体工业企业（建筑、采矿、机械制造等行业），从事一线体力劳动操作的农村居民，是相对于固定工而言的②。

早期农民工研究还主要关注流动到工业企业的农村劳动力③，渐渐地"农民工"概念成了每个乡城迁移者的个人身份④，研究者用"农民工"概念泛指进城务工经商的农民⑤，乃至外来人口整体⑥。实际上，经济转型和结构调整以及农村人口的大量流入使得外来人口急剧扩大和分化，流动人口"已经完全分属于三个不同的社会阶层即占有相当生产资本并雇用他人的业主、占有少量资本的自我雇用的个体工商业者和完全依赖打工的受薪者"⑦。早在1991年，我们就注意到外来人口分化的事实，并对其中城市散工这一亚群体进行调查，所谓散工是指外来劳动人口中从事各种"自由"职业的人，既无个体营业证件，亦非各类企业中的合法雇用者⑧。李培林对城中村的研究表明，外来人口的构成不仅限于有无资本，还包含有无知识技术⑨，具体来说，外来人口分为：（1）"有资本"的在街面上从事各种商业和服务业的小业主，即我们通常所说的"个体户"；（2）"无资本"的完全靠打工生活的工薪阶层，工薪阶层又可以分为：（3）"白领"一般是从事企业技术员、营销人员、教师、医生、出租车司机、编辑、记者、公司文员等职业；（4）"蓝领"一般是从事加工制造业雇工、建

---

① 辜胜阻：《人口迁移与流动研究》，载《武汉大学学报》（社会科学版）1989年第2期；李德滨：《当代中国流动人口的特质与成因》，载《社会学研究》1993年第4期。

② 社论，《让农民工在建筑业大显身手》，载《经济日报》1984年6月7日第1版；龚永泉：《招聘固定工顶替农民工南京氮肥厂挖掘厂内劳务潜力》，载《人民日报》1988年8月17日第2版；朱力敏：《企业大量招收农民工进厂顶岗利弊析》，载《上海企业》1988年第8期。

③ 杨宏山：《珠江三角洲"民工潮"的调研分析》，载《人口研究》1995年第2期；"外来农民工"课题组：《珠江三角洲外来农民工状况》，载《中国人口科学》1995年第4期。

④ 陈映芳：《"农民工"：制度安排与身份确认》，载《社会学研究》2005年第3期。

⑤ 李强：《中国大陆城市农民工的职业流动》，载《社会学研究》1999年第3期；王东、秦伟：《农民工代际差异研究——成都市在城农民工分层比较》，载《人口研究》2002年第5期。

⑥ 李强、唐壮：《城市农民工与城市中的非正规就业》，载《社会学研究》2002年第6期。

⑦ 李培林：《流动民工的社会网络与社会地位》，载《社会学研究》1996年第4期。

⑧ 周大鸣：《广州外来"散工"调查研究》，载《社会学研究》1994年第4期。

⑨ 李培林：《巨变：村落的终结——都市里的村庄研究》，载《中国社会科学》2002年第1期。

筑装修业雇工、餐饮商铺等服务业雇工、运输装卸工、散工等。"农民工"作为泛化的概念，"不能被当作一种本质性的存在，而只是其成员（由户籍身份来标识的）在一种特定的承认与排斥关系下建立起来的暂时的、可变的联系"①，也就是说外来人口因为处于非市民的状态而全部被赋予"农民"属性，进而标识为"农民工"。

在市民—非市民的视角下，有些学者开始提出"农民工市民化"的思路。刘传江认为中国的城市化过程被分割成两个阶段：第一阶段农民转移到城市成为农民工，即"农民非农化"过程；第二阶段城市农民工向市民的职业和身份转变，即"农民工市民化"过程②。农民工市民化包括四个方面：第一，在职业上，由次属的非正规劳动力市场的农民工转变为首属的正规劳动力市场上的非农产业工人；第二，社会身份上，由农民转变为市民；第三，农民工自身素质的进一步提高和市民化；第四，农民工意识形态、生活方式和行为方式的城市化。农民工市民化非常重视"农民工"阶层的分类和分化③；总结起来，相关研究认为农民工分化为：（1）有较多资本并雇用他人的私营企业主；（2）有少量资本、自雇或家庭自雇的小业主或个体工商户；（3）有技能的打工者；（4）没有技能的打工者；其中很多学者对"新生农民工"或"二代农民工"很感兴趣④，认为1）新生代农民工更具有城市性，但又"回不了农村，融不进城市"，所以是最有市民化意愿又亟需市民化的群体；也有人强调2）前两个群体收入水平较高、居住条件较好、社会地位高，比较容易完成市民化过程。农民工市民化，理论上关注"农民变为产业工人"，可实际处理的还是外来人口分化的事实，即要市民化的不仅仅是农民工人，还有外来私营企业主、个体工商户，甚至外来的白领。这一差异是"农民工市民化"提法中"农民工+市民化"的自我矛盾所在，也显现出外来人口研究中"农民工"表述的概念张力⑤。

---

① 王小章：《从"生存"到"承认"：公民权视野下的农民工问题》，载《社会学研究》2009年第1期。
② 刘传江：《中国农民工市民化研究》，载《理论月刊》2006年第10期。
③ 辜胜阻、易善策、郑凌云：《基于农民工特征的工业化与城镇协调发展研究》，载《人口研究》2006年第5期；胡春娟：《促进农民工市民化应注重分类引导》，载《光明日报》2009年11月13日。
④ 王春光：《新生代农村流动人口的社会认同与城乡融合的关系》，载《社会学研究》2001年第3期；张智勇：《农民工市民化的代际实现——基于农户兼业、农民工就业与农民工市民化比较的视角》，载《江汉论坛》2009年第11期。
⑤ 参见王艳华《新生代农民工市民化的社会学分析》，载《中国青年研究》2007年第5期；该文提到新生代个案，"对把自己认同为是农民工的身份无法接受，认为农民工应是指建筑行业中盖房子的干体力活的那一类人，但对于自己的户口、社会保障等问题他们又很模糊"，形象表达出这种概念张力。

1.3 外来人口研究的两种表述

1.3.1 "农民工"作为外来人口研究的一种表述

有如 Balan 所言,在城市化背景下,"都市的社会构成取决于一个国家的经济发展模式,特别是城乡社会经济的差异"[①];国外乡城移民研究显示欧美发达国家、东亚后发达国家,以及拉美国家在工业化时期有着三种不同的城市社会结构模式:第一,欧美国家快速完成乡城移民,短期内城市结构完全复制城乡二元结构,但经济发展很快就消解这种差异;第二,东亚后发达国家存在明显的选择性乡城移民,城市结构趋向精英化,农村移民与城市居民并不存在明显的系统差异;第三,拉美国家乡城移民趋向大众化,城市结构分化严重,而经济发展不能消解日益严重的分化。反观我国,计划经济的"重工业优先发展战略"造成城乡严重的隔离,加上改革以后工业化与城市化的错位发展共同造成"半城市化"——农村流动人口无法实现市民化[②];以至于学术界对外来人口研究基本形成一种"农民工"的表述。我们认为"农民工"表述强调这样一个认识:乡城移民受户籍身份相关的制度限制[③],在城市社会构成中复制了户籍相关的二元结构;它包含以下几个要点:(1)外来人口主要是由农村进入城市及城镇的,而又以进入大城市为主;(2)外来人口总体上处于城市社会的底层[④];(3)户籍制度及政策区隔是外来人口难以实现经济、社会融合的主要原因[⑤]。

发展中国家的经历表明乡城移民并不是城市化唯一形式,首先城镇(Towns and Small Cities)向大城市迁移者或者大城市向大都市(Metropolis)迁移者也是

---

① Jorge Balan: Migrant-native socioeconomic differences in Latin American cities: a structural analysis. Latin American Research Review, Vol. 4, No. 1 (Spring, 1969), pp. 3 – 29.
② 王春光:《农村流动人口的"半城市化"问题研究》,载《社会学研究》2006 年第 5 期。
③ 陈映芳:《"农民工":制度安排与身份确认》,载《社会学研究》2005 年第 3 期。
④ 朱力:《农民工阶层的特征与社会地位》,载《南京大学学报》(哲学人文科学社会科学版) 2003 年第 6 期。
⑤ 李若建:《广州市外来白领群体现状分析》,载《中国人口科学》2009 年第 2 期。

城市外来人口的重要部分①;"外来打工者已经不都是来自乡村,从小城市到大城市、从欠发达地区城市到发达地区城市、从经济不景气城市到经济活跃城市的流动打工者越来越多"②。其次,外来人口的分化事实是学界的共识,新移民不仅有"经济底层的劳动力",也有希望向上流动的白领、"类白领"和"挣够钱就回老家"的小业主,还有"已经具有中产阶级及以上的社会经济地位"的移民③;在工业企业中,"外来人容易脱颖而出,与本地人形成竞争生存的格局"④。有学者指出中国流动人口研究过度"特例化"——中国特有的户籍制度造成外来人口无法永久性迁移⑤;其实,除开户籍制度或者彻底取消户籍制度之后,影响外来人口的社会地位、与本地人的差别以及社会融入的变量和发生机制仍将存在;我们认为按来源地(农村—城市)或者身份(农民—市民)来处理外来人口研究议题以及外来人口的社会政策的做法是值得质疑的。

在城乡二元结构的视角下,学术界经常讨论:该不该让农村人口进城——就地非农化还是异地非农化;能不能接纳外来人口——小城镇发展战略还是大城市集中式发展;需不需要控制城市人口数量;等等;以至于许多研究通过计量方法计算"城市最大可能容量"、"可以接受的外来人口数"、"农民工市民化的社会成本"等,试图消除政府的担心和疑虑。我们发现一种有意思的现象:每每学术界为改善弱势群体的现状而发出呼吁,即使中央政府都能做出积极回应并发布指导性文件,而地方政府的相应政策则往往具有明显的保守倾向——比如"选择性的城市准入"、"综合的社会保障",其实都与学术界的关怀颇有出入;这些政策以及一些相应的研究主要针对如何改善他们在城市的暂住状况,而不是解决一个常住人口的发展问题。回顾 30 年的发展事实,想限制农民进城,可农民还是进了城;想控制城市规模,可城市还是壮大了而且人口数目屡屡突破控制指标;"城市化是自然选择的结果,不能由'长官意志'决定;城市发展水平是一

---

① Alan B. Simmons and Ramiro Cardona G.: *Rural – Urban Migration: Who Comes, Who Stays, Who Returns? The Case of Bogotá, Columbia, 1929 – 1968.* International Migration Review, Vol. 6, No. 2, *Internal Migration in Latin America* (Summer, 1972), pp. 166 – 181. Hyung – Kook Kim: *Social Factors of Migration from Rural to Urban Areas with Special Reference to Developing Countries: The Case of Korea.* Social Indicators Research, Vol. 10, No. 1 (Jan., 1982), pp. 29 – 74. Robert V. Kemper: *Rural – Urban Migration in Latin America: A Framework for the Comparative Analysis of Geographical and Temporal Patterns*, International Migration Review, Vol. 5, No. 1 (Spring, 1971), pp. 36 – 47.

② 李培林:《巨变:村落的终结——都市里的村庄研究》,载《中国社会科学》2002 年第 1 期。

③ 翟振武、侯佳伟:《北京市外来人口聚集区:模式和发展趋势》,载《人口研究》2010 年第 1 期。

④ 李若建:《地位获得的机遇与障碍:基于外来人口聚集区的职业结构分析》,载《中国人口科学》2006 年第 5 期。

⑤ 朱宇:《国外对非永久性迁移的研究及其对我国流动人口问题的启示》,载《人口研究》2004 年第 5 期。

个经济发展过程自发决定"①。我们认为外来人口研究需要更广、更深的视角，特别是着眼于社会转型与新移民的城市融合②。

1.3.2 "城市新移民"的表述及其视角

近年学术界也注意到城乡二元结构之外的视角，开始探讨外来人口的适应与融入，乃至于定居，转换成城市居民。陈映芳曾就"流动人口"、"农民工"等概念的使用提出异议，并尝试将乡城迁移群体表述为"城市新移民"，把他们的权益问题定义为"市民权"问题③。朱力则将流动人口统称为城市新移民，并分类为智力流动人口、资本流动人口和体力流动人口，不过他主要关注体力流动人口——农民工的生存状况和社会地位④。文军也把注意力放在体力流动人口，并称之为"劳动力新移民"，所谓"劳动力新移民"是指在城市中主要从事以体力劳动为主的简单再生产工作，但已经获得相当稳定工作和固定住所且主观上具有长期定居于所在城市的群体⑤。张文宏、雷开春将外来人口均看作城市新移民，而他们主要研究其中的白领新移民⑥。卢卫认为"新移民的定居问题绝不仅限于改善农民工的居住条件，而应延伸到城市聚居和宜居的本质，进而放大到推进中国城市化、工业化和现代化的视角"⑦。

随着工业化的深入，一方面，产业开始有序转移，工业发展呈现分散布局的趋势；另一方面，一线、二线城市寻求产业升级，发展服务经济；加上新农村建设的开展，我国城市化的形式将日益多元，职业分化也更加明显。与"农民工"表述的形成背景不同，现如今的社会经济环境已大不相同。第一，城市化正加速前进，而且城市化将是未来一段时间经济发展的主要动力；第二，从以往研究结果来看，大城市外来人口不再是乡城迁移者的天下，城镇背

---

① 林毅夫：《农村现代化与城市发展》，载《中国财经报》2001年8月17日第3版。
② 华金·阿朗戈（Joaquin Arango）：《移民研究的评析》，载《国际社会科学杂志（中文版）》2001年第3期；该文认为"以往的移民研究太过强调造成移民的原因"，"今天是该把移民研究的重心从移民的原因转移到其无论学术上政策上都极有意义的其他方面了"。
③ 陈映芳：《关注城市新移民》，载《解放日报》2004年8月22日。
④ 朱力：《如何认识农民工阶层（代前言）》，朱力、陈如主编：《城市新移民——南京市流动人口研究报告》，南京大学出版社2003年版，第22页。
⑤ 文军：《论我国城市劳动力新移民的系统构成及其行为选择》，载《南京社会科学》2005年第1期；《是流动性人口，还是永久性居民？——20世纪80年代以来上海劳动力新移民研究》，中共上海市委宣传部编：《现代意识与城市研究》，上海人民出版社2006年版，第32～67页。
⑥ 张文宏、雷开春：《城市新移民社会认同的结构模型》，载《社会学研究》2009年第4期；张文宏、雷开春：《城市新移民社会融合的结构、现状与影响因素分析》，载《社会学研究》2008年第5期。
⑦ 卢卫：《居住城市化：人居科学的视角》，高等教育出版社2005年版，第140页。

景的外来人口所占比例日益扩大;第三,外来人口的人力资本差异很大,从事的职业也非常广泛,从工程师、白领,到私营企业主、个体工商户,再到产业工人、散工等等,应有尽有;第四,外来人口的阶层分布和职业分布类似,都比较分散;第五,外来人口在城市的社会流动是事实;① 第六,户籍制度以及分割性福利保障制度将继续存在;第七,市场化改革很大程度上瓦解了人口流动的制度障碍,而且有助于剥离制度性福利。这些便是我们提出"城市新移民"表述的现实基础。

我们用"城市新移民"的概念来表述外来人口研究,目的在于摆脱城市—农村二元对立的思维,从而使我们的注意力集中在城市社会。一方面,"城市新移民"涵盖着不同来源、不同阶层的城市外来人口;另一方面,我们将社会制度尤其户籍分割看作一种结果——社会结构事实,因而更关注城市新移民如何影响城市社会构成,进而"倒逼"体制变革②。前文提到,"城乡二元经济社会结构的现代化转型其实就是移民的过程",我们认为大规模的移民是任何一个大国实现现代化的必然过程;换句话说,移民是一种社会发展方式。"城市新移民"表述为这种发展方式提供一种社会学的阐释(见图1-1):首先,这一过程的起点是城市经济结构的扩展和升级,吸引人口大量向城市流动,在空间意义上促进区域的平衡;继而城市新移民通过劳动力再生产实现职业的代际流动,在时间意义上实现职业流动;从而使本地阶层结构接纳城市新移民,实现结构意义的社会流动;最终,城市社会得以重构。

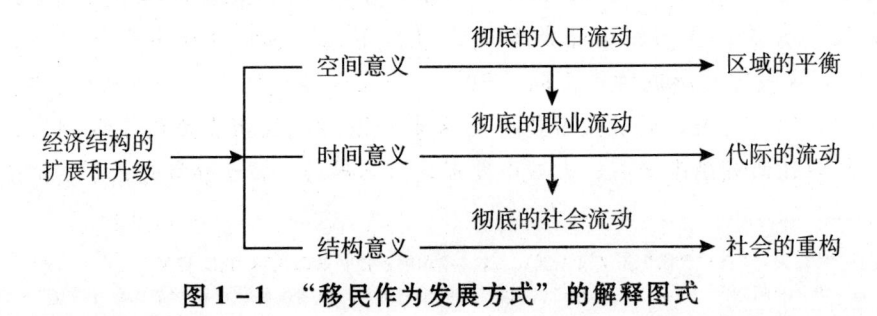

```
                      彻底的人口流动
           ┌─ 空间意义 ───────────→ 区域的平衡
           │              ↓
经济结构的  │            彻底的职业流动
扩展和升级 ─┼─ 时间意义 ───────────→ 代际的流动
           │              ↓
           │            彻底的社会流动
           └─ 结构意义 ───────────→ 社会的重构
```

图1-1 "移民作为发展方式"的解释图式

当这一宏观过程落实到城市层面时,我们的视角便关注新移民在城市的

---

① 我们认为外来人口社会流动很大一部分表现为体制外向体制内的转变的形式,在"农民工"表述的情境中无法被注意到。

② 李培林:《现代性与中国经验》,载《社会》2008年第3期。

"社会融合（Social Incorporation）"上[①]；所谓"社会融合"，"新移民"的表述认为，是指在相同的条件（比如制度环境、经济环境等）下，相同背景（比如教育）的城市新移民与本地居民有同等的机会，获得同一待遇水平的职业、进入同一层次的社会结构。考虑到城市里有2亿外来移民，那么研究外来移民各尽其才的发生机制，研究如何促进这些外来人口融入城市社会，将更具有实际意义。首先，外来人口在城市生活出现长期化、家庭化、定居化的趋势，说明外来人口已经以某种方式、在某种程度上融入城市社会。其次，社会融合是理解城市社会问题的重要思路，也是解决城市社会问题的重要方法；因而社会融合是一个社会过程，也是一个终极目标。最后，社会融合包含经济融合（Economic Incorporation）和结构融合（Structural Incorporation）两个过程：经济融合，是指不同人力资本的移民在城市里，与相同背景的本地居民有同等机会获得相应职业，以及实现代内、代际的职业流动，从而跻身相应经济地位；结构融合[②]，则是指移民在获得相应经济地位之后，有足够的机会与相近阶层的本地居民发生社会联系（比如通婚）。对于移民群体而言，社会融合使他们跨越移民群体边界，消除与本地居民群体之间的偏见和歧视，这一过程表现为身份认同的接近与文化习俗的相互包容。对于移民个人及其家庭而言，社会融合使移民和本地居民跨越社会空间的分隔，增进在学校、工作场所和邻里空间的交流，这一过程表现为社会距离的缩小与行为习惯的相互尊重。

我们发现国内学者研究城市外来人口的社会融合时，往往把"心理"、"文化"、"身份"和"行为习惯"等与"经济融合"相提并论，并关注"它们之间的依存关系和互动关系"。这些研究认为国外的相关理论和经验强调文化，以及"文化之间的相互交融和渗透"，受其影响把文化融合放在与经济融合并列的位置[③]。且看杨菊华、张文宏两文都提到的 Milton M. Gordon 的移民融合理论：虽然 Gordon 把结构融合（Social Assimilation）和文化融合（Acculturation or Behavioral Assimilation）列为融合的两个过程，但他认为"一旦实现结构融合，其他各类的融合都将出现"；在美国，由于复杂的种族关系，整个社会的结构融合并

[①] 参见 Josh DeWind and Philip Kasinitz：*Everything Old is New Again? Processes and Theories of Immigrant Incorporation*，*International Migration Review*，Vol. 31，No. 4，Special Issue：*Immigrant Adaptation and Native-Born Responses in the Making of Americans*（Winter，1997），pp. 1096 – 1111，该文认为 "assimilation" "acculturation" "pluralism" 和 "melting pot" 等概念包含争议的假设，有明显的价值取向，因而采用 "Social Incorporation"。

[②] 这一概念受启发于 Milton M. Gordon：*Assimilation in America：Theory and Reality*，*Daedalus*，Vol. 90，No. 2，*Ethnic Groups in American Life*（Spring，1961），pp. 263 – 285。

[③] 杨菊华：《从隔离、选择融入到融合：流动人口社会融入问题的理论思考》，载《人口研究》2009年第1期；张文宏、雷开春：《城市新移民社会融合的结构、现状与影响因素分析》，载《社会学研究》2008年第5期。

没有出现,而种族内部文化融合却在很大程度发生了①。事实上,国外相关研究的背景与我国有些不同:一方面,国外移民社会融合研究的对象是国际移民(特别是来自发展中国家的移民),以及基于种族的文化差异;而我们研究城市外来人口的社会融合显然没有遇到明显的种族文化差异,而是基于阶层的文化差异;另一方面,国外研究的国际移民发生在发达工业阶段,而我国正处在现代化转型时期。本文正是在现代化转型背景下提出"城市新移民"的表述,并以此推导出符合我国实际情况的社会融合过程——经济融合的发生先于结构融合,并且为结构融合创造条件;在我们的研究中,文化差异,用布迪厄(Pierre Bourdieu)的观点来说,是"不同阶级的成员总是在各自阶级惯习的约束下,带着自己特有的阶级秉性,进入不同品味的场域,并通过选择不同的生活方式来表明自己的阶级身份"的结果,它随着社会融合状况的变化而变化,同时表现在个人及家庭与群体两个层面上②。综上所述,"城市新移民"的表述,不仅加深我们对社会发展方式的理解,并且可以推导城市新移民"社会融合"的视角。这样的理论转向尝试把城市社会构成变化,以及移民与本地居民的结构关系置于研究的核心,为城市新移民问题的研究奠定基础。一般来说,移民(Immigration)作为过程可以分成前、中、后三个阶段;类似地,城市新移民问题也包含三个议题:(1)城市新移民的基本状况,以及对城市社会构成的影响(比如人口结构、劳动力市场和阶层结构等的变化)——(What has happened?);(2)城市的社会融合作为一种终极目标如何定义——(What should happen?);(3)城市的社会融合作为一种过程如何发生——(How does it happen?)。移民(Immigrants)作为研究对象可从宏观、中观和微观上切入上述三个议题;从而在实际研究中不仅有宏观的论证,还会有中观、微观等变量的影响,从而使得城市新移民问题的实证研究多姿多彩。

1.4 核心概念的界定

2006 年全国暂住人口统计资料显示,在输入地居留一年的外来人口中有

---

① Milton M. Gordon: *Assimilation in America: Theory and Reality*, Daedalus, Vol. 90, No. 2, *Ethnic Groups in American Life* (Spring, 1961), pp. 263 – 285. Richard Alba and Victor Nee: *Rethinking Assimilation Theory for a New Era of Immigration*, International Migration Review, Vol. 31, No. 4, *Special Issue: Immigrant Adaptation and Native – Born Responses in the Making of Americans* (Winter, 1997), pp. 826 – 874.

② 刘欣:《阶级惯习与品味:布迪厄的阶级理论》,载《社会学研究》2003 年第 6 期。

65.43%的比例为务工人口，13.20%的人口经商，7.49%的人口从事服务业，还有小部分在输入地务农。① 相对于1997年的数据②，2006年外来人口务工的比例上升了15个百分点，经商和务农的比例有大幅度的下降，但从事服务业人口的比重变化甚微。从绝对数上来看，各类的暂住人口都在增长，只是务工人口增加速度非常快，这与我国经济结构过度工业化有关。考虑到未来经济结构的转变，外来劳动力中务工人口的比例势必下降，而其他类型的比例将会有所上升。城市新移民参与城市经济生产活动的资本主要有体力、智力和资本三种，在借鉴国外移民研究的相关分类的基础上③，我们将城市新移民分为智力型移民、劳力型移民和经营型移民，并就此展开初步探索。

本章中"城市新移民"的界定包含以下几个要素：

1. 出生地与原户籍都不在本地，在本地居住2～5年；
2. 有在城市（城镇）定居的意愿；
3. 具有合法居所；
4. 具有合法收入；
5. 主要包括劳力移民、智力移民、经营移民三大类。

根据从事工作的类型不同，我们将新移民主要分为三大类，即劳力型移民、智力型移民和经营型移民。其中劳力型移民的特点有：（教育）未受过高等教育；（工作）有合法收入，但技术含量低；（收入）工资收入低于输入地平均水平；（时间界定）出生地与原户籍都不在本地，在本地居住2～5年的新劳工及其家庭成员；（居住）常住输入地，有定居城镇的意愿；（来源）农村劳动力和城镇下岗职工，其中农民工是劳力移民的主要部分。智力型移民的特点有：（教育）受过高等教育；（工作）就业门槛高；（时间）出生地与原户籍不在本地，在本地居住2～5年的智力移民及家庭成员；（居住）常住输入地，有定居城镇的意愿。而经营型移民，则是有自己的投资和产业（如小企业、小作坊、商铺、饭馆等）的一部分人，他们依靠资金或者技能来运作自己的产业。

---

① 数据来源于公安部治安管理局编：《全国暂住人口统计资料汇编2006》，群众出版社2006年版。
② 数据来源于公安部治安管理局编：《全国暂住人口统计资料汇编1997》，中国人民公安大学出版社1997年版。
③ Richard Alba and Victor Nee：*Rethinking Assimilation Theory for a New Era of Immigration*，*International Migration Review*，Vol. 31，No. 4，*Special Issue*：*Immigrant Adaptation and Native - Born Responses in the Making of Americans*（Winter，1997），pp. 826 - 874.

1.5 研究方法

本章以定量和定性研究的实证资料为研究基础。根据我国目前区域经济发展的格局、城市新移民的分布格局及各地在处理城市新移民问题上出现的新举措,在珠江三角洲、长江三角洲、东北老工业基地、中西部城市群及其辐射带中分别选择城市作为调查点。所选的城市及其选择理由如表1-1所示。

表1-1　　　　　　选点及其缘由

城市	经济区域	新移民现状	相关政策
广州	珠三角城市群	各类新移民集中	
东莞	珠三角城市群	新移民,特别是劳力移民集中	新莞人,大胆尝试实施了对外来工一系列保障措施
杭州	长三角城市群	各类新移民集中	浙江省在试点推行居住证制度
郑州	中部地区	新移民的输出地,也是移民的输入地	
沈阳	东北地区	新移民输出地,同时也是移民的输入地	
成都	西部地区	新移民输出地,同时也是移民的输入地	

我们根据配额抽样的方式完成调查,每个地区550份,其中50份为备份样本,智力型移民:劳力型移民:经营型移民为150:200:150。2008年11月至2009年4月间,我们先后在广州、东莞、沈阳、成都、杭州、郑州开展新移民调查,共发放问卷3 300份,回收问卷3 234份,其中无效问卷66份,最终形成数据的问卷3 168份,问卷有效率为96%。上述配额完成情况如表1-2所示。

表 1-2　　　　　　　　　　定量调查配额完成情况

类型＼区域	广州	东莞	沈阳	成都	杭州	郑州	合计
智力型移民	115	162	175	174	206	152	984
劳力型移民	277	263	204	217	123	236	1 320
经营型移民	146	155	149	161	123	130	864
合计	538	580	528	552	452	518	3 168

按照我们上文对三类移民基本特征的限定，智力型移民指受过高等教育（大专以上，硕士以下），主要调查大学/研究生毕业一直在本市工作了 2～5 年的大学生；劳力型移民为没有受过高等教育（大专学历以下），在工厂、商场、餐馆等打工的农民工；经营型移民，则是有投资和产业，如小企业、小作坊、商铺、饭馆等。调查过程中采取滚雪球方法，通过熟人寻找调查对象，每个熟人最多推荐三个人作为下一步调查对象，依次滚动，同时强调避免调查对象过于相似。劳动力移民主要调查制造业、服务业及其他行业的农民工；智力移民主要调查刚刚就业的大学生，尤其居住在城中村、租（或借）小区、小区买房单位宿舍；投资移民的主要调查对象为小业主，分不同的专业市场、制造业、服务业及其他专业市场调查。

我们选取"年龄"、"文化程度"、"月可支配收入"三变量对三类移民进行同质性分析（Homogeneous Analysis）[①]。由图 1-2 可知城市新移民的构成特征：（1）大部分劳力型移民的年龄在 25 岁及以下，月可支配收入在 2 000 元以下，受教育程度为初中和高中；（2）大部分智力型移民的年龄在 26～30 岁之间，月可支配收入在 2 001～4 000 元之间；（3）大部分经营型移民的年龄在 31 岁及以上。首先，与国外移民研究讨论的新生代移民（New Generation）不同[②]，我们的城市新移民尤其是年轻的劳力型移民大部分是新一批的移民（New Cohort）；新一批的移民，对于移民定居过程来说只能算作第一代（First Generation），或者有些可以算作 1.5 代；这一事实是移民融合过程的起点，也是我们开展城市新

[①] 同质性分析是对应分析的一种，是探索分类变量之间关系的多元统计方法，也是分析列联表的一种图示技术，直观地呈现多个变量间的联系及变量类别之间的关系。读图原则有二：第一，分不同变量分别检查横轴/纵轴方向上的区分情况，如果同一变量不同类别在某个方向上靠得较近，则说明这些类别在该维度上区别不大；第二，比较不同变量各个取值分类间的位置关系，落在从图形中心（0，0）点出发相同方位上大致相同区域内的不同变量的分类点彼此有联系。

[②] Charles Hirschman：*Problems and Prospects of Studying Immigrant Adaptation from the 1990 Population Census：From Generational Comparisons to the Process of "Becoming American"*，*International Migration Review*，Vol. 28，No. 4，*Special Issue：The New Second Generation*（Winter，1994），pp. 690-713.

移民研究的重要背景①。其次，同样是年轻一代，新一批的移民与20年前的那一批相比，教育程度明显高很多，这将是人口红利逐渐消减之后的另一转型优势②；另外，与过去低工资、无社保或少社保、没有家庭负担的情况不同，城市新移民家庭化的趋势日益明显，而移民在城市的代际再生产是城市社会融合的重要动力③。最后，各类移民之间存在着一些相互流动的事实：比如劳力型移民与智力型移民都比较多的是新生代人口，部分劳力型移民可以通过一段时间的努力获得知识资本，进而转变为智力型移民；经营型移民则广泛来源于劳力型移民，以及部分来源于智力型移民，当然这一转变需要一定的时间，因而他们的年龄偏高。

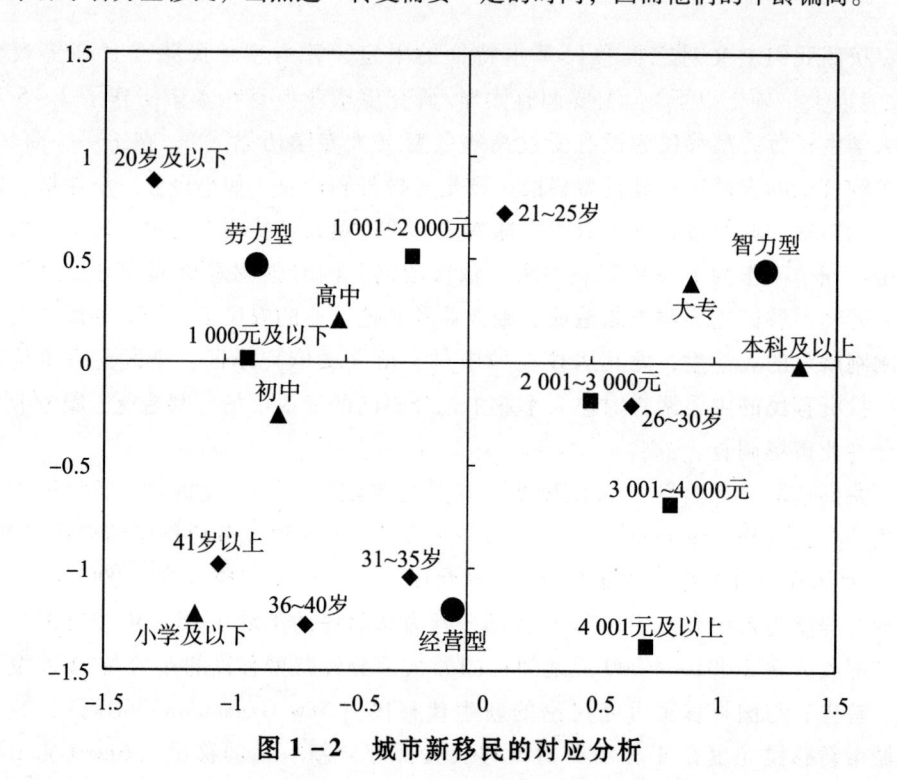

图 1 – 2　城市新移民的对应分析

---

① 这里的"1.5 代"来源于 Ruben G. Rumbaut：*The Crucible within：Ethnic Identity, Self – Esteem, and Segmented Assimilation among Children of Immigrants*, *International Migration Review*, Vol. 28, No. 4, Special Issue：*The New Second Generation*（Winter, 1994）, pp. 748 – 794，意指外国出生，12 岁之前移民本地的一代人；国内相关研究可以参考周大鸣、程瓅晓《农民工的职业分化与子女教育——以湖南攸县为例》，载《华南师范大学学报》（社会科学版）2009 年第 6 期。

② 相似观点可以参见蔡昉《未来的人口红利——中国经济增长源泉的开拓》，载《中国人口科学》2009 年第 1 期。

③ Stanley Lieberson：*Generational Differences among Blacks in the North*, *American Journal of Sociology*, Vol. 79, No. 3（November, 1973）, pp. 550 – 565.

在完成定量调查之后,还在6个城市共开展了146份的个案访谈。访谈采用半结构式的提纲,主要包括访谈背景、迁移及立足过程、社会网络的现状和变迁、对城市社会的参与情况、社会保障情况、未来规划等内容,这为研究城市新移民迁移和融入过程提供了丰富翔实的资料。各个城市的个案数据分布如表1-3所示。

表1-3　　　　　　　　个案访谈的城市分布

	沈阳	杭州	郑州	成都	广州+东莞	合计
智力型移民	10	17	10	10	2	49
劳力型移民	10	12	10	11	5	48
经营型移民	11	8	10	9	11	49
合计	31	37	30	30	18	146

注:各城市的定性资料请参考《"城市新移民问题及其对策研究"定性调查个案汇集》(2013)。

第二章

劳力型移民的生存状况

随着经济的发展和城市建设的加速，数以千万计的劳力移民在中国的各城市流动，内陆流向沿海、农村流向城市，聚集在各行各业中，支撑着城市的经济建设。本章我们将在调查资料的基础上展现劳力型移民的生存状况，包括他们的基本特征、生计收支、居住状况、工作状况、社会保障、子女教育、社会生活以及心理状况等。

2.1 基本特征

对于劳力型移民人口统计方面的特征，研究关注性别、年龄、民族、文化程度和婚姻状况等方面的指标。针对劳力型移民的性别特征，我们在调研过程中将男女比例按照当地实际劳力型移民的比例做了相应的配额限定。除东莞地区男女比例差异较大外，总体看，男女比例接近1∶1。

调查表明，从婚姻状况看，劳力型移民中未婚的年轻群体居多，平均年龄为27.5岁，从分布看，集中在19~28岁；尤其在沈阳和郑州等地，平均年龄更小，未婚比例也明显偏高。从学历水平看，劳力型移民集中在高中和大专阶段；广州和沈阳的移民类型更偏向大专学历；东莞、成都、杭州和郑州等地的移民类型更偏向高中及以下，尤其郑州地区，大专学历的劳力型移民只占到高中学历群体的1/3左右。从样本所属民族看，各地（除沈阳外）汉族样本数占据绝对优势,达到 90% 以上;沈阳地区汉族样本也达到将近 80%,但满族也占据了 15.7%,非汉族人数明显大于其他城市,这与沈阳所处地理位置也密切相关。

表 2-1　　　　　　　　劳力型移民的基本特征　　　　　　　　单位:%

	区域	广州	东莞	沈阳	成都	杭州	郑州	合计
性别	女	46.2	62.4	52.5	49.3	43.9	50.0	51.4
	男	53.8	37.6	47.5	50.7	56.1	50.0	48.6
	合计	100	100	100	100	100	100	100
年龄	18 岁	1.8	0.4	5.4	1.4	0	5.0	2.4
	19 岁	4.7	4.6	8.8	6.5	1.6	7.6	5.8
	20 岁	8.7	9.5	9.3	7.4	8.1	14.0	9.6
	21 岁	7.2	6.5	5.9	6.0	1.6	18.2	8.1
	22 岁	9.0	9.1	8.3	7.8	9.8	16.1	10.1
	23 岁	6.1	9.5	7.4	4.6	8.9	9.7	7.7
	24 岁	6.1	6.8	9.3	6.0	6.5	5.1	6.6
	25 岁	5.4	4.2	5.9	3.2	4.9	4.2	4.6
	26 岁	6.1	5.7	4.4	5.1	5.7	3.4	5.1
	27 岁	4.7	5.7	4.9	6.9	4.1	3.0	4.9
	28 岁	4.7	6.8	4.4	2.8	6.5	3.0	4.6
	29 岁	3.6	3.4	2.0	0.9	0.8	3.0	2.5
	30 岁	5.4	4.6	4.4	0.5	4.1	1.7	3.5
	31 岁	1.4	1.5	1.5	2.3	3.3	0	1.5
	32 岁	1.4	2.3	2.5	1.8	2.4	0.8	1.8
	33 岁	0.7	1.1	1.5	0.9	0.8	0.4	0.9
	34 岁	1.8	1.5	1.5	0.5	0	0.8	1.0
	35 岁	2.5	3.8	1.5	3.2	0.8	1.3	2.3
	36 岁	1.8	0.8	1.5	0.5	2.4	0.4	1.1
	37 岁	1.4	0.8	0.5	2.3	4.9	0	1.4
	38 岁	1.1	4.2	0.5	0.5	0	0.8	1.5
	39 岁	1.4	1.5	0.5	0.5	0	0	0.8
	40 岁	3.6	2.3	1.5	1.4	1.6	0.4	1.9
	41 岁	1.1	1.1	0.5	2.3	0.8	0	1.0

续表

区域		广州	东莞	沈阳	成都	杭州	郑州	合计
年龄	42岁	1.1	0.4	1.0	0.9	0.8	0.4	0.8
	43岁	1.1	1.1	1.0	3.7	3.3	0.4	1.6
	44岁	0.4	0	0.5	0.9	0.8	0.8	0.5
	45岁	2.2	0	1.0	1.8	4.9	0	1.4
	46岁	0.4	0	0.5	1.8	3.3	0	0.8
	47岁	0.7	0.4	0.5	1.8	1.6	0	0.8
	48岁	0.7	0	0.5	0.9	3.3	0	0.7
	49岁	0	0	0	0	0	0	0
	50岁及以上	1.4	0.4	1.5	12.4	1.6	0	2.8
	合计	100	100	100	100	100	100	100
	平均值（岁）	27.9	27.0	26.2	31.6	30.4	23.2	27.5
	标准差（岁）	8.0	6.5	7.6	11.8	9.4	4.7	8.5
民族	汉族	97.8	95.1	78.9	94.9	96.7	98.3	93.9
	满族	0	0	15.7	0	0	0	2.4
	回族	0	0	0.5	2.3	0	1.3	0.7
	壮族	0.7	2.3	0	0	0	0	0.6
	侗族	0.4	0	0	0	0.8	0	0.2
	蒙古族	0	0	3.4	0	0	0	0.5
	苗族	0.7	0.8	0	0	0	0	0.3
	土家族	0.4	1.1	0	0.5	0	0	0.4
	彝族	0	0.4	0	0.9	0.8	0.4	0.4
	其他	0	0.4	1.5	1.4	1.6	0	0.7
	合计	100	100	100	100	100	100	100
文化程度	小学及以下	6.5	3.4	5.9	23.0	5.7	3.4	7.9
	初中	52.7	41.1	53.4	34.6	28.5	24.2	40.2
	高中	40.4	54.8	35.8	41.5	55.3	71.2	49.6
	大专及以上	0.4	0.8	4.9	1.0	10.5	1.3	2.3
	合计	100	100	100	100	100	100	100

续表

	区域	广州	东莞	沈阳	成都	杭州	郑州	合计
婚姻状况	未婚	59.2	49.8	70.1	46.1	51.2	83.1	60.4
	已婚	40.1	49.4	28.4	53.5	48.0	16.9	38.9
	离异/丧偶后未再婚	0.7	0.8	1.5	0.5	0.8	0	0.7
	合计	100	100	100	100	100	100	100
	样本数	277	263	204	217	123	236	1 320

2.2 生计收支

衣、食、住、行是人之根本，人类只有在物质消费的基础上才能将生存与发展的轨迹进行延续。马斯洛的需求层次理论中指出，生理需求是人类最原始、最基本的需要，如吃饭、穿衣、住宅、医疗等，是推动人们行为的强大动力；在此基础上是安全需求、社交需求、尊重需求和自我实现的需求①。这些需求以物质作为基础得以被需要，而物质的消费都需要收入来进行支撑。

对劳力型移民生计收支的分析，包括了对其月可支配收入、月度各项支出（支出总体、各细项支出额、前三位支出项目等）、吃饭习惯（劳力型移民最大的支出为伙食支出）、对物价的满意度（包括对房价、生活必需品价格、平均医疗收费水平、闲暇费用、交通费用、人际关系费用、教育或培训费用的满意度）等指标的研究。

在表2-2中，"月可支配收入"是指被访者目前的月均收入（现金）是多少；从实际调查数据看，劳力型移民的月可支配收入集中在1 001～1 500元，月平均可支配收入为1 370元（标准差为735元，合计样本量1 320）；杭州地区的平均值略高于其他地区，但其标准差也较高，个体收入差异较大；广州、东莞地区收入值较为接近，且都高于总体平均水平；而沈阳、成都、郑州等地则低于总体平均水平，尤其郑州地区收入较低。

劳力型移民在城市发展过程中担任着重要的角色，其职业以一般打工/一般职员为主。从月可支配收入水平上看，根据调查数据和政府统计数据显示，劳力型移民与城市居民的收入仍存在较大差距；以广州地区为例，广州劳力型

---

① ［美］马斯诺：《动机与人格》，许金声等译，华夏出版社1987年版。

移民的月可支配收入平均值为1 465元，只占到城市居民收入（7 080.78元）的1/5。

表2－2　　　　　　　劳力型移民的月可支配收入　　　　　　　单位：%

区域		广州	东莞	沈阳	成都	杭州	郑州	合计
月可支配收入	1 000元及以下	13.7	11.4	28.4	41.5	11.4	36.0	23.9
	1 001～1 500元	45.1	47.9	45.6	33.2	42.3	43.6	43.3
	1 501～2 000元	26.0	23.2	13.7	13.4	18.7	13.6	18.6
	2 001～2 500元	9.4	11.0	5.4	6.0	15.4	3.8	8.1
	2 501～3 000元	4.3	4.6	3.9	2.3	4.1	2.1	3.6
	301～3 500元	1.4	0.4	2.5	1.4	1.6	0.8	1.3
	3 501～4 000元	0	0.8	0	0	1.6	0	0.3
	4 001～4 500元	0	0	0	0.5	1.6	0	0.2
	4 501～5 000元	0	0	0.5	0.5	1.6	0	0.3
	5 001元及以上	0	0.8	0	1.4	1.6	0	0.5
	合计	100	100	100	100	100	100	100
	平均值（元）	1 465	1 516	1 284	1 213	1 717	1 135	1 370
	标准差（元）	589	671	704	869	958	587	735
	样本数	277	263	204	217	123	236	1 320

注：根据2010年广州统计局数据，广州2010年6月城市居民人均可支配收入为7 080.78元。

从马克思的观点来看，劳动力要被持续的保持，需要经历生产与再生产，即人们所需要的生活资料除应当足以使劳动者个人能够在正常生活状况下维持自身外，还应包括维持下一代劳动力在内的家庭再生产的部分。

随着我国社会政治经济的快速发展，劳动力的流动量日趋增大，外出劳动的人们不仅仅要保障自己的生活，还需靠收入保证家庭、亲人的生活。绝大部分劳力型移民，他（她）们的亲人都还生活在老家，而且过半数的群体，家里会有老人或小孩需要依靠他（她）们的收入进行生活。因此，这个群体每月的收入除日常开销外仍有相当一部分会寄回老家，以支持家庭的开支、子女的教育、老人的医疗等费用，劳力型移民的支出中，伙食费和寄回老家的费用达到总支出的一半左右（见表2－5）。

根据调查的结果显示（见表2－3和表2－5），劳力型移民平均每人需供养1.4人（标准差为1.5），每月寄回老家370.2元。其中，杭州地区劳力型移民需供养人数高于总体平均水平，达到 1.8 人（标准差为 1.6），成都地区的劳力型移民供养负担最低，平均为 1.1 人。结合月均收入和寄回费用看，（抽样城市中）郑州劳力型移民的月均收入最低（均值 1 135 元），寄回费用占收入比也最低（10.34%）；（抽样城市中）东莞劳力型移民的月均收入居第二（均值 1 516 元），寄回占比居最高（40.54%）。

表 2-3　　　　　劳力型移民老家需供养的人口数

	区域	广州	东莞	沈阳	成都	杭州	郑州	合计
老家需要供养人口数（%）	0（无人需供养）	44.0	44.5	36.8	56.2	26.0	46.6	43.8
	1	11.2	10.3	3.4	10.6	15.4	6.4	9.2
	2	21.7	20.9	34.8	17.1	32.5	29.7	25.2
	3	10.8	12.2	15.7	6.9	13.0	11.4	11.5
	4	9.0	8.4	7.4	6.5	7.3	3.0	7.0
	5	2.2	3.8	1.5	2.3	3.3	1.7	2.4
	6	1.1	0	0	0	0.8	1.3	0.5
	7	0	0	0	0	0.8	0	0.1
	8	0	0	0.5	0.5	0.8	0	0.2
	合计	100	100	100	100	100	100	100
	平均值（人）	1.4	1.4	1.6	1.1	1.8	1.3	1.4
	标准差（人）	1.5	1.5	1.5	1.5	1.6	1.4	1.5
	样本数	277	263	204	217	123	236	1 320

消费是人类生存、生产所必需的，也是最基本的，更是社会经济构架的基础。从时代进步的角度来看，人们的消费除了保证基本的生存外，已逐步扩展到社会交往、娱乐消遣、沟通交流等多方面。因此，劳力型移民的城市生活消费状况也是本节需要关心的问题。在调查中，我们对劳力型移民的家庭支出做了详细了解，包括伙食费、住房费用、通信费用、交通费用、娱乐休闲费用、人际交往（请客、送礼等）费用、寄回老家的费用等。

在劳力型移民的月开支构成中，住房和伙食属于基本生存消费，该两类消费占到总消费的 45% 以上，杭州地区更是接近 60%；通信、娱乐休闲和人际交往等用于社交和精神舒缓的消费占到总消费的 30% 左右，其中，人际交往费用、娱乐休闲费用等的占比均在 10% 以上。

表2-4　　　　　　　　劳力型移民的月开支及其构成　　　　　　　　单位：%

开支项目	费用	广州	东莞	沈阳	成都	杭州	郑州	合计
伙食费	150元及以下	30.0	27.4	25.5	15.2	9.8	11.4	21.1
	151~300元	14.1	17.5	25.5	17.5	12.2	37.3	21.1
	301~450元	9.0	10.6	6.4	11.1	12.2	19.5	11.4
	451~600元	20.9	15.6	22.5	20.7	31.7	19.9	20.9
	601~750元	4.0	3.0	2.9	7.8	4.1	3.8	4.2
	751~900元	6.5	8.0	6.9	6.5	13.0	3.4	6.9
	901元及以上	15.5	17.9	10.3	21.2	17.1	4.7	14.3
	合计	100	100	100	100	100	100	100
住房费用	200元及以下	54.9	64.6	62.3	54.4	36.6	67.4	58.4
	201~400元	24.5	24.3	15.2	25.3	25.2	24.2	23.2
	401~600元	10.5	5.7	10.8	8.8	22.8	4.2	9.3
	601~800元	4.7	0.4	4.4	3.7	8.1	1.3	3.3
	801~1 000元	1.8	1.5	2.5	1.8	1.6	0.8	1.7
	1 001元及以上	3.6	3.4	4.9	6.0	5.7	2.1	4.1
	合计	100	100	100	100	100	100	100
通信费用	50元及以下	25.6	29.7	42.2	37.8	34.1	35.2	33.5
	51~100元	40.4	41.4	33.3	33.6	35.0	44.9	38.7
	101~150元	9.0	7.6	8.3	7.4	13.8	8.5	8.7
	151~200元	11.9	14.8	10.3	9.7	11.4	6.4	10.8
	201~300元	7.9	3.4	3.9	8.3	3.3	3.8	5.3
	301元及以上	5.1	3.0	2.0	3.2	2.4	1.3	3.0
	合计	100	100	100	100	100	100	100
交通费用	50元及以下	63.9	62.7	58.3	69.6	74.0	69.5	65.7
	51~100元	21.3	18.6	29.4	16.1	20.3	23.7	21.5
	101~200元	11.2	9.1	7.8	7.4	3.3	4.2	7.7
	201~300元	2.2	2.3	1.5	1.8	1.6	1.3	1.8
	301~600元	0.4	4.6	2.0	3.2	0.8	1.3	2.1
	601元及以上	1.1	2.7	1.0	1.8	0	0	1.2
	合计	100	100	100	100	100	100	100

续表

开支项目	费用	广州	东莞	沈阳	成都	杭州	郑州	合计
娱乐休闲费用	100元及以下	64.3	57.8	67.6	62.2	58.5	62.7	62.3
	101~200元	12.6	16.7	16.7	13.8	19.5	19.5	16.1
	201~300元	9.0	8.0	6.4	7.8	8.9	9.3	8.3
	301~500元	8.3	9.5	4.4	7.8	9.8	5.9	7.6
	501~1 000元	4.0	5.7	4.4	5.1	2.4	2.5	4.2
	1 001元及以上	1.8	2.3	0.5	3.2	0.8	0	1.5
	合计	100	100	100	100	100	100	100
交往费用	100元及以下	65.7	52.5	55.4	50.7	63.4	58.1	57.4
	101~300元	22.4	34.6	27.9	25.8	22.0	30.5	27.7
	301~500元	8.3	8.0	9.8	8.3	8.1	9.3	8.6
	501~1 000元	3.2	2.7	4.4	11.1	6.5	1.7	4.6
	1 001元及以上	0.4	2.3	2.5	4.1	0	0.4	1.7
	合计	100	100	100	100	100	100	100
寄回老家	100元及以下	52.3	47.1	59.3	63.6	62.6	80.1	60.2
	101~500元	20.9	19.4	22.5	14.7	21.1	12.7	18.4
	501~1 000元	20.6	19.0	13.2	14.7	13.8	6.4	15.0
	1 001元及以上	6.1	14.4	4.9	6.9	2.4	0.8	6.4
	合计	100	100	100	100	100	100	100

表2-5　　　　劳力型移民的月开支及其构成　　　　单位：元

区域	统计量	伙食费	住房费用（分期付款、房租、取暖、物业等相关费用）	通信费用	交通费用	娱乐休闲费用	人际交往（请客、送礼等）费用	寄回老家
广州	平均值	498.5	264.7	137.9	72.4	172.5	132.1	454.4
	标准差	588.1	372.2	136.7	151.9	343.8	212.5	827.7
东莞	平均值	507.8	242.2	116.6	106.3	216.0	204.6	614.6
	标准差	499.5	475.8	87.6	212.3	380.2	396.5	937.9
沈阳	平均值	431.2	323.9	101.7	88.0	137.9	232.4	340.7
	标准差	441.8	620.7	85.7	231.7	225.8	470.6	677.0

续表

区域	统计量	伙食费	住房费用（分期付款、房租、取暖、物业等相关费用）	通信费用	交通费用	娱乐休闲费用	人际交往（请客、送礼等）费用	寄回老家
成都	平均值	610.3	308.4	112.4	81.2	209.3	294.1	344.6
	标准差	531.1	481.1	99.0	162.3	410.7	534.1	716.8
杭州	平均值	598.2	419.5	108.3	47.7	170.1	153.5	237.0
	标准差	391.9	566.9	82.1	63.8	316.9	223.8	380.3
郑州	平均值	394.5	206.3	100.6	58.4	138.3	152.3	117.4
	标准差	224.9	310.0	114.2	71.1	169.0	183.1	284.5
合计	平均值	499.0	280.5	114.4	78.2	175.5	194.3	370.2
	标准差	476.5	470.7	106.3	167.2	322.9	367.8	726.1

表2-4和表2-5显示了（抽样城市）各地劳力型移民的月开支及构成状况，杭州地区收入较高，但在伙食费及住房费用等基本生存费用的开支较大，显著高于沈阳、郑州等地在该方面的支出；此外，成都地区伙食费的开支也较大，居各（抽样）城市之首。广州地区重视信息沟通，在通信方面的支出高于其他各（抽样）城市，东莞在交通费用方面的支出较高；人际交往上，成都在该方面的支出显著高于广州、杭州和郑州等地。

在伙食方面，劳力型移民主要会在单位饭堂用餐，或自己煮饭（分别为47.3%和43.3%）；从区域上看，东莞和广州在单位饭堂用餐的比例显著较高，分别为60.5%和56.3%；杭州和沈阳自己煮饭的比例更高，分别为56.1%和52%；此外，沈阳地区与同住者一起煮的比例也显著高于其他地区，达到31.4%；而郑州地区在小饭店吃的比例则显著较高，为55.9%。

表2-6　　　　　　劳力型移民平时吃饭习惯　　　　　　单位：%

区域	广州	东莞	沈阳	成都	杭州	郑州	合计
单位饭堂（包括单位包伙食）	56.3	60.5	45.6	44.2	36.6	32.2	47.3
自己煮	38.3	39.9	52.0	38.7	56.1	42.8	43.3
小饭店	10.1	22.8	30.4	27.2	16.3	55.9	27.3
与家人一起煮	22.7	32.7	23.0	34.6	28.5	17.8	26.4
快餐外卖	23.8	22.4	22.1	17.1	27.6	28.0	23.3

续表

区域	广州	东莞	沈阳	成都	杭州	郑州	合计
与同住者一起煮	11.9	14.8	31.4	18.9	10.6	16.9	17.4
外单位饭堂	1.8	0.4	2.9	0.5	5.7	2.1	1.9
其他	0.4	0	0	0	0	0.4	0.2
不重复人数	100	100	100	100	100	100	100
合计	165	194	207	181	181	196	187
样本数	277	263	204	217	123	236	1 320

综合城市中各类生活资料物价情况,包括房价、生活必需品价格、平均医疗收费水平、闲暇费用、交通费用、人际关系费用和教育或培训费用。劳力型移民对所在城市房价和医疗收费水平的满意度普遍较低[①],满意度平均值分别为 2.3 和 2.4。对交通费用和人际关系费用满意度相对较高,平均值达到 3.3 和 3.2。

从区域看,杭州地区对房价的满意度明显较低,均值仅为 2.0,TOP2 为 4.9;对人际关系费用的满意度也略低于其他地区,均值为 2.9;此外,东莞对交通费用的满意度也略低,均值为 3.2。

表2-7　　　　　　　　劳力型移民对物价的满意度情况

区域	统计量	房价	生活必需品价格	平均医疗收费水平	闲暇费用	交通费用	人际关系费用	教育或培训费用
广州	平均值	2.3	3.2	2.3	2.9	3.4	3.2	2.7
	TOP2（%）	5.1	28.2	7.2	15.5	41.5	27.1	14.4
	标准差	0.2	0.2	0.2	0.3	0.2	0.3	0.2
东莞	平均值	2.5	3.0	2.3	2.9	3.2	3.2	2.8
	TOP2（%）	9.1	20.5	9.5	10.6	35.0	23.2	16.7
	标准差	0.2	0.2	0.2	0.3	0.2	0.3	0.2
沈阳	平均值	2.4	3.2	2.5	2.9	3.5	3.3	2.8
	TOP2（%）	8.3	32.4	12.7	21.6	51.0	34.8	21.1
	标准差	0.2	0.2	0.2	0.2	0.2	0.2	0.2

① 调查中将劳力型移民对各方面物价的满意程度分为 5 个等级,5 为"非常满意",4 为"满意",3 为"一般",2 为"不满意",1 为"非常不满意"。

续表

区域	统计量	房价	生活必需品价格	平均医疗收费水平	闲暇费用	交通费用	人际关系费用	教育或培训费用
成都	平均值	2.4	3.0	2.3	2.9	3.5	3.2	2.9
	TOP2（%）	6.0	23.5	7.4	21.2	50.2	34.6	23.5
	标准差	0.2	0.2	0.2	0.2	0.2	0.2	0.2
杭州	平均值	2.0	3.0	2.5	2.8	3.3	2.9	2.7
	TOP2（%）	4.9	15.4	12.2	14.6	31.7	13.0	13.0
	标准差	0.2	0.3	0.2	0.2	0.2	0.3	0.2
郑州	平均值	2.2	2.9	2.3	2.8	3.3	3.1	2.7
	TOP2（%）	3.8	13.6	5.9	11.4	35.2	28.0	13.1
	标准差	0.2	0.3	0.2	0.2	0.2	0.2	0.2
合计	平均值	2.3	3.0	2.4	2.9	3.4	3.2	2.8
	TOP2（%）	6.3	22.7	8.8	15.6	41.1	27.6	17.0
	标准差	0.2	0.2	0.2	0.2	0.2	0.2	0.2

注：对满意度1~5等级分别赋1~5分，平均值取分范围为1~5分，分值越高表示平均满意程度越高。TOP2表示满意度中选择"非常满意"和"满意"的比例之和。

在劳力型移民日常最大的三项开支中，六成以上的被访者选择了伙食，同时，四成以上的被访者认为穿衣和房租也是最大三项开支之一。

表2-8　　劳力型移民日常开支最大的三项指标情况　　单位：%

区域	广州	东莞	沈阳	成都	杭州	郑州	合计
伙食	62.1	54.3	57.4	63.1	70.7	66.5	61.6
穿衣	37.2	42.2	53.4	33.1	42.3	59.0	44.4
房租	39.3	38.0	42.7	50.7	46.3	43.7	42.8
通信费（手机、电话、上网等）	33.9	28.5	33.3	24.0	26.0	28.4	29.4
抚养小孩	32.2	32.4	15.2	25.8	26.0	11.5	24.2
人际交往	17.7	16.0	25.0	24.9	17.1	20.4	20.0
娱乐消遣	18.8	15.2	20.1	19.9	19.5	22.5	19.2
赡养父母	23.9	24.3	15.7	17.5	12.2	9.7	18.1
交通费	7.6	10.6	10.8	4.6	8.9	8.9	8.6
买书、学习和培训	6.8	11.0	6.4	5.1	3.2	9.3	7.4
医疗保健	10.9	7.3	4.9	11.5	4.9	3.8	7.4
化妆美容	2.9	11.5	5.9	4.6	2.4	8.9	6.3
供房	3.6	4.9	6.9	2.8	11.5	5.9	5.4

续表

区域	广州	东莞	沈阳	成都	杭州	郑州	合计
保险费	1.8	2.6	2.5	1.9	5.7	1.7	2.4
其他	1.4	1.2	0	10.5	3.2	0	2.6
合计	300.0	300.0	300.0	300.0	300.0	300.0	300.0

结合劳力型移民的收支情况看，21.7%的被访者收大于支，固定有节余；52%的被访者表示收支刚好平衡，节余不多。针对收支紧张（控制不好钱就不够花），和入不敷出的群体（以及不确定/不清楚自己收支节余状况的群体），53.5%的被访者认为其收入在1 001~2 000元的水平时可以达到收支平衡；26%的被访者认为需要达到2 001~3 000元，平均值为2 366元，比总体的实际平均收入高出996元。

从区域看，成都地区收大于支，固定有节余的比例较高，为28.6%；郑州地区收支紧张，控制不好钱就不够花的比例则显著高于其他（抽样）城市。

表2-9 劳力型移民收支情况   单位：%

	区域	广州	东莞	沈阳	成都	杭州	郑州	合计
收支状况	收大于支，固定有节余	19.1	26.2	23.5	28.6	22.8	11.4	21.7
	收支刚好平衡，节余不多	56.3	53.2	49.5	54.8	47.2	47.9	52.0
	收支紧张，控制不好钱就不够花	18.8	18.6	23.0	13.4	23.6	32.6	21.4
	入不敷出	4.3	1.5	3.4	2.3	5.7	5.9	3.7
	不确定/不清楚	1.4	0.4	0.5	0.9	0.8	2.1	1.1
	合计	100	100	100	100	100	100	100
	样本数	277	263	204	217	123	236	1 320
保证收支平衡，月薪	0~1 000元	10.3	5.6	14.5	0	2.7	5.2	6.9
	1 001~2 000元	51.5	50.0	58.2	63.9	40.5	55.2	53.5
	2 001~3 000元	29.4	31.5	20.0	13.9	40.5	22.9	26.0
	3 001~4 000元	1.5	7.4	1.8	13.9	2.7	7.3	5.5
	4 001~5 000元	7.4	3.7	3.6	5.6	8.1	5.2	5.5
	5 001元及以上	0	1.9	1.8	2.8	5.4	4.2	2.6
	平均值（元）	2 181.0	2 330.0	2 036.0	2 494.0	2 785.0	2 498.0	2 366.0
	合计	100	100	100	100	100	100	100
	样本数	68	54	55	36	37	96	346

总体上，劳力型移民总体收入水平并不高，各地收入均值在 1 000 元出头，尤其郑州的平均收入仅为 1 135 元，明显低于其他地区。劳力型移民中，老家有需要供养家人的比例较高，各地都有接近一半或以上的劳力型移民有家人需要供养，其中杭州、沈阳等地其比例更高，分别达到 74% 和 63.2%。从收支情况看，一半左右的劳力型移民认为其收支刚好平衡，但节余不多，而 1/4 的被访者存在收支紧张或入不敷出的情况；觉得其收入存在收支紧张或入不敷出的被访者，认为收入要达到 2 366 元（总体均值）时，方能保证其收支平衡，其值高出劳力型移民现有收入均值近千元，说明该部分群体现有生活较为窘迫。在劳力型移民的各项开支中，伙食、穿衣和房租等开支占据其各项开支的前三位；总体上，多数的花费都用在了基础生存消费上，生活水平不高。

2.3 居住状况

在支撑人类生存、发展的各类资源中，土地因其不可再生性而占据了一个极其特殊的地位；伴随着社会城市化进程的加速，各大中城市人口迅速增长，住房问题日趋凸显。对于城市中的劳力型移民来说，拥有独立的、属于自己的住房，真正在城市安家成为一件非常困难的事情。

对劳力型移民居住状况的分析，包括了对其住房类型和租房原因、共同生活的人和住房面积、租房的类型、房中设备和周围交通状况、对购房的看法（包括房价、购房意愿、影响购房的因素）等指标的研究。

根据我们的调查数据显示（见表 2-10），劳力型移民的居住方式基本以自行租赁或企业提供（单位宿舍）为主。其中，租房居住是最主要的一种住房方式，（抽样城市）各地该群体比例达到六成左右；自购房的比例仅为 6.1%。东莞地区，居住在单位宿舍的比例显著较高；而杭州、郑州等地租房居住的比例高于其他地区；沈阳地区劳力型移民拥有自购房的比例稍高，达到 10% 以上。劳力型移民中的租房群体，之所以选择租房，主要是因为住宿地点离工作地点比较近，能够和家人或者朋友住在一起，且租房的价格会比较便宜。

表 2-10　　　　　劳力型移民住房状况与租房原因　　　　　单位：%

区域		广州	东莞	沈阳	成都	杭州	郑州	合计
住房类型	租住	55.6	50.2	55.4	59.4	62.6	65.3	57.5
	单位宿舍	34.3	46.0	30.4	25.3	25.2	22.5	31.6

续表

区域		广州	东莞	沈阳	成都	杭州	郑州	合计
住房类型	自购房	3.6	2.7	12.3	5.5	5.7	8.1	6.1
	借住	6.1	1.1	1.5	1.8	3.3	3.8	3.0
	其他	0.4	0	0.5	7.8	3.3	0.4	1.8
	合计	100	100	100	100	100	100	100
	样本数	277	263	204	217	123	236	1 320
租房原因	离工作地点近	44.8	35.6	51.3	46.5	31.2	39.0	41.9
	生活便利	32.5	48.5	38.1	39.5	28.6	39.6	38.3
	能够和家人或朋友住在一起	31.2	57.6	31.9	36.4	23.4	23.4	34.4
	价格比较便宜	27.3	15.2	39.8	45.0	29.9	30.5	31.0
	工作单位不提供宿舍	24.7	18.9	31.9	34.9	37.7	37.7	30.4
	工作单位所提供的宿舍条件太差	5.8	4.5	3.5	0	2.6	1.9	3.2
	比较自由	0.6	1.5	0	0	0	0.6	0.5
	其他	0	0	0.9	1.6	1.3	0	0.5
	不重复人数	100	100	100	100	100	100	100
	合计	167	182	197	204	155	173	180
	样本数	154	132	113	129	77	154	759

三至四成劳力型移民和朋友/同事，或家人生活在一起，合住人数以两人为多（29.2%）；此外，也有16%以上的群体是单独一人生活。合住情况下，根据住房类型不同，合住人数也会有所不同，由单位提供的宿舍合住人数均值为5人，租房或借住情况下，合住人数基本在3人左右。

表 2-11　　劳力型移民一起生活的人及住房情况　　　　　　　　单位：%

区域		广州	东莞	沈阳	成都	杭州	郑州	合计
一起生活的人	朋友或者同事	39.7	38.8	51.5	34.6	24.4	35.6	38.3
	家人	37.5	42.2	25.0	47.9	45.5	24.6	36.7
	自己一个住	16.6	12.5	12.3	12.4	17.9	26.3	16.3
	恋人	3.2	7.2	12.7	6.0	13.8	7.6	7.7
	亲戚	7.9	6.5	3.9	2.3	2.4	5.5	5.2

续表

区域		广州	东莞	沈阳	成都	杭州	郑州	合计
一起生活的人	合租者/室友	0.4	0	1.0	0.9	0	0	0.4
	同学	0	0	1.0	0.5	0	0.4	0.3
	其他	0.4	0	0.5	0.9	1.6	0	0.5
	不重复人数	100	100	100	100	100	100	100
	合计	105.8	107.2	107.8	105.5	105.7	100	105.3
一起居住的总人口数（含本人）	1人	15.9	13.3	10.8	12.9	21.1	26.3	16.4
	2人	19.9	33.1	24.5	31.8	35.0	34.7	29.2
	3人	22.0	13.3	22.1	14.7	21.1	16.5	18.0
	4人	14.1	14.1	14.7	16.6	13.8	10.2	13.9
	5人	8.3	7.2	4.4	7.8	4.9	4.7	6.4
	6人及以上	19.9	19.0	23.5	16.1	4.1	7.6	16.0
	合计	100	100	100	100	100	100	100
样本数		277	263	204	217	123	236	1 320

对于劳力型移民来说，他（她）们的住屋大多是城中村或村镇的出租屋（见表2-12），合计占到65.2%，广州与郑州等地该比例更是超过了八成；其次以小区商品房居多，沈阳、成都等地小区商品房的居住比例高出城中村/村镇出租屋一成以上，居各城市之首。相比而言，外来工公寓、政府廉租房总体比例分别为5.0%和1.3%，影响很小。

表2-12　　　　　　劳力型移民住房类型　　　　　　单位：%

区域	广州	东莞	沈阳	成都	杭州	郑州	合计
城中村/村镇出租屋	81.8	78.8	34.5	38.0	66.2	81.8	65.2
小区商品房	11.7	8.3	45.1	50.4	19.5	12.3	23.6
外来工公寓	1.9	12.1	8.8	2.3	5.2	1.3	5.0
单位宿舍	2.6	0.8	2.7	4.7	6.5	2.6	3.0
政府廉租房	0.6	0	1.8	2.3	1.3	1.9	1.3
工作场所	0.6	0	0.9	0.8	1.3	0	0.5
其他	0.6	0	6.2	1.6	0	0	1.3
不重复人数	100	100	100	100	100	100	100
合计	100	100	100	100	100	100	100
样本数	154	132	113	129	77	154	759

调查显示，劳力型移民住房中，基本的水电设施拥有率接近100%；娱乐设施方面，电视机拥有率为72.6%，影碟机、电脑、音响、宽带上网等比例较低，分别为34.8%、30.8%、26.4%和25%；其他生活设备比较匮乏，如热水器、洗衣机、电冰箱、微波炉等市民家庭必备的生活设备的拥有比例分别只到51.5%、30.9%、24.6%和14.6%。

表2-13　　　　　　　劳力型移民房中设备　　　　　　　单位：%

	区域	广州	东莞	沈阳	成都	杭州	郑州	合计
住房拥有的东西	电	98.9	99.2	99.0	99.1	100.0	99.6	99.2
	自来水	98.9	97.3	97.5	96.8	94.3	97.9	97.4
	下水道	84.8	89.0	85.3	82.9	68.3	80.5	83.1
	电视机	74.7	74.5	75.5	68.7	74.8	67.8	72.6
	抽水马桶	50.2	55.1	72.1	43.8	62.6	71.6	58.5
	煤气	66.4	47.9	64.2	72.4	57.7	35.6	57.0
	热水器	63.9	50.6	43.1	60.8	39.0	43.2	51.5
	自行车	33.9	31.2	34.8	41.9	49.6	41.5	37.7
	影碟机	38.3	46.4	29.4	36.4	24.4	26.7	34.8
	电话	32.9	33.5	35.3	33.2	22.8	26.7	31.4
	洗衣机	28.9	15.6	33.8	44.7	35.8	32.6	30.9
	电脑	31.0	34.2	21.1	29.0	40.7	31.4	30.8
	音响	32.1	31.2	20.1	18.4	23.6	28.8	26.4
	宽带上网	21.3	28.5	13.7	28.6	39.8	24.2	25.0
	电冰箱	27.8	18.3	26.5	31.8	33.3	15.3	24.6
	照相机	14.4	23.2	14.2	18.4	33.3	16.1	18.9
	微波炉	14.1	10.3	16.7	17.5	17.1	14.4	14.6
	电动车	4.0	1.1	12.3	23.5	39.8	21.2	14.3
	摩托车	5.1	1.9	4.9	6.5	0.8	1.7	3.6
	私家车	2.2	4.2	1.5	2.3	0.8	2.1	2.3
	货车	0.7	1.5	2.5	1.4	0.8	0.8	1.3
	不重复人数	100	100	100	100	100	100	100
	合计	916	888	888	939	860	869	896
	样本数	277	263	204	217	123	236	1 320

劳力型移民的住房类型和工作紧密地联系在一起（住房以租房和单位宿舍为主，租房原因以离工作地点近、生活便利为主，详见表2-11），所选位置公共交通较为便利，总体上，97.7%的居住点有公交车经过，87.3%的居住点可以拦到出租车，其他如摩的、脚踏人力车的比例也分别达到35.5%和24.2%。

表2-14　　　　劳力型移民住房交通状况　　　　单位：%

区域	广州	东莞	沈阳	成都	杭州	郑州	合计
公交	98.2	97.3	97.5	96.8	95.9	99.6	97.7
出租车	85.6	87.8	91.2	95.4	48.0	98.3	87.3
摩的	33.2	62.0	24.5	46.5	8.1	22.0	35.5
脚踏人力车	18.1	25.9	18.6	62.7	5.7	8.5	24.2
小区巴士	12.6	29.3	24.5	3.2	6.5	6.8	14.6
地铁	33.2	0	1.0	0	0.8	0	7.2
电瓶车/电动车	0.4	0	0	0	0	0	0.1
其他	0.7	0	1.5	0.9	0.8	0.4	0.7
无	0	0	0.5	0	0.8	0	0.2
不重复人数	100	100	100	100	100	100	100
合计	282	302	259	306	167	236	267
样本数	277	263	204	217	123	236	1 320

针对劳力型移民对购房的考虑，本次调查对房价情况、购房意愿、影响购房的因素等进行了数据收集，从统计结果看出，42.4%的劳力型移民是无法接受目前的房价的，28%的被访者表示可以接受。半数以上的被访者表示如果政策允许，他（她）们是愿意在城市购买住房的。而影响他（她）们在城市购房安家的因素中，首先被访者认为过高的房价和不稳定的工作占据重要地位（分别为65.3%和51.4%）；其次定居意向不明确、户籍限制等原因也有一定影响。

表2-15　　　　劳力型移民城市对购房的看法　　　　单位：%

	区域	广州	东莞	沈阳	成都	杭州	郑州	合计
房价情况	可以接受	25.6	31.6	34.8	32.7	15.4	22.9	28.0
	不知道	28.9	39.5	34.8	15.7	20.3	31.8	29.5
	无法接受	45.5	28.9	30.4	50.7	64.2	45.3	42.4
	其他	0	0	0	0.9	0	0	0.2
	合计	100	100	100	100	100	100	100

续表

	区域	广州	东莞	沈阳	成都	杭州	郑州	合计
政策允许，是否愿意购房	愿意	46.9	47.5	67.2	53.9	38.2	70.8	54.8
	愿意，但不敢想	26.4	22.1	22.1	21.2	46.3	10.6	23.0
	不愿意	14.4	16.7	4.9	16.1	8.9	10.2	12.4
	没必要	11.9	13.7	5.9	8.3	6.5	8.5	9.6
	其他	0.4	0	0	0.5	0	0	0.2
	合计	100	100	100	100	100	100	100
影响购房的因素	房价高	62.1	58.6	63.7	73.3	69.9	68.2	65.3
	工作不稳定	48.0	58.9	51.5	48.8	47.2	51.7	51.4
	定居意向还不明确	22.4	32.7	27.9	31.8	22.0	22.0	26.7
	户籍的限制	19.9	31.2	18.6	20.7	14.6	15.7	20.8
	居住环境不理想	0.7	0	0.5	0.5	0	0	0.3
	其他	1.4	2.3	1.5	2.8	1.6	0.4	1.7
	不清楚	1.1	0.4	0	0.5	0	0	0.4
	不重复人数	100	100	100	100	100	100	100
	合计	156	184	164	178	155	158	167
	样本数	277	263	204	217	123	236	1 320

上述数据反映出，在劳力型移民中，其租房居住的比例最高，各地都达到五到六成；其次是住在单位宿舍的比例较高；相对而言，劳力型移民自购房的比例普遍较低，总体仅为6.1%（沈阳略高，为12.3%）。而选择租房的群体中，更多是为了离工作地点近、生活便利、能够和家人或朋友住在一起、价格比较便宜等原因而选择租房居住。八成以上的劳力型移民是和他人一起生活的（郑州和杭州地区劳力型移民单独一人生活的比例略高，分别为26.3%和21.1%），主要为朋友、同事，以及家人。劳力型移民所居住的房子，大多是城中村或村镇的出租屋（占到65.2%），其次是小区商品房；由于大部分群体是租房，而这几类住房大多租金较为便宜且交通较为方便，因此受到劳力型移民的欢迎。对应于上节中劳力型移民的收入和支出状况及其以租房为主的居住现状，劳力型移民住房中，基本的水电设施拥有率接近100%；但（除电视外）其他娱乐设施的比例都较低，且生活设备（洗衣机、电冰箱、微波炉）等也比较匮乏。虽然在政策允许的情况下，劳力型移民的购房意愿还是比较高的，但四成以上的被访者是认为目前的房价是无法接受的；因此，高房价与工作的不稳定性仍是影响劳力型移民购房的最大障碍。

2.4 工作状况

二元经济发展的过程中，突出的特征之一便是农村劳动力的剩余为工业化提供了廉价的劳动力供给，工资增长较慢，雇用关系不利于劳动者。同时，由于市场双方信息和地位的不对称，劳资关系的不稳定性，劳力型移民在求职和就业过程中都存在不可预期性。

对劳力型移民工作状况的分析，包括了对其工作的稳定性（工作过的城市、本市换工作的次数和目前工作时长）、工作的时间（时间固定与否、工作时长和放假时间）、择业时最重要的因素和对工作各方面的满意度，以及与本地同事的工作待遇差别、影响事业前途的因素等指标的研究。课题组的调查显示，59%的被访者在不同的城市工作过，68.3%的被访者在本市更换过工作，目前所做工作的平均时长仅在2年左右。

表2-16　　　　　劳力型移民工作变动情况　　　　　　　　单位：%

	区域	广州	东莞	沈阳	成都	杭州	郑州	合计
工作过的城市数量	1个	42.2	43.3	39.2	47.0	26.8	40.3	41.0
	2个	27.8	29.7	26.5	18.9	28.5	20.8	25.3
	3个	17.0	13.7	21.6	10.6	24.4	20.8	17.3
	4个	6.5	7.6	7.4	9.7	12.2	10.2	8.6
	5个	0.7	1.9	3.4	4.1	4.9	3.4	2.8
	6个及以上	5.8	3.8	2.0	9.7	3.3	4.7	5.0
	平均值（个）	2	2	2	2	2	2	2
	合计	100	100	100	100	100	100	100
在本市换工作的次数	0次	38.6	36.1	28.4	39.6	26.0	16.9	31.7
	1次	17.0	22.1	12.7	11.1	17.1	13.1	15.7
	2次	20.9	24.7	21.1	21.7	24.4	31.8	24.1
	3次	11.2	11.0	21.1	15.7	11.4	20.8	15.2
	4次	3.6	3.4	7.4	4.1	5.7	6.8	5.0
	5次及以上	8.7	2.7	9.3	7.8	15.4	10.6	8.4
	平均值（次）	1	1	2	1	2	2	2
	合计	100	100	100	100	100	100	100

续表

	区域	广州	东莞	沈阳	成都	杭州	郑州	合计
目前工作时长	0~3月	11.2	5.7	9.3	13.4	7.3	19.1	11.2
	4~6月	5.8	7.2	12.3	9.7	10.6	18.2	10.4
	7~12月	7.9	12.2	15.7	9.2	14.6	14.0	11.9
	13~24月	24.9	25.9	34.3	31.8	22.8	30.9	28.6
	22~36月	26.0	27.8	15.2	19.8	18.7	11.9	20.5
	37~48月	10.8	12.9	5.9	6.9	11.4	3.8	8.6
	49月及以上	13.4	8.4	7.4	9.2	14.6	2.1	8.9
	平均值（月）	28.0	27.4	22.4	23.5	25.4	16.1	23.9
	平均值（年）	2.3	2.3	1.9	2.0	2.1	1.3	2.0
	合计	100	100	100	100	100	100	100
	样本数	277	263	204	217	123	236	1 320

在有固定工作的劳力型移民群体中[①]，45.4%的比例认为收入待遇是择业最重要的因素，其次才是工作前途、个人的兴趣和工作环境，而专业对口和社会地位只有极少的人会作为最重要因素来考虑。结合劳力型移民的学历和年龄背景看，较多处于年龄不高，学历偏低的状况，同时他（她）们属于城市的移民群体，需背负更大的生存压力，因此，在择业过程中，更多会从实际的收入因素去考虑。

表2-17　　　　　　劳力型移民择业考虑因素　　　　　　单位：%

	区域	广州	东莞	沈阳	成都	杭州	郑州	合计
择业最重要因素	收入待遇	43.3	42.6	51.1	47.1	48.7	43.2	45.4
	工作前途	19.0	22.3	18.3	15.5	10.9	13.5	17.2
	个人的兴趣	20.2	16.0	14.0	16.0	12.6	16.2	16.3
	工作环境	11.4	13.3	9.7	14.1	10.1	16.2	12.7
	专业对口	2.7	3.5	4.3	0.5	5.0	4.8	3.3
	社会地位	0.4	0.8	0	0	0.8	0.4	0.4
	其他	3.0	1.6	2.7	6.8	11.8	5.7	4.6
	合计	100	100	100	100	100	100	100
	样本数	263	256	186	206	119	229	1 259

---

① 调查显示，总体上，劳力型移民中有固定工作比例的群体达到83.9%，广州为82.7%，东莞为93.2%，沈阳为57.4%，成都为88%，杭州为90.2%，郑州为90.7%；本节以下所涉及分析和数据均针对有固定工作的被访群体。

劳力型移民每周工作和每天工作的时间基本固定（每周和每天工作时间固定的被访者比例分别为79%和84.5%，详见表2-18），但工作强度较大，79.8%的被访者每周工作6~7天，总体上平均每周工作6天；51.4%的被访者每天工作时间在7~8小时，46.3%的被访者每天工作9个小时以上，总体平均每天工作9.2小时。半成以上的人表示，他（她）们是没有明确的休息时间（无固定休息时间或是采用轮休），另有13.8%的群体没有假期，一直需要上班。

表2-18　　　　　　　　劳力型移民工作时间状况　　　　　　　　单位：%

	区域	广州	东莞	沈阳	成都	杭州	郑州	合计
每周工作时间是否固定	固定	71.1	83.2	82.8	67.0	89.1	86.0	79.0
	不固定	28.9	16.8	17.2	33.0	10.9	14.0	21.0
	合计	100	100	100	100	100	100	100
	样本数	263	256	186	206	119	229	1 259
每周工作时间	4天及以下	1.6	0	2.6	2.2	4.7	2.5	2.0
	5天	16.0	30.0	14.9	11.6	22.6	12.2	18.2
	6天	40.1	53.5	38.3	42.0	54.7	44.7	45.4
	7天	42.2	16.4	44.2	44.2	17.9	40.6	34.4
	平均值（天）	6	6	6	6	6	6	6
	合计	100	100	100	100	100	100	100
	样本数	187	213	154	138	106	197	995
每天工作时间是否固定	固定	81.4	89.8	82.8	77.7	92.4	85.6	84.5
	不固定	18.6	10.2	17.2	22.3	7.6	14.4	15.5
	合计	100	100	100	100	100	100	100
	样本数	263	256	186	206	119	229	1 259
每天工作时间	0~6小时	2.8	1.3	3.2	1.3	0.9	3.6	2.3
	7~8小时	40.2	69.6	35.7	43.1	53.6	60.2	51.4
	9~10小时	31.3	16.1	35.1	25.6	29.1	24.0	26.1
	11~12小时	23.4	12.6	14.9	21.9	11.8	11.2	16.2
	13小时及以上	2.3	0.4	11.0	8.1	4.5	1.0	4.0
	平均值（小时）	9.4	8.6	9.7	9.1	8.7	9.2
	合计	100	100	100	100	100	100	100
	样本数	214	230	154	160	110	196	1 064

续表

	区域	广州	东莞	沈阳	成都	杭州	郑州	合计
放假时间	无固定休息时间	36.9	17.2	28.0	36.9	13.4	33.2	28.7
	轮休	24.3	21.1	21.5	20.9	37.8	16.6	22.6
	周日	9.1	27.7	14.5	8.3	10.9	15.7	14.9
	没有假期，一直需要上班	12.5	4.3	17.2	21.8	10.1	17.9	13.8
	周六和周日	8.4	20.7	10.2	7.3	20.2	6.1	11.7
	每周或者每个月的特定日子	8.7	9.0	8.6	4.9	7.6	10.5	8.3
	不重复人数	100	100	100	100	100	100	100
	合计	100	100	100	100	100	100	100
	样本数	263	256	186	206	119	229	1 259

无论是从就业的稳定性，还是收入待遇、工作时间与强度来看，劳力型移民在工厂或其他企业工作的各方面条件与城镇总体水平相比还是有一定差距的，他（她）们的总体满意度水平为3.4分①。针对劳力型移民对工作的满意程度，我们将收入待遇、工作环境、工作的社会地位、职位升迁机会、工作压力、单位人际关系和事业前途等方面纳入了分析范围。工作中，劳力型移民对职位升迁机会的满意度最低，平均为2.5分，其次是工作的社会地位（平均为2.8分），总体的社会认同感和企业归属感较低；满意度较高的是单位人际关系，平均为3.9分，其次是工作环境（平均分为3.3分）。

表2-19   劳力型移民对目前工作各方面的满意度

区域	统计量	收入待遇	工作环境	社会地位	职位升迁机会	工作压力	人际关系	事业前途	工作总体
广州	平均值	3.0	3.4	2.8	2.4	3.1	3.9	2.9	3.3
	TOP2（%）	22.1	41.1	20.2	12.9	35.0	67.3	27.4	34.6
	标准差	0.2	0.2	0.2	0.1	0.1	0.2	0.1	0.2

---

① 调查中将劳力型移民对工作各方面的满意程度分为5个等级，5为"非常满意"，4为"满意"，3为"一般"，2为"不满意"，1为"非常不满意"；表2-19中，TOP2表示"非常满意"和"满意"的比例之和。

续表

区域	统计量	收入待遇	工作环境	社会地位	职位升迁机会	工作压力	人际关系	事业前途	工作总体
东莞	平均值	3.0	3.5	2.9	2.6	3.1	4.0	3.0	3.5
	TOP2（%）	24.2	49.2	25.8	18.8	35.5	78.1	32.8	49.2
	标准差	0.2	0.1	0.2	0.1	0.1	0.2	0.1	0.2
沈阳	平均值	3.0	3.2	2.7	2.5	3.2	4.1	2.8	3.6
	TOP2（%）	21.5	39.8	23.1	23.7	47.3	75.3	29.0	48.9
	标准差	0.2	0.1	0.1	0.1	0	0.2	0.1	0.2
成都	平均值	3.0	3.3	2.7	2.3	2.8	3.8	2.6	3.3
	TOP2（%）	26.2	40.8	18.4	14.6	30.6	67.0	18.0	36.4
	标准差	0.2	0.2	0.2	0.1	0.1	0.2	0.1	0.2
杭州	平均值	3.0	3.3	2.8	2.6	3.1	3.5	2.8	3.2
	TOP2（%）	25.2	42.0	21.8	11.8	24.4	52.9	17.6	32.8
	标准差	0.2	0.2	0.2	0.2	0.2	0.2	0.2	0.2
郑州	平均值	2.6	3.1	2.6	2.5	3.0	4.0	2.9	3.2
	TOP2（%）	14.8	28.8	15.3	15.3	34.5	71.6	26.6	31.4
	标准差	0.1	0.2	0.2	0.1	0.1	0.2	0.1	0.2
合计	平均值	2.9	3.3	2.8	2.5	3.1	3.9	2.9	3.4
	TOP2（%）	22.1	40.3	20.7	16.2	35.1	70.1	26.1	39.2
	标准差	0.2	0.1	0.1	0.1	0.1	0.2	0.1	0.2

在待遇差别上，48.9%的劳力型移民认为他（她）们与本地同事是没有待遇差别的，23%的群体认为存在福利社保差异，20.7%的群体认为存在同工不同酬的情况。其中，杭州地区认为工作中存在福利社保差异和同工不同酬的比例显著较高（分别为30.0%和36.1%）。

表2-20　　　　　　劳力型移民工作待遇差别　　　　　单位：%

区域	广州	东莞	沈阳	成都	杭州	郑州	合计
无差别	50.6	50.4	41.9	52.9	37.8	53.3	48.9
福利社保差异	23.2	23.4	25.3	19.4	30.3	19.7	23
同工不同酬	18.3	15.6	22.6	18	36.1	21.8	20.7
晋升机会少	11.8	17.6	21	11.7	14.3	20.1	16

续表

区域	广州	东莞	沈阳	成都	杭州	郑州	合计
培训机会较少	9.9	13.7	23.1	10.7	16	16.6	14.5
无本地同事	8.4	2	0.5	4.4	1.7	0	3.1
不清楚	0.4	1.6	0	2.4	0.8	0	0.9
其他	0	3.5	0.5	3.9	0.8	2.2	1.9
不重复人数	100	100	100	100	100	100	100
合计	122.4	127.7	134.9	123.3	137.8	133.6	129
样本数	263	256	186	206	119	229	1 259

对于影响事业前途的因素，63.8%的被访者选择了学历，结合劳力型移民的背景看，他（她）们学历普遍不高，而在劳动力市场上本科及以上学历的劳动者数量逐年增大，也造成相应的竞争和心理压力；这一比例在东莞地区较为明显。其次，57.6%的被访者选择了能力和技术，东莞、沈阳和杭州等地对该因素的认同略高。此外，被访者对机遇和人际关系的认同比例也较高，总体选择率都超过了30%。

表2-21　　　　　劳力型移民影响事业前途的因素　　　　　单位：%

	区域	广州	东莞	沈阳	成都	杭州	郑州	合计
影响事业前途的因素	学历	60.1	71.5	66.7	62.1	63.9	58.5	63.8
	能力和技术	57.4	60.5	59.7	56.8	61.3	51.5	57.6
	机遇	36.9	38.7	40.9	44.2	29.4	45.4	39.9
	人际关系	26.6	28.1	33.9	32.0	26.1	38.0	30.9
	性格	16.7	21.9	22.6	29.1	23.5	26.6	23.1
	家庭背景	16.3	16.4	21.5	23.8	23.5	15.7	18.9
	领导赏识	11.8	19.1	16.7	20.4	17.6	18.3	17.2
	年龄	14.1	15.2	23.7	19.9	5.0	9.6	15.0
	户籍	12.2	11.7	19.9	10.7	22.7	7.4	13.1
	性别	1.5	2.7	9.1	3.4	0.8	3.1	3.4
	婚姻状况	0.8	3.1	6.5	4.9	0	2.2	2.9
	生育状况	0	2.3	2.7	3.4	0	0.9	1.6
	无影响	2.3	1.6	0.5	2.4	0	0	1.3
	不清楚	0	0	0	1.9	0	0	0.3
	其他	0.8	0.8	0.5	1.5	1.7	1.7	1.1
	不重复人数	100	100	100	100	100	100	100
	合计	257	294	325	317	276	279	290
	样本数	263	256	186	206	119	229	1 259

总体上,劳力型移民的工作稳定性较弱,近六成被访者在不同城市工作过,近七成在本市更换过工作,而目前这份工作的平均工作时长仅为2年。结合前面的劳力型移民文化程度、收支压力等状况,可以看出劳力型移民背负着较大的生存压力,他（她）们选择工作时会从实际的收入出发,因此近五成的被访者都会认为收入待遇是择业最重要的因素。而将工作前途、个人兴趣或工作环境作为首要考虑的被访者都没有超过20%。另一方面,劳力型移民在劳动力市场仍是较为弱势的一方,有固定工作的劳力型移民群体,其工作强度都相对较大。近八成的被访者每周工作6~7天,总体上平均每周工作6天;近五成的被访者每天工作9个小时以上,总体平均每天工作9.2小时。半成以上的人表示,他（她）们没有明确的休息时间（无固定休息时间或是采用轮休）,一成以上的群体没有假期,一直需要上班。而对于劳力型移民和本地同事之间的待遇差别问题上,总体有五成左右被访者认为在不同方面存在待遇差别（包括福利社保差异、同工不同酬、晋升机会少、培训机会较少等）。其中,认为福利社保存在差异的比例略高于其他待遇差别。从劳力型移民对事业前途的考虑来看,被访者更多还是比较偏向务实的方面,六成左右认为学历、能力和技术是影响事业前途的因素之一,只有近四成和三成的被访者肯定机遇和人际关系对事业前途的重要性。

2.5 社会保障

居民的社会保险制度主要是为了保障居民的收入安全和基本生活保障,同时防范工作、生活中可能会遇到的各类风险,并为将来的生活提供一定的支撑。改革初期,我国的社会保障制度主要是针对国有、集体企业的内部员工,随着改革开放的深入发展,劳动力流动增大,劳力型移民成为城市建设的一支重要力量,社保制度在各地也经历了激烈的讨论,并发展出多种模式。

对劳力型移民社会保障的分析,包括了对其户籍状况（是否为本市户籍、本市户籍中的户籍类型）、关注的社会公共福利、本人/配偶/子女/父母享有的保险类型、享有的其他福利（除奖金、保险外）、享有的公共福利差异（与本地同事相比,包括教育、卫生、文化康乐和住房的福利差异）,以及存在差异的原因等方面的研究。

从本次调查对象的背景看,96.7%的被访者户籍不在本市。仅3.3%拥有本市户籍,这部分被访者中,独立地拥有本市个人户口的也只是少数（34.9%）,更多是采用集体户口、挂靠他人户口或其他等方式。

表 2 - 22　　　　　劳力型移民户籍情况　　　　　单位：%

户籍情况	区域	广州	东莞	沈阳	成都	杭州	郑州	合计
户籍情况	户籍不在本市	98.6	98.9	93.1	96.8	94.3	96.6	96.7
	本市户籍	1.4	1.1	6.9	3.2	5.7	3.4	3.3
	合计	100	100	100	100	100	100	100
	样本数	277	263	204	217	123	236	1 320
本市户籍类型	本市集体户口	0	0	0	14.3	28.6	50.0	16.3
	本市个人户口	0	33.3	35.7	71.4	28.6	25.0	34.9
	户口挂靠亲戚	100.0	33.3	7.1	0	14.3	25.0	20.9
	其他	0	33.3	57.1	14.3	28.6	0	27.9
	合计	100	100	100	100	100	100	100
	样本数	4	3	14	7	7	8	43

社会公共福利从类型来看，可作多种区分，本次我们将住房福利、养老福利、医疗福利、教育福利、卫生福利、文化康乐福利、社会保障福利等纳入调查范围。在 1 320 名被访者中，42.7% 的人首先关注住房福利，大大超过了对其他福利类型的关注。其次是对教育福利的关注，东莞地区的关注度（33.8%）显著高于沈阳（26%）、成都（25.8%）和郑州（21.2%）等地。

表 2 - 23　　　　劳力型移民关注的社会公共福利　　　　单位：%

区域	广州	东莞	沈阳	成都	杭州	郑州	合计
住房福利	37.2	31.2	55.9	37.8	44.7	54.2	42.7
教育福利	32.1	33.8	26.0	25.8	30.9	21.2	28.4
卫生福利	16.6	17.5	11.3	17.5	11.4	11.4	14.7
文化康乐福利	8.3	13.3	4.4	7.4	5.7	9.7	8.6
社会保障福利	0	0.8	0.5	0.9	0	0	0.4
养老福利	0	0	0	0	0	0	0.1
医疗福利	0	0	0	0	0	0	0
不清楚	1.4	0.8	0.5	1.4	0	0	0.8
不关注/无	2.9	0.8	0.5	7.4	3.3	1.3	2.6
其他	1.4	1.9	1.0	1.8	4.1	1.3	1.7
不重复人数	100	100	100	100	100	100	100
合计	100	100	100	100	100	100	100
样本数	277	263	204	217	123	236	1 320

劳力型移民对医疗、卫生福利的关注度相对较小，但从其实际享有的福利类型来看，被访者本人、配偶、子女和父母享有的福利类型中，医疗保险的享有比例都是最高的，达到50%左右（子女享有医疗保险的比例略低，为39.8%）。此外，被访者本人享有工伤和养老保险的比例在30%左右，配偶享有的比例略低（分别为26.5%和18.9%），父母享有养老保险的比例也仅为22.3%。总体上，劳力型移民及其家人对社会保障的参保率相对较低（无保险人数达37.1%），且享有类型相对较少。从城市看，东莞和杭州等地享有保险的人数显著较高。

表2-24　　　　　　　劳力型移民享有的保险情况　　　　　　　单位：%

	区域	广州	东莞	沈阳	成都	杭州	郑州	合计
本人享有的保险	医疗保险	44.4	67.3	43.6	56.7	65.0	42.4	52.4
	工伤保险	28.5	52.5	25.5	22.1	36.6	14.4	30.0
	养老保险	19.1	42.6	27.5	24.0	64.2	13.6	29.1
	失业保险	10.1	18.6	17.6	12.4	27.6	8.1	14.6
	生育保险	7.2	8.0	7.4	9.2	16.3	0.4	7.3
	商业保险	6.5	3.4	4.4	2.8	8.1	4.7	4.8
	社会保险	1.1	2.3	0.5	0.5	0	0	0.8
	意外保险	0	0	0	0.5	0.8	0	0.2
	住房公积金	0.4	0	0	0	0	0	0.1
	其他	0	0	0	1.4	0	1.3	0.5
	以上都没有	44.0	21.7	39.2	35.9	22.8	53.0	37.1
	不重复人数	100	100	100	100	100	100	100
	合计	161.4	216.3	165.7	165.4	241.5	137.7	176.9
	样本量	277	263	204	217	123	236	1 320
配偶享有的保险	医疗保险	38.7	56.9	43.1	44.8	55.9	55.0	48.4
	养老保险	13.5	33.8	34.5	14.7	47.5	30.0	26.5
	工伤保险	13.5	31.5	15.5	9.5	27.1	12.5	18.9
	失业保险	4.5	12.3	10.3	3.4	22.0	15.0	9.7
	生育保险	5.4	5.4	10.3	4.3	23.7	10.0	8.2
	商业保险	2.7	1.5	3.4	3.4	3.4	5.0	2.9
	社会保险	0	1.5	0	0	0	0	0.4
	意外保险	0	0	0	0.9	0	0	0.2
	不清楚	0.9	3.8	0	1.7	0	0	1.6

续表

区域		广州	东莞	沈阳	成都	杭州	郑州	合计
配偶享有的保险	其他	0	0.8	0	0	0	0	0.2
	以上都没有	53.2	28.5	43.1	46.6	37.3	37.5	41.2
	不重复人数	100	100	100	100	100	100	100
	合计	132	176	160	129	217	165	158
	样本量	111	130	58	116	59	40	514
子女享有的保险	医疗保险	39.0	45.8	40.4	44.8	20.8	33.3	39.8
	养老保险	3.8	3.7	10.6	14.3	2.1	3.3	6.8
	工伤保险	5.7	1.9	4.3	10.5	2.1	3.3	5.2
	商业保险	2.9	5.6	10.6	3.8	2.1	13.3	5.2
	失业保险	2.9	0.9	4.3	8.6	0	0	3.4
	生育保险	2.9	0	2.1	7.6	0	0	2.7
	教育保险	1.0	1.9	0	1.9	2.1	3.3	1.6
	意外保险	0	0	0	1.9	0	0	0.5
	社会保险	1.0	0.9	0	0	0	0	0.5
	不清楚	1.0	2.8	0	6.7	0	0	2.5
	其他	1.0	2.8	2.1	5.7	0	0	2.5
	以上都没有	56.2	41.1	46.8	35.2	75.0	53.3	48.4
	不重复人数	100	100	100	100	100	100	100
	合计	117	108	121	141	104	110	119
	样本量	105	107	47	105	48	30	442
父母享有的保险	医疗保险	42.6	49.8	49.0	47.9	22.0	41.9	43.9
	养老保险	19.1	27.4	40.2	23.0	16.3	7.6	22.3
	工伤保险	4.7	6.1	5.4	6.9	4.9	2.1	5.0
	失业保险	2.2	2.3	6.4	5.1	1.6	1.7	3.2
	生育保险	2.9	1.1	3.4	3.2	0.8	0.4	2.0
	商业保险	1.1	1.9	1.0	2.8	4.1	0.4	1.7
	社会保险	0.4	1.1	0	0	0	0	0.3
	意外保险	0	0	0	0	0	0.4	0.1
	不清楚	2.2	1.5	0	2.8	0.8	0	1.3

续表

	区域	广州	东莞	沈阳	成都	杭州	郑州	合计
父母享有的保险	其他	0	0.4	0	0	0	0	0.1
	以上都没有	48.0	33.1	32.4	31.3	59.3	53.8	42.0
	漏填	1.1	3.0	8.8	10.6	9.8	1.3	5.1
	不重复人数	100	100	100	100	100	100	100
	合计	124	128	147	134	120	110	127
	样本数	277	263	204	217	123	236	1 320

除奖金、保险外，47%的被访者所在的企业、工厂会提供免费午餐，其次，39.4%的被访者享有带薪的病假和休假；此外，年度体检，产假，年度职业技能培训的享有比例在25%左右。从地区看，广州和沈阳在免费午餐方面的享有率显著较高，而东莞在其他各类型的福利享有中都高于其他各（抽样）城市。

表2-25　　　　　劳力型移民享有的其他保险情况　　　　单位：%

	区域	广州	东莞	沈阳	成都	杭州	郑州	合计
除了奖金、保险外，享有的其他福利	免费午餐	57.0	39.2	58.8	44.7	41.5	38.6	47.0
	带薪病假与休假	32.1	62.4	40.2	38.2	37.4	23.7	39.4
	年度体检	25.3	39.5	26.5	23.0	30.9	14.4	26.5
	产假	14.4	61.2	17.6	16.1	15.4	15.7	24.8
	年度职业技能培训	15.9	45.2	20.6	25.8	17.1	16.1	24.2
	回乡路费报销	20.2	23.2	13.2	6.9	11.4	6.4	14.2
	子女托管	0.4	3.0	1.0	1.8	0	0	1.1
	没有工作单位	0	0	0.5	0.9	0	0.4	0.3
	节日礼金/实物发放	0	0	0.5	0	0	0	0.1
	话费报销	0	0	0	0	0	0	0
	不适用	0	0	0	0.9	0.8	2.1	0.6
	其他	1.8	0.8	0.5	1.8	2.4	0.8	1.3
	没有	24.5	10.3	21.6	30.9	22.0	34.3	23.8
	不重复人数	100	100	100	100	100	100	100
	合计	192	285	201	191	179	153	203
	样本数	277	263	204	217	123	236	1 320

从福利享有差异看，无论是教育福利、卫生福利、文化康乐福利，还是住房福利，劳力型移民认为其与本地人群所享有的福利完全一致的比例都相当低，分别只有8.6%、19.8%、17.4%和10.2%。其中，教育福利和住房福利尤为突出，分别有54.3%和65.4%的被访者认为其完全没有享受或有很大差异，只享受了少部分的福利。从地区看，各（抽样）城市中，东莞对各福利享受一致性的认同度略高，平均值[①]为2.3。

教育福利差异方面，东莞地区，31.2%的被访者认为与本地人相比有一些差异，但享受了绝大部分的福利。沈阳和郑州两地认为完全没有享受到的比例则高于其他地区（分别为37.7%和37.3%）。

卫生福利差异方面，东莞地区，27.8%的被访者认为与当地人的福利待遇完全一致，35.4%的被访者认为一些差异，但享受了绝大部分的福利。杭州认为有很大差异，只享受了少部分福利的比例较高（为26.8%），而郑州认为完全没有享受到的比例则高于其他地区（为43.6%）。

文化康乐福利差异方面，东莞地区，29.3%的被访者认为与当地人的福利待遇完全一致。沈阳和郑州认为完全没有享受到的比例则高于其他地区（分别为41.2%和42.8%）。

住房福利差异方面，东莞地区，23.6%的被访者认为与本地人相比有一些差异，但享受了绝大部分的福利。成都认为有很大差异，只享受了少部分福利的比例较高（为32.3%），而沈阳和郑州认为完全没有享受到的比例则高于其他地区（分别为50.5%和54.7%）。

表2-26　　劳力型移民享受的社会公共福利与本地人差异情况　　单位：%

	区域	广州	东莞	沈阳	成都	杭州	郑州	合计
教育福利差异	完全一致	9.0	8.0	10.8	9.7	4.9	7.6	8.6
	有一些差异，享受了绝大部分的福利	26.7	31.2	27.5	22.1	19.5	23.7	25.8
	有很大差异，只享受了少部分的福利	22.4	25.1	18.6	23.5	22.8	20.3	22.2
	完全没有享受	33.2	26.2	37.7	27.6	30.9	37.3	32.1
	不清楚	8.7	9.5	5.4	17.1	22.0	11.0	11.4
	合计	100	100	100	100	100	100	100
	平均值	1.9	2.0	2.1	1.7	1.6	1.8	1.8

---

① 平均值表示了劳力型移民与本地人享有福利的一致性，数值取值在1~4之间，数值越高，劳力型移民与本地人享有的福利越一致。数值为1表示该福利完全没有享有，4表示该福利享有与当地人完全一致。

续表

区域		广州	东莞	沈阳	成都	杭州	郑州	合计
卫生福利差异	完全一致	19.9	27.8	22.5	19.4	11.4	13.1	19.8
	有一些差异，享受了绝大部分的福利	27.8	35.4	24.5	29.5	22.8	15.3	26.4
	有很大差异，只享受了少部分的福利	18.1	15.6	15.7	18.4	26.8	17.4	18.0
	完全没有享受	29.2	14.8	33.8	21.2	26.0	43.6	28.0
	不清楚	5.1	6.5	3.4	11.5	13.0	10.6	7.9
	合计	100	100	100	100	100	100	100
	平均值	2.3	2.6	2.3	2.2	1.9	1.8	2.2
文化康乐福利差异	完全一致	15.9	29.3	16.2	15.2	10.6	12.7	17.4
	有一些差异，享受了绝大部分的福利	22.0	28.1	25.0	27.6	20.3	15.3	23.3
	有很大差异，只享受了少部分的福利	22.7	11.8	14.2	23.0	21.1	17.4	18.2
	完全没有享受	33.6	20.9	41.2	24.9	30.1	42.8	32.1
	不清楚	5.8	9.9	3.4	9.2	17.9	11.9	9.0
	合计	100	100	100	100	100	100	100
	平均值	2.1	2.5	2.1	2.1	1.8	1.7	2.1
住房福利差异	完全一致	11.9	12.9	14.2	8.8	4.1	5.9	10.2
	有一些差异，享受了绝大部分的福利	14.8	23.6	17.6	11.5	14.6	10.2	15.6
	有很大差异，只享受了少部分的福利	24.2	22.4	15.2	32.3	22.0	16.5	22.2
	完全没有享受	44.4	30.8	50.5	36.9	43.9	54.7	43.2
	不清楚	4.7	10.3	2.5	10.6	15.4	12.7	8.9
	合计	100	100	100	100	100	100	100
	平均值	1.8	2.0	1.9	1.7	1.5	1.4	1.8
总体差异	完全一致	3.6	5.3	7.4	1.8	3.3	3.8	4.2
	有一些差异，享受了绝大部分的福利	31.4	40.3	34.8	34.6	22.8	16.5	30.8

续表

	区域	广州	东莞	沈阳	成都	杭州	郑州	合计
总体差异	有很大差异，只享受了少部分的福利	34.7	36.9	30.9	39.2	36.6	36.4	35.8
	完全没有享受	24.9	12.9	25.5	17.5	21.1	36.0	23.0
	不清楚	5.4	4.6	1.5	6.9	16.3	7.2	6.2
	合计	100	100	100	100	100	100	100
平均值		2.0	2.3	2.2	2.1	1.8	1.7	2.0
样本数		277	263	204	217	123	236	1 320

在社会福利享有与本地人差异的原因认知上，将近七成的人认为是户籍原因造成的，其次，认为公共福利资源分布不均、公共福利资源太少而造成福利分享差异的比例也分别达到了28.5%和24.8%。

表2-27　劳力型移民享受的社会公共福利与本地人差异原因　　单位：%

区域	广州	东莞	沈阳	成都	杭州	郑州	合计
户籍不在本市	72.9	74.1	69.6	64.5	65.0	66.9	69.5
公共福利资源分布不均	21.7	28.1	31.9	33.6	30.9	28.0	28.5
公共福利资源太少	17.7	21.3	29.4	18.9	34.1	33.5	24.8
本市户籍类型的限制	6.5	12.9	13.7	1.8	13.8	10.2	9.5
无差异	2.2	1.1	1.0	0.5	0.8	3.0	1.5
不清楚	2.9	3.0	0	6.0	4.1	0.4	2.7
其他	2.2	0.4	2.9	4.6	0.8	1.7	2.1
不重复人数	100	100	100	100	100	100	100
合计	126	141	149	130	150	144	139
样本数	277	263	204	217	123	236	1 320

本次调研所随机抽取的样本，绝大部分被访者的户籍是不在本市的（各地接近九成五或以上）；即使户籍在本市的被访者，独立的本市个人户口也只占少数（广州该比例为0）。由于目前的市民福利在相当程度上还是与户籍制度存在着千丝万缕的联系，无法取得本地户籍的劳力型移民在相当程度上也就无法取得和本地市民同等的社会福利；实际上，从我们的调研结果看，有近七成的被访者

认为：户籍不在本市是造成其享有福利与本地人存在差异的主要原因。在劳力型移民关注的社会公共福利中，住房福利稳居首位（东莞地区略有不同，对住房福利和教育福利的关注度基本相当），其次是教育福利；而对医疗福利的关注度最低，数据显示为0%。但从劳力型移民及其家人实际享有的社会福利看，该比例则完全相反；劳力型移民及其家人实际享有医疗福利的比例相对较高，而其关注的住房福利和教育福利的实际享有率都非常低。究其原因，一方面，劳力型移民可能对于已实际拥有的福利（如医疗福利）不再重点关注；另一方面，由于劳力型移民对融入城市的渴望，自然对融入城市所需要的住房和教育的福利关注度较高。除奖金、保险外，近五成的被访者所在的企业、工厂会提供免费午餐，其次，近四成的被访者享有带薪的病假和休假；此外，年度体检，产假，年度职业技能培训的享有比例在1/4左右。从福利享有差异看，大部分劳力型移民认为其享有的各项福利（教育福利、卫生福利、文化康乐福利、住房福利）与本地人都存在一定差异。其中，教育福利和住房福利尤为突出，分别有54.3%和65.4%的被访者认为其完全没有享受或有很大差异，只享受了少部分的福利。

2.6　子女教育

劳力型移民在不同城市中的移动，带来的一个日益凸显的问题就是子女的教育问题。个体劳动力的移动初期，人们多会选择将子女留在户籍地，独身一人或与配偶、亲人等数人一起出外务工。在经历一段时间后，部分群体会选择将子女接到身边并在当地接受教育，但更多的是仍会将子女留在户籍地上学。劳力型移民所面临的不仅只是亲情的维系问题，也将涉及一个庞大群体第二代的未来发展问题。

对劳力型移民子女教育的分析，包括了对其有无子女和子女个数、（有子女的被访者）子女上学人数和上学地点、影响子女在本市上学的因素、子女就读学校有待改进的方面以及子女的教育费用（是否需要赞助费、就读费）等指标的研究。

本次访问的1 320名劳力型移民中，33.5%有子女，且多为1个或2个（在有子女的被访者中，其比例分别为63.1%和29.2%）。成都地区被访者家有2个子女的比例显著高于其他地区。

表2-28　　　　　　　劳力型移民子女个数情况　　　　　　　单位：%

区域		广州	东莞	沈阳	成都	杭州	郑州	合计
有无子女	无	62.1	59.3	77.0	51.6	61.0	87.3	66.5
	有	37.9	40.7	23.0	48.4	39.0	12.7	33.5
	合计	100	100	100	100	100	100	100
	样本数	277	263	204	217	123	236	1 320
子女的个数	1个	64.8	66.4	78.7	47.6	64.6	73.3	63.1
	2个	24.8	27.1	17.0	42.9	27.1	26.7	29.2
	3个	9.5	5.6	4.3	9.5	8.3	0	7.2
	4个	1.0	0.9	0	0	0	0	0.5
	5个及以上	0	0	0	0	0	0	0
	平均值（个）	1	1	1	2	1	1	1
	合计	100	100	100	100	100	100	100
	样本数	105	107	47	105	48	30	442

家中有子女的劳力型移民中，有62.9%的被访者（278个样本）其子女正处于上学阶段，且九成以上是有1个或2个上学子女。

表2-29　　　　　　　劳力型移民子女上学情况　　　　　　　单位：%

区域		广州	东莞	沈阳	成都	杭州	郑州	合计
有无子女正在上学	无	34.3	26.2	38.3	52.4	27.1	46.7	37.1
	有	65.7	73.8	61.7	47.6	72.9	53.3	62.9
	合计	100	100	100	100	100	100	100
	样本数	105	107	47	105	48	30	442
几个子女上学	1个	76.8	78.5	96.6	74.0	62.9	75.0	77.0
	2个	18.8	17.7	3.4	16.0	31.4	25.0	18.3
	3个	4.3	2.5	0	10.0	5.7	0	4.3
	4个	0	1.3	0	0	0	0	0.4
	5个及以上	0	0	0	0	0	0	0
	平均值（个）	1	1	1	1	1	1	1
	合计	100	100	100	100	100	100	100
	样本数	69	79	29	50	35	16	278

家中有上学子女的劳力型移民中，有 63.3% 的被访者（176 个样本）其子女是在原籍就学的，本市就学的比例仅为 32%（本市公立学校、私立学校、外来工子弟学校）。东莞地区劳力型移民子女在原籍就学的比例（为 77.2%）显著高于广州、成都、郑州等地区。

表 2-30　　　　　劳力型移民子女上学地点　　　　　　　　单位：%

	区域	广州	东莞	沈阳	成都	杭州	郑州	合计
子女在何处上学	原籍就学	60.9	77.2	58.6	56.0	57.1	50.0	63.3
	本市公立学校	15.9	8.9	17.2	26.0	11.4	37.5	16.5
	本市私立学校	20.3	5.1	6.9	8.0	5.7	12.5	10.1
	本市外来工子弟学校	0	6.3	6.9	0	22.9	0	5.4
	其他	1.4	2.5	10.3	10.0	2.9	0	4.3
	漏填	1.4	0	0	0	0	0	0.4
	不重复人数	100	100	100	100	100	100	100
	合计	100	100	100	100	100	100	100
样本数		69	79	29	50	35	16	278

家中有子女在本市上学的劳力型移民中，68.3% 的被访者（69 个样本）认为受教育成本高是影响子女在本市上学的原因之一。其次认为学校质量有待改进、获得学位难的比例也都在 20% 左右。在对子女就读学校的评价方面，26% 左右的劳力型移民认为其在教师素质、教学设施、办学水平和管理规范上还有待改进。

表 2-31　　　劳力型移民子女在其所在市上学的影响因素　　　　单位：%

	区域	广州	东莞	沈阳	成都	杭州	郑州	合计
影响子女在本市上学的因素	受教育成本高	76.9	72.2	33.3	72.7	80.0	50.0	68.3
	学校质量有待改进	23.1	38.9	25.0	9.1	6.7	50.0	22.8
	获得学位难	23.1	33.3	33.3	0	6.7	37.5	19.8
	子女的适应难	11.5	0	25.0	4.5	20.0	12.5	10.9
	无影响	3.8	0	0	13.6	0	12.5	5.0
	其他	0	0	16.7	13.6	0	0	5.0
	不重复人数	100	100	100	100	100	100	100
	合计	139	144	133	114	113	163	132

续表

	区域	广州	东莞	沈阳	成都	杭州	郑州	合计
子女就读学校有待改进的方面	教师素质	34.6	33.3	41.7	18.2	20.0	25.0	28.7
	教学设施	15.4	33.3	41.7	31.8	13.3	62.5	28.7
	办学水平	23.1	27.8	25.0	18.2	46.7	25.0	26.7
	管理规范	42.3	33.3	8.3	9.1	13.3	37.5	24.8
	学校声望	11.5	5.6	25.0	9.1	13.3	0	10.9
	无需改进	0	5.6	8.3	13.6	0	0	5.0
	费用方面	0	5.6	0	4.5	0	0	2.0
	其他	0	0	0	0	0	0	0
	不清楚/无所谓	38.5	22.2	8.3	40.9	46.7	25.0	32.7
	不重复人数	100	100	100	100	100	100	100
	合计	165	167	158	146	153	175	159
	样本数	26	18	12	22	15	8	101

家中有子女在本市上学的劳力型移民中，有57.4%的被访者（58个样本）不需要提交赞助费或借读费。每年用于子女教育的费用水平集中在2 001～6 000元之间，此外，8 001～10 000元也是一个略高的费用段，总体上，年平均花费达到6 184元。

表2-32　　　　　　　劳力型移民子女教育费用　　　　　　单位：%

	区域	广州	东莞	沈阳	成都	杭州	郑州	合计
是否需要赞助费/借读费	有	30.8	55.6	8.3	45.5	53.3	62.5	41.6
	无	65.4	44.4	91.7	54.5	46.7	37.5	57.4
	不清楚	3.8	0	0	0	0	0	1.0
	合计	100	100	100	100	100	100	100
	样本数	26	18	12	22	15	8	101
用于子女教育费用	0～2 000元	0	11.1	8.3	31.8	0	12.5	10.9
	2 001～4 000元	26.9	50.0	16.7	27.3	26.7	0	27.7
	4 001～6 000元	38.5	33.3	16.7	13.6	33.3	25.0	27.7
	6 001～8 000元	11.5	0	0	9.1	0	12.5	5.9
	8 001～10 000元	7.7	5.6	41.7	4.5	13.3	50.0	14.9

续表

	区域	广州	东莞	沈阳	成都	杭州	郑州	合计
用于子女教育费用	10 001～15 000元	3.8	0	8.3	9.1	6.7	0	5.0
	15 001～20 000元	3.8	0	8.3	4.5	13.3	0	5.0
	20 001元及以上	7.7	0	0	0	6.7	0	3.0
	平均值（元）	6 228	4 101.0	8 850.0	4 875.0	7 807.0	7 500.0	6 184.0
	合计	100	100	100	100	100	100	100
	样本数	26	18	12	22	15	8	101

本次调研的劳力型移民样本中，1/3 的被访者家内有子女，其中，又有 2/3 的被访者其子女正在上学。有上学子女的被访者中，仅三成左右其子女是在本市就学的。而该部分被访者各有 26% 左右的比例认为其子女就读学校在教师素质、教学设施、办学水平和管理规范上都还有待改进。从实际数据可看出，高昂的教育费用仍是劳力型移民子女在本市就学的一个重要障碍。有近七成的（子女在本市就学）被访者认为受教育成本高是影响其子女在本市上学的因素之一，稳居各类因素之首。同时，由于户籍等原因，劳力型移民所面临的高昂学费中有相当一部分是非本市户籍就学所需要缴纳的赞助费/借读费。总体看，劳力型移民每年用于本市就读子女的教育费用达到 6 184 元，沈阳甚至接近 9 000 元，远高于一般劳力型移民的平均收入。

2.7 社会生活

必要的休息与休闲生活不仅能让人缓解身体上的疲劳，更能让人从精神上得到放松与享受。对劳力型移民社会生活的分析，包括了对其休闲活动类型/场所、休闲伙伴、最好三位朋友的情况、遇困难时的求助对象等指标的研究。

第 2.4 中我们的调查显示（见表 2 - 18），近九成的劳力型移民或多或少的都还是有一些假期的。半数以上的被访者在闲暇时间会选择看电视/影碟（77.3%）、听音乐/收音机（64.5%）、逛街/购物（63.3%）、访友/聊天（62.4%）、玩电脑/上网（61.4%），以及玩手机（54.2%）、饮茶/吃东西、睡觉、发呆（50.6%）等。郑州地区劳力型移民在休闲时间选择玩电脑、上网的比例显著较高；而东莞地区在休闲时间的活动比较丰富，在被访者常选的休闲活动中，其选择比例都高于其他（抽样）城市。

表 2-33　　　　　　　　劳力型移民休闲活动类型　　　　　　单位：%

区域		广州	东莞	沈阳	成都	杭州	郑州	合计
闲暇时选择的休闲活动	看电视/影碟	83.4	89.7	82.8	68.2	74.0	61.9	77.3
	听音乐/收音机	63.9	79.1	68.6	56.2	48.8	61.4	64.5
	逛街，购物	62.8	81.7	69.6	57.1	39.0	56.4	63.3
	访友/聊天	62.5	86.3	64.7	49.3	47.2	53.8	62.4
	玩电脑，上网	54.5	63.1	63.2	52.1	62.6	74.2	61.4
	玩手机	52.3	74.5	58.3	51.2	29.3	45.8	54.2
	饮茶，吃东西，睡觉，发呆	46.9	73.0	51.0	53.5	39.0	33.1	50.6
	做家务	43.0	69.2	56.9	59.4	39.0	25.0	49.5
	阅读，摄影，书法	27.1	52.1	33.3	26.7	39.8	27.1	34.2
	下棋，打牌，搓麻将	35.0	35.4	31.4	36.9	22.0	22.5	31.4
	运动，健身	34.3	45.2	23.0	23.5	22.8	25.0	30.2
	上夜总会，KTV，卡拉OK	20.9	24.3	30.9	19.8	8.9	19.9	21.7
	上酒吧，理发厅，美容院	17.3	29.3	21.6	19.8	8.9	10.2	18.7
	打桌球	15.5	21.3	21.1	12.0	13.0	18.2	17.2
	彩票	12.6	16.0	20.1	24.0	10.6	8.1	15.3
	种花，养盆景，养动物	10.5	24.0	16.7	9.2	6.5	6.4	12.8
	钓鱼	0	0	0.5	0.5	0	0	0.2
	逛公园	0	0	0.5	0	0	0	0.1
	旅行	0	0.4	0	0	0	0	0.1
	其他	0.4	0	0	0.5	0	0	0.2
	无	0	0	0	0.9	0	0	0.2
	不重复人数	100	100	100	100	100	100	100
	合计	643	865	714	621	511	549	665
	样本数	277	263	204	217	123	236	1 320

从表 2-34 中，劳力型移民所偏好的休闲活动看，他（她）们更多时候会选择消费较低的户内休闲（如看电视、听音乐等），八成以上的被访者会选择在自己或朋友的家中度过假日，此外，五成左右的被访者会选择去公园游览或到饭

馆小聚。从休闲伙伴看，七成以上被访者会和朋友或同事共同度过假日；同时，五成以上的人会选择家人、亲戚或老乡。

表2-34　　　　劳力型移民休闲场所和休闲伙伴　　　　单位：%

区域		广州	东莞	沈阳	成都	杭州	郑州	合计
选择的场所	自己或者朋友家里	76.9	87.5	79.4	87.1	79.7	70.8	80.2
	公园	52.0	77.9	48.5	55.3	43.9	53.4	56.7
	饭馆	39.4	55.5	66.2	37.8	43.9	46.2	48.1
	网吧	24.2	26.6	47.1	31.8	19.5	35.6	31.1
	游乐场	19.1	37.6	23.5	32.3	12.2	26.3	26.3
	酒吧茶座	15.5	15.2	10.3	24.9	24.4	10.2	16.1
	歌舞厅	7.9	14.4	19.1	12.0	6.5	13.1	12.4
	体育馆	9.7	12.9	7.4	9.2	4.9	9.7	9.5
	麻将馆	6.1	7.2	6.9	14.7	6.5	3.0	7.3
	工作场所	1.1	0.8	0	0.5	0	0.4	0.5
	商场	0	0.4	1.5	0.5	0	0	0.4
	街道（逛街）	0.7	0	0	0.5	0	0	0.2
	KTV	0	0	0.5	0	0	0	0.1
	其他	0.4	1.1	0.5	0.5	0.8	0	0.5
	以上都没有	2.9	0.8	0	0.5	0.8	0.8	1.1
	不重复人数	100	100	100	100	100	100	100
	合计	256	338	311	307	243	270	291
	样本数	277	263	204	217	123	236	1 320
休闲的伙伴	朋友	72.5	83.5	83.3	66.7	71.3	79.5	76.6
	同事	71.7	83.9	80.9	67.1	66.4	73.1	74.6
	家人亲戚	53.5	66.3	45.1	64.8	51.6	37.6	53.6
	老乡	57.2	70.5	45.6	43.1	49.2	30.8	50.2
	同学	29.0	39.1	43.1	31.5	34.4	54.7	38.7
	邻居	14.9	30.3	20.1	24.1	15.6	5.1	18.6
	客户，商业伙伴	9.7	11.5	13.2	11.6	6.6	7.3	10.2

续表

区域		广州	东莞	沈阳	成都	杭州	郑州	合计
休闲的伙伴	其他	0	0	0	0	0.8	0	0.1
	无	0.7	0	0.5	1.4	0	0.4	0.5
	漏填	0.4	0	0	0	0.8	0.4	0.2
	不重复人数	100	100	100	100	100	100	100
	合计	310	385	332	310	297	289	323
样本数		269	261	204	216	122	234	1 306

在劳力型移民最好的三位朋友的调查中,除广州与杭州外,其他各(抽样)城市女性比例略高于男性比例;年龄在26岁左右,杭州与成都略高,接近30岁;在了解最好三位朋友的所在地时,有六成以上的被访者表示其在本市,其中,郑州地区该比例高于其他各(抽样)城市,达到71%;而从朋友类型看,同事、同学、老乡比例最高,总体分别达到35.7%、27.4%、25.8%。

表2-35　　　　　劳力型移民最好的三位朋友情况　　　　　单位:%

区域		广州	东莞	沈阳	成都	杭州	郑州	合计
性别	女	44.2	53.9	50.0	50.8	44.7	52.8	49.7
	男	48.7	41.8	48.5	46.2	50.7	46.3	46.7
	漏填	7.1	4.3	1.5	2.9	4.6	0.8	3.6
	合计	100	100	100	100	100	100	100
年龄	平均值(岁)	25.4	25.2	26.3	29.6	29.8	23.2	26.2
	合计	100	100	100	100	100	100	100
好友所在地	在本市	55.6	58.3	63.4	68.2	64.2	71.0	63.0
	在家乡	22.4	17.4	21.2	16.0	13.5	15.5	18.1
	在其他地方	15.7	19.5	14.4	13.7	7.8	12.1	14.6
	漏填	6.3	4.8	1.0	2.1	14.4	1.3	4.3
	合计	100	100	100	100	100	100	100
与其关系	同事	33.4	40.9	35.1	36.6	35.5	32.4	35.7
	同学	23.3	23.8	31.4	21.7	25.5	39	27.4
	老乡	33	31.2	20.8	22.1	32	15.8	25.8
	朋友	14.6	10	14.1	15.1	1.6	12.7	12.1

续表

区域		广州	东莞	沈阳	成都	杭州	郑州	合计
与其关系	邻居	6.6	4.8	6.2	5.7	5.2	3.8	5.4
	当地人	2.1	2.5	5.4	2	7.6	2.7	3.3
	上司	1.1	3	2.6	0.9	4.4	0.8	1.9
	客户/商业伙伴	0.7	0.9	0.8	0.9	1.9	0.7	0.9
样本数		277	263	204	217	123	236	1 320

在劳力型移民遇到难处时，他（她）们会根据事件的不同性质向不同人进行求助。遇到需要借钱、看病就医、待业（或无收入）、被骗钱等情况时，会更多向家人和朋友求助，其次是亲戚、同事等；遇到没地方住、和别人发生纠纷需帮忙处理时，会更多向朋友求助；发生交通事故时，更多的人会向本市政府相关部门和家人求助；而遇到工伤时，六成以上的人会向工作单位求助；此外，当发生被骗钱、与人发生纠纷和工伤时，也有近三成的人会选择向本市政府相关部门求助。

在各类劳力型移民可能会遇到的难处和紧急情况中，被访者对子女上学难一项遇到的比例较小，且可求助的对象范围较窄，总体上，有20%左右的人会就该项困难选择向家人和亲戚求助。

表2-36　　　　　劳力型移民遇到难处时的求助对象　　　　　单位：%

求助对象	借钱时的求助对象	看病时的求助对象	被骗钱时的求助对象	待业（或无收入）时的求助对象	没地方住时的求助对象	子女上学难时的求助对象	和别人发生纠纷需帮忙时的求助对象	出交通事故时的求助对象	工伤时的求助对象
家人	52.3	54.4	30.4	38.0	25.0	20.3	20.5	32.0	13.9
朋友	42.4	24.9	24.5	39.3	40.9	13.1	33.9	22.3	8.9
亲戚	35.8	26.2	12.4	22.0	25.2	18.4	13.7	14.5	5.9
同事	34.9	21.2	17.3	19.0	21.0	5.6	19.9	8.9	7.3
同学	23.9	10.8	11.4	22.4	19.8	5.2	12.7	6.0	2.3
老乡	22.1	11.8	12.0	20.6	21.4	4.6	12.1	7.7	3.9
工作单位	10.1	9.3	6.1	1.5	2.6	3.0	9.8	12.2	63.5
其他	0.4	0	0	0	0	0	0	0	0
保险公司	0	4.5	0	0	0	0	0	13.4	17.2

续表

求助对象	借钱时的求助对象	看病时的求助对象	被骗钱时的求助对象	待业（或无收入）时的求助对象	没地方住时的求助对象	子女上学难时的求助对象	和别人发生纠纷需帮忙时的求助对象	出交通事故时的求助对象	工伤时的求助对象
本市政府相关部门	0	5.8	28.4	3.3	3.1	15.7	25.1	41.0	17.5
家乡政府	0	1.2	2.0	0	0	6.9	2.3	2.0	1.1
社会救济	0	1.9	1.7	1.0	0	2.5	0	1.9	2.0
没有人可以求助	0.2	2.4	5.2	2.2	1.7	1.9	2.0	0	0
不适用/不清楚	2.3	2.8	7.4	3.5	4.8	38.7	5.4	5.6	5.4

上述数据反映出，劳力型移民所参与的休闲活动，基本以花费较低的、熟人聚集的室内（自己或朋友家里）活动为主。半数以上是看电视/影碟（77.3%）、听音乐/收音机（64.5%）、逛街/购物（63.3%）、访友/聊天（62.4%）、玩电脑/上网（61.4%）、以及玩手机（54.2%），饮茶/吃东西，睡觉，发呆（50.6%）等。除在自己或朋友家里，也有五成左右会选择公园或饭馆；基本包括朋友、同事、家人亲戚、老乡等。劳力型移民最好的三位朋友中，男女比例相当，平均年龄在26岁左右；其最好朋友的所在地以本市为多，超过六成；从朋友类型看，同事、同学、老乡稳居前三位。在劳力型移民遇到不同的难处，会向不同人进行求助；其中，借钱时的求助对象范围较广，而子女上学难时的求助对象最窄。

2.8 心理状况

在现实生活中，人们会遇到各种各样的困难、挫折、失败等情况，也可能由于这些事情而产生各种负面情绪。尤其是劳力型移民，生活在并非土生土长的城市，他（她）们可能会遭遇更多令人苦恼的事情。对劳力型移民心理状况的分析，包括了对其最苦恼的事情、出现的精神、心理问题及其程度、幸福三项指标等方面的研究。

从我们的调查结果看，半数以上的被访者最大的烦恼首先收入低、知识不够用，分别为56.7%和52.1%；其次，工作压力大、生活单调的比例也占到30%

以上。从区域看，杭州地区被访者苦恼于收入低的比例显著较高，为66.7%；东莞和沈阳地区苦恼于知识不够用的比例更高，分别为62.7%和57.8%。

表2-37　　　　　　　　　劳力型移民最苦恼的事情

区域	广州	东莞	沈阳	成都	杭州	郑州	合计
收入低	49.8	56.3	55.4	56.2	66.7	61.4	56.7
知识不够用	45.1	62.7	57.8	45.2	47.2	52.5	52.1
工作压力大	33.9	38.4	39.2	41.9	26.8	34.7	36.4
生活单调	26.4	31.6	36.8	29.5	29.3	35.6	31.4
工作不稳定	26.4	20.2	38.2	33.2	36.6	25.4	28.9
没有一技之长	30.7	27.8	36.3	30.0	30.9	15.3	28.1
没有奋斗目标	13.7	20.9	25.0	18.4	17.1	15.3	18.3
一事无成	17.0	9.1	14.2	14.7	14.6	8.9	13.0
孤独，人际关系冷漠	6.1	6.1	13.7	7.8	11.4	7.2	8.3
为情所困	4.0	5.7	7.4	8.8	4.1	10.6	6.8
身体不好	3.6	9.1	6.9	7.8	5.7	2.1	5.8
家庭不和	2.2	2.7	4.4	2.3	4.9	2.1	2.9
其他	0.4	0.4	0.5	2.8	0	0.4	0.8
以上都没有	4.7	2.7	2.5	4.6	3.3	3.4	3.6
不重复人数	100	100	100	100	100	100	100
合计	264	294	338	303	298	275	293
样本数	277	263	204	217	123	236	1 320

关于劳力型移民的精神状态（见表2-38），我们从九个方面加以测量，包括"失眠"、"觉得身心疲惫"、"烦躁易怒"、"容易哭泣或想哭"、"前途茫然"、"感到很孤独"、"觉得自己没用"、"觉得生活很艰难"、"觉得活着没意思"。按照其程度分为四个等级：没有、有时有、经常有、很严重（将被访者无法清晰说明的情况归为说不清）。劳力型移民中出现过上述情况（不论轻重）的比例分别达到53.3%、71.0%、64.5%、32.0%、59.3%、45.0%、41.0%和60.3%，反映了劳力型移民在日常的工作和生活中都承担了较大的压力。

东莞和成都地区"觉得身心疲惫"的比例较高；郑州地区劳力型移民经常感觉"前途茫然"的比例显著较高（为17.8%）；此外，成都地区群体有时会"感到很孤独"的比例显著较高（为41.0%），而杭州地区群体中情况严重的比例更高，经常有该情况的比例达到12.2%。

表2-38 劳力型移民工作期间出现的精神/心理问题及其程度 单位：%

区域		广州	东莞	沈阳	成都	杭州	郑州	合计
失眠	没有	56.0	41.4	44.6	39.6	43.9	48.7	46.2
	有时有	36.5	49.4	47.1	47.9	42.3	43.6	44.4
	经常有	6.9	6.5	7.4	11.1	10.6	5.9	7.7
	很严重	0.7	2.3	0.5	0.9	1.6	1.3	1.2
	说不清	0	0.4	0.5	0.5	1.6	0.4	0.5
	合计	100	100	100	100	100	100	100
身心疲惫	没有	33.2	29.3	25.5	18.9	35.8	28.8	28.3
	有时有	54.9	60.8	52.5	60.8	43.9	49.2	54.6
	经常有	10.8	9.1	19.1	18.4	17.1	18.6	15.0
	很严重	1.1	0.4	2.9	1.4	0.8	1.7	1.4
	说不清	0	0.4	0	0.5	2.4	1.7	0.7
	合计	100	100	100	100	100	100	100
烦躁易怒	没有	38.3	31.9	25.5	33.6	49.6	33.1	34.4
	有时有	51.3	55.9	55.4	51.6	38.2	50.4	51.5
	经常有	8.3	10.6	16.2	13.4	9.8	13.6	11.9
	很严重	1.4	0.4	2.5	0.5	0	1.7	1.1
	说不清	0.7	1.1	0.5	0.9	2.4	1.3	1.1
	合计	100	100	100	100	100	100	100
容易哭泣或想哭	没有	74.4	65.4	58.3	67.3	69.9	64.4	66.7
	有时有	23.8	28.1	29.9	26.7	22.0	29.2	26.9
	经常有	1.1	5.3	9.3	5.1	2.4	4.2	4.5
	很严重	0	0.8	2.0	0	0.8	0.4	0.6
	说不清	0.7	0.4	0.5	0.9	4.9	1.7	1.2
	合计	100	100	100	100	100	100	100
前途茫然	没有	47.7	41.4	36.3	35.5	34.1	33.5	38.9
	有时有	39.0	43.0	38.7	46.1	41.5	41.1	41.5
	经常有	9.4	9.9	15.7	12.0	15.4	17.8	13.0
	很严重	3.2	4.6	8.3	3.7	4.1	5.1	4.8
	说不清	0.7	1.1	1.0	2.8	4.9	2.5	1.9
	合计	100	100	100	100	100	100	100

续表

	区域	广州	东莞	沈阳	成都	杭州	郑州	合计
感觉孤独	没有	57.4	60.1	52.9	51.6	49.6	49.2	54.1
	有时有	36.8	31.9	32.8	41.0	31.7	38.1	35.7
	经常有	5.4	6.8	9.8	6.0	12.2	9.3	7.8
	很严重	0.4	0.8	4.4	0.5	1.6	2.1	1.5
	说不清	0	0.4	0	0.9	4.9	1.3	0.9
	合计	100	100	100	100	100	100	100
觉得自己没用	没有	57.8	60.1	57.4	50.7	48.8	66.5	57.7
	有时有	35.0	31.6	31.9	36.4	38.2	28.4	33.2
	经常有	5.4	5.7	6.4	9.2	7.3	3.4	6.1
	很严重	1.1	1.8	3.9	1.8	1.6	0.4	1.7
	说不清	0.7	0.8	0.5	1.8	4.1	1.3	1.3
	合计	100	100	100	100	100	100	100
觉得生活艰难	没有	42.2	40.7	32.4	39.2	43.1	37.3	39.1
	有时有	41.2	48.3	47.1	41.0	33.3	44.9	43.4
	经常有	13.0	8.7	14.7	14.7	12.2	12.7	12.6
	很严重	3.2	2.3	5.9	3.7	8.1	5.1	4.3
	说不清	0.4	0	0	1.4	3.3	0	0.6
	合计	100	100	100	100	100	100	100
样本数		277	263	204	217	123	236	1 320

在对劳力型移民认为的幸福三项指标调查中，被访者对"子女孝顺"、"家庭美满"、"得到别人的尊重"的选择位于前三位，分别为52.2%、45.8%和20.1%。从区域上看，成都和杭州选择"知足"的比例显著较高，分别达到29.5%和20.3%。

表2-39　　劳力型移民的幸福生活三项指标　　单位：%

区域	广州	东莞	沈阳	成都	杭州	郑州	合计
子女孝顺	55.2	57.8	39.2	53.0	57.7	50.0	52.2
家庭美满	44.8	41.5	53.9	34.6	42.3	57.2	45.8
得到别人的尊重	22.0	18.6	21.1	16.6	18.7	22.5	20.1
事业有成	14.8	15.6	23.0	20.3	19.5	19.9	18.5

续表

区域	广州	东莞	沈阳	成都	杭州	郑州	合计
生活富足	15.9	11.8	17.2	12.0	18.7	16.9	15.1
实现自己的理想	14.4	11.4	20.6	11.5	15.4	16.5	14.8
身体健康	15.2	13.3	13.7	12.9	13.8	17.4	14.5
知足	11.9	13.3	6.4	29.5	20.3	5.1	13.8
有知心朋友	10.1	11.0	12.7	11.5	12.2	8.5	10.8
为社会做贡献	7.9	9.9	10.3	8.8	13.0	8.5	9.4
赚到很多钱	6.1	9.1	5.4	4.6	10.6	6.4	6.8
搞好人际关系	0	0.8	0	0.5	0	0	0.2
其他	52.0	56.3	58.3	60.8	56.1	69.5	58.8
不重复人数	100	100	100	100	100	100	100
合计	270	270	282	277	298	298	281
样本数	277	263	204	217	123	236	1 320

因而，对劳力型移民的调查结果表明，首先是他（她）们最大的烦恼在于收入低、知识不够用，其次是工作压力大、生活单调；结合我们前面部分的分析结果也可知道，劳力型移民中，只有两成左右收大于支，固定有节余，且97.7%的被访者其学历水平在高中及以下，其固有的背景特征造成了其生活烦恼。同时，大部分劳力型移民的精神状态都处于亚健康状态，在"失眠"、"觉得身心疲惫"、"烦躁易怒"、"容易哭泣或想哭"、"前途茫然"、"感到很孤独"、"觉得自己没用"、"觉得生活很艰难"、"觉得活着没意思"等方面分别有53.3%、71.0%、64.5%、32.0%、59.3%、45.0%、41.0%和60.3%的比例存在或多或少的问题。而在劳力型移民认为的幸福三项指标调查中，"子女孝顺"、"家庭美满"、"得到别人的尊重"占据前三位。

第三章

智力型移民的生存状况

伴随着高等教育的扩招以及大学毕业生就业政策的改革,一个新的移民群体——智力型移民——正在形成。本章首先对智力型移民形成的原因进行简要分析,然后结合实际调查对这一移民群体的生存状况进行描述。

3.1 智力型移民的形成

智力型移民是指接受过高等教育(大专及以上,硕士研究生及以下学历)在城市工作但没有取得该市户籍的人员。在大学毕业生就业形式日益紧张的背景下,智力型移民已经成为一个重要的新的移民群体,其生存状况越来越引起人们的关注。简要说来,智力型移民的形成与高校的扩招和高校毕业生就业政策的变革有关。

3.1.1 高校扩招的影响

1999 年,中共中央、国务院召开了全国教育工作会议,讨论并通过了高校扩招的决策。当年,普通高等学校的本专科招生人数达到 1 548 554 人,比 1998 年增加了 42.9%。1997 年,中国高等教育的毛入学率仅为 5%,到了 2002 年,我国高等教育的毛入学率已经达到 15%,我国的高等教育开始进入大众化的发展阶段。① 2008 年中国普通高等学校本专科招生人数已经达到 6 076 600 人，与扩招前的 1998 年相比，招生人数增加到 5.6 倍（1997～2007 年间中国普通高校本专科招生人数的变化趋势参见图 3-1）。

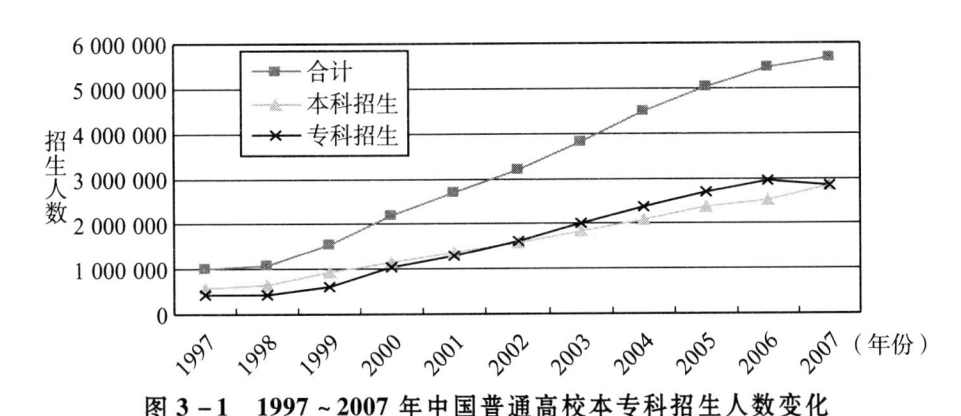

图 3-1　1997～2007 年中国普通高校本专科招生人数变化

资料来源：教育部网站发布的统计数据，网址为：http：//www.moe.edu.cn/。

伴随着高校的扩招，农村籍大学生在高校中的比重日益增大。一些学者的研究表明，从 1989 年至 2008 年，我国高校农村新生的比例逐年上升。1989 年，我国高校农村新生的比例为 43.4%，2003 年大学生中的农村生源与城市生源基本持平，2005 年农村生源与城市生源的比例达到 53%②。《光明日报》的报道也表明，1998 年招收大学生 108 万人，其中农村子弟 40 万人，占 37%；2005 年招收大学生 447 万人，其中农村子弟 230 万人，占 51%。农村子弟上大学的绝对数字上升了将近 6 倍，所占的比例第一次超过了城市青年。农村大学生的增加在一些省份也有具体的体现。以湖北省为例，2006 年高考 53 万人报考，农村人口 27 万人，占 51%；2007 年 50 万人报考，农村人口 29 万人，占 59%；2008 年 52 万人，农村人口 33 万人，占 63%③。

需要指出的是，尽管农村籍大学生在总体中的比重有所增加，但是农村籍大学生在重点大学的比重却有所下降。中国农业大学的数据表明，1999 年至 2001 年农村新生的比例均在 39% 左右，2002 年之后开始下降，2007 年跌至最低仅为 31.2%。南开大学近 3 年的数据表明，2006 年农村新生比例为 30%，2007 年为 25%，2008 年为 24%，下降趋势也比较明显。另外，前几年北京大学、清华大

---

①③　夏斐：《理性客观看待大学扩招》，载《光明日报》2008 年 12 月 10 日。网址：http：//www.gmw.cn/content/2008-12/10/content_867673.htm。
②　杨东平：《监测教育公平状况，开展学生家庭背景调查》，2009 年 3 月 19 日，参见杨东平的博客。网址：http：//blog.tianya.cn/blogger/post_show.asp？BlogID=296700&PostID=16802752。

学农村新生的比例均不足 20%。[①]

在重点大学中农村籍大学生比例下降的同时，二本、三本等非重点地方性大学中的农村籍大学生却大幅度增加。有人曾随机抽取了安徽 4 所新升本科院校，对部分专科专业 2008 届的 360 名师范类毕业生进行调查。调查表明，来自城市的专科生仅为 14.7%，来自农村的专科生高达 66%，另外还有 19.3% 的学生来自小城镇。由此可以看出，农村籍的大专生比重远远大于来自城市的大专生。事实上，中国实施高等学校的扩招之后，与本科的招生相比，专科招生人数的增长速度相对较快。从图 3-1 可以看出，与扩招前的 1998 年相比，2007 年普通高校每年本科的招生规模增加了 4.3 倍，而专科每年的招生规模增加了 6.6 倍。即使在本科的招生中，一本的扩招比例也很低。比如，2008 年国家下达河南省招生计划 50.3 万人，其中本科 21 万人，专科 29.3 万人，后期各高校在河南省又扩招 1 万余人，但一本只扩招了 1 240 人[②]。

总之，20 世纪 90 年代末期以来，随着高等院校招生规模的扩大，农村籍大学生在高校学生中的比例显著增加。同时，重点大学中的农村籍大学生比例却明显下降，农村籍大学生越来越多的集中在专科院校以及非重点本科院校中。高校招生的扩张以及农村籍学生在非重点院校的聚集，是智力型移民形成的重要背景。

3.1.2 高校毕业生就业制度改革的影响

智力型移民的形成还与高校毕业生就业制度的改革有关。新中国成立后，国家对大学毕业生实施了"统包统分"制度。在这种制度下，国家根据社会发展的需要，由政府主管部门按照统一的部署对高校毕业生实施计划性分配。这种制度一方面限制了毕业生个人选择就业的权利；另一方面也保证了每一个高校毕业生都能就业。大学毕业生的统包统分制度一直延续到 20 世纪 80 年代。比如，1983 年，教育部发布的"全日制普通高等学校学生学籍管理办法"中规定，"学生毕业后必须服从国家统一分配，按规定时间到所分配的单位报到。对不顾国家需要，坚持个人无理要求，经批评教育拒不服从分配，从学校公布分配名单之日起，逾期三个月不去报到者，经地方主管调配部门批准，由学校宣布取消分配资格，限期离校。"

---

① 杨东平：《监测教育公平状况，开展学生家庭背景调查》，2009 年 3 月 19 日，参见杨东平的博客。网址：http://blog.tianya.cn/blogger/post_show.asp?BlogID=296700&PostID=16802752。

② 参见："河南：2008 年普通高招共录取 51.3 万人"，网址：http://gaokao.chsi.com.cn/gkxx/ss/200808/20080819/7954003.html。

随着经济改革的逐步深入，高校毕业生统包统分制度开始逐渐松动。1985年，中共中央颁布了《关于教育体制改革的决定》。《决定》指出，"改革高等学校的招生计划和毕业生分配制度，扩大高等学校办学自主权"，对于国家计划招生的学生，"实行在国家计划指导下，由本人选报志愿、学校推荐、用人单位择优录用的制度"；对于计划外招收的少数自费生，"毕业后可以由学校推荐就业，也可以自谋职业"。1989年，国务院批准了《高等学校毕业生分配制度改革方案》。《方案》指出，"逐步减少定向招生，按长远改革方向，毕业生将主要通过人才（劳务）市场自主择业"。1993年，中共中央、国务院发布了《中国教育改革和发展纲要》。《纲要》指出，改革高等学校毕业生"统包统分"和"包当干部"的就业制度，"除对师范学科和某些艰苦行业、边远地区的毕业生，实行在一定范围内定向就业外，大部分毕业生实行在国家方针政策指导下，通过人才劳务市场，采取'自主择业'的就业办法"。1996年发布的《全国教育事业"九五"计划和2010年发展规划》指出，"近期内以实行'供需见面、双向选择'为主，到2010年前，除实行定向招生和享受定向、专项奖学金的学生按规定方向或合同就业外，其他毕业生基本实行在国家政策指导下自主择业的就业制度"。

自此之后，中国大学生的就业制度一直朝着"双向选择、自主择业"的方向发展。高等教育就业制度的改革对于大学生的就业有着深远的影响。在统包统分的体制下，大学毕业生几乎不存在失业问题，几乎所有的大学生都有一份比较稳定的工作。但是在自主择业的体制下，大学生就业并不一定是铁板钉钉的事，特别是在近几年，大学生的就业压力越来越多，失业率越来越高。教育部公布的数据表明，1996年的高校毕业生就业率为93.7%，然后到了2009年（截至7月1日），我国普通高校毕业生的就业率仅为68%（见图3-2）。

随着就业率的下降，越来越多的大学生难以找到合适的工作。这其中，来自农村的、毕业于非重点院校的本科生以及大专生占有很大的比重。在传统的观念中，这些来自农村的孩子考上了大学，就意味着在城市有了"铁饭碗"。然而现在，面临着就业市场的激烈竞争，这些来自农村的大学生相对缺乏必要的社会关系网络，很难在城市中找到稳定的工作。即使一些毕业生找到了工作，他们也大多是在城市中非正规部门就业，难以取得所在城市的户口。从这个意义上来说，他们与传统的农民工是相同的——工作在城市，但不具有所在城市的户口，尽管他们的身份已经从农业户籍转变为城镇户籍。但是他们又不愿返回原籍，不愿意回到农村。因为当初他们选择读书就是为了改变命运，走出农村。为了留在城市工作，他们只能在私人企业等一些非正规的部门暂时工作。他们构成了智力型移民的主体部分。

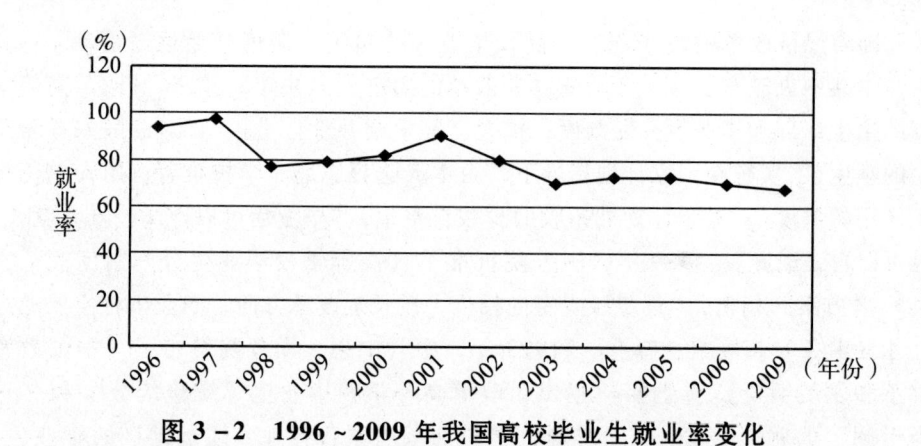

图 3-2　1996~2009 年我国高校毕业生就业率变化

资料来源：1996~2002 年的就业率数据来源于：《2003 年：100 万大学生待业》，载《经济参考报》2004 年 1 月 30 日；2003~2004 年的就业率数据来源于：《高校毕业生今年就业率 73%》，载《人民日报》（海外版）2004 年 9 月 30 日；2005 年就业率数据来源于：《周济部长在 2006 年全国普通高校毕业生就业工作会议上的讲话》，载《教育部通报》2005 年 12 月 8 日；2006 年就业率数据来源于：《陈至立在 2007 年全国普通高校毕业生就业工作电视电话会议上的讲话》，载《中国教育报》2007 年 4 月 26 日。以上数据均转引自赖德胜《缓解大学生就业困境的政府职责》，载《中国大学生就业》2008 年第 8 期。2009 年的就业率来自教育部发布的信息，参见网址：http://learning.sohu.com/20090812/n265900990.shtml。

总之，高校的扩招、农村籍学生的增加，以及高校毕业生就业制度的改革、高校毕业生就业形势的紧张是智力型移民形成的重要原因。

3.2　智力型移民的生存状况

为了把握城市新移民的发展趋势，2008 年 11 月至 2009 年 9 月，我们先后在广州、东莞、沈阳、成都、杭州、郑州等地组织新移民调查。此次调查把智力型移民作为一种重要的移民类型，回收 984 份有效问卷。同时，还分别在上述城市进行了智力型移民的个案访谈。本章结合这些调查资料，对智力型移民的生存状况进行简要描述。

3.2.1　基本状况

调查表明，智力型移民的性别差异不大，二者之间没有显著性差异，其中约 49.2% 的人为男性，50.8% 的人为女性。

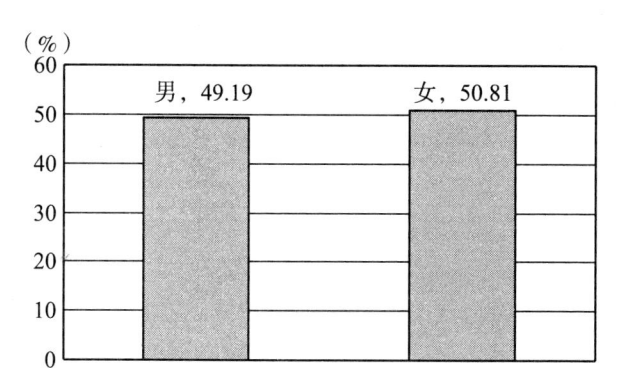

图 3-3 智力型移民的性别对比

从年龄来看，智力型移民的年龄主要集中在 21~30 岁之间，这一年龄段的人数占到整个智力型民工的 92.1%；超过 40 岁的比例很低，仅为 0.8%。

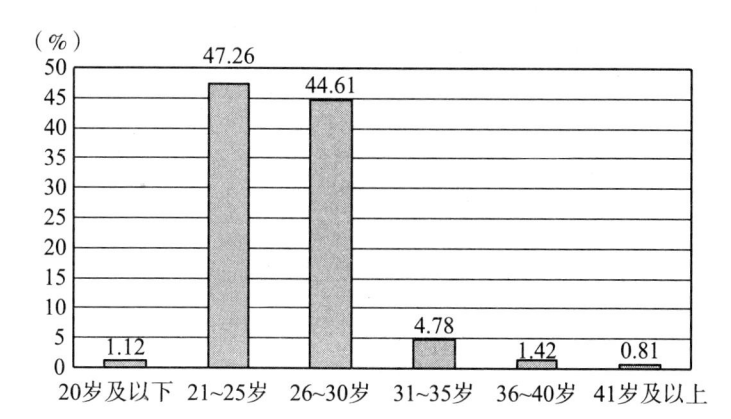

图 3-4 智力型移民的年龄分布

由于刚刚从学校毕业，年龄较小，加上工作不太稳定，所以大部分的智力型移民还没有结婚。调查表明，在整个智力型移民中 80.1% 的人为未婚。

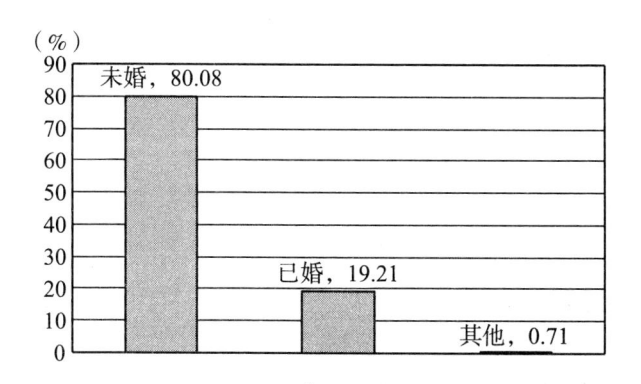

图 3-5 智力型移民的婚姻状况

在这些智力型移民中,在所工作的城市待 2~3 年的相对较多,有 35.4% 的智力型移民在该城市生活 2 年,30.0% 的智力型移民生活 3 年,生活 4 年、5 年的比例分别为 16.6%、18.1%。

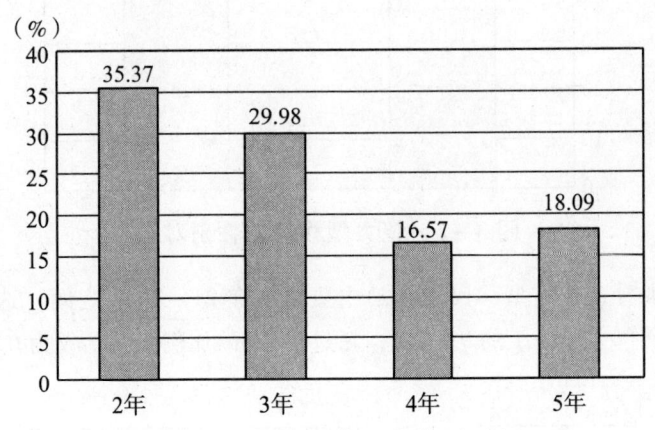

图 3-6 智力型移民的移居时间

如果我们把移民的原因分为三类:定居、工作、读书,调查表明,大部分的智力型移民移居城市为了工作,比例达到 69.4%,有 25.5% 的人移居城市是为了读书,读书毕业之后留在这个城市工作。直接选择为了定居的只有 5.1%。由此可以看出,智力型移民外出的主要目的还是工作。

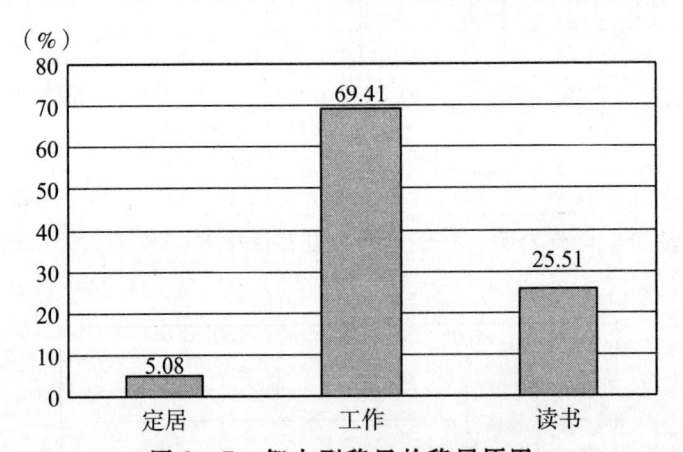

图 3-7 智力型移民的移居原因

3.2.2 工作

在调查中,我们把工作的稳定性划分为"经常变动"(周期半年或者更短)、"偶尔变动"(周期一年)、"很少变动"(周期两三年)、"稳定、未变动"几种类型。调查表明，智力型移民中工作稳定的只有29.9%，大部分智力型移民的工作都有不同程度的变动。

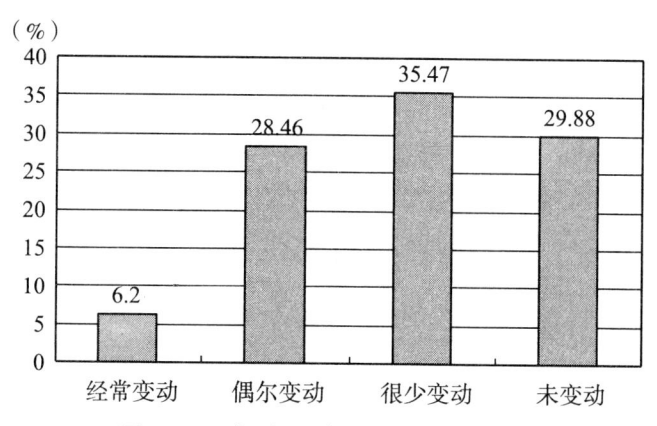

图 3-8　智力型移民的工作稳定性

（经常变动 6.2，偶尔变动 28.46，很少变动 35.47，未变动 29.88）

工作的变动次数也证明了这一点。调查表明，在目前所工作的城市中，将近70%的被访者都换过工作，有的甚至换过3~4次工作，只有31.9%的智力型移民没有换过工作。

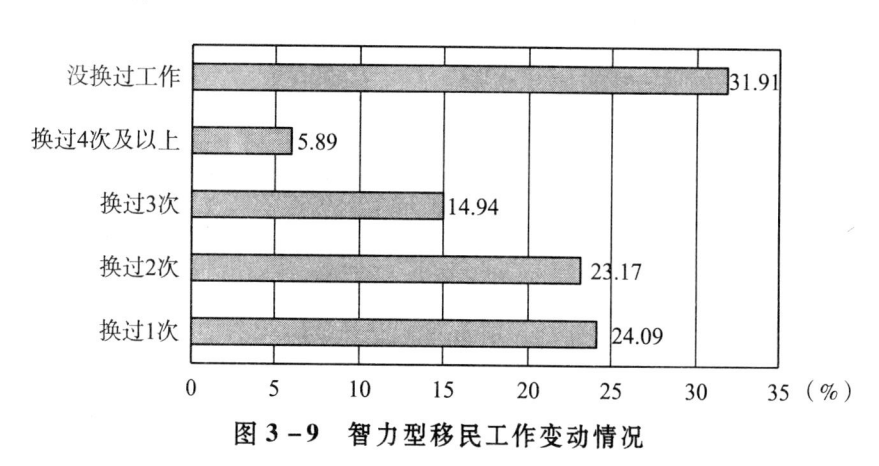

图 3-9　智力型移民工作变动情况

（没换过工作 31.91；换过4次及以上 5.89；换过3次 14.94；换过2次 23.17；换过1次 24.09）

调查表明，智力型移民平均每天工作5.5天。超过一半的智力型移民（52.4%）每周的工作时间是5天或5天以内，33.2%的智力型移民每周的工作时间为5.5天到6.5天，还有5.4%的智力型移民每周工作7天。

在每一天的工作中，智力型移民平均每天工作8.2个小时，其中72.6%的智力型移民每天的工作时间在8小时及以内，只有18.7%的智力型移民每天的工作时间超过8个小时。总体来看，智力型移民每天的加班时间并不严重。

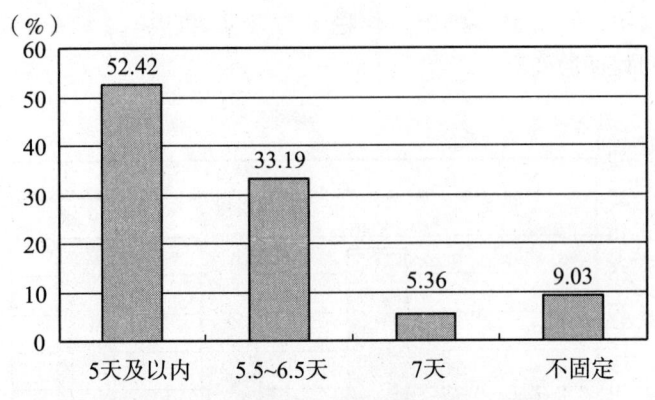

图 3-10　智力型移民每周工作的时间

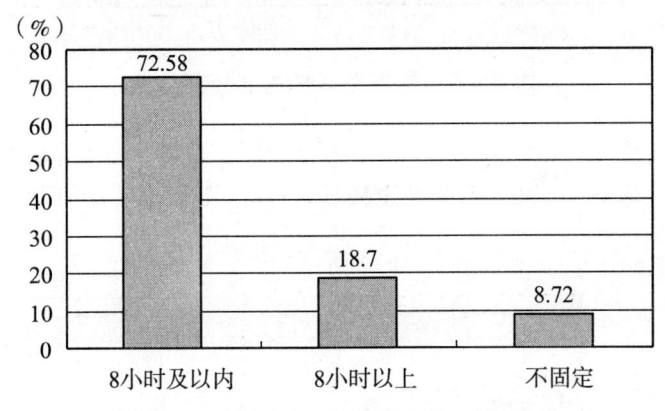

图 3-11　智力型移民每天的工作时间

智力型移民对自己的工作如何评价？调查表明，智力型移民对单位内部的人际关系评价相对较高，44.2%的人选择了比较满意，24.4%的人选择了非常满意；相对来讲，智力型移民对工作中的升迁机会较为不满，13.6%的人选择了非常不满，23.3%的人选择了比较不满意，选择非常满意的比例仅为4.5%；在工作压力方面，非常不满意的比例也相对较高，10.5%选择了非常不满；在收入待遇方面，非常满意的比较最低，仅为3.1%，选择比较满意的比例也非常低，仅为15.1%，二者之和为18.2%。

总体来看，智力型移民对自己工作非常不满的比例为1.3%，超过一半的人选择了一般，31.7%的人觉得比较满意，8.8%的人觉得非常满意。

什么因素影响智力型移民的工作选择？调查表明，收入待遇是大部分智力型移民选择工作时最主要的考虑因素，有41.7%的人认为选择工作时最重要的是收入待遇。另外，27.6%的智力型移民把工作前途作为选择工作时的最重要因素。

表 3-1　　　　　　智力型移民工作满意度评价　　　　　　单位：%

分值	评价指标							
	总体评价	事业前途	单位内人际关系	工作压力	升迁机会	工作的社会地位	工作环境	收入待遇
非常不满	1.26	6.72	1.26	10.50	13.55	6.20	3.05	8.72
比较不满	8.09	15.02	4.73	14.81	23.32	19.01	12.29	19.64
一般	50.95	43.17	25.42	37.61	42.33	47.79	43.38	53.47
比较满意	31.72	25.42	44.22	23.42	16.28	22.90	31.83	15.13
非常满意	7.98	9.66	24.37	13.66	4.52	4.10	9.45	3.05

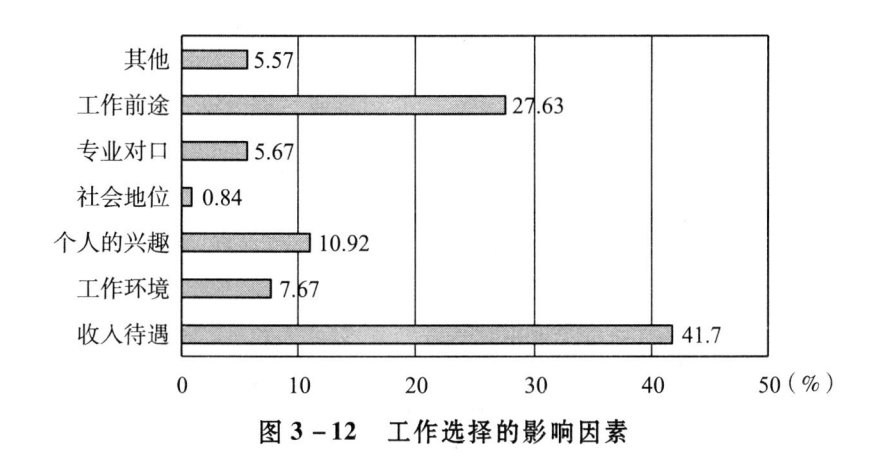

图 3-12　工作选择的影响因素

- 其他　5.57
- 工作前途　27.63
- 专业对口　5.67
- 社会地位　0.84
- 个人的兴趣　10.92
- 工作环境　7.67
- 收入待遇　41.7

3.2.3　收支

收入是影响智力型移民生活的最主要因素之一。调查表明，一半以上的智力型移民（51.0%）月可支配收入在2 000元以下，其中8.1%的智力型移民的月收入在1 000元以下，每月收入超过4 000元的智力型移民仅占11.6%。由此可以看出，智力型移民的工资并不是很高。

智力型移民的支出主要在哪些方面？调查表明，吃、住、穿是智力型移民主要的花费项目。在第一位的支出中，有30.5%的智力型移民选择了房租，23.7%的人选择了伙食；在第二位的支出中，27.6%的智力型移民选择了伙食，15.4%的人选择了房租，14.5%的人选择了穿衣；在第三位的支出中，15.9%的智力型移民选择了伙食，15.4%的智力型移民选择了穿衣。由此可以看出，智力型移民的支出主要花费在"生活必需品"上。

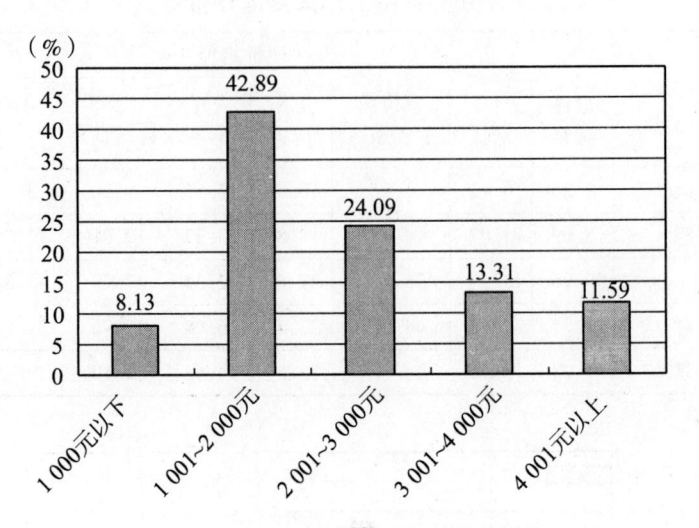

```
                    (%)
                50
                45        42.89
                40
                35
                30
                25              24.09
                20
                15                    13.31
                10   8.13                   11.59
                 5
                 0
                  1    1    2    3    4
                  0    0    0    0    0
                  0    0    0    0    0
                  0    1    1    1    1
                  元    ~    ~    ~    元
                  以    2    3    4    以
                  下    0    0    0    上
                       0    0    0
                       0    0    0
                       元    元    元
```

图3-13　智力型移民的月可支配收入

表3-2　　　　　智力型移民的开支情况　　　　单位：%

开支项目	第一位	第二位	第三位
伙食	23.68	27.64	15.85
穿衣	9.55	14.53	15.35
供房	11.69	2.34	1.02
房租	30.49	15.35	6.91
交通费	1.42	3.86	5.28
抚养小孩	2.95	3.05	1.42
赡养父母	1.83	3.15	4.78
人际交往	8.33	9.55	12.60
买书/学习和培训	2.85	3.96	5.39
化妆美容	0.81	3.05	3.25
娱乐消遣	3.76	7.32	11.79
医疗保健	0.51	1.12	1.83
通信费（手机/电话/上网等）	1.42	3.76	12.30
保险费	0.20	0.91	1.73
其他	0.51	0.41	0.51

智力型移民的收支是否平衡？调查表明，28.6%的智力型移民感觉自己"收大于支，固定有结余"，44.2%的人觉得"收支刚好平衡，结余不多"，22.7%的人觉得"收支紧张，控制不好钱就不够花"，还有3.9%的智力型移民觉得"入不敷出"。由此可见，智力型移民的经济状况并不乐观。

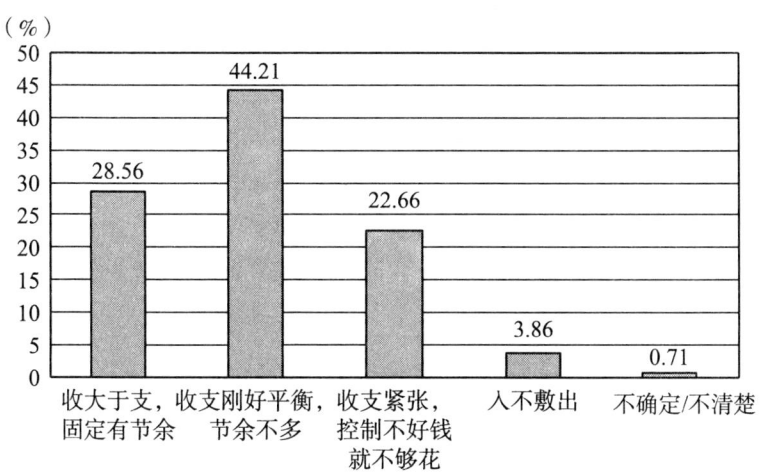

图3-14 智力型移民的收支状况

3.2.4 住房

在"蜗居"盛行的背景下，住房状况是衡量一个人生活质量的重要指标。调查表明，64.8%的智力型移民是租住房屋，另外有18.1%的智力型移民居住在单位宿舍，自购房的智力型移民只有13.5%。

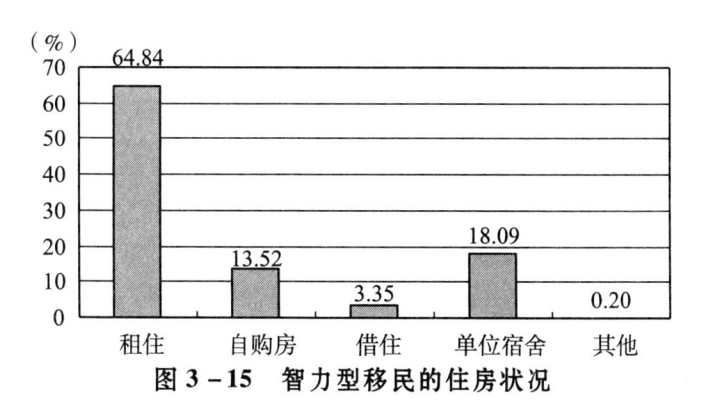

图3-15 智力型移民的住房状况

在租房的智力型移民中，超过一半的人（51.3%）居住在小区商品房，41.4%的人居住在城中村或城镇出租屋。由此可以看出，大部分智力型移民并不是"蜗居"在城乡结合部。

其他 0.78
工作场所 0.31
外来工公寓 1.57
政府廉租房 1.41
小区商品房 51.25
城中村/村镇出租屋 41.38
单位宿舍 3.29

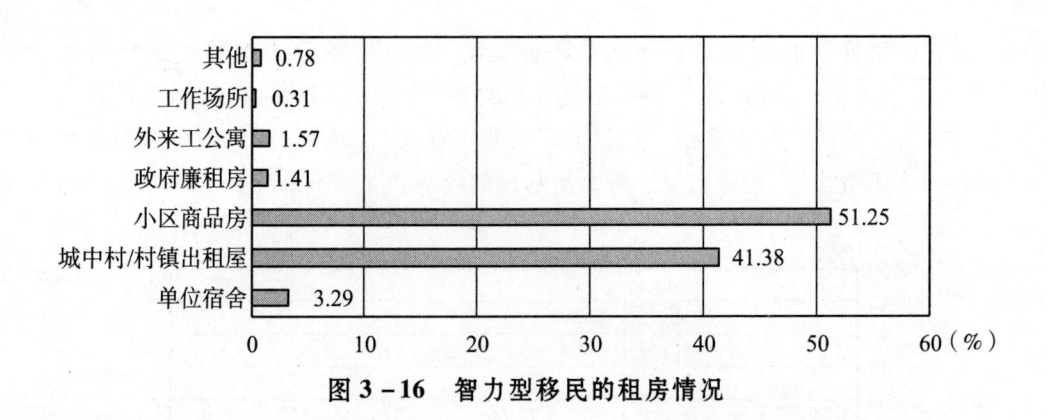

图 3-16 智力型移民的租房情况

3.2.5 社会交往

调查表明，智力型移民平时休闲时的伙伴主要是朋友、同学、同事。84.6%的智力型移民选择朋友作为自己平时的休闲伙伴，79.3%的人选择同学作为自己平时的休闲伙伴，78.9%的人选择同事作为自己平时的休闲伙伴。

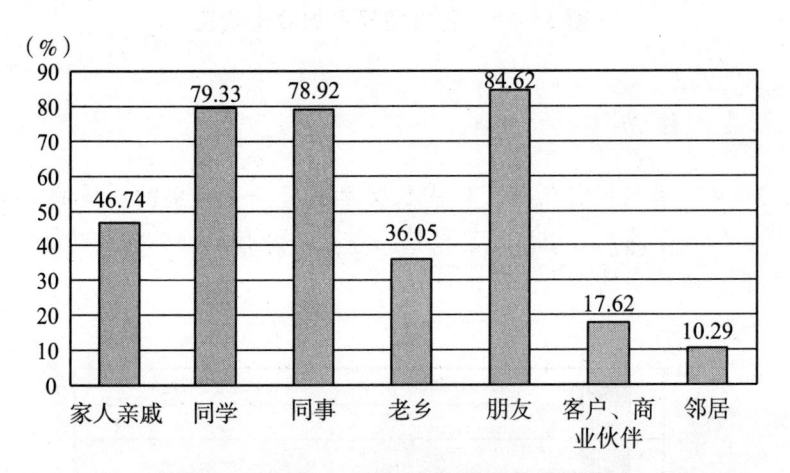

家人亲戚 46.74
同学 79.33
同事 78.92
老乡 36.05
朋友 84.62
客户、商业伙伴 17.62
邻居 10.29

图 3-17 智力型移民平时的休闲伙伴

如果让智力型移民列出自己三位最好的朋友，大部分智力型移民都选择同学作为自己最好的朋友。其中，有77.4%的智力型移民选择同学作为自己的第一位好友，有72.0%的智力型移民选择同学作为自己的第二位好友，64.5%的智力型移民选择同学作为自己的第三位好友。除了同学之外，排在第二位的好友是老乡，有18.5%的智力型移民把老乡作为自己的第一位好友，有23.8%的智力型移民选择老乡作为自己的第二位好友，有24.4%的智力型移民选择老乡作为自己的第三位好友。

表3-3　　　　　　智力型移民三位最好的朋友　　　　　单位：%

关系类型	第一位好友	第二位好友	第三位好友
客户/商业伙伴	1.32	2.66	2.86
同学	77.35	71.99	64.46
老乡	18.54	23.81	24.40
邻居	2.78	2.52	6.93
朋友	13.77	10.08	11.60
其他	0.40	1.68	1.05

3.2.6 娱乐

智力型移民平时的休闲活动主要有哪些？调查表明，90.7%的智力型移民选择"玩电脑、上网"作为自己的休闲活动；80.4%的人选择"看电影、影碟"作为自己的休闲活动；72.8%的人选择"逛街、购物"作为自己的休闲活动；71.0%的人选择"访友、聊天"作为自己的休闲活动；70.1%人选择"听音乐、收音机"作为自己的休闲活动。

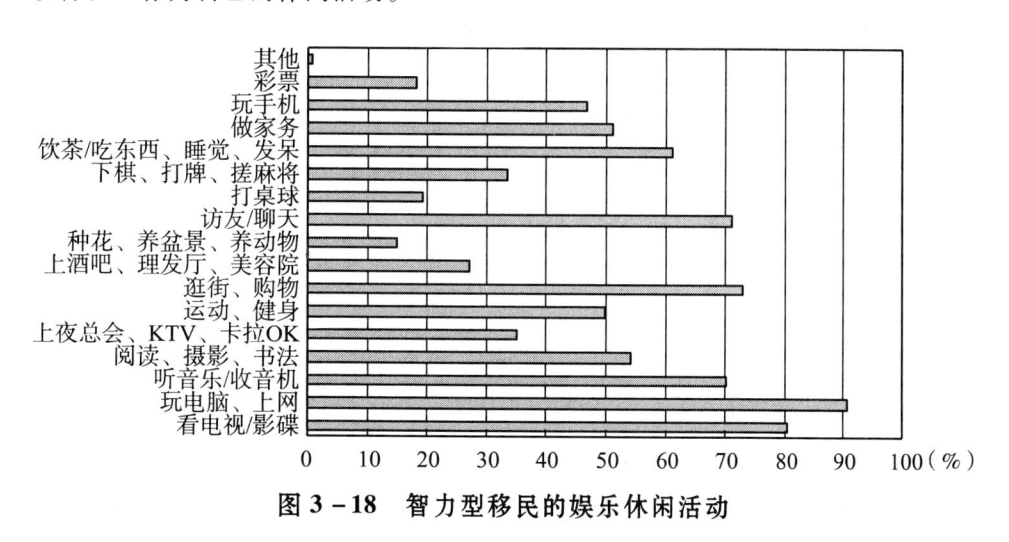

图3-18　智力型移民的娱乐休闲活动

在休闲聚会场所方面，85.6%的智力型移民选择自己或朋友家里（私人场所）作为自己的休闲聚会场所，68.0%的人选择饭馆（公共空间）作为自己的休闲聚会场所，另外还有62.2%的人选择公园（公共空间）作为休闲聚会场所。

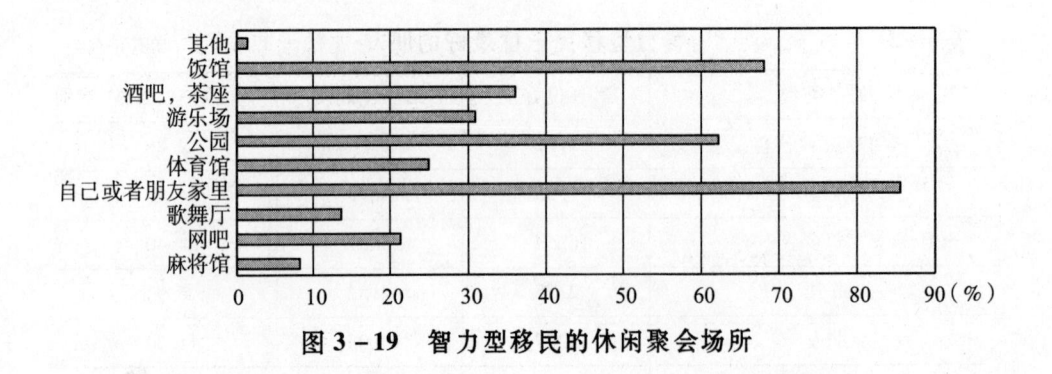

图 3-19 智力型移民的休闲聚会场所

3.2.7 社会保障

调查表明，在社会公共福利方面，智力型移民最关注的是住房福利，61.9%的智力型移民认为住房福利是其最关注的社会公共福利，17.7%的智力型移民认为卫生福利是其最关注的社会公共福利，14.9%的人认为教育福利是其最关注的社会公共福利，最关注文化康乐福利的比例仅为3.8%。

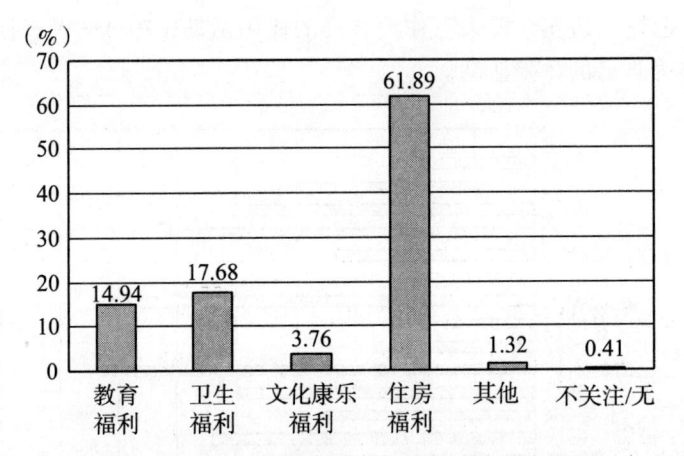

图 3-20 智力型移民最关注的社会公共福利

与本市人相比，11.9%的智力型移民认为完全没有享受本市人所享受的公共福利；35.7%的智力型移民认为他们与本市人享受当地公共福利方面有很大差异，只享受了部分社会福利；有超过一半的人认为他们与本市人享受社会福利方面差异不大，享受了绝大多数的社会公共福利。从公共福利的内容来看，智力型移民认为住房福利方面与本地人差异较大，而卫生福利与本地人差异较小。

表3-4 智力型移民与本市人享受社会公共福利方面的差异情况   单位:%

选项	教育福利	卫生福利	文化康乐福利	住房福利	总体差别
完全没有享受	27.06	18.39	23.53	40.72	11.92
有很大差异,只享受了少部分的福利	21.72	19.38	17.53	23.96	35.65
有一些差异,享受了绝大部分的福利	30.55	32.71	30.32	19.57	42.38
完全一致	20.67	29.52	28.62	15.75	10.04

在参加社会保险方面,77.4%的智力型移民参加了医疗保险,66.9%的智力型移民参加了养老保险,54.4%的人参加了工伤保险,50.3%的人参加了失业保险,31.4%的人参加了生育保险,14.1%的人参加了商业保险,任何保险都没有参加的为16.9%。

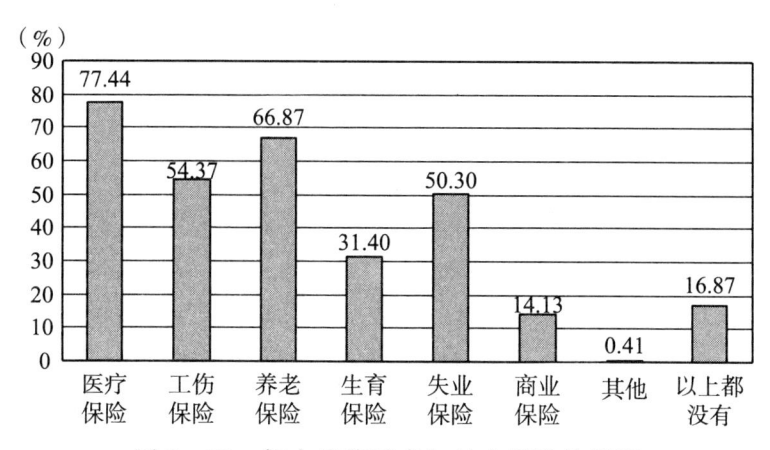

图3-21 智力型移民参加社会保险的情况

3.2.8 社区参与

调查表明,55.4%的智力型移民从来没有与社区干部打过交道,只有2.9%的人经常与社区干部打交道。并且73.1%的智力型移民认为社区干部对他们"不关心",甚至有3.5%的智力型移民认为社区干部对他们"有歧视",仅有22.3%的智力型移民认为社区干部对他们"关心"。

从意愿上来看,将近一半的智力型移民（47.3%）很愿意参与社区居委会的选举,有30.1%的智力型移民明确表示不愿意参与社区居委会选举,还有22.7%的智力型移民认为居委会选举"与我没关系"。

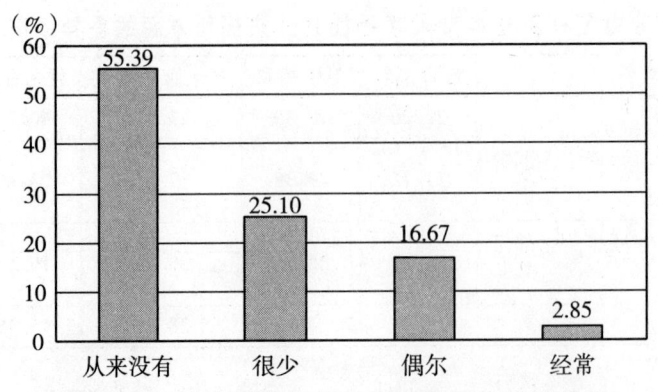

图 3-22 智力型移民与社区干部打交道的情况

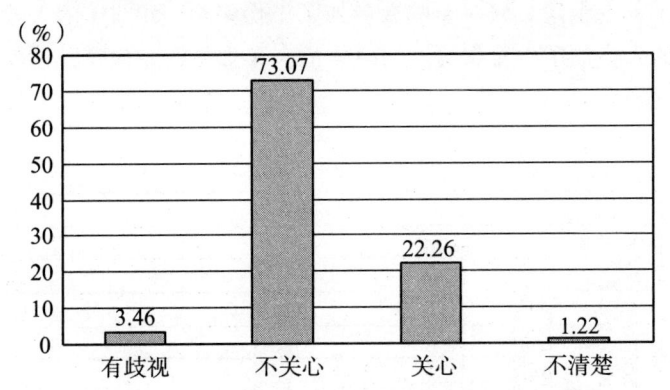

图 3-23 社区干部对智力型移民的关心情况

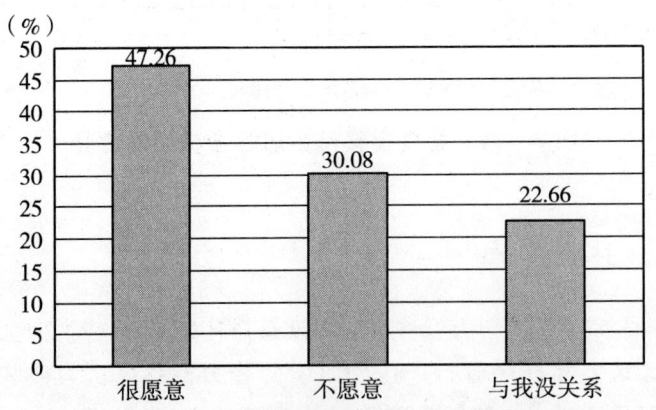

图 3-24 智力型移民参与社区选举的意愿

与邻居的交往方面，有 1/3 的智力型移民（33.8%）"不认识"邻居，有将近一半的智力型移民（48.1%）仅仅是与邻居"见面打招呼"，与邻居"经常串门"仅为 7.6%，"遇事相互帮助"的有 10.5%。

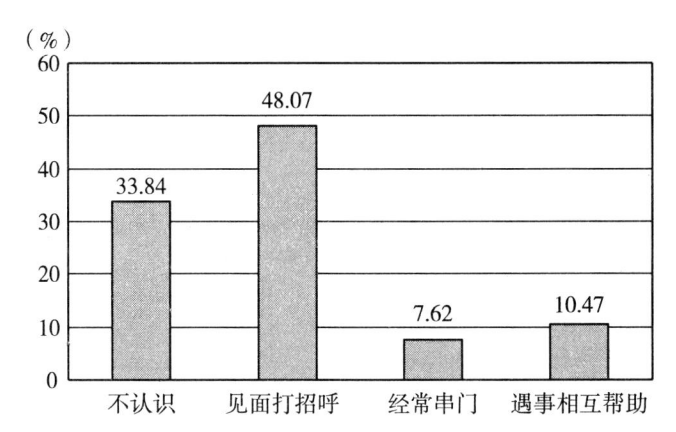

图 3-25　智力型移民与邻居的关系

3.2.9　身份认同

在智力型移民中，45.5%的人认为自己是外来人，认为自己是本地人的仅为16.9%。另外还有32.4%的人认为自己是暂时待在城里的人。也就是说，将近一半的智力型移民认为自己目前或将来是本市人。

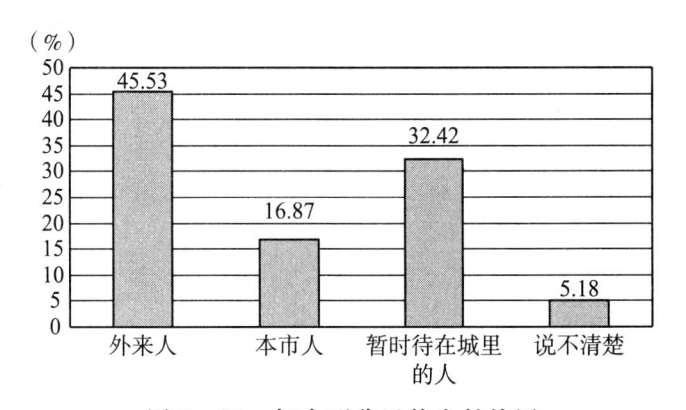

图 3-26　智力型移民的身份认同

在智力型移民心目中，57.9%的智力型移民觉得本地人把他们看做是外来人，16.8%的智力型移民觉得本地人把他们看做是本地人，16.4%的人觉得本地人把他们看做是暂时待在城里的人。

从定居意愿上来看，63.8%的智力型移民愿意定居在这个城市，明确表示不愿意定居在这个城市的只有12.9%。但是有能力定居在这个城市比例明显低于愿意定居在这个城市的比例，47.4%的智力型移民觉得自己有能力定居在这个城市，20.5%的智力型移民觉得自己没有能力定居在这个城市。

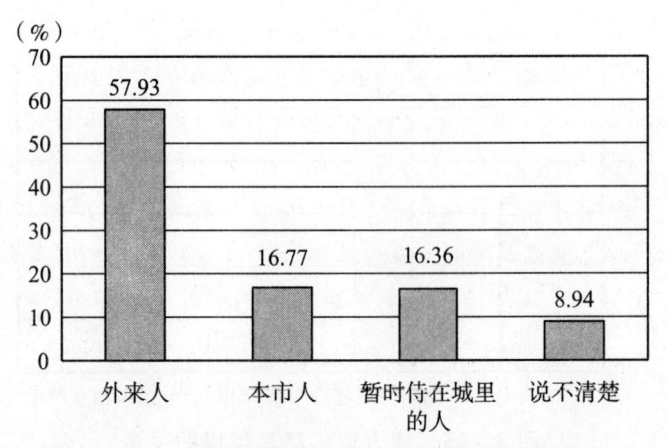

图 3-27　智力型移民心中本地人对他们的看法

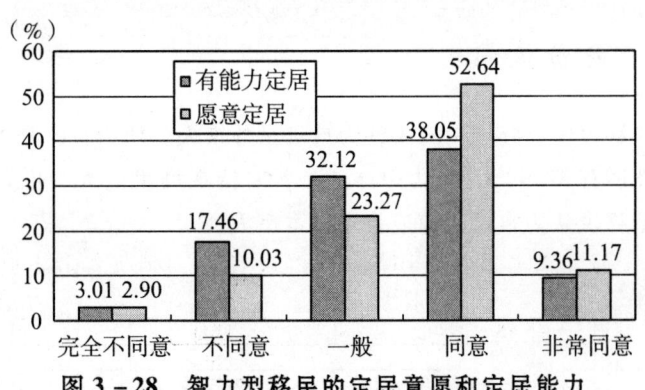

图 3-28　智力型移民的定居意愿和定居能力

3.3　智力型移民的群体特征

上面我们结合统计数据简要描述了智力型移民的生存状况，与传统的民工群体相比，这一群体有着新的群体特征。

3.3.1　新出现的高素质移民群体

从出现时间来看，"农民工"群体出现得较早，20 世纪 80 年代就已开始出现，并引起了社会的广泛关注。与传统的民工群体相比，智力型移民则是最近几年才出现的。前文已经述及，这一群体的出现与高等教育的扩招和就业制度的改革有关。中国高等教育就业制度的实质性改革出现于 20 世纪 90 年代中期之后，高校的扩招则开始于1999年。因此，与传统的"农民工"群体相比，这一群体是20世纪90年代末期才开始出现，并于21世纪的初期开始显现。

从文化程度上来看，"农民工"的受教育程度相对较低。2005年的一项全国大型调查表明，"农民工"中初中以下的占11.6%，初中程度的占48.6%，高中及中专程度的占35.9%，大专及以上程度的占3.9%。① 由此可以看出，农民工的学历很低，初中及其以下文化程度的人数占到总人数的一半以上。我们的调查数据也表明，劳力型移民中文化程度在初中及以下的比重占48.1%，具有高中文化程度的占49.6%，二者之和达到了97.7%。与此相比，智力型移民的文化程度则较高，因为他们都接受了专科或本科的教育，相对来讲属于"高素质"的民工。

表3-5　　　　　　　　　劳力型移民的文化程度

文化程度	小学及以下	初中	高中（包括中专）	大专	本科及以上
比例（%）	7.9	40.2	49.6	1.7	0.6

3.3.2　年富力强的群体

从年龄上来看，传统民工的年龄相对分散，各个年龄阶段的人群都有。调查表明，农民工的年龄结构为：21岁以下占17.9%，21~25岁占27.6%，26~30岁占20.7%，31~35岁占12.9%，35岁以上占20.9%，平均年龄为28.6岁，最大的65岁，最小的15岁②。由此可见，"农民工"的年龄分布比较均衡，各个年龄阶段都有一定数量的民工群体存在。

与传统的民工相比，智力型移民相对来讲是一个比较年轻的群体，因为大专毕业生的平均年龄在20岁左右，本科毕业生的平均年龄在22岁左右。这个群体在城市漂荡几年之后，一般都能在城市中找到稳定的工作，并在城市中买房入户，最终融入城市之中，成为城市的居民。③ 智力型移民只是在大学毕业之后、在当地城市入户之前，"漂"在城市，成为一个特殊的移民群体。一般来讲，这些大学毕业生在工作几年之后都能够通过购买房产的途径办理当地的入户手续。因此，与传统的民工群体相比，这一群体的年龄大多集中在20~30岁之间。我们的

---

① 郑功成、黄黎若莲等：《中国农民工问题与社会保护》，人民出版社2007年版，第9~10页。
② 郑功成、黄黎若莲等：《中国农民工问题与社会保护》，人民出版社2007年版，第9页。
③ 除北京、上海等少数几个大城市之外，其他的城市中只要能够购买固定的房产，民众就可以凭借房产证明办理当地的入户手续。因此，这些智力型移民只要能够购买房产。一般来讲，这些智力型移民在城市工作几年之后，大都能在城市购买房产，进而取得所在城市的户籍。也就是说，这些智力型移民在城市漂泊几年之后，最终能够成为真正意义上的城市居民。

调查数据已经证实了这一点。调查表明,劳力型移民的年龄分布相对比较分散,而智力型移民的年龄相对比较集中,91.87%智力型移民的年龄在20~30岁之间。

表3-6　　　智力型移民与劳力型移民年龄分布的比较　　　单位:%

年龄	智力型移民	劳力型移民
20岁以下	1.1	17.9
21~25岁	47.3	37.1
26~30岁	44.6	20.6
31~35岁	4.8	7.6
36~40岁	1.4	6.7
41岁及以上	0.8	10.2

3.3.3 注重同窗关系的群体

从交往网络来看,劳力型移民的交往网络比较固定,一般是一起出来打工的老乡和亲戚。与此相比,智力型移民的交往网络主要是同学。在调查中,我们询问了被访者"休闲时的伙伴"(多选题)。其中,智力型移民中有79.3%人选择了"同学",46.7%的人选择了"家人亲戚",36.1%的人选择了"老乡"。而劳力型移民中,选择"同学"、"家人亲戚"、"老乡"的比例分别为38.8%、53.7%、50.4%。很明显,与劳力型移民相比,智力型民工在闲暇时间更愿意与同学交往。

表3-7　　　智力型移民与劳力型移民交往网络的比较　　　单位:%

休闲时的伙伴	智力型移民	劳力型移民
家人亲戚	46.7	53.7
同学	79.3	38.8
同事	78.9	74.8
老乡	36.1	50.4
朋友	84.6	76.8
客户、商业伙伴	17.6	10.2
邻居	10.3	18.7
其他		0.1
无		0.5

我们还询问了被访者"除了家人和亲戚外三位最好的朋友",调查表明,智力型移民在三位最好的朋友中,选择同学的比例最大,而与此相比,劳力型移民更加注重老乡关系。

表 3-8　　　智力型移民与劳力型移民好友关系对比表　　　单位:%

	智力型民工		劳力型移民	
	选择对象	选择比重	选择对象	选择比重
第一位好友	同学	77.4	同学	48.6
	老乡	18.5	老乡	40.2
第二位好友	同学	72.0	老乡	43.3
	老乡	23.8	同学	41.0
第三位好友	同学	64.5	同学	39.8
	老乡	24.4	老乡	38.7

3.3.4　生活较为时尚的群体

与劳力型移民相比,智力型移民由于较为年轻并且受过高等教育,他们的生活方式相对较为时尚,上网、"K歌"、健身等生活方式相对较多。调查表明,闲暇时的休闲活动中,智力型移民中的90.7%选择"玩电脑、上网",54.2%的人选择"阅读、摄影、书法",35.1%人选择"上夜总会、KTV、卡拉OK",49.9%的人选择"运动、健身",72.8%的人选择"逛街、购物"。与此相比,劳力型移民选择这些活动的则相对较低。

表 3-9　　　智力型民工与劳力型移民部分休闲活动的对比　　　单位:%

休闲活动	智力型移民	劳力型移民
看电视/影碟	80.4	77.4
玩电脑、上网	90.7	61.4
听音乐/收音机	70.1	64.6
阅读、摄影、书法	54.2	34.2
上夜总会、KTV、卡拉OK	35.1	21.7
运动、健身	49.9	30.2
逛街、购物	72.8	63.9
上酒吧、理发厅、美容院	27.1	18.7

续表

休闲活动	智力型移民	劳力型移民
种花、养盆景、养动物	14.9	12.8
访友/聊天	71.0	62.4
打桌球	19.3	17.2
下棋、打牌、搓麻将	33.4	31.4
饮茶/吃东西、睡觉、发呆	61.1	50.6
做家务	51.1	49.5
玩手机	46.9	54.2

智力型移民时尚的生活方式从闲暇时的休闲场所中也能体现出来。与劳力型移民相比，智力型民工更加喜欢在"公园"、"酒吧茶座"、"游乐场"、"饭馆"、"体育馆"等场所活动。

表 3-10　　智力型民工与劳力型移民部分休闲场所的对比　　单位：%

休闲场所	智力型移民	劳力型移民
麻将馆	8.3	7.4
网吧	21.4	31.1
歌舞厅	13.7	12.4
自己或者朋友家里	85.6	80.2
体育馆	25.1	9.5
公园	62.2	56.7
游乐场	31.0	26.3
酒吧茶座	36.2	16.1
饭馆	68.0	48.1

3.3.5　压力较大的群体

调查中我们询问的被访者"生活中苦恼"（多选题），调查表明，"收入低"、"知识不够用"、"工作压力大"、"生活单调"、"工作不稳定"等是智力型移民生活中遇到的苦恼。与劳力型移民相比，"工作压力大"、"生活单调"、"一事无成"、"没有奋斗目标"等问题在智力型移民中更为突出。

表 3-11　　智力型移民与劳力型移民生活中的苦恼对比表　　单位：%

生活中的苦恼	选择比例	
	智力型移民	劳力型移民
收入低	56.8	56.7
工作不稳定	27.4	28.9
工作压力大	47.2	36.4
没有一技之长	15.1	14.5
知识不够用	50.5	43.2
一事无成	14.9	8.3
生活单调	40.0	29.5
没有奋斗目标	16.9	5.7

总体来看，进入 21 世纪以来，在高校扩招的背景下，中国的高等教育逐步进入大众化阶段，人们有了更多的机会进入大学，接受大学教育。但是，今日的大学生与过去相比已不可同日而语。昨日的大学生是天之骄子，考上大学就意味着拥有稳定的工作，意味着有了"铁饭碗"。但是今天的大学生，由于高等教育就业制度的改革以及社会上存在的普遍就业压力，大学毕业生越来越难以找到一份稳定的、体面的工作。"毕业即失业"已经成为社会上的一句流行语。特别是毕业于那些非重点院校的二本、三本院校的本科生以及地方院校的专科生，更是如此。

近几年，伴随着高校就业压力的增大，这一群体的生存状态已经受到了媒体的广泛关注。中国社科院发布的《2009 人口与劳动绿皮书》指出，21 岁和 22 岁的大学毕业生与同龄的青年农民工的工资大体相当，都是"千元档"，青年农民工的平均工资水平甚至略高于大学毕业生，一些地方出现了毕业生与农民工"抢饭碗"的现象。①

在这种背景下，这些智力型移民只能临时"漂"在城市，从事一些低收入、非稳定、临时性的工作，他们大多是在城市的非正规部门工作。与城市的居民相比，他们与传统的民工更加相似：没有所在城市的户口（尽管他们已经取得了城镇户籍），缺乏相应的保障，难以享受与城市居民一样的社会福利。他们构成了一个特定的、新的移民群体——智力型移民。"智力型"意味着他们接受过高等教育，"移民"意味着他们在城市享受的"待遇"与传统的民工是一样的。尽

---

① 参见《社科院报告称大学毕业生工资等同农民工》，网址：http://www.ccvic.com/2009/0909/9828.shtml。

管社会已经开始关注大学毕业生的存在状态，但是对于这一特定的移民群体，学界还缺乏深入研究。本章结合相关数据，对这一群体产生的原因进行分析，对这一群体的生存状况及群体特征进行简要描述。对于智力型移民的群体特征、身份认同、社会参与、融入城市的过程等，都需要进一步的深入分析。

第四章

劳力型移民、智力型移民与经营型移民的比较分析

前文指出,新移民主要包括劳力型、智力型和经营型三大类。在描述了劳力型移民和智力型移民的基本特征后,接下来,我们将以前两者为参照群体,试图对三类移民做出比较分析,以凸显各类移民的特点。

4.1 人口学特征的差异

劳力型移民的平均年龄为 27.45 岁,比智力型移民大;经营型移民平均年龄高达 31.52 岁,31 岁及以上的比例占 43.87%(见表 4-1)。所以就婚姻而言,经营型移民已婚比例最高 68.52%,有孩子的比例当然也是最高,劳力型移民其次,智力型移民最低,仅占 19.21%,与新生劳力移民(16.99%)差不多;其实资深劳力移民的已婚比例(89.05%)远远高于任何群体,没有孩子的比例只有 10.24%(见表 4-2、表 4-3)。劳力型、智力型移民男女比例差不多,经营型移民的男性比例明显多一点。至于受教育程度,绝大部分劳力型移民是大专以下的学历,智力型移民是大专及本科以上学历,而经营型移民主要是初中、高中及大专学历,小学及以下和本科及以上都有一些分布(见表 4-4)。

表 4-1　　　　　城市新移民年龄情况　　　　　　单位：%

	智力型移民	劳力型移民	经营型移民
20 岁以下	1.12	17.88	3.01
21~25 岁	47.26	37.05	19.56
26~30 岁	44.61	20.61	33.56
31~35 岁	4.78	7.58	17.13
36~40 岁	1.42	6.67	14.00
41 岁及以上	0.81	10.23	12.73
合计（N）	984	1 320	864
均值（岁）	26.11	27.45	31.52

表 4-2　　　　　城市新移民婚姻情况　　　　　　单位：%

	智力型移民	劳力型移民	经营型移民
未婚	80.08	60.38	30.56
已婚	19.21	38.94	68.52
离异/丧偶后未再婚	0.71	0.68	0.93
合计（N）	984	1 320	864

表 4-3　　　　　城市新移民子女情况　　　　　　单位：%

	智力型移民	劳力型移民	经营型移民
无	90.75	66.52	41.20
1 个	8.64	21.14	37.04
2 个	0.61	9.77	17.82
3 个及以上		2.58	3.94
合计（N）	984	1 320	864
均值（个）	1.07	1.45	1.46

表 4-4　　　　　城市新移民受教育情况　　　　　　单位：%

	智力型移民	劳力型移民	经营型移民
小学及以下		7.88	7.29
初中		40.15	34.49
高中（包括中专）		49.62	34.72
大专	49.29	1.74	14.70
本科及以上	50.71	0.61	8.80
合计（N）	984	1 320	864

4.2 定居意愿比较

上文我们曾指出,新移民的"新"其中之一就在于其具有较强的定居意愿。但新移民不是铁板一块,在三类移民中,他们的定居意愿又存在着差异。首先,智力型移民和经营型移民的"购房落户意愿"明显高于劳力型移民,其中劳力型移民"愿意,但不敢想"的比例很大(见表4-5),这说明"购房落户意愿"的差别包含"定居意愿"和"定居能力"两方面。请看表4-6、表4-7,智力型移民和经营型移民的"定居意愿"和"定居能力"都明显高于劳力型移民;同时我们还可以发现智力型移民和经营型移民的"定居意愿"、"定居能力"是基本一致的,但在"购房落户意愿"上智力型移民比经营型移民更强。

表4-5　　　　　城市新移民购房落户意愿　　　　　单位:%

	智力型移民	劳力型移民	经营型移民
愿意	77.13	54.77	66.32
愿意,但不敢想	11.69	23.03	16.67
不愿意	7.22	12.42	9.84
没必要	3.86	9.62	6.94
其他	0.10	0.15	0.23
合计(N)	984	1 320	864

表4-6　　　　　城市新移民定居意愿　　　　　单位:%

	智力型移民	劳力型移民	经营型移民
非常同意、同意	62.70	52.20	64.47
完全不同意、不同意	12.70	23.71	17.82
一般	22.87	20.00	14.47
说不清	1.73	4.09	3.24
合计(N)	984	1 320	864

注:定居意愿原题为"我愿意在现在的这个城市定居"的同意程度。

表 4-7　　　　　　　　城市新移民定居能力　　　　　　　单位：%

	智力型移民	劳力型移民	经营型移民
非常同意、同意	46.34	23.48	49.19
完全不同意、不同意	20.02	45.30	26.04
一般	31.40	25.61	20.25
说不清	2.24	5.61	4.51
合计（N）	984	1 320	864

注：定居能力原题为"我有能力在现在的这个城市定居"的同意程度。

4.3　居住状况比较

这里将描述劳力型移民、智力型移民和经营型移民的居住状况。首先表 4-8 显示智力型移民"没换过城市"的高达 50.61%，平均转换城市个数低于 1 个；经营型移民平均转换城市个数为 1.58 个，离散程度比较大，与劳力型移民一样，经营型移民有人长期在一个城市待着，也有人已经待过很多城市，这二者其实就在于性别差异。经营型移民转换城市情况的性别差异非常明显（见表 4-9），这与资深劳力移民相似；女性经营型移民平均转换城市个数约为 1 个，男性经营型移民则在 2 个左右。再看劳力型移民在目前城市的居留时间，首先性别之间没什么差异，经营型移民的平均居留年限明显多于劳力型移民、智力型移民；经营型移民的平均居留年限为 3.77 年，这与资深劳力移民的结果差不多，智力型移民的年限与新生劳力移民相似（见表 4-10）。总之，智力型移民、劳力型移民和经营型移民在城市转换情况上的差异与年龄差异相类似，或者说二者存在直接关系；经营型移民在目前的城市住得久，但男性经营型移民此前已有颇多城市经历，相反女性的经历较少；智力型移民转换的城市个数明显少于劳力移民和经营型移民，但在目前城市的平均居留年限也超过 3 年。

表 4-8　　　　　　　　城市新移民城市转换情况　　　　　　　单位：%

	智力型移民	劳力型移民	经营型移民
没换过城市	50.61	40.94	35.53
换过 1 次	27.85	25.32	24.88
换过 2 次	15.24	17.36	20.37

续表

	智力型移民	劳力型移民	经营型移民
换过3次	4.07	8.57	9.26
换过4次及以上	2.24	7.81	9.95
合计（N）	984	1319	864
均值（个）	0.84	1.34	1.58
标准差	1.30	1.89	2.19

表4-9　　　　　分性别经营型移民城市转换情况　　　　单位：%

	经营型移民	
	男	女
没换过城市	29.13	42.82
换过1次	21.52	28.71
换过2次	22.61	17.82
换过3次	11.30	6.93
换过4次及以上	15.43	3.71
合计（N）	460	404
均值（个）	2.07	1.03

表4-10　　　　　城市新移民城市在目前城市的居留时间　　　　单位：%

	智力型移民	劳力型移民	经营型移民
3年以下	35.37	29.24	18.63
3年及以上	64.63	70.76	81.37
合计（N）	984	1 320	864
均值（年）	3.17	3.38	3.77

如图4-1所示，智力型移民多因为"工作所在"或"在本市就读大学"而居留在本市，经营型移民则冲着"事业发展机会多"，而且经营型移民年龄较大，和资深劳力移民一样会多考虑"子女将来的发展"，也同样想着"提高收入"。

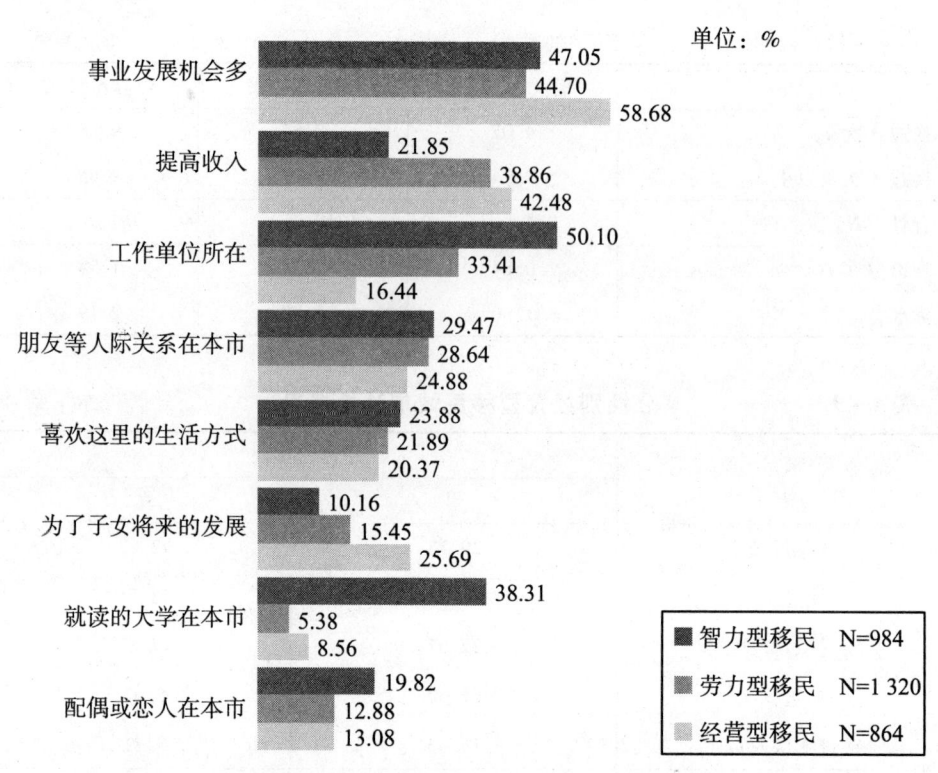

图4-1 城市新移民选择本市的原因

原因	智力型移民	劳力型移民	经营型移民
事业发展机会多	47.05	44.70	58.68
提高收入	21.85	38.86	42.48
工作单位所在	50.10	33.41	16.44
朋友等人际关系在本市	29.47	28.64	24.88
喜欢这里的生活方式	23.88	21.89	20.37
为了子女将来的发展	10.16	15.45	25.69
就读的大学在本市	38.31	5.38	8.56
配偶或恋人在本市	19.82	12.88	13.08

智力型移民 N=984
劳力型移民 N=1 320
经营型移民 N=864

我们将新移民的居住伴侣分为三类：一是"家人"、"亲戚"合为"初级关系型"，亦即家庭；二将"朋友或者同事"、"恋人"、"合租者/室友"、"同学"归为"次级关系型"；三是独立型，指自己一个人住。智力型移民、劳力型移民和经营型移民的初级关系型比例依次递增，独立型、次级关系型的比例均依次递减；所以经营型移民大部分是携家带口，而劳力型移民有部分携家带口，也有部分住集体宿舍（这对劳力型移民住房人口平均数影响比较大，见表4-11）。跟劳力型移民一样，三种居住类型之间的定居意愿并没有明显差异（见表4-12，sig. = 0.217 > 0.05），也就是初级关系型的居住模式并没有促成更高的定居意愿。

表4-11　城市新移民居住伴侣　　　　　　　　单位：%

	智力型移民	劳力型移民	经营型移民
初级关系型	25.41	40.46	74.19
次级关系型	50.71	46.24	16.67
独立型	25.20	16.35	12.15
合计（N）	984	1 320	864
住房人口平均数（人）	2.50	3.59	3.00

表 4-12　分居住类型城市新移民的定居意愿　　　单位：%

	初级关系型	次级关系型	独立型
完全不同意	3.11	3.36	3.27
同意	16.86	15.92	14.34
一般	17.87	22.28	20.87
不同意	52.89	48.98	50.82
非常同意	9.26	9.46	10.71
合计（N）	1 382	1 131	551
	Chi-square = 10.733，df = 8，Sig. = 0.217		

注：定居意愿原题为"我愿意在现在的这个城市定居"的同意程度。

表 4-13 表明租房住是新移民的主要住房形式，尤其是经营型移民；智力型移民和经营型移民自购房的比例明显大于劳力型移民，劳力型移民多住单位宿舍。77.31% 的经营型移民选择租房住，其原因（见表 4-14）主要是"离工作地点近"、"生活便利"，按受访者原话就是"方便于做生意"；劳力型移民租房的原因有"离工作地点近"、"生活便利"，他们更希望"能够和家人住在一起"，但他们的住房最拥挤；智力型移民比较多因为"工作单位不提供宿舍"而出去租房，其实智力型移民更容易嫌"工作单位所提供的宿舍条件太差"而自行租房，他们的人均住房面积比劳力型移民、经营型移民都宽敞得多。

表 4-13　城市新移民目前住房状况　　　单位：%

	智力型移民	劳力型移民	经营型移民
租住	64.84	57.50	77.31
单位宿舍	18.09	31.59	1.97
自购房	13.52	6.06	17.25
借住	3.35	3.03	2.20
其他	.20	1.82	1.27
合计（N）	984	1 320	864
人均住房面积（m²/人）	24.87	16.26	22.71

表 4-14　　　　　　　城市新移民租房原因　　　　　　　单位：%

	智力型移民	劳力型移民	经营型移民
离工作地点近	42.63	41.90	56.22
生活便利	40.75	38.34	48.13
价格比较便宜	28.21	30.96	33.43
能够和家人或朋友住在一起	27.90	34.39	27.74
工作单位不提供宿舍	42.95	30.43	5.40
工作单位所提供的宿舍条件太差	5.49	3.16	0.90
便于做生意	0.16		1.50
合计（N）	638	759	667

4.4　工作状况比较

劳力型移民变换工作的平均次数远远高于智力型移民和经营型移民，但他"没换过工作"的比例明显低于经营型移民，与智力型移民差不多；智力型移民在目前工作的持续时间最少，比经营型移民少近10个月，劳力型移民在目前工作的持续时间比经营型移民少8个月。由此可知，经营型移民的工作最稳定，而劳力型移民工作稳定性最差，智力型移民的经历比较少、工作不久；那么又是哪些原因造成三者差异。

表 4-15　　　　　　　城市新移民工作转换情况　　　　　　　单位：%

	智力型移民	劳力型移民	经营型移民
没换过工作	31.91	31.67	39.81
换过1次	24.09	15.68	15.39
换过2次	23.17	24.09	20.83
换过3次	14.94	15.15	11.69
换过4次及以上	5.89	13.41	12.27
合计（N）	984	1 320	864
均值（次）	1.45	1.91	1.60

表4-16　　　　　　城市新移民目前工作的持续时间　　　　　　单位：%

	智力型移民	劳力型移民	经营型移民
12月及以下	33.84	33.48	17.71
13~24月	31.50	28.56	28.70
25~36月	22.05	20.45	22.92
37~48月	7.42	8.64	14.12
49月及以上	5.18	8.86	16.55
合计（N）	984	1 320	864
均值（月）	22.25	24.19	32.18

图4-2表明劳力型移民选择工作所看重的因素为收入待遇、个人兴趣和工作环境，相对而言，智力型移民更看重工作前途和专业对口；智力型移民对于自己的事业前途、职业升迁和社会地位都比较满意，所以智力型移民会是一个高度稳定的工作群体；再看表4-17工作强度，70.07%的智力型移民有周末，劳力型移民这一比例仅有26.61%；另外智力型移民每天工作的时长也小于劳力型移民。然而总体上对工作的满意度，智力型移民和劳力型移民几乎持一样的态度，结果均为3.37分（见图4-3）。这让笔者想起一种区别于经济理性的"社会理性"，即不是基于"最优"或"最大"的标准，而只是"满意"、"合理"的原则①，就像劳力型移民工作稳定性差、工作强度大，却保持很高的满意度。

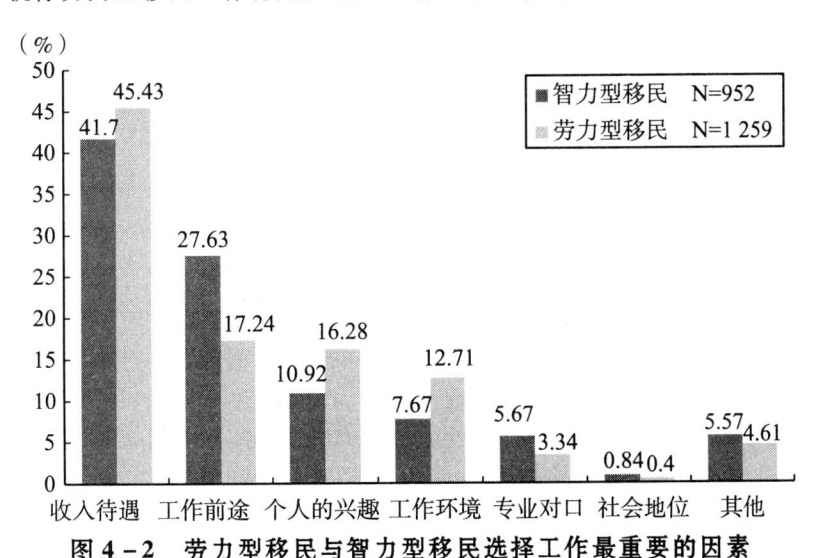

图4-2　劳力型移民与智力型移民选择工作最重要的因素

---

① 文军：《从生存理性到社会理性：当代中国农民外出就业动因的社会学分析》，载《社会学研究》2001年第6期。

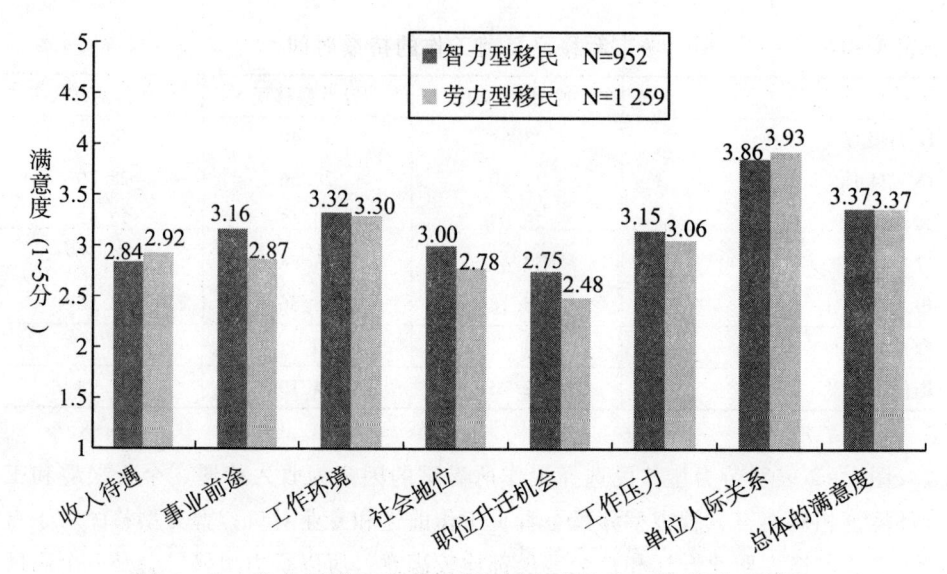

图 4-3 劳力型移民与智力型移民对目前工作的满意情况

表 4-17　　　　　城市新移民工作强度　　　　　　单位：%

	智力型移民	劳力型移民
周六和周日	50.11	11.68
周日	19.96	14.93
每周或者每个月的特定日子	4.83	8.34
轮休	10.71	22.56
无固定休息时间	11.87	28.67
没有假期，一直需要上班	2.52	13.82
合计（N）	952	1 259
每周工作天数（天）	5.46	6.11
每天工作时间（小时）	8.23	9.16

4.5　生活状况比较

劳力型移民的月可支配收入大都在 3 000 元以下，而智力型移民有 24.90% 的人月可支配收入在 3 000 元以上，经营型移民更高，达 49.00%（见表 4-18）；智力型移民、经营型移民节余情况比劳力型移民多，但智力型移民收支紧张、入不敷出的情况有 26.52%，远多于经营型移民（见表 4-19）；假如要保证收支平衡，劳力型移民的月薪应为 2 482.21 元，智力型移民是 3 501.93 元，经营型移民高达 5 406.93 元；显然高收入者有高的期望月薪，低收入者是低的期望月薪。

表 4-18　　　　　　　　城市新移民的月可支配收入　　　　　　　单位：%

	智力型移民	劳力型移民	经营型移民
1 000 元及以下	8.13	23.86	8.10
1 001~2 000 元	42.89	61.82	30.90
2 001~3 000 元	24.09	11.67	21.99
3 001~4 000 元	13.31	1.59	14.93
4 001 元及以上	11.59	1.06	24.07
合计（N）	984	1 320	864

表 4-19　　　　　　　　城市新移民收支状况　　　　　　　　单位：%

	智力型移民	劳力型移民	经营型移民
收大于支，固定有节余	28.56	21.74	29.28
收支刚好平衡，节余不多	44.21	52.05	50.12
收支紧张，控制不好钱就不够花	22.66	21.44	16.55
入不敷出	3.86	3.71	2.78
合计（N）	984	1 320	864
保证收支平衡的月薪水平（元）	3 501.93	2 486.85	5 406.93

个人收支的意义应该放在家庭层面，尤其家庭开支的结构；劳力型移民的月平均家庭开支是 1 712.24 元，其中伙食费比例只有 0.31，加上移民 0.15 的住房费用，这个比例就接近 0.5；智力型移民和经营型移民住房费用非常高，都在 0.2 以上（见图 4-4），67.78% 的智力型移民把住房费用列为主要开支，77.55% 的经营型移民把住房费用列为主要开支，劳力型移民的这个比例只有 48.18%；劳力型移民在寄回老家方面花费的比例明显比智力型移民、经营型移民多，18.03% 的劳力型移民把大部分收入用于赡养父母，明显多于智力型移民和经营型移民；经营型移民多携家带口，故饮食费比例相对较大，有 40.86% 的人将抚养小孩列为主要支出；而智力型移民的人际交往和娱乐休闲费用相对较高，也更倾向将这两项费用列为主要支出（见表 4-21）。劳力型移民的开支结构倾向基本需要，而且家庭支出的分量比较大，经营型移民更需要维持家庭收支运转；智力型移民则偏向个人享受，负担比较小。

表 4-20　　　　　　　　城市新移民家庭月开支结构　　　　　　　　单位：元

	智力型移民	劳力型移民	经营型移民
伙食费	618.73	499.05	1 065.78
住房费用	541.59	280.55	1 136.60
通信费用	153.91	114.43	224.88
交通费用	155.79	78.20	271.56
娱乐休闲费用	320.34	175.52	357.11
人际交往费用	342.57	194.30	523.33
寄回老家	300.39	370.19	414.43
合计	2 433.32	1 712.24	3 993.69

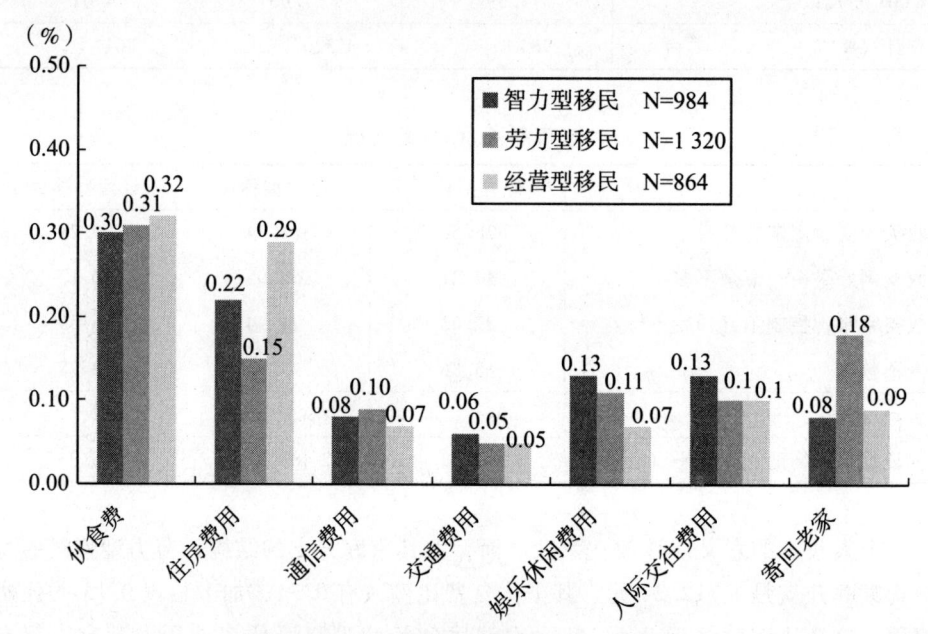

图 4-4　城市新移民家庭月开支结构

表 4-21　　　　　　城市新移民日常开支最大的三项内容　　　　　　单位：%

	智力型移民	劳力型移民	经营型移民
伙食	67.07	61.59	66.90
房租	52.74	42.80	65.51
抚养小孩	7.42	24.24	40.86
穿衣	39.33	44.32	20.60
人际交往	30.49	20.08	20.25
通信费	17.48	29.39	16.44

续表

	智力型移民	劳力型移民	经营型移民
娱乐消遣	22.87	19.17	12.62
供房	15.04	5.38	12.04
赡养父母	9.76	18.03	11.92
交通费	10.57	8.56	11.34
医疗保健	3.46	7.50	7.64
保险费	2.85	2.42	3.94
化妆美容	7.11	6.36	3.70
买书/学习和培训	12.20	7.42	3.13
其他	1.42	2.12	3.01
合计（N）	984	1 320	864

心理负担同样是我们考察城市新移民生活状况的重要面向，本章采用8个指标来测量，并用"没有"、"有时有"、"经常有"、"很严重"表示心理困扰的出现程度。大部分你的测量结果（见图4-5）都介于"没有"（1分）和"有时有"（2分）之间，其中"觉得身心疲惫"的出现程度最严重，智力型移民甚至达到2.13分，"烦躁易怒"、"前途迷茫"、"觉得生活很难"次之，"容易哭泣或想哭"的程度最轻。除"失眠"、"觉得生活艰难"以外，智力型移民的心理困扰都比劳力型移民或经营型移民严重，劳力型移民在"前途迷茫"、"觉得自己没用"、"容易哭泣或想哭"和"感到孤独"上比经营型移民严重。

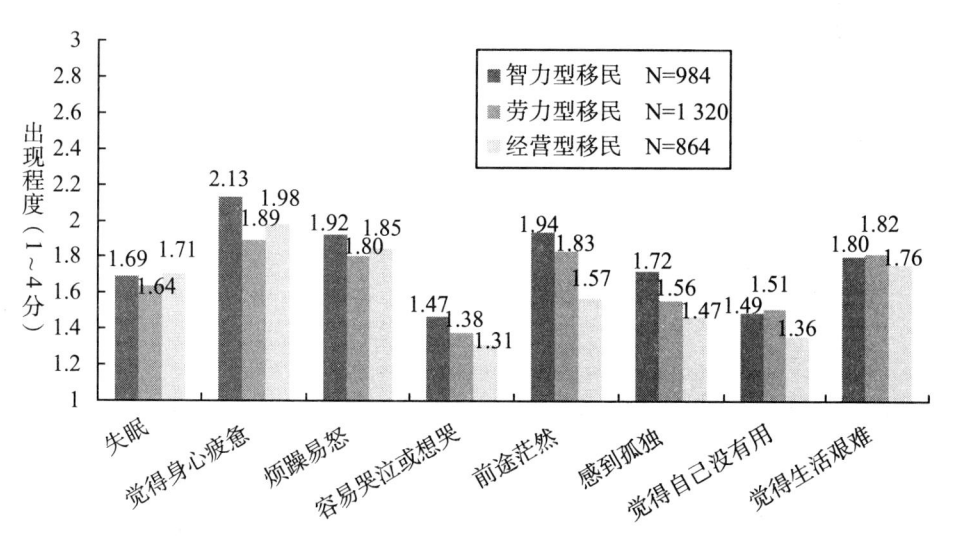

图4-5 城市新移民心理困扰出现情况

心理困扰是遭遇理想与现实的差距而产生的，本章也试图用"生活幸福的主要标准"与"生活中的苦恼"来判断或者解释新移民的心理状况。智力型移民更看重事业成功、实现理想、生活富足，但他们多抱怨一事无成、生活单调、工作压力大、收入低等；劳力型移民更希望赚很多的钱，得到别人的尊重，但劳力型移民苦恼收入低、工作不稳定，没有一技之长、知识不够用（见图4-6、

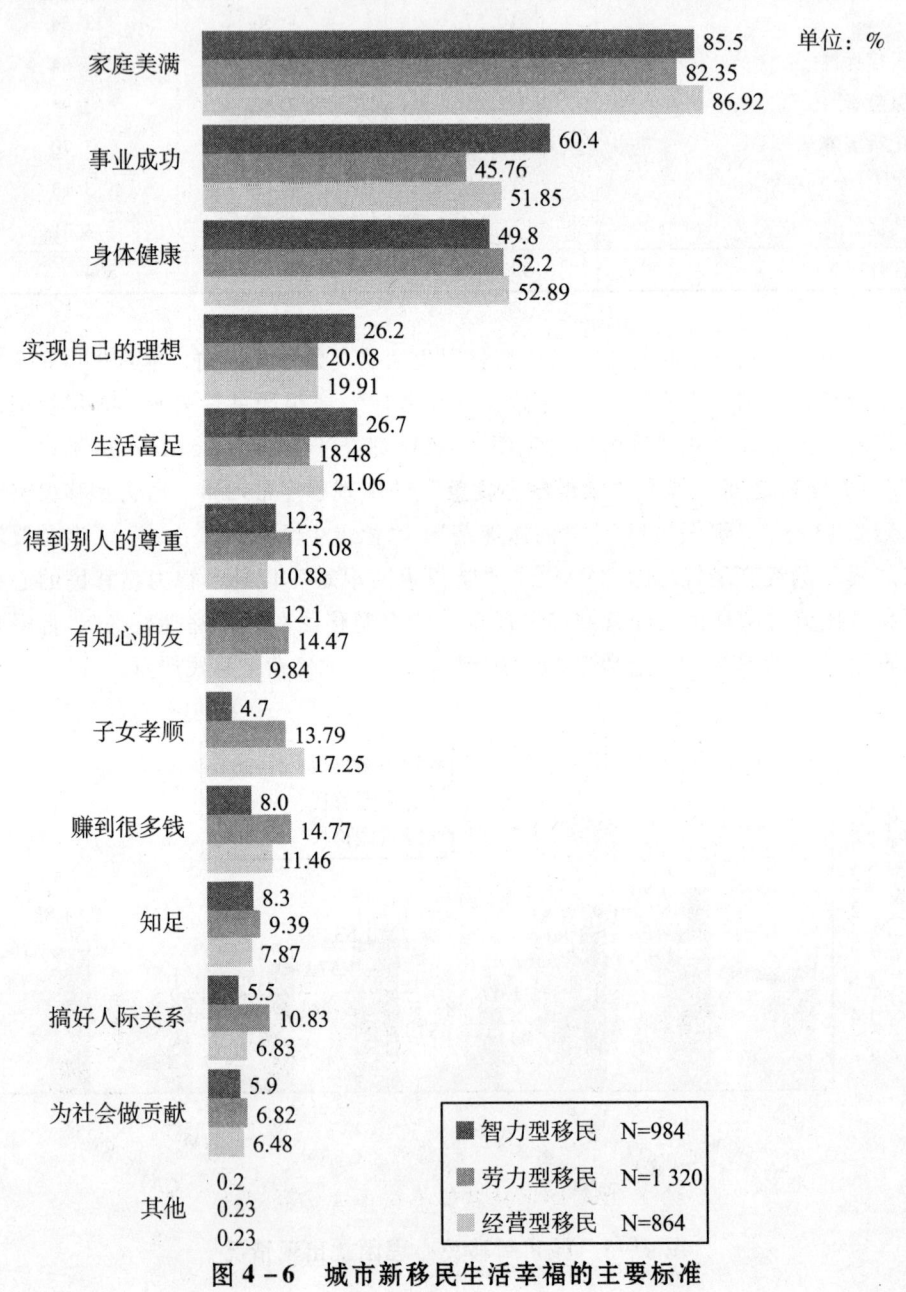

类别	智力型移民	劳力型移民	经营型移民
家庭美满	85.5	82.35	86.92
事业成功	60.4	45.76	51.85
身体健康	49.8	52.2	52.89
实现自己的理想	26.2	20.08	19.91
生活富足	26.7	18.48	21.06
得到别人的尊重	12.3	15.08	10.88
有知心朋友	12.1	14.47	9.84
子女孝顺	4.7	13.79	17.25
赚到很多钱	8.0	14.77	11.46
知足	8.3	9.39	7.87
搞好人际关系	5.5	10.83	6.83
为社会做贡献	5.9	6.82	6.48
其他	0.2	0.23	0.23

单位：%
智力型移民　N=984
劳力型移民　N=1 320
经营型移民　N=864

图4-6　城市新移民生活幸福的主要标准

图4-7);经营型移民更倾向于认为"家庭美满"、"子女孝顺"、"事业成功"、"身体健康"是幸福的,而他更少抱怨"收入低"、"一事无成",而且经营型移民有74.19%的人能够和家人亲戚住在一起;这就可以说明为什么经营型移民心理困扰程度很轻,因为有事业、收入较高,又有亲人在身边;同理,智力型移民所希望的与现实是有冲突,而且没有奋斗目标,所以心理感受很差。

单位:%

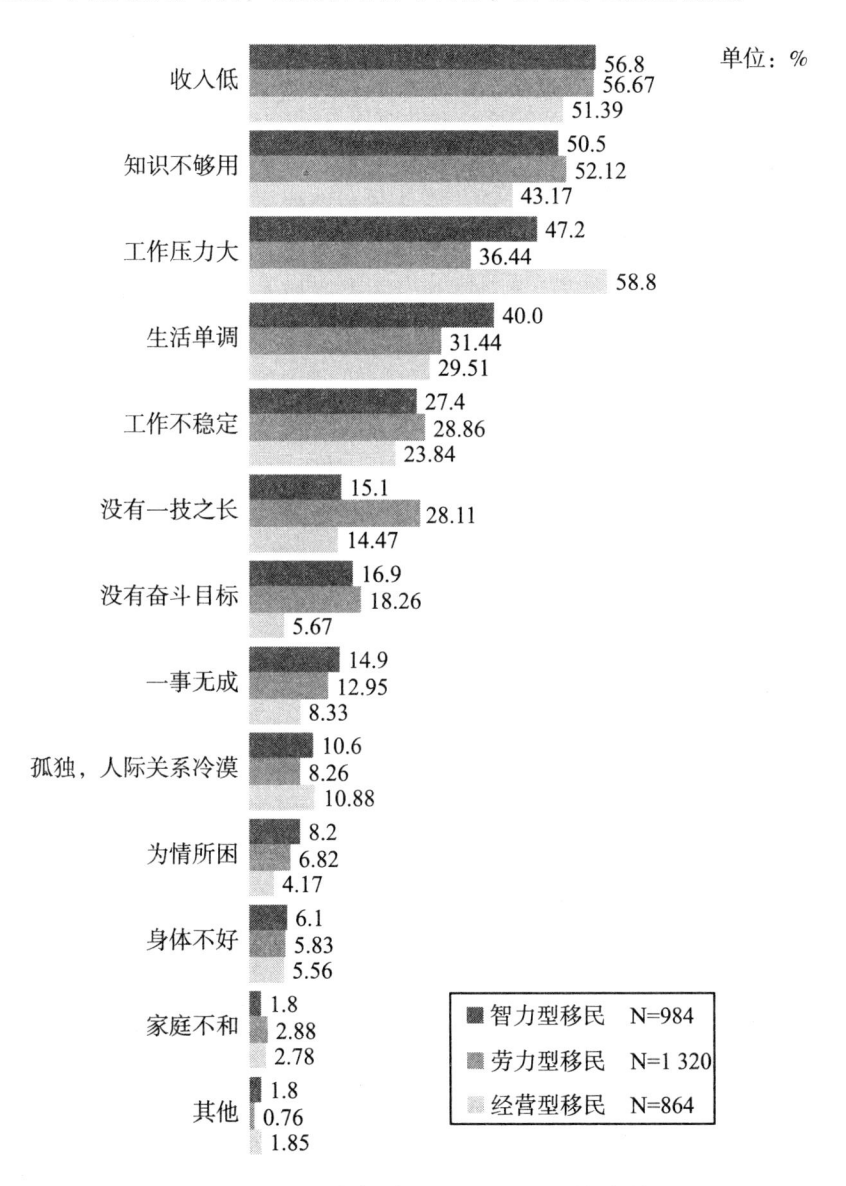

苦恼事项	智力型移民	劳力型移民	经营型移民
收入低	56.8	56.67	51.39
知识不够用	50.5	52.12	43.17
工作压力大	47.2	36.44	58.8
生活单调	40.0	31.44	29.51
工作不稳定	27.4	28.86	23.84
没有一技之长	15.1	28.11	14.47
没有奋斗目标	16.9	18.26	5.67
一事无成	14.9	12.95	8.33
孤独,人际关系冷漠	10.6	8.26	10.88
为情所困	8.2	6.82	4.17
身体不好	6.1	5.83	5.56
家庭不和	1.8	2.88	2.78
其他	1.8	0.76	1.85

■ 智力型移民 N=984
■ 劳力型移民 N=1 320
□ 经营型移民 N=864

图4-7 城市新移民生活中苦恼的事情

在上文的分析中,我们发现智力型移民和经营型移民的定居意愿均高于劳力型移民,两者的意愿也差不多。然而在某些方面,智力型移民与新生劳力移民以及经营型移民与资深劳力移民有相似之处:首先就是年龄相仿,新生劳力移民和智力型移民都比较年轻,资深劳力移民和经营型移民都比较年长;不过,他们刚好分属四个年龄层(22岁、26岁、32岁、38岁);所以像家庭和子女方面也是类似情况,这些对明晰智力型移民和经营型移民群体特征是有影响的。以下主要总结智力型移民和经营型移民的群体特征:

1. 智力型移民的学历绝大部分为大专及本科以上,他们有很多是毕业后留在目前城市工作;经营型移民主要看中目前城市"事业发展机会多",不过也和资深劳力移民一样会考虑"子女将来的发展",同样想着"提高收入"。

2. 由于年龄较小,智力型移民从毕业到现职的时间比较短;而经营型移民在目前城市居留时间较久,现职工作时间长。

3. 智力型移民和新生劳力移民类似,主要和朋友或同事一起,也有自己一个人住,是次级关系型或者独立型的居住模式;经营型移民大部分携家带口,为初级关系型的居住模式。

4. 劳力型移民选择工作所看重的因素为收入待遇、个人兴趣和工作环境,相对而言,智力型移民更看重工作前途和专业对口。

5. 智力型移民的月可支配收入比劳力型移民高,经营型移民则更高;智力型移民和新生劳力移民类似,偏向个人享受,而经营型移民主要需要维持家庭运转。

6. 智力型移民更看重事业成功、实现理想、生活富足,但他多抱怨一事无成、生活单调、工作压力大、收入低等,心理感受很差;经营型移民心理困扰程度则很轻,因为经营型移民更倾向于认为"家庭美满"、"子女孝顺"、"事业成功"、"身体健康"是幸福的,而更少抱怨"收入低"、"一事无成",而且经营型移民有74.19%的人能够和家人亲戚住在一起。

第五章

城市新移民的迁徙与立足

从新移民的主体角度来看，城市移民过程不仅是居住地的改变，更重要的是移入者必须面对新的社会情境与规范。迁移行为意味着与原有社会情境的脱离，失去长期生活实践中建构起来的社会网络与社会支持，同时也离开他所熟悉的社会价值体系与规范，并在新的环境里应对一系列不熟悉的突发事件并不断调适自身与社会的关系，从而达到社会适应和社会融入。接下来的几章里，我将主要通过个案的材料（穿插使用定量数据）展现城市新移民的社会适应和融入的过程与方式。这个过程从大的方面讲是迁徙和立足的过程，但这其中，社区生活、社会网络、社会参与、社会保障等牵涉其中，为了分析的方便，我将它们分别展开，尽管实质上它们交互相生，共同构成了城市新移民的社会融入过程。

这一章我们将首先描述和分析不同类型的新移民进入和立足的过程与方式。研究人口迁徙的学者首先关注的问题就是迁移的动因，而对此方向的探究最有影响的就是"推—拉"理论，即认为人口迁移的动力来自两个，一是原住地的推力，二是目的地的拉力[①]。在每个地方同时存在着一些吸引某些人的因素，同时也存在着一些排斥某些人的因素以及对某些人来说无关紧要的因素。作为个体的行动者，会在对正负相关的社会文化因素进行主观感受和理性选择之后，做出是否迁移的选择，这是一种个体主义的解释。而在现实生活中，迁移的决定很难是完全理智的，因为每个作为个体的个人都是嵌合在多重结构的社会网络当中，其所做决定往往受到他人的深刻影响甚至由他人做出决定。孩子随着父母的迁移

---

① Everett S. Lee: *A Theory of Migration*, Demography, 1966, 3 (1), pp. 47–57.

以及太太随着丈夫的迁移①等都是一种家庭中心主义的集体行动式迁移而非个人主义的理性选择。

而城市进入意味着在城市新环境中重新建构出新的社会关系和社会网络并将日常生活嵌入关系结构当中进行生活实践。这种进入不但是个体层面上的社会关系融入，而且包括社会制度、社会心理等多重层面的适应和整合。迁移进入一般要经历震撼、焦虑和适应三个阶段，而个人的、社会的因素都会影响到新移民具体的适应过程。我们在调查中得到的个案显示出各种因素在不同适应主体身上的具有差异性的程度影响。

5.1 智力型移民的迁徙与立足

我们在前文曾提到，智力型新移民以文化水平高和专业知识强为主要特征。如在沈阳所访谈的10个智力型移民中，年龄分布在26~35岁的范围，同时30岁以下的智力型移民的学历皆为本科或以上，体现出年轻化和高学历化的群体特征。他们主要是由各周边城市及东三省各大城市在沈阳接受高等教育后的毕业生、研究生组成，多数在毕业后直接选择在沈阳就业、创业及定居。职业类型中，包括了公司文员、教师、杂志社主编、土建工程师、部门经历、业务内勤和自由职业等。其中1人为失业状态，失业前为某公司文员，但在我们的访谈员一个月后进行回访时，她已经在某著名软件公司找到"满意的工作"。可见，智力型移民多从事社会认可度高和社会尊重程度较强的职业，且有较强的职业主动获取能力。一般认为，受教育程度越高越容易在新的环境中适应；教育程度越低者越难以融入当地社会。从我们的调查来看，确实证实了这一论断。

在六大城市通过深入调查和访谈获得的49位智力型城市新移民典型案例，显示出新移民群体共性的一些问题，也显示出智力型移民这一移民类型在不同城市的具体城市情境中体现的区域差异和鲜明特征。智力型移民是以往新移民研究中较少注意到的一群人。事实上，智力型移民在今天已经成为城市社会发展的重要力量，为城市建设贡献着自己的智慧和劳动。智力型移民有着高学历的知识背景和较为清晰的城市化意愿和进入策略。在实现从乡村或二三线县城到大都市的空间转移以及从大学生到城市职业和定居者的身份转移这种双重变迁过程中，知识资本成为智力型移民最为突出的优势和群体特征之一。

---

① 廖正宏：《人口迁移》，三民书局1985年版。

5.1.1 从毕业到求职：智力型新移民的城市进入模式

大学生就业是一个社会广泛关注的问题。每年的高校毕业生，包括研究生、本科生，毕业人数都超过了 600 万人。中国农业大学农村发展研究会 2010 年面向中国农大全体本科生的一项就业调查发现，90% 以上的人表示希望能在大城市工作，而其中将近 2/3 的人愿意在京、沪这样的一线城市工作，只有 2.2% 的人愿意在农村工作[1]。大城市对智力型移民的吸引力之大可见一斑。但这些外来的大学毕业生"漂"在都市的日子里，并不一定都能找到稳定的工作和具有所在城市的户籍，因而享受不到城市居民所享受的福利待遇，从而形成一个"漂"在城市的新移民群体。这一群体的形成，与我国的高校扩招以及高校毕业生就业制度的变革不无关系。随着包分配到自主就业制度的确立，大学生，尤其是来自农村的大学生，由于缺乏必要的社会资本，就业和城市化的压力更大。

从沈阳的案例可以看出，在大学毕业后，通过应聘工作的方式选择留在沈阳的占到智力型移民的绝大部分，这似乎成为来自农村或县城的大学生毕业后自然的选择。按照推拉理论的解释，原住地的社会经济状况和目的地的社会经济状况都存在着对迁移决策者产生推力和拉力的因素。但对两地正负因素的判断差别与个人的主观感受以及个人的生命周期（Life Cycle）的阶段有关。对大多数人而言，原住地是他成长的地方，迁入地则是其创业、奋斗、挣扎和适应的空间。在个人的个性、智慧、敏感度、对其他地方的认知程度、与外界接触的情形等因素的综合影响下，迁移决策者会在自身判断的基础上做出决定。大学生毕业群体已经成为当今城市新移民的重要组成部分，而该群体的城市定居意愿或者说市民化倾向度也是最高和最强的。

来自沈阳市周边一个二线城市的城镇的王某，通过高考进入沈阳市一个专科学校就读计算机专业，后来通过专升本获得本科学位。毕业后，自己主观意愿留在沈阳市工作和生活。她的理由是"我学的这个专业，留在沈阳应该比家里机会多，况且就算回家，家里也没什么人。"这种表述具有智力型移民就业选择时的典型性。首先，王某认为自己未来的职业发展应该与自身在大学时期所学专业相关，做到学有所用；其次，她认为沈阳（大城市）比家里（小城镇）的机会多。这种对机会的向往是一种模糊的感性认识，背后影射的是对自身未来前景的强烈期待和愿望；最后，她认为"家里没什么人"也是自己不想回到小城镇的家乡的一个重要原因。小城镇地方小，做事更要依靠关系网络，而在大城市，她

---

[1] 王淼：《大学生就业：无法逃离大城市"黑洞"》，载《中国改革报》2010 年 6 月 24 日。

认为可以凭借自身的专业特长拥有良好的前途（案例编号：沈阳—智力型—001）。

沈阳的区位优势也是一些智力型新移民迁入的考虑因素之一。尤其是对一些来自边疆地区的人来说，中国东部和西部的区分不只是地理空间的划分，而且东部代表着比西部更为便捷的交通，更为广阔的发展前景。这种认知有一定的合理性，虽然我国的西部大开发战略实施力度很大，但限于西部环境条件和基础设施等因素的限制，西部的发展仍有很多问题需要解决。因此，很多来自西部地区的大学生毕业后选择不回去，愿意留在大学所在地或其他东部大型城市。

来自新疆、毕业于西安的李女士在提到为什么来沈阳发展时说，"因为有亲戚在沈阳，就业机会也多，交通也相对方便。新疆再怎么好，交通不方便。"她说如果不是因为在外地读书，就很少有机会出新疆，可能要一辈子和父母一样待在新疆。"班上大多数人都是这个想法，因此有60%～70%都考到了外地读大学。"（案例编号：沈阳—智力型—008）

来自农村的大学毕业生往往有着比来自城镇的大学毕业生更为强烈的城市进入意愿。比如，案例002中的苗女士自从上大学来到沈阳，并在沈阳工作、买房、结婚，一路走来始终有着明确的人生方向。她来自沈阳周边一个二线城市的乡村，毕业后就和男友在沈阳找工作。虽然经历一些波折，但总算在沈阳扎根。她现在一家科研仪器公司工作，认为公司的"人文环境好"，因为"公司里的同事大多是外地人，大家经常在一起聚餐聊天，关系都很好。"在城市进入的过程中，与其他类型的移民相比而言，智力型移民往往较少遇到强烈的社会排斥，因为该群体职业往往分布在社会认可度较高的领域。而在相似的领域中，往往出现同质性人群聚集的现象。如苗女士所在的公司同事大多是外地人，有着类似的城市进入背景和生活经历使得该群体内部更容易产生认同和共鸣，从而达到消解社会排斥的目的。在苗女士看来，每天能"朝九晚五"在写字间工作，加上她业务熟练，待遇也不错，况且又有男友依靠，认为自己已经很幸运了。成为城市社会认可度较高的白领，过上"朝九晚五"的生活，是一些来自农村的大学毕业生的愿望。当这种愿望可以实现，其幸福指数就会处于较高水平。

在我们所访谈的沈阳智力型新移民中，有些人有更高的自我定位和职业目标。案例007中的雷女士在进当前供职的公司之前应聘了很多公司，电视台、报纸、IT公司、证券、保险、网络编辑、摄影制作都有。最开始的时候她觉得工作很好找，进入几家小公司的面试，后来觉得公司太小，上升机会不大就退出了。她觉得凭借自己的能力和学历能够进入大企业谋得一份社会地位高的职位。这种建立在对自身学历和能力认同基础上的自信是智力型移民群体较为普遍的心态，有时甚至成为一种自负。雷女士进入公司后，认为"公司销售人员的学历和相应的知识文化水平能力都很'有限',在这些人当中觉得自己挺优秀的,因此对他们挺不屑一顾的。"在他们看来,社会上升流动的窗口是向他们敞开的,凭借自己的能力可以实现人生的价值。但是有所经历后,很多人开始认同社会关系和人际人脉同样很重要,它有时可能决定了个人发展的空间,并试图从这种社会资源中获利。被安排为部门经理的雷女士为了开展工作,"先和大家做朋友,让大家不好意思推辞你交给他们的工作"。通过基于工具理性的社会网络建构来实现自身目标的达成。案例005中的王先生也曾经成为公司潜规则的出局者。他总结经验认为:"我这次的失败主要是单位的各种人际关系没有理顺,对新人来说其实干好工作是一方面,但要快速较好地融入这个集体,首要的还是人情关系。……可那时我就知道闷头苦干,总在领导和同事面前谦虚,他们就怀疑我的处世能力,自然看低我,可我现在很注意自己在这方面存在的弱点。"如何在做人和做事之间取得平衡,成为考验这些毕业入职的智力型新移民们能否走好实现城市梦想的第一个考验。

5.1.2 从就业到立业:城市适应的关键步骤

走出"象牙塔"走向工作岗位,智力型城市新移民群体的走向出现分化,有人走向事业的巅峰,有人则在充满挫折的工作中出现调适危机。从就业到立业的这一步骤,成为智力型新移民城市融入和适应的分水岭。

初到工作岗位的大学毕业生们必然要经历一个从学生到工作者的社会角色学习和适应过程。案例003中的高女士毕业后成为一所培训学校的小学语文教师,因为没有讲课经验,她刚入职期就经历了职场的失败,一堂课四十分钟根本不知道怎么讲。在这个学校家长可以随堂听课,第一次讲课就被家长批评得一无是处,训斥得下不了讲台,她痛哭流涕,当时恨不得马上找个地缝钻进去,那天她都不知道是怎么回到家的。但是痛定思痛,后来的她通过自己的努力赢得了家长和领导的认可并被提升为学科的负责人。这时她再次面临角色调适的压力,因为那些有资历的老师并不服从她的管理。她通过业务上的努力和生活上的关心,最终赢得了大家的尊重。可以说,从入职到职场升迁,高女士在不断进行角色适应的过程中,实现了自身社会地位和能力的双提升,为立足城市奠定了基础。上进心强的她,还打算继续就读研究生,用更高的学历资本增加自己在城市中生存发展的竞争筹码。

但有些智力型移民的城市适应调适并不十分成功,从而导致了对个人上升的阻碍,甚至带来心理或生理病患。案例008中的李女士在一家境外就业服务公司当会计时,"压力特别大,有段时间都得忧郁症了,半夜都睡不着觉。你看我头发白的，有段时间躺在床上一下就睡着了，半夜两点固定醒来，就想明天需要办的事，一二三四五，怎么办完美，想得可细了。"她的压力不但来自对工作的重视，而且来自对自身继续提升的要求，为了增强职业竞争力，她还备考助理会计师证，周六周日都到东北大学上自习，晚上枕着书睡觉，特别紧张。根源上，这种压力的来源是因为面临城市竞争压力时的危机感。"当时危机感比较强，假如你是沈阳本地的，有门子、有熟人，我也许不考会计证，反正有亲戚给我介绍工作。因为我是外地的，我一定得考个证书，假如我失业了，我可以拿证书去找工作，没有证书觉得心里没有底气。没有熟人帮我找工作，只能靠自己。"

这种压力之下产生的危机感让她的身体出现了不适。这种紧张的生活状态没过多久她就开始生病，失眠、头发大量的掉。她说，"头发一个月掉光，恢复用了四五年，我看了六七家医院，花了四五万元。有三四年里，我没有机会去理发店理发，头发都掉得差不多了。"在接近崩溃的状态下，她更换了个轻松的工作岗位，到内勤去上班，开始注重生活质量。但在内心深处，她仍然深感不安，觉得企业效益的不稳定是个大问题，希望能够生活的更加安定。事实上，这种抑郁症的产生是其内心对社会环境中不确定因素的反映，其深层的心理意义在于作为一个城市外来者，在融入的过程中出现了思想和心理上的矛盾性和不平衡性，从而在身体上通过疾病的形式表达出来。智力型移民在城市进入过程中面对社会支持网络重构、生存压力巨大等问题，心理产生的各种负面情绪如焦虑、抑郁、恐惧的躯体化，给他们的身心健康带来危害。

5.1.3 从立业到成家：城市进入与定居化

智力型新移民往往具有强烈的城市安家愿望。大学毕业后的智力型新移民往往在工作稳定之后考虑在城市组建家庭，从而实现从外地人到本地人的转变。

案例 004 中"追求物质利益至上的价值观，竭力想摆脱农村户口，成为一个时尚的城里人"的王女士的故事更加曲折。她立场坚定，一心要在沈阳立足。在来沈阳之前，为了改变生存状况，她换过多份工作，还做过"传销"。为了进入大城市过上富足的生活，她甚至取消了和原来未婚夫的婚约。来到沈阳后，她摸爬滚打，事业历经挫折，最终和沈阳某高校国际金融专业的一个研究生结婚生子，由男方买房而定居沈阳，通过婚姻实现了她在大城市生活的理想。

更多的智力型新移民是通过夫妻双方的努力来建设自己的小家庭。城市房价年年高企，买房也成了很多刚成家立业，想在大城市过上富足生活的年轻的智力型移民城市融入的一道门槛。在解决这一问题的过程中，年轻人双方的父母往往起到很大的作用。案例002中的苗女士在2008年和男友结了婚,在工作单位附近贷款买了一套二手房,双方父母借钱帮他们付了首付,从而开始了大城市的家庭生活。案例003中的高女士和丈夫是在2007年结的婚,也是在自己父母亲和公公、婆婆的帮助下房子已经付了首付,2008年高女士和丈夫迁入新居,又开始为即将出世的孩子继续奋斗。

而婚姻爱情的挫折,则往往给有定居意愿的智力型移民带来选择上的动荡。一个人在大城市读书毕业出来工作,社会网络往往规模小,类型单一,互动性差,以同学、老师和同事为主。而男女朋友往往处于社会网络的核心位置,当感情出现危机,社会网络呈现出空心化的状态时,智力型移民们可能会选择更适合自身前途的城市或亲友聚集的城市去谋求生活和发展。案例007中的雷女士的前男友Z是老乡,俩人一起考研究生,结果只有Z考上了,她落榜了。一个上班、一个上学,加上雷女士上班忙碌,Z觉得被忽略了,找了新的女朋友。和Z分手后,雷女士觉得在沈阳待不下去了。当然,也有些智力型新移民并不看重家庭生活,认为个人的前途更为重要。这是和其他类型的新移民相比,智力型新移民较为突出的一个特点,有些人尤其是男性高学历者,往往更重视自身的职业前景。案例006中的小杨直言,"我留在沈阳纯粹是为了事业的进步,无关生活,我总有一天会离开这。"这种对个人利益的突出和个人主义至上的价值取向,与智力型移民的高学历教育背景带来的自信不无关系,持有这种心态的智力型移民往往以自身发展为最高追求目标。

通过对智力型移民的个案分析可见,和定量数据相一致,较高的学历和智力资本成为他们进入城市的敲门砖,虽然有着一段时间的角色调整和城市适应阶段,但总体上说,他们在城市中会慢慢寻找到自己合适的发展舞台。因而,他们不仅具有较高的城市定居意愿,在城市中组建家庭的意愿也很强烈。

5.2 劳力型移民的迁徙与立足

劳力型移民是城市新移民中规模较大,持续时间较长的一种移民类型。以往关于劳力型移民的研究较多,多以"农民工"、"外来务工人员"或"流动人口"为操作概念。规模性的城市农民工群体兴起于20世纪80年代末,90年代以后急剧扩大,至90年代中期达到高潮,目前全国常年跨区域流动着的有8 000多万人,占农村劳动力的15%~20%。如此众多的人员涌入城市,既给城市和乡村带来了新的问题,反过来也使转移到城市的农村劳动力面临着自身的角色转换和城市适应即城市化问题①。

目前学界针对劳力型移民的研究主要集中在以下三个方面：一是从输入地角度，对农村劳动力的来源、迁移目的、就业方式、行业职业、收入、工作和生活环境、权益维护及社会网络、适应过程、对输入地的影响等角度进行研究；二是从输出地的角度，对农村劳动力外出就业的原因、信息来源、选择、方式和外出人员特征、从事行业、工种分布以及外出后对家庭和家乡的影响、个人的现代性习得等方面进行研究②；三是从宏观角度探讨和建构我国农村转移的流动劳动力迁移理论，研究农民外出务工的意义及我国乡村都市化道路的选择等问题③。随着我国经济社会发展，社会结构持续发生变迁，尤其是随着新生代农民工群体的出现，劳力型城市新移民的城市融入或城市化进程问题日益突出。

在沈阳所访谈的10个劳力型移民中（见表1-4），全部来自农村。职业类型中，包括了工地负责人、清洁工、瓦工、宿舍清洁员、送矿泉水工人和推销员等。这些职业的共同特点是以出卖体力为主，工作不稳定，甚至是非正式就业，社会认可度低。一种假说认为，在城市中，教育程度越低者越难以融入当地社会，我们所进行深度访谈的10个劳力型移民中，学历大多只有初中或高中文化程度，唯一的例外是做矿泉水工人的一名大学毕业生。而这10个劳力型移民中，除了案例001中已经打工16年的鲁先生已经通过贷款房拿到沈阳户口外，其他9人仍为外地户口，无法与本地市民享受同样的社会福利待遇，社会公平问题突出，社会隔离程度严重，似乎也印证了上述假设。下面，我们以案例解析的形式对劳力型新移民迁徙与城市立足过程进行解读和分析。

5.2.1 走出农村

以沈阳访谈的劳力型新移民为例，受访者主要来自区外和省外一些经济发展程度较低的地区，全部来自北方省份，其中多人来自东北地区的农村。另外，案例003中的吴女士和丈夫原来都是辽宁省鞍山市某国营企业的职工，2000年国有企业改革后下了岗。吴女士下岗后到沈阳打工已经4年，现为沈阳某高校宿舍公寓的清洁人员。该案例代表了东北老工业基地本地下岗职工下岗后的生存境遇。

有些学者从迁徙动力的角度出发，指出当前中国农村劳动力的外出就业，是

---

① 郭正林、周大鸣：《外出务工与农民现代性的获得》，载《中山大学学报》1996年第5期。
② 杜鹰：《走出乡村——中国农村劳动力流动实证研究》，经济科学出版社1997年版。
③ 黄平主编：《寻求生存》，云南人民出版社1997年版。

"生存压力"和"理性选择"共同作用的结果,"理性选择"高级化的具体表现是农村人在基本生存安全得到保障以后,其他层次的需要的凸显①。2001年的一项针对新生代农村流动劳动力的定量调查显示,20世纪90年代农村流动人口外出的初始目的已经呈现多样化态势。90年代农村人口外出,在考虑赚钱的同时,还把外出务工作为改变生活状态和追求城市生活方式的一种途径,其外出动机或目的具有经济型和生活型并存的特点。与第一代相比,新生代的外出动机已经发生了很大变化,正在从经济型转向经济型与生活型并存或生活型,但目前的新生代多数还停留在追求生活型和经济型并存状态,他们还不能从流动人口转变为移民或迁移人口②。十年后的今天,我们的本次调研发现,生活型追求更被劳力型新移民群体中的年轻一代看重,而经济型追求仍然在整个群体中占有相当比例。在社会贫富分化日益严重的今天,仍有一群人在社会底层为了生存而挣扎。下面,我们通过具体案例描述几种可能的外出务工原因。

鲁先生说,老家"地少人多,没有其他资源,人均一亩多地,一年到头打不出多少粮食。"高考失利之后,由于他体操协调性比较好,悟性也特别高,体育老师让他练体操,再复读一年,那时复课生很正常,能考上大学都是镇上的,或者是复读生。可是他考虑到家庭负担重,另外文化课基础也差,就没有复课。从学校回家之后,帮助父母养家的责任落在了鲁先生的肩上。(案例编号:沈阳—劳力型—001)

张先生老家在兴城市杨家杖子乡,离县城很远,家里有三个兄弟一个姐姐,由于家里经济状况比较窘迫,生活实在困难,所以几个兄弟都还没有初中毕业就辍学了,只好赋闲在家,帮助父母做些农活。虽然说日子是比以前好了一些,但还是过的比较拮据。邻居几个一起长大的哥们都到外地打工去了,这几年挣了些钱,也都说上了媳妇。可是张先生一直也没能娶上媳妇,再加上家里兄弟好几个,就更难了。因此,张先生也想出去闯荡一下,希望自己能够打拼出来一片天地,最基本的想法就是希望能够挣点钱,然后回家娶个媳妇。于是,他就卷起行李卷,随身带了几件换洗的旧衣服,又带了200元钱,就只身一人来了沈阳这个大都市。(案例编号:沈阳—劳力型—002)

吴女士和丈夫原本都是辽宁省鞍山市某国营企业的职工,2000年国有企业改革后下了岗,为了供女儿上学并维持家庭的日常开支,丈夫去了沈阳某建筑工地当了一名技术工,而她只得自谋出路。她告诉我们,从下岗到现在具体换过多少份工作连她自己也记不起来了,只知道那是一段特别苦的日子,因为年龄大且

---

① 黄平主编:《寻求生存》,云南人民出版社1997年版。
② 王春光:《新生代农村流动人口的社会认同和城乡融合关系研究》,载《社会学研究》2001年第3期。

文化程度低,工作很难找,连饭店刷盘子的工作都找不到,生活的艰难可想而知。吴女士一直在强调:他们两口子苦点累点不算啥,孩子的学业最重要。为了维持家里的开支她曾经白天当保姆,晚上到夜市上摆地摊。就这样为了孩子,为了家庭,她每天像是打游击似的干着好几份工作。三年后,吴女士的孩子考取了沈阳某高校的建筑专业,一家人在欢庆的同时也犯了愁,这四年的学费和生活费需四万多元,将会是更大的一笔开销。在困难面前,孩子哭着说要放弃上大学的机会,想快点工作帮着填补家用,被吴女士制止了,她说:"孩子很懂事,但是再穷我也不能耽搁了孩子"。她和丈夫一合计,大不了比以前更加辛苦些,再多打几份工,办法总比困难多。在孩子上大学的四年里,她比以前更加辛苦了。(案例编号:沈阳—劳力型—003)

王女士是内蒙古人,2001年来的沈阳,已经在沈阳生活了8年。现在和18岁的女儿以及年迈的父母一起在沈阳租房子住。在内蒙古老家的时候,家里有地,一家人主要就依靠这块地来生活,家里的主要劳动力是她的丈夫。但在2001年的时候她的丈夫过世了,在家里失去了主要劳动力,且没有耕种机械的情况下,为了一家人生计,她不得不选择外出打工来赚钱。由于当时她的父母年纪大了,女儿还在上小学,她一走就没有人能照顾他们了,另外她也不想离开家人,所以就带着他们一起来到沈阳。(案例编号:沈阳—劳力型—005)

李女士的女儿先天残疾,生活不能自理,在她的成长过程中,李女士为她的女儿倾注了更多的爱。虽然肢体残疾,但是李女士女儿天生聪慧,并且勤奋好学。上大学是她女儿一直的梦想,女儿读高中的时候,为了方便照顾女儿,她们全家搬到了县城。李女士一边照顾女儿,一边在学校附近的饭店打工。女儿考上大学后,为方便照顾女儿,李女士继续在女儿大学的食堂做劳务工。(案例编号:沈阳—劳力型—006)

林先生出生于吉林省的一户农民家庭,家里排行老二,哥哥已经成家,现在在家乡务农。1993年,林先生曾跟随做买卖的父母在沈阳住了三年,初三毕业后又返回吉林老家,在当地的一所技校学习了两年的机械加工。2002年,父亲在沈阳的远郊开了个工厂,为了"自己家的买卖,给自己家挣钱",他再度来到了沈阳,在父亲的小厂中临时帮忙。来沈阳的七年中,他一共换了三份正式的工作,前两次的工作都是在父亲的劝说并帮助下找到的,第三次才是他自主选择的工作。(案例编号:沈阳—劳力型—004)

贾先生说自己是一个不满足于安逸、喜欢挑战的人。他从小学习不好,所以初中毕业就退学了。后来因为父亲的社会关系,他被安排到派出所当通讯员。在农村,派出所是很体面的工作。贾先生之所以辞职不干,一方面是因为他觉得派出所太复杂了,干的时间长了,得罪了不少人。另一方面是因为他不甘心一辈子待在农村，总想出去闯一闯。他母亲在农村开饭店，父亲在外地"对缝"（倒卖各种东西）。可能是受了父母亲的影响，他觉得自己从小就有生意头脑，所以想出去闯荡。（案例编号：沈阳—劳力型—007）

小杨说自己的母亲就向往大城市，为了留在大城市，也为了将来让父母也来大城市，他还是心甘情愿自己在沈阳"闯"，尽管一路跌跌撞撞，也不后悔。（案例编号：沈阳—劳力型—008）

在上述列举的个案中，我们看到，家庭困难依然是外出务工的首要原因（如个案001、002、003、005）。家庭经济窘境，不仅影响到孩子上学问题，也影响到娶妻成家，这些都促使人们走向城市，希望在城市获得经济收入后再回到农村完成未尽事项。当然，也有个案（比如007、008）从农村走向城市，出于自己的个性要求，自己向往城市的生活，也希望在城市发展。

5.2.2 流动中求生存

与智力型新移民多在自我认知清晰的情况下向发展空间更大的工作岗位进行主动跳槽不同，劳力型移民的工作更迭有着更为频繁的流动性和无奈的被动性。劳力型移民的职业流动可分为初次职业流动和再次职业流动。初次职业流动又分为两种情况：一种是从农业劳动者向非农业劳动者的流动，另一种是在非农业劳动者领域内发生的流动。劳力型移民的职业流动的特点有：一是从职业流动的分层结构来看，以水平流动为主，不引起职业地位的升降；二是从职业流动的频率次数来看，呈现出越来越频繁的趋势，其主要原因是农民工工作的临时性和就业的非正规性；三是从职业流动的职业机会选择来看，缺乏足够的社会资源积累；四是从职业流动的流动过程来看，缺乏良好的管理体制和服务机制；五是从职业流动的性别影响来看，男性较女性更易于流动，这与文化、用工中的性别歧视和女性生理特征相关；六是从职业流动的职业分布来看，以体力劳动的职业为主[1]。与城市居民的职业流动引起职业地位上升截然不同，劳力型移民的职业流动前后的职业地位相关性也很弱，因而农民工的职业始终维持在较低的层次，一般从事的是城里人不愿意干的低声望、低技术、低报酬的职业[2]。具体分类上，笔者曾将劳力型新移民分为企业工人、散工、农业工和专业人才四种，每一大类还可细分，其境遇各有不同。其中境遇最差的是散工和个体企业中的工人。我们

---

[1] 李强：《中国大陆城市农民工的职业流动》，载《社会学研究》1999年第3期。
[2] 殷晓清：《农民工：一种就业模式的形成及其社会后果》，载《南京师大学报》（社会科学版）2001年第5期。

的沈阳访谈案例集中在企业工人和散工两种劳力型移民种类,这两种类型的新移民是处于城市社会最边缘和最底层的群体之一。

从案例可以看出,不引起职业地位升降的频繁流动是劳力型新移民工作和生存的一种常态。他们因为无法达到正规就业部门用人要求,而往往通过非正式就业渠道进行就业。拉斯特和波特认为,在非正式经济中同样存在着剥削、虐待、有侵略性的企业主与缺乏防卫能力的工人之间的矛盾;同样存在着资本主义生产关系的生产与再生产。非正式就业的工人具有特殊的性质,他们是等级更低的劳动者,工资福利偏低,工作环境恶劣,更容易受到伤害,当然,这一部门也相对容易进入[1]。

根据劳动力市场分割理论(Labor Market Segmentation Theory),劳动力市场可以分为初级市场(Primary Segments)和次级市场(Secondary Segments)两种类型。当今中国户籍制度约束下的城乡二元劳动市场和基于职业技能需求等因素的形成的两级劳动力市场共同建构了多重劳动力市场分割格局。由于自身素质和制度性因素的制约,劳力型移民多处于多重劳动市场分割格局最为边缘的位置并难以以个体化的行动对该社会结构产生影响。以下案例表明了劳力型移民的无力和他们频繁的水平流动的情况。

小刘2002年念完初中一年级,辍学来到沈阳。她有一个表姐在沈阳开发廊,就让她一起来沈阳学习美容美发。后来回家在家里找了个发廊干了几天,就不干了,决定再回沈阳。这次工作是一个发廊助理。接下来受朋友之托去给朋友找理发店,找了两个月店朋友不想干了。她又回家待了一个月,在抚顺找了份服务员的工作,因为那时天冷就没回沈阳。之后她又分别在抚顺和沈阳的理发店各干了三个月。至此她除了在表姐的理发店干了一年多以外,就频繁地换工作,都是两三个月就换一个。除了理发店小工、服务员外,还有收银员等工作。三年前,她来到三好街工作,在一个朋友的介绍下到一个公司做业务。(案例编号:沈阳—劳力型—009)

张先生的老家在四川达州一个很偏僻的农村。初中毕业之后,因为家里负担重就没有再继续念书,但又不想像父辈那样过日子,16岁时便跟着村里的人一起去外面打工,因为年纪小,又没有什么技术,最开始只能到处给人干零活,拉过蜂窝煤、送过水、挑过垃圾,还去建筑工地上当过临时小工,累是累,还要常常遭人白眼,被人呼来唤去,但是基本上能养活自己,也就觉得不错。(案例编号:成都—劳力型—007)

1992年以后,刘先生先后到广州、株州、柳州等南方城市打工,过着与以

---

[1] 蔡禾主编:《城市化进程中的农民工:来自珠江三角洲的研究》,社会科学文献出版社2009年版。

前完全不同的生活，卖过菜、做过建筑工人、在工厂干过活……"以前贩鸡苗挣钱特别容易，也不累，现在挣钱特别难，而且累"。他买了一个破三轮车，早上四点起床，骑一个小时的三轮车去批发菜，又变成了一个"菜贩子"，然后再骑一个小时的车到市场上卖菜，这挣的都是辛苦钱，而且也挣不了多少钱，平均一天只能挣50元左右。他在建筑工地上主要做粉刷工这类比较简单的工作，或者做后期物业上的维修工作，比如哪家的水管没有装好，哪家的门窗破了，哪家的地砖破了，他就做这后期的维修活。从1992年至今，他就一直过着这种漂泊的生活，在各个城市漂泊，在各个行业漂泊。目前，他主要在郑州这个城市的建筑工地上干活，他回家的次数明显比其他的农民工要多许多。可能是因为年纪大的原因，他没有活做的时候就回家，想出来的时候再出来，不像其余的农民工常年在外不回家。他回家后仍然是拉着成鸡或者鸡苗去县城里面卖，这个是他赚钱的一个主要方式。（案例编号：郑州—劳力型—005）

沈阳案例001中的鲁先生高考失利后外出打工，先后换了十多个工作，行走在河北省某市、沈阳、大连、广州等多个城市，在漫长而艰苦的打工生涯中不断成长并提高自身的能力，逐渐脱离了纯粹依靠出卖体力挣钱的状态，开始从事一些技术性工作。婚姻方面，在经历了一次失败的婚姻后，终于再次结婚，买房定居沈阳，实现了城市扎根稳定。而这个案例，也是我们的沈阳案例中唯一一个买房并取得沈阳户口的特例。结婚组建家庭后的鲁先生结束了漂泊动荡的生活，在谋职的时候就会以家庭为核心和出发点，考虑到是否能够照顾到家庭的问题。而多数年轻劳力型移民都没有成婚，甚至在城市中找对象也很困难。

没有女朋友是目前比较困扰他的问题，他说他大姨给他算过命，说他26岁的时候能结婚，"现在看来26岁是有点困难！"前段时间相过一次亲，开始聊得不错，后来对方一听说他现在的工作直接就拒绝了，"人家说我将来的老公得是事业型的！"当访谈的最后我问他还有什么想说的时候，他一再请我有合适的人给他留意，想找个真心和他过一辈子的人结婚，"不能是那种今天要买这，明天要买那的人。"（案例编号：沈阳—劳力型—008）

谈到在沈阳生活近七年的感受和看法时，她觉得人现在都太现实，这主要是通过她哥哥和哥哥女朋友的事情得到的结论。她哥哥的女朋友因为钱和婚期的延后和她哥哥分手了，七年的感情就这样没有了。她觉得现在人只认钱，根本无需过多的谈感情。但是她也不是不相信感情，只是不再盲目地把感情放在第一位了。当她的第一段感情结束之后，她就把感情看淡了。对于在工作上面的事情，她觉得工作是自己的事情，其他的同事的业绩她从不多问。她勤勤恳恳的做自己的事情。（案例编号：沈阳—劳力型—009）

劳力型移民作为当今中国社会转型的经济活动参与者，推动了城市社会发展和国家现代化的步伐，但面对来自国家社会主义政治经济结构和资本运作逻辑的双重作用，这些社会进步的推动者们不但没有发生社会身份的同步转变，反而在城市社会中被隔离出来。他们的城市进入并不是充分进入，而是在多重劳动力市场分割下局限在城市生活的边缘空间，从事一些临时性强，劳动强度大，社会地位低下的工作，成为非正式就业的主体。城乡二元结构与地域差异紧密结合在一起，进一步强化了分割和隔离。从内地农村流动到城市或经济发达地区来打工的农民工既受到农民身份的限制，还要受到作为外来人口的种种排斥和歧视，同时受到城市内部的产业部门分割的差别对待，如公共部门、专业技术部门和政府垄断部门等均因为准入限制而与农民工无缘[1]。劳力型移民虽然身处城市，但只是作为劳动市场分割下的劳动力被引入城市生产空间。

劳力型移民的日常劳动空间与城市社会生活空间也是相对割裂的。居住格局上，劳力型移民主要有三种居住形态，一是在城市中以地缘为纽带的外来人口聚居区，如北京的"浙江村"、"河南村"；二是城市扩张时期外来人口聚集的城中村；三是在城市工业区或经济开发区中常见的工厂宿舍，通常与当地社区形成分割的二元社区[2]。无论是处于何种居住空间内，他们在城市中都只有劳动身份，而无公民身份，其社会属性仍然被制度划到农村社会，在城市社会中，劳力型移民大多处于游而不定的境地。其中，当前在多数城市中实行的暂住证制度是造成社会身份分割的重要制度性障碍之一。

我觉得那个暂住证制度很不合理的。一年要换一次，很麻烦。而且每年都要收费，要40多元。本来想把小孩带到身边来照顾的，但是现在想都不敢想，要读好点的学校借读费都要好几万，更不要说日常生活费了，所以除了上大学的孩子，其他两个孩子都在老家读书。可是老家的学校（教育质量）没城里好，读书也比不过城里的孩子，也是一种不公平的现象吧。（案例编号：杭州—劳力型—009）

沈阳案例001中的早期从事砖厂搬运工的鲁先生和案例002中做瓦工的张先生则是劳力型移民中散工的典型代表。这部分人是没有正式机构雇用的，也没有任何保障来保护这部分人。笔者曾对广州散工进行调查，发现87.7%的散工没有与雇主签订劳动合同[3]。劳力型移民中的散工人群的工作利益和权益是难以有保障的，他们的工资、工作时间和发放工资的时间大部分掌握在雇主手里，因此也就很容易出现拖欠工资的情况。值得注意的是，散工们的医疗和健康也得不到应有的保障，特别是一些危险性较高的职业，如建筑工，他们的工伤概率比较

---

[1] 蔡禾主编：《城市化进程中的农民工：来自珠江三角洲的研究》，社会科学文献出版社2009年版。
[2] 项飚：《跨越边界的社区：北京"浙江村"的生活史》，三联书店2000年版。
[3] 周大鸣等：《"自由"的都市边缘人——中国东南沿海散工研究》，中山大学出版社2007年版。

高，但得到赔偿的概率却很低。所以这部分散工是弱势群体中的弱势，不要讲城市融入和移民，就是城市的基本生存和生命安全都难以维继。

一开始受不了，太累了，砖厂讲究效率，要供上机器。第一个月瘦到110斤，手上的茧子老厚了。刚干时真受不了，没有任何思想，就是出蛮力。后来他觉得无法承受这种劳动，这个工期结束之后，就没有再去。（换了一份工作后）在这里工资还行，但老板押身份证原件，他不让你走，要稳定，后期请假不准，再后来他就不干了。（案例编号：沈阳—劳力型—001）

1996年，由于建筑老板拖欠工资，张先生离开了工地到一家鞋厂工作，但只做了一个月就辞职了。原因是鞋厂胶水化学药味太刺鼻，根本就无法工作，老板是个吝啬鬼，所有的员工连个口罩、手套都舍不得给配，呛的每个人都不敢多喘气。每天下班手上都是厚厚的一层胶水。另外厂里说是包吃、包住，可是每天吃的连个油星都没有，住的地方用他的话说就是连狗窝都不如。而且连个周日都没有，一天工作10多个小时，忙的时候加班，还没有加班费。离开的时候，老板只给了他300块钱，说是他耽误鞋厂的工作了，他开始还是和老板理论，可是老板根本不讲理，最后还找来了两个小混混，说要是不走就打他。没有办法，胳膊拧不过大腿，他就只好离开了。……

靠着自己的手艺，张先生在沈阳算是安顿了下来。但是，他在外面打工从来都没有签过合同，他说没有这方面的意识，问及他有没有被拖欠工资的经历，他说："这是常事儿"。有一次，他带几个老乡一起去一处打工，干了一个多月，一分钱都没有拿到就被赶走了。

张先生对目前的生活状态谈不上满意，因为无论是生活上还是工作上，他都觉得不是很稳定，用他的话说就是过一天算一天，他也不知道明天会是个什么样，而这一切他又无力改变，只好默默承受。（案例编号：沈阳—劳力型—002）。

我没有什么雄伟的大志愿，我就是想安安心心的过每一天，不生病。我每天想的就是今天干一天挣的70元钱，我自己花出去多少，还能剩多少钱，家里面的人还能不能兼顾到。我没有在城市生活的打算，等到哪一天干不动了就回老家了。（案例编号：郑州—劳力型—004）

有一次给一家装空调，下来的时候没有看见旁边的切割机，切割机就顺着自己的肉滑过去，当时鲜血直流，缝了5针，现在腿上还有疤痕，他掀开他的裤腿给我看看那道仍然很明显的疤痕。他还在南方的工厂里面干过活，主要是做胶水，胶水的毒性很大，他说经常会被熏地吃不下饭，同厂里有一个女孩怀孕了，但因为长期在这个工厂里干活，对胎儿产生严重的影响，最后还是流产了。他在工厂里只干了短短的两个月，就没有再敢做了。（案例编号：郑州—劳力型—005）

随着工作招聘尤其是一些体面工作对学历要求的提高和重视，一些挣扎在依靠出卖劳动力维生的生活状态的人，希望通过学历来给命运改变带来一些转机，还有一些人在社会"潜规则"的空当中寻找利益。作为个体的劳力型新移民，无法对整个社会制度与结构进行反抗，但却可以在日常生活实践中通过弱者的"武器"如"造假"、"混社会"等进行抗争。这种基于对现有社会结构和社会规则的掌握和"钻空子"的消极意义的个体的行动，并不能带来具有组织性的集体行动，从而改变该群体的生存境遇，况且在劳力型移民群体中，沉默的是大多数。但这些抗争行动的出现，也在启示着我们政治经济体系改革只有结合劳力型移民主体性的自下而上有效动员，才能带来社会分配和劳动制度的结构性变革。

鲁先生只有高中学历，尽管念了自考，但是只通过两科，没有拿到最后的学历，虽然一直在自学，但是随着高等教育的普及，一个大专或者本科学历已经成为求职的敲门砖。在这种情况下，鲁先生无奈选择了造假。他的伪造的档案寄放在了老家的人事部门，当然，这也是因为有特殊的关系，而且是小县城，所以也比较容易造假。（案例编号：沈阳—劳力型—002）

"倒也不是一定要靠这个学位找个工作，起码自己也有个学历吧。毕竟现在自己连初中毕业证都没有。"在电大报名的时候，她都如实和负责人说她没有毕业证。负责人告诉她，拿个复印件就可以，"这样就好办多了，贴上自己的照片写上自己的名字就行"。她现在已经在学校旁边找好了房子，准备晚上没有事情就按时去上课。（案例编号：沈阳—劳力型—009）

上述的分析表明，劳力型移民在城市无论是进入还是立足，都较智力型移民要艰难很多。他们虽然有在城市定居的意愿，但在城市的收入和工作，让他们在城市依然处于艰难的状态，因而"回老家"成为他们在耗费青春后的终极打算，可能依然是为这个城市做出贡献的"过客"。

5.3 经营型移民的迁徙与立足

从经济性质上看，经营型移民经济属于私营经济和个体经济。在1992年邓小平南巡讲话以后，私营业主经济在中国特色的社会主义市场经济体制中的地位得到承认和合法化，从而在中国的经济发展中占到日益越来越多的比重并起到越来越大的作用。尽管私有部门的出现在中国为人们打开了一个新的机会之窗，但它的社会意义对城市居民和农村居民而言是不同的。有研究指出，建立在户籍制度基础上的城乡二元格局带来的不同机会结构下，城市和农村中的自雇业者在个人背景方面是不同的。早期的实地调查发现，农村的私营企业主主要是生产队干部、留在农村的下乡知青和退伍军人。这些人比普通农民具有更多的人力资本和（或）政治资本。在城市，大部分个体户和私营企业主来自于社会边缘群体，比如农民工、失业青年、下岗工人和退休者。对这些人而言，他们基本没有什么可以失去的，但通过参与到私营经济中去，他们可以得到更多[①]。

随着农村劳动力持续大规模地向城市转移，处于城市空间中的农村劳动力群体在不断地变化，内部在发生分化。其中最为显著的是职业分化加速，人们从求生存向求发展转化，从纯粹出卖劳动力的劳力型向技术、资本、智力型输出与劳力型输出并存转化。在这些整体性转变过程中，通过社会资本和货币资本的积累，一些出卖苦力的劳工逐渐转化为持有生产资料甚至雇用工人的经营型新移民，实现了社会角色的变迁。

经营型新移民打工年限一般较长，拥有自己的经营项目。如我们在沈阳的11位受访者中，经营项目包括了理发店、维修店、鱼档、小吃店、服装店、美容店等。从职业分布可以看出，经营型新移民从事的多为自主经营的商铺。与多从事社会认可度高和社会尊重程度较强的职业智力型移民相比，经营型移民的社会地位和认可度并不算高，但明显高于依靠出卖体力谋求生存的劳力型移民。由于经营型移民的发展是在市场资本逻辑的主导下进行的，与知识资本本位的智力型移民的发展逻辑并无本质上的可比性。如沈阳案例001中的吉先生的理想就是选一个好的地段，在沈阳开一家更大的理发店，准备在理发的事业上发展。他说："毕竟这是我的本行"。技艺与资本的结合，是经营型移民安身立命的基础，教育程度作为一个变量，对该群体的行为影响并不明显。

下面，我们以案例解析的形式对沈阳的经营型新移民迁徙与城市立足过程进行解读和分析。

前面讲到，在城市中，改革开放以来城市中的个体户和私营企业主最初大多来自于社会边缘群体，比如农民工、失业青年、下岗工人和退休者。因为这些人不被纳入正规就业的制度中，是被排斥在社会边缘的一群人。与城市中"有单位"的就业群体相比，他们被局限在次级劳动力市场的非正式就业岗位，通过自谋职业获得生存。在发展前期，有部分经营型移民与劳力型移民并无本质上的差别，只有具体职业分布的不同。其中相当一部分是在从事小规模生产经营服务活动的小业主处打工，后来自身也逐渐发展成没有发生劳动关系的小业主或自雇

---

① 吴晓刚：《下海：中国城乡劳动力市场转型中的自雇活动与社会分层（1978～1996）》，载《社会学研究》2006年第6期。

的小商贩或小摊主，属于自我雇用。

吉师傅是辽宁抚顺人。从小就很懂事，经常帮助家里下地干活，深知庄稼人的不容易。初中毕业后，吉师傅曾随父母去上海做过药材生意，由于药材生意不好做，他就跟着老乡到沈阳打工，在饭店刷了两个月盘子，他觉得"这样混下去也不是个事"，就回到抚顺准备学门手艺，考虑再三，他选择了理发。在抚顺的美发学校学习期满后，他信心百倍地回到老家所在的县里，开起了理发店，可是他的手艺还不成熟，顾客很少，没过多久就倒闭了。家里人认为他根本不适合理发，亲戚朋友也纷纷反对他再从事理发行业。性格内向的他一言不发，执拗地来到沈阳继续学习理发。经历了A发廊、B发廊的打工之后，他盘下一个小理发店自己经营，打算以后等资金充足了，找个地段好点的地方，开个分店，把自己的理想一步步实现。（编号：沈阳—经营型—001）

2000年夏，李先生毕业了，当时他还没找到与自己专业对口的工作，但又不愿意让家里人供养，他没有经济来源，孤身一人怎么在沈阳过呢？于是他为了糊口找到了第一份工作——销售电话卡。后来李先生找到了第二份工作，即在一个网络公司（类似2688网店）做业务员。李先生的第三份工作是采购员，他在这个公司里做了四五年。2005年，他找了第四份工作——房地产销售。2007年自己手里有六七万，朋友借给他十万。"左邻右舍"炭烧火锅店在李先生的精心筹备下开张了。（编号：沈阳—经营型—004）

女儿上了高中，儿子也升了初中，两个孩子的学费是一比不小的费用。家里的花销开始增加，日子过得开始有些紧张了。段女士的弟弟在沈阳做生意，2004年冬天，他有些忙不过来，就求段女士的丈夫过去帮忙。这样，段女士留在家里种地，照看老人和孩子，她的丈夫来到沈阳做生意。2006年的时候，段女士的丈夫生意做得挺红火，他旁边摊位卖烟草和茶叶的业主打算兑摊位，他就给兑了下来。这样，他就开始有些忙不过来了，于是段女士把家里的地租了出去，来到了沈阳和他一起做生意。（编号：沈阳—经营型—003）

燕红的老家在铁岭，18岁出来打工，到今年32岁，其间打工、结婚、生子、摆地摊、开小店。她与大多数誓要变成沈阳户口的外来人不同，每天不辞辛苦挣钱，是为了攒够钱再回到农村老家去。她从不否认在城市里生活比在农村好，但现实不允许，心中渴望的还是老家那一片土地。她从那里走出，也强烈地希望回到那里去。她每日不辞辛苦去奋斗的幸福很朴素：老家能有一间大房子，里面住着父母、女儿、丈夫和自己，养几头猪，喂一群鸡鸭。用她自己的话说："就实惠儿地活着吧！"（编号：沈阳—经营型—005）

上述案例似乎反映了一个共同的特征，即经营型移民与劳力型移民的关联，大多数经营型移民是从劳力型移民转化过来的。相对于劳力型移民是为别人打工,而经营型移民则是借助先期的打工所得,自己经营一些或大或小的生意,自己为自己,甚至请人为自己打工。

过往研究多采用"推拉理论"来分析农民移民城市这一社会现象,这种解释忽视对这部分群体的社会心理分析,从而影响了对这个群体的未来走向的洞察。我们可以用倒逼机制来解释以段女士夫妇和燕红为代表的此类经营型新移民的行为逻辑。从段女士的讲述中我们可以得知,是家庭消费结构的改变迫使他们来到城市,只有这样他们才能完成供孩子读书的任务。而在燕红的心中,和父母、丈夫、女儿一起生活才是最重要的,至于是在城市或农村并不重要。无论是出于对子女教育的考虑或者家庭生活质量的考虑,他们的身上都有深刻的传统性,"家"依然是长久的期待。家庭共同移民,或者说家庭化趋势成为经营型移民的显著特点。

但我们需要注意的,移民的家庭化并非是一贯的,因而家庭移民必然带来一定的风险和增加移民的成本。按照世界范围人口流动的演变轨迹分析,人口流动的历史进程大致要经历密切相关和依次递进的三个阶段:第一个阶段是单个人流动的先锋阶段;第二个阶段是人口流动的家庭化阶段;第三个阶段是人口流动的大众化阶段[1]。有学者研究发现,中国在 20 世纪 80 年代后期尤其是 20 世纪 90 年代初开始,农村劳动力的流动已经进入了人口流动的第二个阶段,即人口流动的家庭化阶段。但是在这股潮流中,我们应当关注到逆潮流化行动的非移民意愿流动群体。事实上,并不是每个流动人口都能实现人口流动的家庭化,在社会流动机会缺乏的环境里,城市安家的高成本并非人人可以承担。另外在我国现行的户籍管理制度框架内,选择移民城市就意味着对农村户籍和背后的土地收益以及相应的集体收益的放弃。2006 年珠三角农民工的一项调查也显示,愿意放弃土地的农民工占 56%,不愿意放弃土地的占 44%,而不愿意将户口迁移到打工所在城市的占到 60.2%[2]。因此,相当部分在城市中进行经营的农村流动人口出于一种理性选择,往往是希望能够在城市经营和农村土地两个方面都得到收益。流动人口的迁移意愿并不一定如我们想象中那样高。

另外一些有着强烈城市认同和融入意愿的经营型移民,则试图通过自身的努力和积累,使自身的小本生意不断成长,最终实现向上流动。由于生命周期的限制,一些人到中年的经营型移民往往将自身视为子辈走向城市定居化的过渡和铺垫,就其自身而言,则仍然处于钟摆状态,一边是城市中的生意,一边是农村的土地和年迈的父母。

---

[1] 俞宪忠:《中国人口流动态势》,载《济南大学学报》2004 年第 6 期。
[2] 蔡禾主编:《城市化进程中的农民工:来自珠江三角洲的研究》,社会科学文献出版社 2009 年版。

我可以感受得到他们一家对大城市生活的喜爱。她说:"城里哪哪都好,买东西也方便,农村怎么也不行。"她是愿意生活在这里的,希望自己家的粮油店能够继续经营下去,直到干不动的那天。但是她又说:"走一步看一步,到时候再说吧,老家都有老人,哪能都不回去了。"她和丈夫四十多岁了只能到现在这样的程度了,今年的效益比往年差,经济危机了去饭店吃饭的人少了,饭店向他们店里要米面也就少了。未来,也许把店交给一个儿子,但她还是希望两个儿子能够在沈阳找个工作,给人家凭力气打工也行,在沈阳安家、娶媳妇。(编号:沈阳—经营型—006)

由于工作的原因,蒋女士离开家乡的这 14 年中,仅仅回家过过一次春节,一般都在工作的淡季回家看看。我问她:春节不能回去,想家吗?她说:怎么能不想。为了这份乡愁,蒋女士的所有沈阳春节都是和老乡一起度过。也许正是离家的这份孤独使得蒋女士从来没有感觉自己是个沈阳人,即使是将来户口落到了沈阳,即便嘴上说着"我感觉哪里都一样",她还是认为自己是四川人,将来老了,还是希望回老家养老。聊到这里,我停下来,问正在一边玩耍的蒋女士的儿子:"你是哪里人啊?"她的儿子脱口就说:"沈阳人。"今年蒋女士打算带着孩子和丈夫一起回家过年,因为父母的年龄都大了,到了该尽孝的时候了。(编号:沈阳—经营型—009)

在城乡流动现象已经存在数十年后的今天,我们应当注意到新移民群体的年龄分化所带来的移民意愿分化。相对而言,新生代的年轻人在走出农村的时候,就已经在对城市强烈认同的基础上产生了移民意愿,并为实现社会向上流动而努力。

对于未来,程程的想法是把美容院做大,开分店,想把分店开到市里去。有想法就是好的,毕竟要先有梦想才能去实现梦想。她还想自考个管理学的学位,我也简单的跟她说了下自考的流程和方法。之所以学管理学,一是可以更好地管理自己的店,如果以后开了连锁店的话,管理很重要。二是,就算以后不干美容院这一行业,也可以用管理学的学位来找个工作。"平稳的生活也不错,不像现在这样这个月不挣钱的话就得吃老本了,压力很大。而且太累了,杂七杂八的事情特别多,现在就是很自由。"用知识来充实自己是好的,她希望以后无论是开了分店还是学习管理都能成功。(编号:沈阳—经营型—008)。

以往针对城市新移民的研究较少注意到族群身份与族群关系变量对移民的城市认同和进入的影响。实际上,这是移民进入和适应程度的重要的影响因素。世界各地城市的城市化过程中出现的共同问题之一就是族群与社会争端问题。城市中集中了各种各样的人群,既有不同的种族、民族,也有不同的族群和团体。这些不同的群体聚集或分散,在互动的过程中,因互相的误解、竞争而引起冲突是常见的城市问题。但族群问题往往与其他城市社会问题交叉在一起，共同作用于城市新移民的城市迁移意愿。

阿曼古丽曾想过让孩子在成都读书，毕竟她不想和孩子相隔两地，她希望能天天见到孩子。但一想到在成都读书要交高昂的赞助费，政府也没什么特殊照顾，她就放弃了，她决定当孩子到了读书的年龄，她会把孩子送回老家读书，一来在老家不用交赞助费，二来到老家读书可以享受当地政府给予的照顾政策。希望孩子们回家读书还有一个原因就是阿曼古丽希望孩子能够身心健康地成长，她不希望孩子在成长中看到别人异样的眼光。如果孩子在家乡上学，那么他们就不会感受到外地人对新疆人的误解。（编号：成都—经营型—009）

因而，我们谈移民的城市融入问题，不仅是单个移民的融入问题，而可能关联到一个族群和另一个族群的相处问题。由于历史的某些原因，一些族群被想象为难以接触的族群，对他们的污名建构造成了这些族群在城市的融入困境。因而消除地域歧视和族群歧视，依然是我们在城市化进程中需要关注的问题之一。

在本章，我们通过个案材料，对三类城市新移民的迁移和立足过程进行了分析。在三类移民中，智力型移民有着高学历的知识背景和较为清晰的城市化意愿和进入策略，在实现从乡村或二三线县城到大都市的空间转移以及从大学生到城市职业和定居者的身份转移这种双重变迁过程中，知识资本成为智力型移民最为突出的优势和群体特征之一。虽然有着一段时间的角色调整和城市适应阶段，但凭借其较高的学历和智力资本，从总体上说，他们在城市中会慢慢寻找到自己合适的发展舞台。对于这类移民来说，他们不仅具有较高的城市定居意愿，也具有较为强烈的在城市组建家庭的意愿。相比之下，劳力型移民虽然是中国经济建设的积极参与者，但来自国家社会主义政治经济结构和资本运作逻辑的双重作用，他们很难获得市民的待遇，在城市社会中被隔离出来。对于他们来说，无论是迁移还是立足都显得异常艰难。他们虽然有在城市定居的意愿，但工作的不稳定和收入的微薄使得"回老家"成为他们在耗费青春后的终极打算，他们可能依然是为这个城市做出贡献的"过客"。从某种程度上讲，大多数经营性移民是劳力型移民的高级阶段，他们通过早期的资本积累，开始了自己的经营生活。与劳力型移民相比，他们的城市定居意愿较为强烈，家庭化趋势也很明显。但考虑到城市家庭生活的成本以及农村的土地收益等因素，他们会理性地希望能够在城市经营和农村土地两个方面都得到收益。因而，这无形中影响他们移居城市生活的愿望。

第六章

城市新移民的社会网络

作为社会科学研究领域的核心概念之一,自格兰诺维特以来,布迪厄、克尔曼、波特、帕特南、林南等社会学家都从不同的角度对社会网络分析的研究路径进行过阐述。其中,格兰诺维特、边燕杰关于强关系和弱关系力量的假设[1]、林南的社会资源理论[2]、布迪厄/科尔曼的社会资本理论[3]以及波特的结构洞理论[4]影响较大。社会科学视野中的社会支持网络理论都是从个体与结构性社会整体发生互动的角度进行阐释的,张文宏等认为,社会支持网络研究中观点的差异源于不同研究取向的学者将分析的焦点分别瞄准网络位置、关系强度或嵌入性资源[5]。事实上,最早由格兰诺维特提出从互动频率、情感力量、亲密程度和互惠交换四个维度测量关系和支持强度这一测量标准至今仍在指导着社会支持网络的研究。

从社会心理刺激与个体心理健康之间关系的角度来看,社会支持可被视为是

---

[1] Granovetter, M. S., *The Strength of Weak Ties*, *The American Journal of Sociology*, 1973, Vol. 78 (6), pp. 1360–1380. 边燕杰、张文宏:《经济体制、社会网络与职业流动》,载《中国社会科学》2001年第2期。

[2] 林南、V. M. 恩塞、J. C. 沃恩,郑路编译:《社会资源和关系强度:职业地位获得中的结构性因素》,载《国外社会学》2001年第3期。

[3] James Coleman, *Social Capital in the Creation of Human Capital*, *American Journal of Sociology*, Supplement, 94, 1988: S95–S120.

[4] Ronald S. Burt, *Structural Holes*:*The Social Structure of Competition*, Cambridge, MA: Harvard University Press, 1992.

[5] 张文宏:《社会资本:理论争辩与经验研究》,载《社会学研究》2003年第4期。

个人通过社会联系所获得的能减轻心理应激反应、缓解精神紧张状态、提高社会适应能力的影响。社会联系是指来自家庭成员、亲友、同事、团体、组织和社区的精神上和物质上的支持和帮助，也有研究将社会支持网络与社会联系等同。一般认为，社会支持以社会网络的存在与互动为前提。社会支持网络可分为正式的社会支持与非正式的社会支持两部分，正式支持包括社会结构中所能提供的支持系统，如医疗及社会服务；非正式支持则包括家人、朋友、邻居、亲戚、教会、社团等日常生活中的人际互动。肖水源等将社会支持分为两类：一类为可观的、可见的、实际的支持，包括物质上的直接支持和社会网络和团体关系的存在和参与；另一类是主观的、体验的或者情感支持，指的是个体感觉的尊重、被支持、被理解的情感体验和满意程度。具体在城市新移民研究领域，寻求关系和建构社会网络往往是城市外来者的适应策略，是其应对制度性障碍、社会性障碍和文化性障碍的重要社会资本。

李培林曾对 1995 年在中国山东省济南市的问卷抽样调查资料进行分析，调查结果发现，民工群体在从农村到城市的流动过程中，主要地依赖了其传统的亲缘和地缘的社会网络，就像当初农民进入乡镇企业时把这一网络移植到企业中一样，现在又把这一网络移植到他们在城市的生活圈子。令人惊奇的是，在中国市场转型过程中，这种与现代性原则格格不入的传统社会网络，却作为一种非正式制度（Informal Institution），发挥着节约农村—城市劳动力迁移成本和有效配置资源的作用①。张继焦也注意到这种乡村社会网络关系的城市植入性，将进程农民的社会网络称为"城市版的差序格局"，认为一方面对来自农村或小城镇的新移民来说，都市是一个未知的和捉摸不定的生活世界。以血缘、地缘和业缘等为基础的纽带关系，是外来者最亲密和可靠的社会基础，也为他们在城市中实现基本的生存提供了条件。但是另一方面，他们不可能只在熟人圈里生存，还需要按城市的规则建立新的就业、投资和经营等关系，以及朋友、婚姻、交换等关系。为了在城市里生存、适应和发展，他们必须要和"陌生人"打交道，必须不断建立新的社会联系和关系网络。② 同时关注到了乡村原社会网络的城市应用和城市中新社会网络的建构。笔者也认为对两者的综合考察是对新移民的社会网络现状与变迁进行考察的重要维度。在性质区分的基础上，蔡禾等人还将社会网络按照工作支持网、生活帮助网和紧急求助网的分类在珠三角地区进行了一项量化统计，发现三缘（血缘、地缘、亲缘）对打工者的工作支持而言集中在信息提供等方面，当进入工作后实质作用很小，但在生病照顾、情感安慰和重大问题决策

---

① 李培林：《流动民工的社会网络和社会地位》，载《社会学研究》1996 年第 4 期。
② 张继焦：《城市的适应》，商务印书馆 2004 年版。

方面有较大影响①。我们针对全国各大城市的调查则进一步表明,不同类型的城市新移民的社会网络状态具有不同的特点。同时,作为一项处于变动中的网络变迁考察,我们也考察了工作流动性以及生命周期等对社会网络变迁带来的影响。

6.1 定量描述城市新移民的社会网络

如果我们把城市新移民所处的社会网络分为三类,即初级关系(家人、亲戚)和次级关系(同学、同事、老乡、朋友)和正式关系(如政府、银行、居委会等),那么我们的定量数据很明显表现了三类移民在社会网络上的差异。

首先,我们从休闲聚会场所以及休闲伙伴来看新移民的网络关系。智力型移民的休闲活动很丰富,去的聚会场所也比较多,可以说这个群体的同学、同事和朋友一大堆;相对经营型移民而言,劳力型移民更多参与的是"玩手机"、"逛街购物"、"听音乐/收音机",而经营型移民更多选择"看电视/影碟"、"下棋、打牌、搓麻将"(见图6-1);相应地,经营型移民更经常待的是自己家里和麻将馆,而劳力型移民聚会多选择网吧、公园等场所(见图6-2)。图6-3表明经营型移民最主要的休闲伙伴是家人亲戚、朋友,客户商业伙伴也明显多于智力型移民和劳力型移民;相对智力型移民而言,劳力型移民更倾向于和家人亲戚、老乡和邻居交往,乡土色彩比较浓。

智力型移民的社会支持网的规模最大,整体上平均规模为15.89人,而且基本上所有类型支持网的规模都大于其他两个群体,其中借钱网的平均规模是2.33人,远高于其他社会网;其中求职网的平均规模是1.74人,纠纷处理网的平均规模是1.76人(见表6-1)。新移民的求助对象有家乡政府、本市政府相关部门、保险公司、银行、工作单位、社会救济、家人、亲戚、同学、同事、老乡和朋友,分别属于正式渠道(前五个)、初级关系(家人、亲戚)和次级关系(同学、同事、老乡、朋友)三种关系类型。请看表6-2,就智力型移民而言,在借钱网中,正式渠道占10.94%,初级关系占66.60%,次级关系占79.67%;劳力型移民同样明显倾向于次级关系,但这倾向小些;经营型移民正好相反,初级关系是其支持网的最重要构成;求职网和纠纷处理网的

---

① 蔡禾主编:《城市化进程中的农民工:来自珠江三角洲的研究》,社会科学文献出版社2009年版。

关系构成与此相似；不过三类群体的纠纷处理网都有很大比例求助正式渠道，而且经营型移民更多更明显。

单位：%

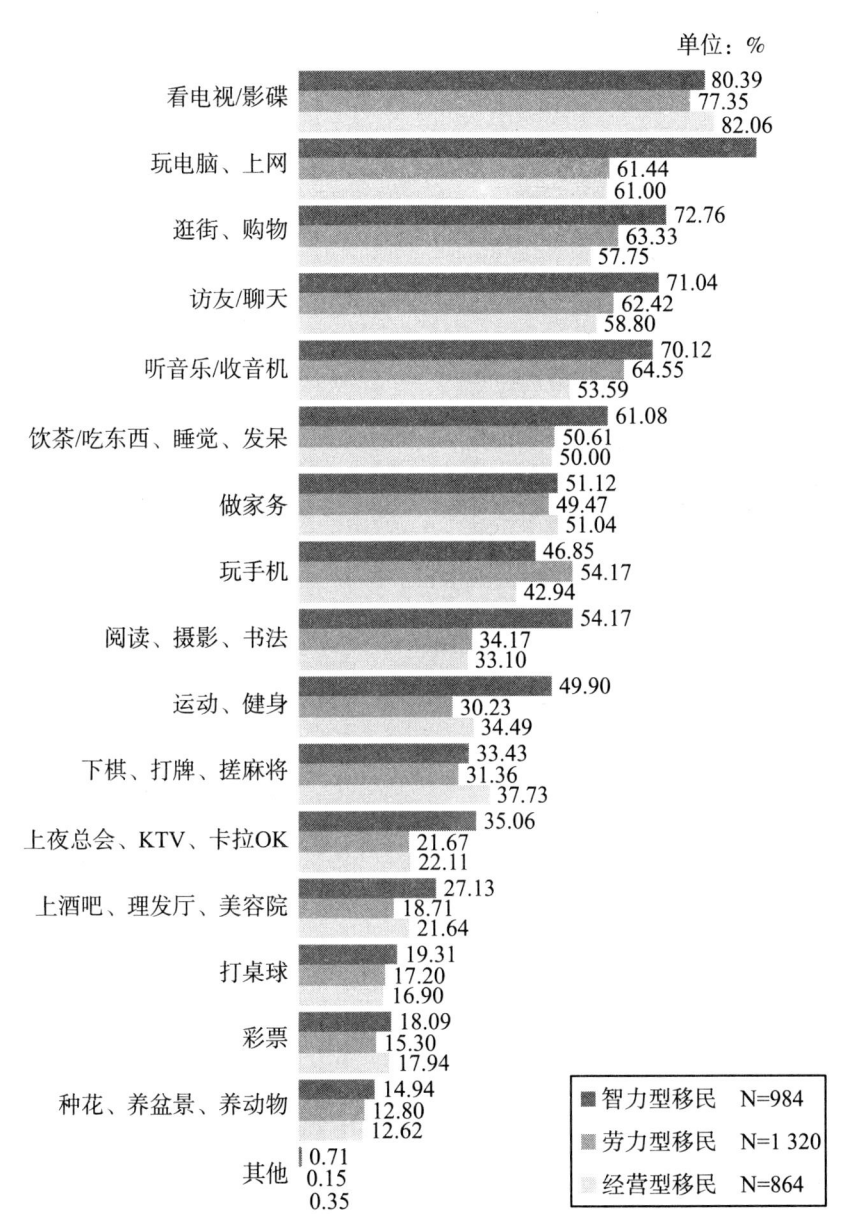

休闲活动	智力型移民	劳力型移民	经营型移民
看电视/影碟	80.39	77.35	82.06
玩电脑、上网		61.44	61.00
逛街、购物	72.76	63.33	57.75
访友/聊天	71.04	62.42	58.80
听音乐/收音机	70.12	64.55	53.59
饮茶/吃东西、睡觉、发呆	61.08	50.61	50.00
做家务	51.12	49.47	51.04
玩手机	46.85	54.17	42.94
阅读、摄影、书法	54.17	34.17	33.10
运动、健身	49.90	30.23	34.49
下棋、打牌、搓麻将	33.43	31.36	37.73
上夜总会、KTV、卡拉OK	35.06	21.67	22.11
上酒吧、理发厅、美容院	27.13	18.71	21.64
打桌球	19.31	17.20	16.90
彩票	18.09	15.30	17.94
种花、养盆景、养动物	14.94	12.80	12.62
其他	0.71	0.15	0.35

智力型移民　N=984
劳力型移民　N=1 320
经营型移民　N=864

图6-1　城市新移民的休闲活动

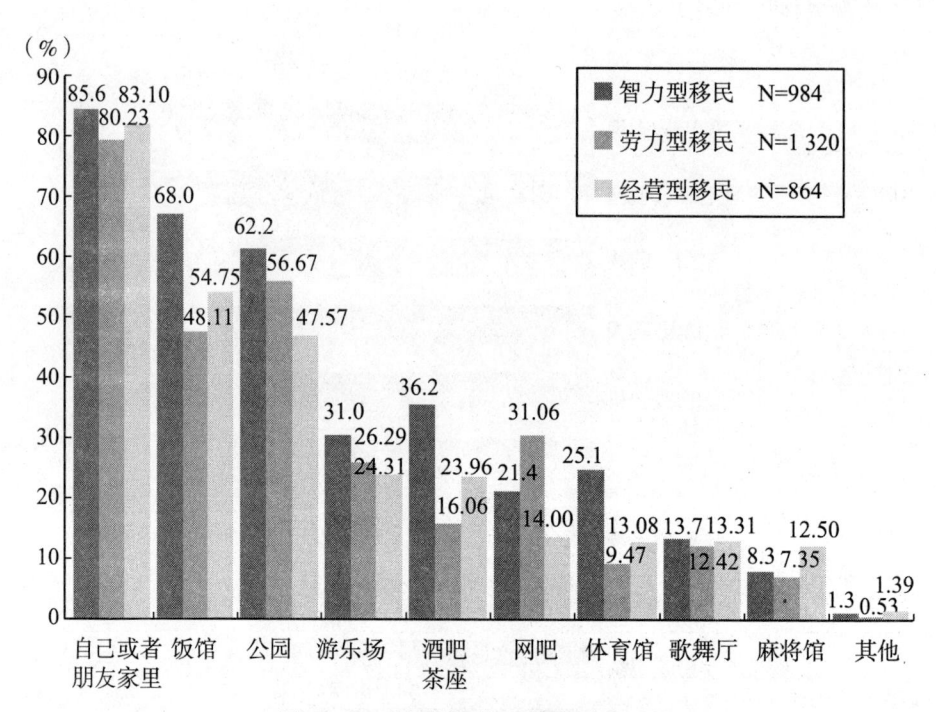

图 6-2 城市新移民的聚会场所

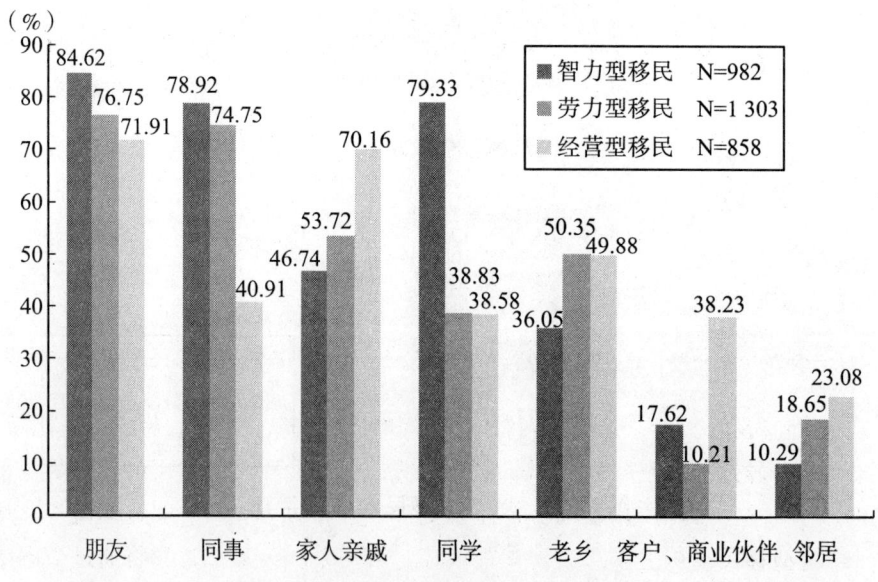

场所	智力型移民 N=984	劳力型移民 N=1 320	经营型移民 N=864
自己或者朋友家里	85.6	80.23	83.10
饭馆	68.0	54.75	48.11
公园	62.2	56.67	47.57
游乐场	31.0	26.29	24.31
酒吧茶座	36.2	16.06	23.96
网吧	21.4	31.06	14.00
体育馆	25.1	9.47	13.08
歌舞厅	13.7	12.42	13.31
麻将馆	8.3	7.35	12.50
其他	1.3	0.53	1.39

图 6-3 城市新移民的休闲玩伴

玩伴	智力型移民 N=982	劳力型移民 N=1 303	经营型移民 N=858
朋友	84.62	76.75	71.91
同事	78.92	74.75	40.91
家人亲戚	46.74	53.72	70.16
同学	79.33	38.83	38.58
老乡	36.05	50.35	49.88
客户、商业伙伴	17.62	10.21	38.23
邻居	10.29	18.65	23.08

表 6-1　　　　　　　　城市新移民社会网络规模　　　　　单位：%

	智力型移民	劳力型移民	经营型移民
借钱	2.33	2.24	2.16
看病就医	1.87	1.72	1.68
被骗钱	1.60	1.47	1.34
一段时间找不到工作	1.74	1.68	1.51
没地方住	1.80	1.60	1.51
子女上学难	1.04	1.96	1.07
和别人发生生纠纷	1.76	1.51	1.54
出交通事故	2.00	1.62	1.50
工伤	1.74	1.44	1.19
总体平均规模	15.89	16.24	13.51
合计（N）	984	1 320	864

表 6-2　　　　　　城市新移民社会支持网的关系构成　　　　　单位：%

		智力型移民	劳力型移民	经营型移民
借钱网	初级关系	66.60	66.90	81.32
	次级关系	79.67	72.74	65.37
	正式渠道	10.94	11.84	5.67
求职网	初级关系	60.52	62.38	73.86
	次级关系	71.09	69.66	59.72
	正式渠道	8.20	6.31	10.10
纠纷处理网	初级关系	38.52	48.99	60.19
	次级关系	72.96	58.68	52.83
	正式渠道	37.55	36.48	45.84
合计（N）		984	1 320	864

通过分析我们发现智力型移民的休闲活动很丰富，去的聚会场所也比较多，可以说这个群体的同学、同事和朋友一大堆；经营型移民最主要的休闲伙伴是家人亲戚、朋友，客户商业伙伴。在社会支持网中，智力型移民明显倾向于次级关系，经营型移民和劳力型移民则比较依赖初级关系。接下来，我将通过个案描述的方式逐一展现三类移民的社会网络及其变迁。

6.2 劳力型移民的社会网络

6.2.1 传统关系的再造

翟学伟曾指出,农民工求职的核心是获取信息和求得帮助的值得信任度,所谓信任度,不是指信息传递本身的真假及其成程度,而是指接受信息的人根据什么因素判断这个信息为真或者为假。传统中国人注重的是亲缘和地缘关系,因此求职的劳力型移民可能接受亲友介绍的虚假信息而不接受陌生人提供的真实信息。这一社会网络实践本质上是城市社会整体现代性不足的表现。2000 年全国 6 省 13 城市抽样调查数据显示,通过社会关系网络和自我雇用方式获得工作的占到 60.55%,而根据武汉大学经济研究所课题组 2005 年的问卷调查,通过熟人介绍和自我雇用的方式取得工作的占到当年武汉市农民工抽样调查数据的 86.02%,没有通过熟人介绍的只占 11.02%[①]。进一步证实了上述网络特征。

笔者曾在对劳力型移民中的散工群体的研究中指出,在城市空间中,普通劳动力无论是工作学习圈子还是业余交流圈多限亲戚、老乡,所以朋友也往往产生于亲戚老乡之中。因此,朋友这一常被用来指代在工作、学习中结交而成的较为现代的关系,在一些劳力型移民的表述中却被用来指代传统的血缘和地缘关系。劳力型移民的社会网络中,"朋友"常与亲戚和老乡关系重叠。但在现有城市社会结构中,作为行为个体的劳力型移民仍然有相当部分在积极建构以工具理性为取向的新的社会关系网络,这一社会网络的建构过程,也是劳力型移民适应城市生活的过程。

案例:刘先生,男,56 岁,周口人,小学学历。

他 1983 年 30 岁的时候从农村走到城市打工,在没有进入城市以前,他除了在家里务农,还一直都在家乡的农村与县城之间贩鸡苗,他说他被称为"鸡贩子",因为做着这种小生意,家里的条件也不错,在农村较早盖起了楼房。在家乡贩鸡苗贩出了路子,也认识了一些做这种生意的人,1983 年来到了北京,开始在北京做贩鸡苗的生意,后来因为孵化厂越来越多,生意做不下去了,1992 回到家里,仍然继续贩鸡苗,家里没事空闲的时候,就到各个城市打工,从此开

---

① 高君:《促进农民工就业与实现农民工市民化》,载《理论月刊》2008 年第 10 期。

始了他流动的生涯,先后在广州、株洲、柳州等南方城市打工,干过许多行业:卖过菜、做过建筑工人、在工厂干过活……只要是能挣钱的行当,他都会去干。后来,他年纪大了,跑不动了,就回到了郑州,离家里近,家里有活忙的时候就回家,没有活的时候就来到郑州找个建筑工地干活,开始在郑州与家里之间来回奔波,他现在已经56岁了,他说他还可以再干十年。

他早期在北京卖鸡苗时交往的人主要是同乡、孵化厂老板、养殖厂老板和一些农户,在北京的那九年的交往网络很固定,业余生活最大的爱好就是打牌,和鸡厂老板打牌、到麻将馆打牌,反正没有生意的时候就是打牌。他承认这是个很不好的爱好,但他那会打牌上瘾,那九年打牌输掉了自己辛辛苦苦赚的8万块钱。1992年以后,他开始在各个城市流动,工作不固定,因此也没有固定的交往网络。目前,主要在郑州这个城市打工,他在郑州打工没有租房子,随身只带了两套换洗的衣服和一床很薄的被褥,有活干的时候就睡在工地上,没有活干的时候,就随便找个地方睡觉或者回家卖鸡,生活得很自由。他这个人说话做事都是大大咧咧,和工头、工友的关系一般,他说"我很粗,不太上心和别人搞关系"。他的交往网络主要就是同乡,比如把他介绍给我访谈的那位工头和他就是同乡人,工头已经在郑州安家了,很照顾自己同乡的人,有活做的时候就会叫上他,工头这样评价他:"他是个粗人,头脑很死板,说话也很冲,但干活特别下力气,现在像他这样卖力气干活的农民工已经不多了"。他说现在年纪大了,不怎么玩牌了,有的时候手痒了,想玩玩,但和工友们在一起玩的钱小,输也输不了多少。(郑州—劳力型—005)

在这个个案里,刘先生的关系网络主要是平时休闲时的一些朋友,但主要还是以地缘性的同乡为主。

6.2.2 城市的他者

按照现代性理论,人口的流动意味着现代社会与现代人际关系的建立。但弗兰克提出事实上,在人口流动的过程中,发达地区和不发达地区产生联系并通过"中心—边缘"的结构强化了二者的区分和不发达地区对发达地区的依附。梅利索克斯在对法国的非洲劳力型移民研究中指出,边缘和中心的真正分工是边缘地带生产和再生产劳动力,中心地带利用劳动力生命周期使用劳动力,并在劳动力丧失劳动能力的时候将其驱逐回边缘地带。劳动力的生产和使用的分开,就是中心地带不断获得经济剩余的秘密所在。

在某种意义上,城市中的劳力型移民的社会交往对象可以分为本地人和外地人两类。同是外地人的同事之间的交往通常比与本地人同事的交往更为容易。对劳力型移民来说，本地人与外来人这两个对立标签所带来的社会隔离与社会排斥使这两个群体几乎成为不相关的他者。笔者曾提出"二元社区"的学术概念来对这种社会现象进行分析。所谓"二元社区"即指：在现有户籍制度下，在同一社区中，外来人与本地人在分配、就业、地位、居住上形成不同的体系，以至于在心理上的互不认同。正如李强所言，从本质上看，户籍制度是一种"社会屏蔽"（Social Closure）制度，即它将社会上一部分人屏蔽在分享城市的社会资源之外。而这种制度性区分进一步强化了城市中的社会二元区隔。按照社会互动论的观点，身份符号的认同是个体之间交往行为发生的基础。劳力型移民的职业类型所塑造的劳动时间和劳动强度影响到了其社会交往活动的节奏与频度，城乡二元结构基础上形成的社会身份分类逻辑也在社会结构层面上造成了城市、乡村、本地人、外地人的社会空间与社会交往分割。加之劳力型移民往往囿于同质性文化认同所带来的安全感，在自我心中形成交往障碍，造成与城市文化或本地文化的疏离感。城市中的劳力型移民事实上成为"城市中的他者"，其社会网络是嵌合在城市社会逻辑之中的，并通过这种方式成为当今中国城市社会存在的一部分。

案例：吴女士，49岁，初中文化程度，辽宁鞍山人，下岗后到沈阳打工已经4年，现为沈阳某高校宿舍公寓的清洁人员。吴女士和丈夫原本都是辽宁省鞍山市某国营企业的职工，2000年国企改革后下了岗，为了供女儿上学并维持家庭的日常开支，丈夫去了沈阳某建筑工地当了一名技术工，而她只得自谋出路。她告诉我们，从下岗到现在具体换过多少份工作连她自己也记不起来了，只知道那是一段特别苦的日子，因为年龄大且文化程度低，工作很难找，连饭店刷盘子的工作都找不到，生活的艰难可想而知。在丈夫的老板的介绍下，她来到沈阳某高校的宿舍公寓当了一名清洁人员，虽然没有签订合同，也没有任何福利，甚至"过年过节连一粒米也没发过"。每天工作八小时，没有双休日，但是每月700元的工资能按时发到她手里，比起其他工作要么先交押金，要么拖欠工资，她已经很知足了。

在沈阳的这些年里，她除了家人外，接触最多的就是同事。刚来沈阳时她很不适应，因为沈阳的物价比较高，而且同事中多是本地人，他们很"欺外人"。为了不受气，她就默默地用工作证明自己的能力，结果卫生检查样样合格。再加上她十分勤快，什么脏活累活都抢在别人前头，长时间下来别人都赞叹她能干，大家都喜欢和她相处，关系也变得十分融洽。对于其他的本地人，她则很少接触，在她眼里，这些本地人没有"热乎心"，喜欢"瞅笑声"。在沈阳她最大的感受就是交通事故经常发生，令人担心。她吃穿简朴，每天早上四点半就起床开始为一家人做饭，六点钟出门坐一个半小时的公交车来到学校公寓上班，中午吃着她自己带的饭菜,一天工作下来常常感到体力不支,可是晚上回家看到全家人健健康康地在一起吃着晚饭,她就很心满意足了。吴女士每日除了辛苦的工作外还要干许多家务活,很少有空闲时间,她说她要为孩子的生活和丈夫的健康操心,既没有闲心逛街,也没有钱买衣服,化妆品、保健品等就更不敢奢求了。(沈阳—劳力型—003)

案例:林先生,30岁,林先生出生于吉林省的一户农民家庭,家里排行老二,哥哥已经成家,现在家乡务农。1993年,林先生曾跟随做买卖的父母在沈阳住了三年,初三毕业后又返回吉林老家,在当地的一所技校学习了两年的机械加工。2002年,父亲在沈阳的远郊开了个工厂,为了"自己家的买卖,给自己家挣钱",他再度来到了沈阳,在父亲的小厂中临时帮忙。来沈阳的七年中,他一共换了三份正式的工作,前两次的工作都是在父亲的劝说并帮助下找到的,第三次才是他自主选择的工作。

来沈阳的这些年,与他交往最多的就是工作中的同事。他说:"我不得罪谁,与朋友、同事都相处得不错。"他日常生活中最大的开销是花费在和朋友吃饭上,虽然一般是AA制结账,但是每日也要花费几十元。朋友中大多是本地人,但这些本地人并不好相处,在他看来,这些本地人很"牛",瞧不起外地人,一起出去吃喝时,经常算计他,让他多花钱。另外就是想法不一样,在商城的这些年轻同事花钱大手大脚,经常向他借300元到1 000元不等,有时不还。在和这些当地人交往的过程中,他说:"还是好人多,人嘛,都是一点一点打交道的,人家认为你行,才和你处"。对于自己的定位,他不认为自己是个外地人,一来他在沈阳待的时间长,二来从他的口音判断也听不出他是个外地人。可是在他看来在沈阳发展,"你得有资本,得有房",这里不是他的久待之地。(沈阳—劳力型—004)

6.2.3 流动的关系网

受工作类型因素影响,一些劳力型移民的工作流动性大,建立在工作圈上的交往关系往往呈现出临时性。有些在正规就业渠道以外以出卖劳力为生者,与进厂打工者相比,他们的工作条件和生活环境更差。但因不受企业过于严格的规章制度的约束而拥有更多的流动自由,虽然这种自由是建立在为生存而奔波的基础上。他们交往的朋友圈子也随着工作地点的变化而发生变迁,比较稳定交往的社会关系仍然以血缘或亲缘为主。

案例:36岁的鲁先生是山东济南人,高中文化,几经更换工作后,现在是沈阳某工程公司现场施工管理人。

他已经两年没有回家了,去年冬天母亲曾经去鲁先生的岳母家看孙女,住了一个多月。主要是想多陪陪孩子,但她家里离不开,不能过来帮着带孩子,很过意不去,就利用冬天农闲时来帮着亲家看看孩子。临走时还给儿媳妇留下500元钱,儿媳用这些钱给买的车票和衣服。

有了孩子之后,生活上很拮据,回家要花费一大笔钱,除了往返的路费外,还有给家人、亲戚买东西,至少要2 000块钱,所以回老家现在对他来说很奢侈。平时想家的时候就给父母打个电话,大约一个月能通一次电话。

平时的社会关系网络主要还是集中于亲缘关系,因为妻子家在辽宁,在沈阳也有一些亲戚,平时对他们有很多照顾,走动很多。遇到经济上有苦难的时候,还会向他们借一些钱。鲁先生春节后得了腰脱病,不能去上班,收入受到很大影响,这时房贷和生活费都成了问题,大部分靠这些亲戚周济。

每逢节假日,鲁先生都会和妻子回岳母家,岳母家距离沈阳要坐三个小时火车,交通还算方便。孩子在农村的岳父岳母家,每隔两三天会给孩子打一个电话。现在生活上收入不高,很少给岳母家拿钱,等经济好一点再说。

鲁先生的人际交往圈子并不太大,主要是在工作中结识的朋友。在不同的工作单位,都有一些比较谈得来的朋友,但是只是偶尔打打电话,聊聊近况,很少能聚到一起吃饭喝酒。在连锁企业认识的同事和朋友,大多在外地,行踪也不固定,分布在各个省市,有一些已经联系不上了,个别的还能通通电话,保持联系。(沈阳—劳力型—001)

鲁先生的社会关系网络从最初到沈阳时的以地缘关系为主,演变到现在以亲缘关系为主,主要是因为婚姻关系的影响。除了亲缘关系外,还有少量的工作关系网和地缘关系网。总体上来说,鲁先生交友范围不是特别广,这也和他长期从事的外埠工作有关,人际交往的网络因为工作关系的调离和工作地点的变动而受到冲击,甚至断裂。

6.3 经营型移民的社会网络

经营型移民的社会网络首先呈现出两大特点,一是以家人和亲人交往为主,二是通过经营关系建构出的社会网络也在经营型移民群体的社会交往中起到重要作用,这是经营型移民社会网络呈现出的重要特征。但是我们注意到,这种交往多是一种出于工具理性的交往行为。一旦关系互动双方中的某一方做出另一方期待以外的行为,这种社会网络就会面临解体危机。相对而言,基于血缘和地缘的交往在经营型移民的社会网络中处于核心位置。经营型移民有时会利用和整合生长于城市空间中的基于乡村血缘和地缘关系的新的稳定的社会关系网络，并通过关系网络实践进行利益与信息的共享与互惠。这一点在广州等南方城市的访谈中更为突出。

6.3.1 以"带"织网——以亲属为媒介的迁移

处于世界制造中心的珠江三角洲腹地的广州市有各行各业批发零售市场500余家，其中多是中小型市场，较有规模的专业市场近150个，商品设计服饰、小商品、图书、化妆品、玩具、电子、茶叶、酒店用品等。在这些批发商贸市场中，活跃着一个极富活力的潮汕商人群体，实践着潮汕地区迁移和经商文化①的传统。在这个聚集群体内，基于亲属和同乡的联系，人们相互协助、避免竞争、一致对外，在道义的基础上频繁互惠，形成同一类型产品或是处于产业上下游不同产品销售的联盟。随着新市场的开发，潮汕商人的扩展还涵盖了多个市场，形成具有强大经济和社会凝聚力的聚集。经营型移民的聚集还为后来的移民提供了一种适应空间，有效地帮助该新移民群体实现城市中社会地位的稳定和向上流动。

广州批发零售市场里的潮汕商人，一家一户都有紧密的关系，一个带一个，呈现出典型的"链式迁移"形态。他们在经营上相互合作，在生活上频繁来往，形成十分紧密的社会网络。这种社会网络有两种类型：一种是基于亲友关系的网络，主要包含的是一般的亲戚或者同村的同龄群；一种是经营上的合作网络，主要都是有合作关系的客户。这两种网络的边界是模糊的，既有相互之间重叠，又可以在不同的场景下进行伸缩。潮汕年轻人刚来广州，一般都是选择投靠亲戚或朋友，每一个贸易市场里，都可以找到或多或少的亲戚关系。一个人先出来，站稳脚跟了就会再带人出来，以"带"织网，时间一长，就形成了小圈子。潮汕商人就是通过这些大大小小、边界模糊、互为重叠的网络而联系在一起。笔者所调查的几位受访对象在广州聚集，就是一个以"带"织网的结果。见图6-4。

---

① 周大鸣：《移民文化——一个假设》，载《江苏社会科学》2005年第5期。

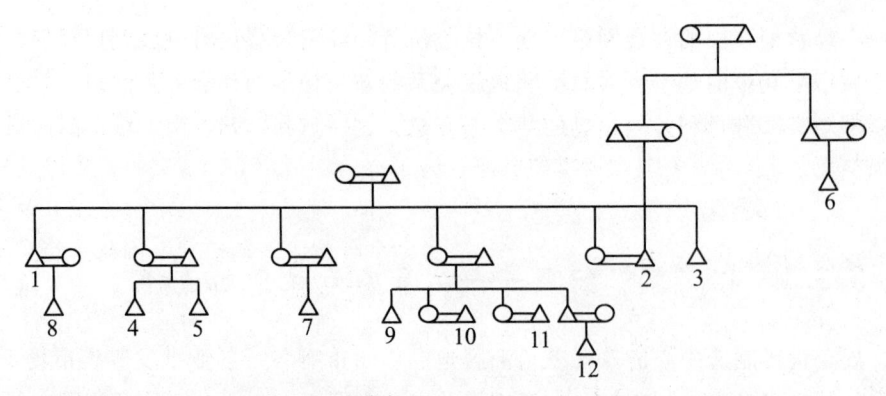

1. 谢Z 2. 赵G 3. 谢G 4. 谢X 5. 谢N 6. 赵T 7. 林J 8. 谢J
9. 谢Q 10. 柯X 11. 谢H 12. 谢S

图 6-4　被访对象构成的亲属网络图

　　上面这个亲属网络图展示了一个由潮汕商人织成的网络。该网络中，第一个来广州做生意的是赵G，他1997年到广州做电子电容贸易生意。他来广州，也是因为有朋友在这边做生意，介绍他过来。一开始他和妻弟谢G一起合伙，两个人加上赵G的老婆三个一起照料店铺。做了两年之后，谢G因为要结婚，有了新的家庭，需要自己出来单干。于是，刚读完初二的谢X就出来代替了谢G的位子，帮赵G打工。谢X打了3年工之后，也决定自己出来开店做生意。他把自己刚读完初二的亲弟弟（谢N）带来广州，跟着自己学做生意，现在已经是他重要的帮手。而谢X离开后，赵G又带了他的堂哥（赵T）和他的同门（陈X）出来广州，一做又是3年。然后赵T和陈X两个人又分别独自出来做生意，现在到赵G那里帮忙的就是他自己的外甥（林J）了。当年赵G出来的时候，也把广州的信息带回给了家里人，所以谢Z，也就是谢X的舅舅，在1998年也决定出来做生意，不过他做的是他的老本行，卖的是五金交电。来到广州，他也租了店面一直做到现在。2000年，谢Q初中一读完就出来打工，去柯X的店里帮忙。柯X1994年就来广州做电子生意，在行业中算是前辈，谢Q学了一年就自己出来做生意了，做了两年就赚了不少钱。谢H也是在柯X的帮忙下出来做电子生意，很快就站稳了脚跟。2001年，初中毕业的谢S就投奔谢H来，当了两年学徒后，也开始自己做生意。另外，谢J初中没读完，听说广州有生意可做，就跑了来跟着表哥谢Q学做生意，到了2007年，也自己租了个柜台做起了生意。

　　在这个网络里，有这么几条关系链：以赵G为中心，成功带出谢G、谢X、谢Z、他的堂哥、同门和外甥，历时12年；柯X带出谢Q和谢H；在外成功立足后，谢H带出了谢S、谢Q又带出了谢J、谢X带出了其弟弟谢N。这几条链实际上是一个带一个，一环扣一环的单链，每条单链中的某一环却与另一单链中的某一环有着亲属关系，这些单链之间就连通了起来，在亲属关系的作用下，一张错综复杂的社会网络就这样织成了。身处这个网络中的每一个人，在异乡的城市中相互拥有了更多的可依靠的资源。通过这个网络，他们能够更好地团结在一起，整合资源、交流信息、共同发展。这个异地重构的社会网络以亲戚关系为基础，却因为有了生意上的交流和身处异乡的频繁联系，使得这个网络之间的亲属关系较之以往将表现得更牢固，这实际上是对原来亲属关系的一种加强。

以"带"织网的结果，就是带来了潮汕人聚集，扎堆开店是潮汕人做生意的一大特点。本次调查涉及的几个市场都是潮汕商人集中的地区和行业，根据市场内的管理人员介绍，潮汕店主都占了五成以上。笔者访谈的叶家五兄弟是普宁南劲镇××村在广州批发市场中生意做得最大的一个家族。他们一家已经在沙溪、南天两大贸易市场占据了生意上的大头，其中在南天市场就有 9 栋档口（每栋档口有铺位 20 个）。已然成为了该类批发市场的霸主。而随他们之后，村子里同房的"自己人"也慢慢跟着他们出来做生意，在南天市场就有他们带出来的另外 7 户人家。潮汕人很喜欢这样的集聚开店的方式，他们称这叫"聚木成林，集聚人气"，一来可以抢到有利经营位置，还能租到廉价的店铺；二来是可以扩大规模效应，积少成多，使周围的商业气氛更浓厚。

6.3.2 从工仔到老板——身份质变的平台

充满激情的创业憧憬的实现，需要多方力量的支持。以"带"织网编织出的社会网络是年轻的潮汕商人在批发零售市场立足最有力的保障。笔者调查发现，在批发市场中为亲戚铺面打工的年轻人每月收入普遍不高，亲戚家包吃包住后到手的只有几百元，有的年轻人每月甚至没有固定的收入。谢 X 回忆：

当年来广州跟着姨丈做事，只有 16 岁（1999 年），在姨丈店里既不拿工资，也不算是打工的，平常也没有固定的分工。当时，家里对我的期望，就是在店里学点东西，姨丈的任务就是管好我，不要让我到处跑。那时姨丈跟我说，店里有什么需要做的你就做，这里没有工资，你吃的住的都在我家里。如果生意赚了，我自然不会亏待你。

不过，这些年轻人并不太在意打工的收入，他们要在亲戚店铺里尽快积累从工仔到老板转变所需要具备的一系列要素。

在批发零售市场开店做生意，首先要有创业资本。打工期间以赚行业经验为主要目标的年轻人手里并没有多少现钱。创业的第一笔资金往往需要他人的资助。有时这笔钱来自于家里的支持，更多的时候，自己曾经打工店铺的亲戚多数会伸出援手，他们要么会直接出资帮助年轻人租赁店面，要么会派年轻人打理自己新开的连锁店，然后再慢慢转手。年轻人们刚开始的生意总是规模不大，利润不高，但是确是自己的事业，实现了他们从工仔到老板的质的飞跃。在广州精鸿电子城做电子生意的谢 J 在帮表哥打了 4 年工之后，自己出来做生意。

2007 年，我自己有了一定的积累，加上家里和表哥的资金帮助下，在广州精鸿电子城自己开了一个商行，实际上就是租了一个台面，月租 3 000 元。在离店几百米地方租了个两房一厅作为住房，每个月的租金要 1 300 元左右，再加上其他方面的开销，但是像我在这样子在广州一个月花费要 1 万元左右。刚开始一次生意也就赚几百几千元，因此每个月也只是稍有盈余。

店铺开起来了，下一步要解决的问题就是货源。广州的批发零售市场都有专人负责宣传，一般档主无需自己打广告，客户自然会找到市场选择卖家，客户反而不是至关重要的因素。因此，货源质量的好坏和商品的价格是生意成功的关键因素。

货源一般集中在某些区域，如果在该行业打过工，那么基本上能了解到一些货源的来龙去脉。潮汕年轻人在亲戚铺面打工期间，就要熟悉货品的各种型号和功能，还有熟悉掌握各种货品的来源和销路。当然，一些厂家也会到店里来推广他们的新产品。对于刚刚创业的年轻人，除了靠自己的打工经验进货外，前辈的支持和帮助在他们的起步阶段仍然必不可少。在为哥哥工作几年后，叶 X 刚刚开始在南天国际酒店用品市场里做老板，他向笔者说明了他寻找货源的渠道：

进货是做这个生意最难的一个环节。进货的渠道主要有两种，一种是通过哥哥的帮忙和介绍；一种是利用招进来的工人，因为他们之前在市场做过，所以多多少少也了解一些市场货物的来源。我就靠这两方面解决了自己对货源不熟悉的问题。哥哥和工人们还帮助我了解当今市场上哪些产品比较热销，这对确定进货种类和数量非常重要。我的货源主要来自两个地区：珠三角和潮汕地区。店里上百种货物中有二十多种从厂家直接拿货，其他的就到一些批发市场拿货。来我这买东西的人一般都是来自广州、珠三角地区，外国人也有一些。

在商品价格方面，"低价出货，亏小赚大"的技巧是年轻的潮汕人在打工的期间必须学会的，而且还要做到灵活运用。他们常常利用出售一些低价商品来带动其他商品的大量出售，从而赚取利润。他们非常愿意与顾客"双赢"，很注意培养自己的客户群体，有很多客户就是和年轻的潮汕商人们一起从小生意做到大生意。他们视客户为衣食父母，相信只有客户做大了，自己才能做大。他们也从来不会因为客户要的货量少而嫌弃，也不会因为客户对产品不熟悉而调高价格。年轻人们的共识是，如果自己给客户货的质量不好，成本又高，客户的生意也肯定不好做，那么最后自己也不会有好生意。有一些客户合作久了，他们还会主动让价给他们。这种做法令人不解，年轻人们的解释是这样可以降低客户的成本，让他们在市场上更加有竞争力，很多客户都因为这点愿意和潮汕商人做生意，甚至成为了好朋友。

（叶X）从进入市场给哥哥打工开始，就开始靠自己学习和琢磨各种生意经营的经验。因为做的是零售生意，价格是生意的关键。在店里所售的货物中，有的是亏本卖，有的是成本价卖，有的高价卖。哪些货品卖什么价、怎么卖都是有技巧的。一些市场透明度比较高的商品，卖的价钱就要低，因为顾客很容易货比三家，如果卖贵了，那顾客最终不会选择来自己的店买。比如说，像阳江"十八子"的刀具，闻名全国，很多商店都有销售，因此自己卖的价钱就不能高于别的商店，一把菜刀其他人卖18元，自己店里就卖17元，那自己就有优势，顾客来了店里，买了菜刀会觉得在店里买东西实惠，因此就有可能在店里买其他的商品。真正赚钱的可能是其他的商品了。若换作是卖一些大件货物，我得到的经验是大件物品卖低价或成本价，然后赚卖小配件的钱。至于什么价钱真正合适，这都得看对什么人。这些经验有些是自己慢慢总结的，有些是平时喝茶时大家交流的生意经。

这些来广州打工做生意的潮汕年轻人，年龄不大，每个人都有一本生意经。他们还时常一起交流信息和总结从商经验。以茶会友，是他们交流信息的主要途径。潮汕人店铺里都会摆着一副功夫茶具，一旦有人来，主人就会热情邀请客人坐下来喝杯茶，边喝茶边聊天，信息交流就这样开始了。

6.3.3 道义与互惠——变化的整体与利益

在这些批发零售市场的潮汕商人群体里，普遍存在着"带"的现象。怎么理解这个"带"呢？对于潮汕商人而言，"带"首先是一种义务和责任，一个在外创业成功的人，有责任和义务帮助村子里的人（一般都是亲戚）了解行业的相关信息，并解决创业的一些初步问题。"带"在内容上分两类：一是将外边的消息传达给村子里的人，如从事的行业大环境、行业发展的前景等信息；二是将帮助亲戚或朋友进入该行业，提供打工学习的机会或者是帮忙解决外出创业的资金、经营等问题。以这样的方式"带"出来的亲戚朋友，做的往往是同行生意，即使没有明显的竞争，也有潜在的竞争。

竞争事实上在打工阶段就已经存在。潮汕人打工都是选择跟着一个行业里的老乡，这个老乡可能是自己的亲戚，也可能是朋友关系。这是大部分潮汕经营型移民进入市场的重要途径。年轻人从进入这个新城市的开始，支持他的就是"带"出自己的前辈，凭借着这个网络提供的平台和信息，然后逐步了解社会、适应社会，进而开始真正的投资创业。

因此，潮汕人都清楚，极少潮汕人真正愿意长期打工，过不了几年打工仔就会成为老板，成为自己生意潜在的竞争对手。为避免这种情况的出现，潮汕老板优先考虑带出自己的家人和亲戚，然后就是村里的自己人（同房的人，也就是亲缘关系最近的人），他们一般不会贸然接受一个和自己没有任何关系的潮汕打工者，特别是在那些竞争激烈的大市场，老板招收打工者时都会特别谨慎。在笔者的访谈对象中，杨 S 的找工经历就是一个很好的例子。

杨 S，25 岁，普宁市人。我 2003 年以来都在父亲和大伯合开的电器店里帮忙，自己不太喜欢这个行业。去年，我跑了中大布匹市场、大沙头手机市场几个市场，打算选这两行发展，想先帮人家打工，学点东西。可我连续在市场跑了几天，几十个店都不接受我。本来想着开店的都是潮汕人，应该会照顾老乡。但是老板一问到我是潮汕人，就说了句"你不是真来打工的吧"，都不敢要我，担心我学会了之后出去开店再和他们竞争。

既然同行中存在竞争，那他们为什么还带人出来加入市场呢？一个是因为情义。中国人重亲缘关系，潮汕人更是如此。潮汕地区各宗族的祠堂村村可见，对于祭拜先祖等活动，潮汕人非常重视。强烈的宗族意识是潮汕人最重要的创业动机。他们希望自己通过自己的努力，壮大族人的力量，实现光宗耀祖。

（谢 Z）我出来做生意赚钱，不光是为了自己和家里的人能过上好日子，同时也是为了壮大我们"房"的力量。我一直都希望有一天，回到村子的时候，其他"房"的人看到我会说：他们"三房"的真是出了人才啊！我和其他"三房"的成功生意人能够在村子里享有权威，能影响村里大事的决策。以前村里的事一直是"六房"人说了算，村委里就只有一个我们"三房"的人，村里的事情根本就没有我们说话的地方。这些年，我们"三房"的人一个个在外发展得不错。现在办事什么都要钱，没有钱，祠堂没法修、公路没法修、排水道也没法修，我们"三房"现在有钱人多，讲话也可以大声点了。所以最近我们"三房"的人做了村书记，这是我们实力壮大最好的证明，大家都很现实，要靠我们支持，村里的事情才好办。（在讲到这一点，他非常自豪）

另一个是因为可以降低竞争，增进合作。不管有没有人"带"，市场是对外开放的，只要想去的人都可以去。所以，竞争肯定避免不了，与其单个和别人竞争，不如多一些自己人，这样有时候也可以互相帮忙与合作，互相换货、结成联盟，从而壮大自己的市场。

一方面拒绝无关系的潮汕人进入市场，另一方面带有关系的潮汕人进入市场，看似矛盾，实际上却是潮汕商人用自己的道义分层标准进行筛选，从而维护他们的情义和利益。

被带出来的人对自己的前辈也有道义的要求，被"带"出来的人很懂得处理自己与整体的利益。他要进行投资创业，离不开前辈为自己搭建的创业平台。在情义上，他要铭记前辈对他的恩惠，他绝不能为了自己的利益而损害到前辈的利益。为了避免自己与前辈的生意竞争，年轻的潮汕商人往往会到新的市场开始生意，如果没有这样的条件，他们也多会选择经营与前辈不同的产品类型或是产业链上下游的产品，以避免同类竞争。如前文论及的由赵 G 带出来的商人群体，大家都做电子元件这一行生意，但经营的却是不同产品，在经营过程中大家互通有无，抱成一团，互相帮助，扩大市场。带出来的年轻后辈们对他们的"师父"，怀着的是一种感激和报恩的心情，学成后去抢"师傅"的饭碗，在他们看来是一种没有道义的行为。正在扩展经营领域的谢 X 向笔者描述了他处理自己与前辈关系的方式：

（谢 X）自己做老板几年后，生意还算可以。我现在已在康王大道购买了一套 160 多万元的房子，同时拿出了 300 多万元来开始投资工厂，打算实现货品的自产自销。我工厂生产的是 LED 二级管，我和一个台湾的 LED 技术人员一起合伙搞。台湾技术员以技术入股，我以资金入股。我还特地邀请了我姨丈（赵 G）一起合伙。虽然我知道，凭自己的实力完全能一个人做下来的。但毕竟是姨丈带我入行的，这是我应该报答他的。我们三个人的股份分配是姨丈 4 成，我 3 成，技术人员 2 成，剩下 1 成作为以后员工的福利股。我觉得姨丈是前辈，是他带我出来的，从这种身份和亲戚辈分关系上来讲，我不能高过他，我应该表示对他的尊重。

从潮汕商人的迁移过程中，我们可以看到他们从打工到创业的身份转换中实践社会网络的过程。他们每一个的打工经历都不长，换句话说，他们以非常短的时间就实现了自身身份的改变、成功创业。他们实践网络关系的过程在三个方面很有特点。

首先，潮汕人是以"创业"为导向进行移民。这种"创业"的观念从一开始就决定了他们的发展道路。他们不甘心、不情愿单纯地打工赚钱，他们在打工的时候就已经在实行着创业的计划。

其次，重视社会网络关系的运用。虽然移民普遍会都依靠社会网络中的成员获得住所和工作，完成移民的初级阶段，但在对于社会网络关系的运用中，潮汕人也有其独特的一点。他们凭借带有浓厚宗族意识的网络标准进行亲疏分层，这种宗族意识事实上也加强了他们内部之间的关系，而类似于功夫茶茶会等的"信息网吧"则更是把社会网络的信息资源利用充分。

最后，在社会网络关系的作用下而成功创业的企业都具有类同性，因此他们之间很有可能存在竞争，通过采取行业类型区分和经营范围划分，不仅可以避免竞争，还可以在更大的区域范围内进行生意上的互相帮忙和合作，很容易就形成密切联系的家族企业。

潮汕商人实践社会网络的过程，还让我们看到，他们围绕社会网络形成的聚集具有强大的社会经济潜力。从笔者的调查来看，在广州市场从事经营的潮汕商人，伴随着改革开放的发展而兴起，随着市场的扩大而不断发展壮大，源源不断地将家乡的年轻人带入市场，成为潮汕地区迁移和经商文化①的重要组成部分。在这个聚集群体内，基于亲属和同乡的联系，人们相互协助、避免竞争、一致对外，在道义的基础上频繁互惠，形成同一类型产品或是处于产业上下游不同产品销售的联盟，这种联盟还随着新市场的开发，潮汕商人的扩张而涵盖了多个市场。这是一种具有强大的经济和社会凝聚潜力的聚集。

6.4 智力型移民的社会网络

智力型移民相对而言是一个年轻的群体且多受过高等教育，但高校的扩招和高校就业制度的改革让这个群体昔日的辉煌渐渐褪色，无论是在求职还是在日常生活中，也表现出艰难的一面。

6.4.1 找工作

从找工作来说，智力型移民就业途径比较多元化，包括了网上投简历、父母亲戚朋友介绍、校园招聘会和人才市场招聘会等。与其他类型的城市新移民相比，在这个过程中，相当部分的智力型移民通过自身的努力得到工作。当然，社会网络也在一些人寻找工作时起到关键作用。

案例： 王女士，26岁，来自盘锦市的一个小城镇，是家里的独生女，父母都是普通工人。2002年高考的时候，她的分数超过了当年本科的录取分数线，但是由于志愿没有填报好，她最后读的是沈阳的一个专科学校，学习计算机专业，后来通过"专升本"的方式，获得了本科学位。用她的话说"我求学的道路挺曲折的。"在大学期间，她学习用功，成绩优秀，每年都能获得奖学金，她还积极参加各项学校举办的活动。毕业之前，她入了党，并且被评为当年的辽宁省优秀毕业生。

---

① 周大鸣：《移民文化——一个假设》，载《江苏社会科学》2005年第5期。

2007年大学毕业后,她没有选择回到家里找工作,她说:"学我这个专业的,留在沈阳应该比家里机会多,况且就算回家,家里也没有什么人。"这样,她留在了沈阳。和大多数毕业生一样,她参加了几次招聘会,但是需要计算机专业的单位较少,工作不是很好找。

当时有这样一种就业途径,她可以先交一定的学费,参加工作单位的岗前培训。她没有选择这样的就业方式,她说:"说白了,你要参加培训,你起码得交培训费,还有你起码得有三五个月的时间在培训,这无形中就使你的工作时间往后推了嘛!我当时决定到最后要是实在找不到工作的话,再去培训公司。"6月份的时候,大学生就业指导中心开了一场招聘会,她就投了几份简历,没想到一切还很顺利,6月末她就被她后来工作的公司录用了,在七月份就正式入职。她所在的公司是一家私营公司,在规模上属于中型的公司,人数大约40人,员工的保险齐全,普通员工每月的工资是1 400元左右,去掉保险,每月也就能开1 000元钱左右。在她的想象中,她的公司是被这样"描绘"的:"这是一个个人开的公司,在工资方面'倍儿抠',每个月加班不足40个小时就不给加班费,这就是公司的硬性规定。公司的发展得靠跑业务、提高技术来获得的,我们公司不这样,它为了赚钱就在员工身上'抽血',应该给100元,却给50元,公司的发展不是靠省出来的。"(沈阳—智力型—001)

案例:苗女士,26岁,辽宁锦州人,本科学历,到沈阳8年,现在某科研仪器公司驻沈阳办事处工作。

为找工作,苗女士费尽心思。她一开始是买来一些报纸,看到合适的招聘信息就往里打电话,也经常上网到各个网站投放简历,人才市场她则去得较少,她认为人才市场太多了,没有针对性。但招聘单位一听是应届毕业生,不管你有没有能力,只要没有工作经验一概不要,对于这种现象,她现在也能理解了,"80%的招聘单位都这样,没有工作经验的短时间很难进入角色,我自己现在给公司招聘员工时,也倾向于要有工作经验的。"网上找工作虽然信息多,但也常有风险。有一次,一个诈骗团伙在网上看到苗女士的联系电话,就天天骚扰她,逼得她关机后,骗子就往她父母家打电话,说是他们的女儿在外出了车祸急需他们汇4 000元,等她二十分钟后开了机,父亲给她打电话说已经把钱汇出去了。苗女士赶忙在沈阳报了警,最后警察侦破了此案,追回了汇款。工作没找到,还连累家人受到了惊吓,那时她都快崩溃了,不想再找了,在朋友和男友的劝慰下,这才挺了过来。20天后,一个偶然的机会苗女士应聘到了某电脑培训学校前台接待的工作,月薪700元。虽然和本科所学的环境科学的专业一点都沾不上边,但她没想那么多,先工作了再说。刚毕业的第一年她需要从家里拿钱才仅够每月900元的基本开销。在她看来,找份好的专业对口的稳定工作,要有人际关系,一方面是她家里没关系,另一方面她是外地来的,人际关系不够宽,没有人介绍,好工作根本就找不到。她在这所电脑培训学校认认真真干了三个月就被辞退了,后来她才知道那所学校因为经营不善在她离开的第二个月就倒闭了。

刚毕业就失业,看着旁边的同学纷纷找到了工作,没找到工作的人已所剩无几,苗女士心理压力大极了。她想找个比原来更好点的工作,虽然有了工作经验,但还是太少,只能一点点碰运气。苗女士很庆幸身边一直有男友的陪伴,不断鼓励她,才支撑她走了下去。一个半月后,一家科研仪器公司在沈阳的办事处在网上看到了她的简历,给她打来电话让她去应聘,面试的工作人员很善良,她顺利通过面试后,就应聘到了现在的职位。这家公司的总部在北京,在全国各地都设有办事处,在沈阳的这个办事处除经理外,其余九人都是业务员,一年四季常在外出差,苗女士则留守在办事处,负责办事处在驻地的一切事宜。办事处提供给员工五险一金,基本工资加绩效奖金至少也有2 000多元,每逢节日还有100元的福利,规模虽然不大,但人文环境好,公司里的同事大多是外地人,他们经常在一起聚餐聊天,关系都很好。苗女士说,初来单位时她什么都不会,连传真都不会发,什么事都做不好,"挨骂是家常便饭",之后不断犯错不断改正,一年以后,业务熟练了,她也成了公司的顶梁柱。这一干就是四年,前几天她又刚跟公司签了三年的合同。虽然该行业竞争激烈,又遭遇了金融危机,销售量有所下降,苗女士的年度奖金被取消,月收入也少了30%,但她对这份工作还是很满意的。她知道现在的工作对个人没有太大的发展空间,想尝试各种各样的生活,去做一些有挑战的事情,到全国各地去转转,她不怕换一份新的工作要重新开始,最担心的是人家不用她,所以她现在没打算换工作。在苗女士看来,每天能"朝九晚五"在写字间工作,加上她业务熟练,待遇也不错,况且又有男友依靠,认为自己已经很幸运了。(沈阳—智力型—002)

这两个个案都表现出了智力型移民当初找工作时的艰辛,虽然有了大学毕业证,但依然因为专业不对口、因为没有工作经验等原因,遭到用人单位的不接受。但对于他们来说,相对于劳力型移民和经营型移民,他们可以动员学校的资源和社会资源,比如学校组织的人才招聘会、网络求职等,虽然也有个案在描述自己的求职过程时也提及了动员父母亲戚的关系找到工作,但只是个别,大多数从乡村小镇或者小城市来到大都市求职的智力型移民,他们既有的关系网络很难触及这里,因而多半依靠的是自己的奔波和多管齐下的求职方式。

6.4.2 日常交往

在求职中,智力型移民会动用多重网络,尤其会动用网络资源和学校的资源。在日常生活中，其社会关系网却呈现出以下几方面特点：首先以家庭圈子为交往核心；其次会与同学圈子有较多的交往和互动；如果是在与上大学不同的城市中工作，则以老乡群体为交往重心。较少受访的智力型移民会与同事群体有良好关系，交往常止于工作时间与空间上的业务联系。由此可见，基于三缘的传统社会网络仍然占据着重要地位。这种发现可能与一些认为智力型移民的社会网络会更为多元化和复杂化的假设有所补充，即智力型移民的社会网络仍然具有外推性。在对这种交往形态的本位解释中，有人认为同事"他们很不好处，都是奔利益来的，你得时时小心"、"人一旦工作后，同事双方存在着利益之争，就很难成为朋友了"。可以看到，智力型移民的职业群体交往以工具理性为主要行动逻辑，同事间的交往具有临时性机械结合的特点，在其日常生活中的支持作用并不十分明显。

案例：王女士，女，26岁，南阳人，本科学历。她大学在新乡就读，郑州这边的同学不是很多，孤独感很强。虽然在学校代课，但代课老师流动性很大，无法形成固定的关系，只是平常在学校时交往，离开学校后基本不联系。她的亲叔叔在郑州，但婶婶的母亲和他们一起住，婶婶的母亲对她也非常不好，因她家是农村的看不起她，她说"我刚来郑州的时候，在她家洗衣服，老太太说我不节约用水，所以，我平时有事找叔叔要不然给他打电话，要不然就去他工作的单位找他"。叔叔还是很愿意帮她的，但一方面叔叔的能力有限，另一方面她个人条件也不够，本科学历想进学校进不去，所以就一直在漂着。

她2008年8月8日和老公领了结婚证，她老公是华中科技大学同济医学院临床医学本科毕业，因就读的学校是重点大学，所以本科毕业后被新乡医学院招聘为老师，目前在新乡医学院一边当老师一边上在职研究生。她老公家也是农村的，家庭条件非常不好，她说"老公性格内向，对任何事情都非常悲观，而我的性格是非常乐观的人，我觉得我们性格应该互换。"她和老公关系相处得不是特别好，她的母亲因为男方的经济原因从一开始就反对他们的婚姻，虽然领了结婚证，但她母亲反复强调只是领了证，并没有举办婚礼，所以还不算结婚，她母亲到现在还不希望他们在一起。她或多或少地也会受母亲的影响，觉得他的性格太内向，不是一个男人，不争气，没有钱，她虽然在新乡买了房子，但不打算在新乡长期安家，她说她回新乡也找不到好工作，而且她家也不在新乡。现在她每周代三天的课，剩余的时间不是她老公来郑州找她，就是她回新乡。虽然她性格比较开朗，但因为社会地位不高，且无固定的生活圈子以及工作圈子，所以在郑州这边基本没什么朋友，也没有什么休闲活动，除了代课，大部分时间都是和她老公待在一起。（郑州—智力型—002）

案例：袁先生，28岁，南阳红泥湾镇人，本科学历，麦德龙员工。袁先生的社会网络比较简单,他愿意很好地与同事交往,但由于工作中的利益关系,使同事之间的交往都带有一定的利益色彩,有些人不愿和自己过多交往。在和以前的同学的交往中也存在这种情况。他本科是在郑州读的,因此有些同学联系,但是见面时间不多,半年可能聚一次。他每年回南阳,初四晚上在郑州混的南阳的老乡要聚会一次,这个是他筹办负责的。他说很好笑,在郑州大家都没聚聚,反倒回南阳聚,也许那样更有感觉吧。袁先生觉得人脉很重要,这样办起事来会很方便。但社会网络的维系需要一定的时间和金钱,自己在这方面没有什么优势,使得目前的情况尴尬。

前几年,他在卓越接待客户,都很自由,但是交往的都是一些杭州的,上海的客户,虽成了朋友,但是那些朋友他觉得离得太远,估计再过一年就不会再有什么联系了,毕竟脱离了那个行业。但是那个时候交的一些外国朋友,在郑州的,有时举办什么"PART",还是会邀他去的,他说也就偶尔和他们一起"happy"一下。袁先生说以前觉得和外国人一起去酒吧什么的,很多人羡慕他,人也帅,口语也好,还是白领,但是现在觉得好虚。"真有事了那些外国人又不能帮你什么",他现在越来越实际。

袁先生在郑州有个小姨在科技局,但是都没有联系,他说他们家都是村里的,和那些亲戚交往不来,他不愿去找小姨。他在郑州也没有特别交心的朋友,自己曾经和女朋友吵架心里很苦恼却没有地方诉说,只好告诉自己的母亲,但母亲也没能够给予好的建议,反而由于母亲的关系使事情变得更加糟糕。而且就在访谈的两个小时中他母亲打了五个电话来问这个事情。(郑州—智力型—009)

有从职业类型出发,针对上海白领新移民与本地居民之间的社会交往进行的定量调查表明,多数白领新移民与本地居民建立过社会支持关系,但能够提供这种支持关系的不多。这表明,白领新移民与本地居民间存在着暂时的社会群体隔离现象(Social groups segregation),即由于社会群体之间存在社会距离而导致不同社会群体之间隔阂和疏离的现象①。我们的质性访谈也表明,外来智力型移民与本地居民进行初级关系的结构性融入过程并不顺利。

定量和定性的数据显示,三类城市新移民在城市中的社会网络,以及动员社会网络资源的能力是有差异的。对于潮汕经营性移民的研究显示出,围绕社会网络形成的聚集为后来的移民提供了一种适应城市的方式,能有效地帮助新移民提高社会地位。由于制度机制的限制,农民工最可能向上流动的阶层是个体工商户和商业服务业人员。在潮汕经营型移民所营造的社会经济聚合环境下,一方面有

---

① 郑传贵、卢晓慧:《当前我国城市社群隔离产生的原因、危害及对策》,载《城市问题》2003年第6期。

创业志向的年轻人可通过短暂的打工，实地学习做老板所必须具备的找货源、价格策略、经营管理、财务知识等多种技能，另一方面更是为年轻的创业者克服创业初期可能面临的各种困难提供了良好的后台保障。经营型移民的社会经济聚集所提供的强大支持正是潮汕年轻人能够创业成功的关键因素。但对于劳力型移民来说，无论是工作圈子还是业余交流圈多限亲戚、老乡，所以朋友也往往产生于亲戚老乡之中。因此，朋友这一常被用来指代在工作、学习中结交而成的较为现代的关系，在一些劳力型移民的表述中却被用来指代传统的血缘和地缘关系。劳力型移民的社会网络中，"朋友"常与亲戚和老乡关系重叠。但在现有城市社会结构中，作为行为个体的劳力型移民仍然有相当部分在积极建构以工具理性为取向的新的社会关系网络。这一社会网络的建构过程，也是劳力型移民适应城市生活的过程。面对就业压力，智力型移民可以动员的社会网络和资源更多，使其较为顺利地找到一个安身之地，但与本地人的隔阂并未完全消除，外来智力型移民与本地居民进行初级关系的结构性融入依然需要较长的过程。

第七章

城市新移民的身份认同与社区生活

同为共和国的公民,为什么有"新移民"与"本地人"之分?这个区隔反映出外来人群与本地城市人之间仍然存在"边界"。这其中首遭诟病的就是"户籍制度"。朱宇认为,"我国流动人口的非永久性迁移是一种户籍制度所造成的不正常现象;一旦户籍制度被取消,这种非永久性人口迁移将被永久迁取代"①。郭星华的系列研究则表明,城市社会存在的三种社群隔离现象,即区位性隔离、自愿性隔离和非自愿性隔离等,影响了外来人口的城市融入,尤其是民工群体的"自愿性隔离"阻隔了他们成为城市人的可能性②。当然,更多的研究表明,外来人口融入城市的障碍既来自"流动人口主观性抗拒",譬如经济实力不足、城市生活能力低下、城市社会心理认同弱等;又来自"社会制度上的客观性阻隔",如户籍制度、城市管理政策、用工制度等因素③。

无论是何种障碍,都阻挡不住"进城做城市人"的潮流。马九杰、朱宇等学者的研究表明,在1.4亿的流动人口中,有20%~24%的人口选择愿意永久性地迁移到城市居住④。换言之,在当今的中国,将近有3 000万的流动人口愿意成为"城里人"。那么,如何完成这个社会身份的转变呢?蔡禾、王进选择从农民工对农村户口的取舍角度,得出农民工迁居城市的意愿取决于他们是基于

---

①④ 朱宇:《户籍制度改革与流动人口在流入地的拘留意愿及其制约机制》,载《南方人口》2004年第3期。

② 郭星华、储卉娟:《从乡村到都市:融入与隔离》,载《江海学刊》2004年第3期。

③ 王春光:《新生代农村流动人口的社会认同和城乡融合关系研究》,载《社会学研究》2001年第3期。

"经济理性选择"的个体迁移动力,抑或是基于"社会理性选择"的制度合法性压力①。在他们看来,前者将会导致"农民工"可能会"永久地在城市工作和生活下去",但这并不意味着他们最终会放弃农村户口而选择城市户口;后者则会导致农民工"选择制度性永久迁移",即放弃农村户口选择城市户口。犹有启发意义的是,他们的研究提出了"社区社会地位和永久性迁移"的问题,得出了"越是在城市环境中感受到歧视,心理压力大即制度性合法压力大的'农民工',越希望得到城市户籍,实现制度性永久迁移"的结论②。

当下居于城市的"农民工"出现这种"逆向选择"的现象,提醒我们要关注包括农民工在内的新移民在城市生活的社区身份和社区接纳的问题。遗憾的是,目前有关城市的社区治理、社区建设、社区发展、社区认同等研究问题,选择的对象大多都是针对社区里的户籍居民,对外来人口则多数从城市认同的"宏观角度",很少,或者说基本上没有把新移民群体作为具体的、单独的研究对象,调查他们的社区生活形态,以及他们与城市社区户籍居民之间的关系。如果说蔡禾、王进的研究在这方面"破题"了的话,那么,童星、马西恒对上海Y社区的研究可以视为"投石问路"之举了。童星、马西恒认为,新移民最终融入城市社区要分"三步走":从"二元社区"到"敦睦他者",最后到"同质认同"。换言之,"新移民能否最终融入城市社会,取决于他们能否与城市居民结合成同一个社区共同体"。他们提出了譬如"社区整体性发展"、"社区参与"等依托社区,促进新移民融入社会的具体对策③。

在这里,尽管蔡禾、王进和童星、马西恒的研究提出了城市社区环境是影响农民工是否选择永久性迁移,以及最终融入城市社区的命题。但是,他们的研究并没有涉及新移民具体的身份认同和社区生活问题,本章将通过定量和定性的数据展现这一点。

7.1 新移民的身份认同

调查显示五成左右的城市新移民认为自己是外来人,其中智力型移民的比例要少一些(见表7-1);有16.87%的智力型移民认为自己是本市人,这明显高

---

① 蔡禾、王进:《"农民工"永久迁移意愿研究》,载《社会学研究》2007年第6期。
② 蔡禾主编:《城市化进程中的农民工:来自珠江三角洲的研究》,社会科学文献出版社2009年版。
③ 童星、马西恒:《"敦睦他者"与"化整为零"——城市新移民的社区融合》,载《社会科学研究》2008年第1期。

于其他新移民；劳力型移民很少人认为自己是本市人，相反更多人觉得自己只是"暂时待在城里的人"或外来人，而且劳力型移民的定居意愿明显低于智力型移民和经营型移民。虽然如此，劳力移民却最"希望子女在本市发展"，因为按大致年龄看子女的未来居留意愿，新生劳力移民的意愿高于智力型移民，资深劳力移民也高于经营型移民；但在"本市是否比家乡好"上，二者持相反的态度，新生劳力移民并不觉得本市比家乡好，而资深劳力移民非常赞同"本市比家乡好"（见表7-2）。

表7-1　　　　　城市新移民自我身份认同　　　　　　单位：%

	智力型移民	新生劳力移民	资深劳力移民	经营型移民
外来人	47.53	53.27	54.47	54.75
本市人	16.87	7.34	7.05	9.95
暂时待在城里的人	32.42	38.56	37.77	31.94
说不清楚	7.18	2.83	2.71	3.36
合计（N）	984	918	369	864

表7-2　　　　城市新移民对所在城市的认同情况　　　　单位：%

		智力型移民	新生劳力移民	资深劳力移民	经营型移民
本市是否比家乡好	是	53.56	49.13	67.75	59.38
	否	46.44	49.89	32.25	39.81
	说不清		0.98		0.81
自己和本地人是否平等	是	41.46	37.04	32.25	44.44
	否	57.52	61.33	67.31	53.71
	说不清	1.02	1.63	2.44	1.85
是否愿意在本市定居	是	63.81	53.45	56.98	66.63
	否	36.19	46.55	43.02	33.37
	说不清				
是否希望子女在本市发展	是	43.19	51.20	71.54	67.39
	否	46.34	39.11	22.49	26.62
	说不清	10.47	9.69	7.96	7.99
合计（N）		984	918	369	864

在与本地人的区隔标准上，劳力型移民倾向于把收入、工作和身份作为自己

与本地人的区别标准，在交往中又觉得地位差异造成困难，所以劳力型移民很难认同自己是"本地人"（见图7-1、图7-2）。智力型移民则把想法放在"生活观念"、"社会角色"，相比之下他们遇到的困难比较少，没有交往困难的比例达37.06%，所以智力型移民有相当比例的人认为自己是本市人，就像张文宏研究上海城市新移民城市认同时发现，地位认同与文化认同和群体认同存在差异性认同的倾向，职业认同与群体认同和地位认同存在一致性认同的倾向，后者与劳力型移民的认同相类似。

单位：%

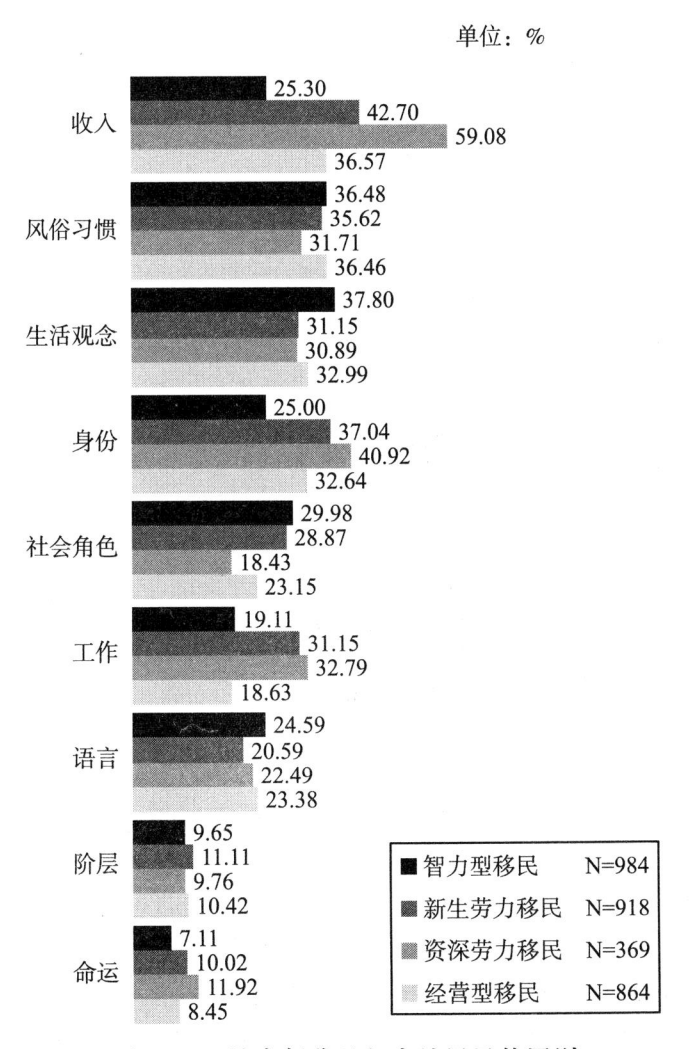

类别	智力型移民 N=984	新生劳力移民 N=918	资深劳力移民 N=369	经营型移民 N=864
收入	25.30	42.70	59.08	36.57
风俗习惯	36.48	35.62	31.71	36.46
生活观念	37.80	31.15	30.89	32.99
身份	25.00	37.04	40.92	32.64
社会角色	29.98	28.87	18.43	23.15
工作	19.11	31.15	32.79	18.63
语言	24.59	20.59	22.49	23.38
阶层	9.65	11.11	9.76	10.42
命运	7.11	10.02	11.92	8.45

图7-1 城市新移民与本地居民的区别

单位：%

没有困难
- 智力型移民：35.06
- 新生劳力移民：25.60
- 资深劳力移民：20.33
- 经营型移民：29.17

观念不同
- 智力型移民：28.96
- 新生劳力移民：29.85
- 资深劳力移民：24.66
- 经营型移民：27.55

生活习惯不同
- 智力型移民：23.58
- 新生劳力移民：25.49
- 资深劳力移民：31.71
- 经营型移民：26.85

本地人看不起外地人
- 智力型移民：14.33
- 新生劳力移民：20.15
- 资深劳力移民：27.91
- 经营型移民：19.79

语言问题
- 智力型移民：17.38
- 新生劳力移民：17.10
- 资深劳力移民：23.58
- 经营型移民：19.1

没有交往的机会
- 智力型移民：17.89
- 新生劳力移民：18.85
- 资深劳力移民：19.78
- 经营型移民：15.63

地位差异
- 智力型移民：9.55
- 新生劳力移民：19.93
- 资深劳力移民：24.93
- 经营型移民：16.55

■ 智力型移民　N=984
■ 新生劳力移民　N=918
■ 资深劳力移民　N=369
■ 经营型移民　N=864

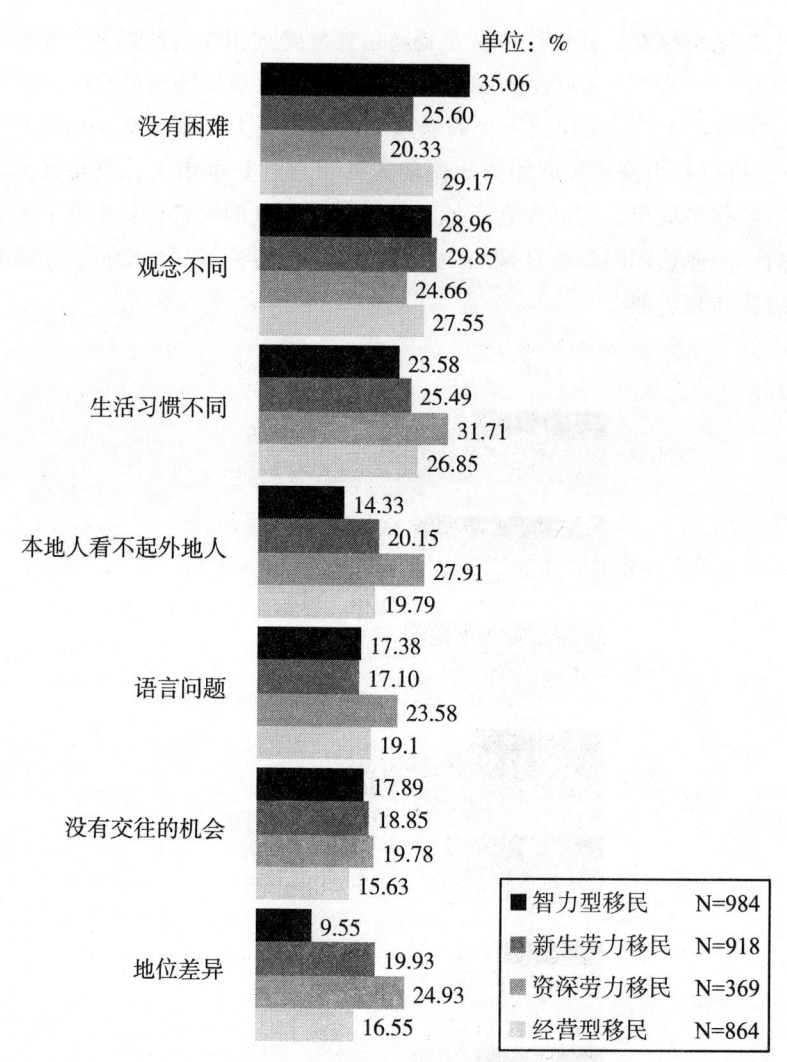

图 7-2　城市新移民与本地人交往的困难

下面我们通过案例的方式继续对城市新移民的认同做出分析。

韩某（男，24周岁，本科学历，IT 工程师。来杭两年，现与四个大学同学合租）："其实这只是一种心态问题，只要心里认为自己是杭州人了，就是杭州人。同杭州人的区别只是杭州人对杭州的了解更深刻透彻，在杭州拥有更大的人际圈子，杭州人会完全把自己的将来规划放在杭州，而不会考虑其他城市。我现在是杭州的单位集体户口，不觉得自己是外来人口"。

程某（男，24岁，大学本科，软件研发人员，来杭州5年，现租房）："自己感觉不出和本地人有什么差别，除了本地人在本地有房子，外地人要自己买；本地人每天能和家人吃饭，外地人只能自己吃；本地人亲人多，外地人少。接触的本地人也不是很多,没什么深入了解。也不太觉得自己是外地人吧,反正周围都是来自四面八方的人,讲的也都是普通话"。

张某(女,20周岁,高中学历,销售职员,来杭4年不到,住单位宿舍):张小姐1905年来杭州,因为爸爸妈妈来杭工作,她也跟过来了……平时交际圈很小,这是她的遗憾。因为她在学校里工作,同时一周值四五天的班,没有时间去认识别人,主要是与工作伙伴和顾客打交道。觉得杭州人还是有一定排外思想,经常主动问"你是哪里人",得知是外地人后,就没话交谈了。对她个人来说,与外地人交往感觉很平等,有共同语言,很亲切。

上述城市新移民的观感在对本地人的调查中得到了印证。

周阿姨(杭州人,67岁,退休职工,住西湖区宝叔路37号,自有房):"我们这栋楼有很多外来租户,我们平时比较少来往,不过见面还是打打招呼的。他们可能上班很忙,只是下班回来我们才见到,而且他们也多数跟自己的人来往,老乡啊,同事啊,跟我们这里的本地人不亲的。他们流动大,刚面熟了就搬走了,一拨一拨的,来了又走,走了又来,不知道怎么的,大家好像就是亲近不起来"。

案例:

陈某(温州人,28岁,来杭八年,读完医学研究生,现工作于杭州某医院一年多,已购房):"生活方式是一种潜移默化的东西,就我自己来说,现在要说差别大,反而跟家乡更格格不入一些;但是如果在自己老乡的氛围中生活,可能这种差异就会大,而且较难缩小吧"。

姚某(男,23岁,冰淇淋店店员,大专学历,来杭工作3年,目前租住在城区商品房):"在杭州这几年的生活中,接触最多的就是工作中的同事以及社交过程中的一些圈内的朋友。在日常生活中,交往比较频繁的以外地人居多,与杭州本地居民的来往相对就少许多。可能因为自己也是外来人的关系,觉得跟外地人交往比较轻松,会很容易成为朋友,可以更容易探讨内心的一些想法和工作中所遇到的事情。而对于本地人,基于南北差异和性格的落差,觉得跟本地人的交往过程比较费心神,所以会在无意中避免跟本地人的过多接触"。"至于和居民之间的来往就相对比较少,我觉得自己与本地人之间还是有隔阂的,语言的不同和生活习惯以及上班时间等方面的因素,大家之间的交际非常有限,偶尔电梯或者小区遇到也是处于礼貌地打招呼而已。个人认为本地人比较有优越感,会有意无意地传达出来排斥外地人的色彩,觉得我们会影响到他们的生活等方面"。

上述个案描述说明无论是新移民本身还是他人的观感,新移民被认同的程度还是非常低的,造成新移民对自己所居住的社区与他们自己心目中的"家园"存在较大的心理隔离,这也直接影响到他们的城市融入程度。尽管如此,并不影响他们城市生活方式(见表7-3)的获得和享受。有超过半数的新移民认为自己的生活方式与城里人无异（包括"很多方面一致"和"完全一致"选项），尤其是智力移民中，超过六成，但在劳力移民和经营移民中，却有超过近半数的人认为不太一致，关键的原因在于其个人的心理认同存在偏差，因为在他们当中，一方面存在身份认同的多元性和混乱性；另一方面，城市生活方式的获得跟教育程度、职业技能、年龄、社会阅历等密切相关，而劳力移民和经营移民显然在这些方面具有相对的稳定性和低可塑性。

表7-3　　　　　　　　自己目前的生活方式与本地人的差异

		N	%
自己目前的生活方式与本地人的差异	不一致	332	10.48
	大多数不一致	968	30.56
	很多方面一致	1 398	44.13
	完全一致	350	11.05
	很难说清楚	120	3.79
	Total	3 168	100.00

7.2　城市新移民的社区生活

诚如前言，影响新移民的城市融入有很多主客观方面的因素，比如对城市的认同度、职业的稳定性、城市管理制度、社会保障制度等。不过，对于具体的个人来说，这些因素可能聚焦在其对自身基本生活空间的直接感受上，意即他们日常生活所发生的社区空间。新移民的城市社区生活直接影响其城市融入的后果。那么，构成新移民的社区生活有哪些方面呢？我们确定了人口结构、居住方式和住房类型等三个因素。

在表7-4和表7-5中，我们看到，进城的新移民中，超过三成的劳力移民和经营移民，接近五成的智力移民都是两人在现在的城市生活，在一起居住的人口中，三人或者四人的"组合"比较普遍，这是因为其中老年劳力移民和经营移民近八成与自己的妻子、孩子一起生活，形成家庭化趋势。这个现象说明，造成当今新移民群体形成的主导因素就是以家庭为单位的在同一城市工作和生活的移居形式的出现。这种情形容易促使新移民选择较为稳定的生活模式，譬如职业稳定、居家生活，以及能够守望相助的近邻而居，从而尽快地融入城市社会。而年轻劳力移民和智力移民有一定的"同质性"，多选择与"朋友或同事"一起租房生活,还有超过两成的智力移民目前还是过着"单身生活"。这反映出年轻劳力移民和智力移民两类群体多数还是未婚,而且,他们的经济状况还不足以独立承担"养家糊口的"。

表7-4　　　　　　　　　　　三类移民的生活伴侣

		\multicolumn{8}{c}{类型}
		\multicolumn{2}{c}{Total}	\multicolumn{2}{c}{智力型移民}	\multicolumn{2}{c}{劳力型移民}	\multicolumn{2}{c}{投资型移民}
		N	%	N	%	N	%	N	%
一起生活的人	家人	1 330	41.98	226	22.97	484	36.67	620	71.76
	恋人	291	9.19	133	13.52	102	7.73	56	6.48
	朋友或者同事	963	30.40	366	37.20	506	38.33	91	10.53
	亲戚	125	3.95	29	2.95	68	7.15	28	3.24
	自己一个住	568	17.93	248	27.20	215	16.29	105	12.15
	同学	9	0.28	5	0.51	4	0.30		
	合租者/室友	14	0.44	7	0.71	5	0.38	2	0.23
	其他	7	0.22	1	0.10	6	0.45		
	Total	3 168	100.00	984	100.00	1 320	100.00	864	100.00

表7-5　　　　　　　　　　　三类移民的在城市的居住人数

		\multicolumn{8}{c}{类型}
		\multicolumn{2}{c}{Total}	\multicolumn{2}{c}{智力型移民}	\multicolumn{2}{c}{劳力型移民}	\multicolumn{2}{c}{投资型移民}
		N	%	N	%	N	%	N	%
B2_1.总人口数	2人	1 017	39.16	353	47.83	386	37.00	278	36.77
	3人	640	24.64	185	27.07	238	21.58	217	28.70
	4人	454	17.48	124	16.80	183	16.59	147	19.44
	5人	181	6.97	36	4.88	85	7.71	60	7.94
	6人	138	7.31	25	3.39	82	7.43	31	4.10
	7人及以上	167	6.43	15	2.03	129	11.70	23	3.04
	Total	2 597	100.00	738	100.00	1 103	100.00	756	100.00

同时,我们也应该看到,有相当数量的老年劳力移民和经营移民目前还是与自己的配偶在城市打拼,把孩子留守在农村的老家,这也是他们现在城市生活中面临着的最大的困境。一方面他们想把孩子带到城市,跟他们一起生活,接受父母的亲情、现代的城市生活和优质的教育资源;另一方面,由于低收入、无住房

等客观原因,只能把孩子留守在农村的家乡,由年长的父母看管。不过,调查中也发现,现在越来越多的新移民愿意,并努力创造条件,把孩子带进城,这种"家庭移民"现象的日渐增多,将会加速新移民融入城市的进程。

被访对象:郑某,男,55岁,户籍江苏,高中文化水平,现为杭州教工路"天津包子铺"老板。访问时间:2009年2月23日。

郑先生来杭州开包子铺已经5年了,之前曾在全国多个城市工作过,主要从事过服装买卖,包子店经营等。现在自己当老板,妻子和两个女儿当帮工。一家四口人一起租住在50平方米的出租房里。因为与房东相处比较好,从承租到现在已经5年了。

问:既然在杭州待了这么多年,店里的生意也不错,为什么不考虑自己家买一套房子呢?

答:不可能!杭州的房子太贵了,我们还要养三个孩子呢。

问:那您觉得什么样的人比较容易转变为杭州城里人呢?

答:我们的关键原因是孩子都没有多大的成就,如果孩子都有成就,都成家了,那我们才有可能考虑这个事情(在杭州买房定居)。我们的孩子都没有什么成就,这个事情就想都不敢想了,不管怎么样,孩子得在这里发展,回去是不可能了。

可见,拖家带口的郑先生意欲在杭州立足的原因是为了自己的孩子,而不是自己本身。这类家庭移民的实质不是我们理解的"全家迁移",而可能只是为了"第二代",或者说是寄希望于在"第二代"成为可能,但是否可以真正居留下来,住房是他们考虑的头等大事。

调查统计表明,新移民有自购房的平均比例只有11.43%,近2/3的新移民都是租住私房,还有近20%的人住在单位提供的集体宿舍里。不过,高级智力移民和经营移民的自购房比例相对比较高,超过两成。对于劳力移民群体,除了租住私房之外,条件好的单位多数有提供宿舍,而且只是收取比较低廉的房租。一方面体现单位的福利政策,另一方面也方便单位的日常管理。因为,所居住的地方直接影响到社区管理的品质和生活的质量。

将近2/3的新移民还是租住房,而且半数以上(53.85%)都是租住在城中村或者村镇出租屋里,其次是小区的商品房,占34.72%。而智力移民中将近一半的人倾向于租住或者购买小区商品房,尤其是高级智力移民,高达57.87%的人居住在小区商品房,个案访谈表明,他们中的相当部分是属于自购房。而2/3的劳力移民则选择租住在城中村里,此外,新移民还住在单位宿舍、政府廉租房、外口公寓,有些甚至居住在工作场所,尽管这些居住形式所占的比例不高,但是反映出新移民普遍存在"居无定所"的现实状况,显然,这种情形对新移民的社区认同和目前城市社区管理造成很大的困境。

杜某，男，26岁，大学本科学历，2006年从四川通江县迁移到成都。现自己经营一家从事咨询培训公司。人称"杜总"。

杜总自述：

别看我年纪不大，我的经历很丰富。2003年我考上了江西的一所专科学校，2005年读大三时，便涉足社会，在江西九江、广州有过短暂的停留；2006年年初，因为恋人的关系来到成都，在一家知名的培训管理公司任高级经理人，毕业后回到家乡（通江县），做成了一笔房地产生意，赚取了人生的"第一桶金"，所以，2007年春天，在与相恋多年的女友完婚后，带上部分资金、带上自己集聚起来的经验和人脉，在成都开启了自己的创业之路，现在是自己给自己打工了。我现在住的小区（龙泉驿区航天甲区）是"四川航天工业总公司"的家属住宅区，条件还可以，小区很干净、整洁，绿化也不错。现在住的这个两居室的房子是租的，装修很粗糙，我也不会经营再装修，不是自己的，再说，我已经在温江购置了自己的房子，一次性付清房款，没有房贷，不必要再在租住地铺张浪费，更何况还处于事业的起步阶段，仍需勤俭持家。

显然，杜总是属于本文所关注的"经营型新移民"，从租住房到自购房的"置业"成功，是他多年的打拼和追求的目标，也标志着他已经成为真正意义上的城市新移民了。但是，并不是所有的新移民有这样的境遇。

李某，男，31岁，安徽宣城人，汉族，已婚，小学未读完六年级辍学，某检修站做保安已经五年，最初在大连、济南等城市打工，做过水泥工、焊接工等体力活，2006年，经老乡介绍来杭州余杭打工。访问时间：2008年12月7日。

李某自述：

我和妻子住的这个房子是这里农民的自建房，虽然离单位很远，交通也不方便，但是房租很便宜。农民自己造的房子，有三层楼，房东住楼下，人很好的，我老婆跟房东老婆经常一起聊天。住在他们家的人都是外地人，我跟他们的工作时间不一样，不太能碰见，也不知道他们叫什么名字。住的地方还可以，偏僻一点，价格便宜，就是脏。晚上窗户要关好，这里小偷多，经常有丢东西的，白天有时候也丢，我晚上睡觉手机钱包都放枕头下。

在这里娱乐活动没有，我不太出去，老婆没工作的时候就在家里做家务。我们住的地方离市区很远，不方便经常出门的，每天工作也没有空，一般回家就是看电视。要到"国庆节"、"五一节"不上班就和老乡出去打牌，平常没娱乐，酒吧茶楼老乡说很贵，我从来不去。社区干部很少见到，查过一次暂住证，态度蛮好的，不过平常不大看不见他们。我们有问题都找房东。

李某的居住环境是大多数劳力移民的目前的现状，他们租住在这类"城中村"里，过着一半是农村，一半是城市的生活方式，新移民与原来村里的人混居在一起，也给社区管理带来新的挑战。城中村目前的社区管理面临着重大的转型，即政府推行的"村改居工程"：把原来农村村委会建制转变为城市社区的居委会。如果单纯地完成组织意义上的变更，不但无法解决农民市民化的问题，而且还会遇到现在居住在城中村里的新移民群体何去何从的困境。

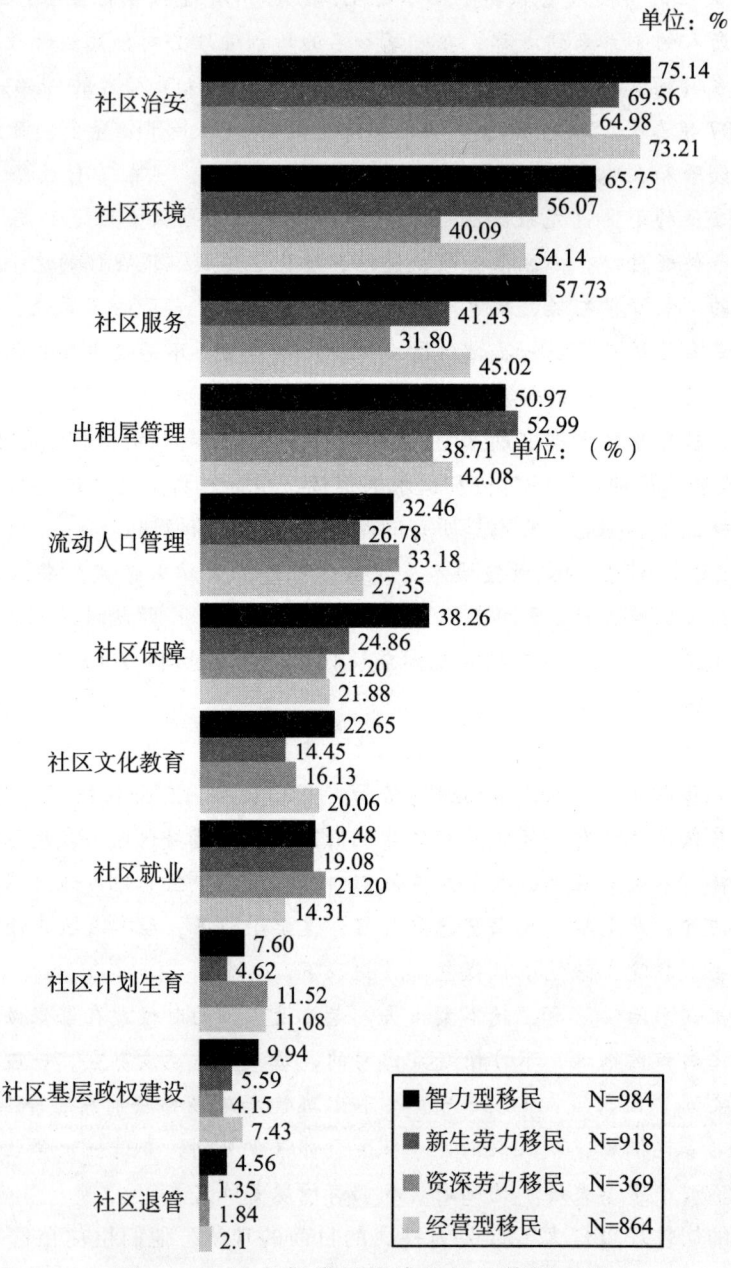

单位：%

社区管理内容	智力型移民 N=984	新生劳力移民 N=918	资深劳力移民 N=369	经营型移民 N=864
社区治安	75.14	69.56	64.98	73.21
社区环境	65.75	56.07	40.09	54.14
社区服务	57.73	41.43	31.80	45.02
出租屋管理	50.97	52.99	38.71	42.08
流动人口管理	32.46	26.78	33.18	27.35
社区保障	38.26	24.86	21.20	21.88
社区文化教育	22.65	14.45	16.13	20.06
社区就业	19.48	19.08	21.20	14.31
社区计划生育	7.60	4.62	11.52	11.08
社区基层政权建设	9.94	5.59	4.15	7.43
社区退管	4.56	1.35	1.84	2.1

图 7-3 城市新移民关注的社区管理内容

我们再来看新移民的社区生活。在涉及自己"密切相关的社区管理内容"上，排在前三的选择依次为社区治安、社区环境和社区服务。而在"社区基层政权建设"、"社区保障"、"社区就业"、"社区计划生育"、"社区文化教育"、"出租屋管理"、"流动人口管理"等方面的认同度很低。对我们提出的政府对社区管理采取"退管"的假设性选项，他们的认同度最低。因为在他们的眼中，这些方面都是"政府的事情"，与自身无关。

其实，除了上述原因之外，与我们现在采取以城市常驻居民为导向的社区建设政策和措施，把新移民当做流动的、寄寓的社区对象不无关系。"没有新移民的社区建设"，一方面造成了新移民的"社区冷漠"现状，另一方面，也无形中加剧和构筑了生活在同一社区的城里人和新移民之间的"边界"，造成事实上的"二元社区"和无形的"底边社区阶层"。因此，了解和解决目前社区管理和社区建设必须提上议事日程了。

在新移民的眼中，与他们关注社区管理内容相一致的是，他们也迫切希望能够在社区治安、社区环境和社区服务等方面有明显的改观。但不同的新移民类型体现出来不同的社区观感和要求。总体来说，同劳力移民和经营移民比较而言，智力移民在所有涉及的社区管理内容方面都保持较高的关注度，超过三成的老年劳力移民和超过两成的经营移民更是对社区管理"漠不关心"（见回答"没有"的选项）。我们把社区管理的所有选项分为三类来具体分析，意即：社区组织（社区基层政权建设、社区退管）、社区服务（社区服务、社区保障、社区就业、社区文化教育）、社区管理（社区治安、社区计划生育、出租屋管理、流动人口管理），以及社区环境（社区环境）。

在社区组织建设方面，智力移民和经营移民比较劳力移民而言有较高的要求，但是对于如何建设和"社区退管"的建议上，都表现出相当的冷漠；在社区服务的诉求上，欲望也不是很高，主要原因是现在的社区服务主要是针对城市常住居民而设计的，在目前的制度安排下，即使他们有强烈的要求，也是不可期望的。因此，他们表现出较强的实用主义的"现实性"；在社区管理上，明显比社区服务的诉求欲望高，是因为现在的社区管理跟他们的社区生活密切相关，而且也只有在这些方面，他们才跟社区干部"打交道"。有意思的是，新移民对社区环境的要求比较显现，因为在他们眼中，所谓的社区环境就是他们想象和现实生活中感受到的，跟原来自己生活的农村和城市所不同的城市空间。

韩某（男，24周岁，本科学历，目前是IT工程师。来杭工作时间：两年，现居住杭州城西沁雅花园，与四个大学同学合租）：

"居委会这样的机构的存在并没有多少意义，因为社会上有很多有针对性的专门的机构，有问题可以找到合适的机构去处理，不需要居委会来处理。而且目前社区民众对居委会的活动参与太少了"。

吴某（男，24周岁，研究生学历，软件研发工程师，来杭工作时间两年。居住情况：杭州西湖区马腾路，四人合租）：

社区没有组织活动可以让居民参加，所以也很少跟社区打交道，唯一一次是去社区买老鼠药。没有感受到社区提供的服务或者管理，但是整个社区还是比较安全的。现在的社区是租住房所在社区，所以并没有太多期待，对自购房的社区管理，有比较多的期待。最基本的要求是安全和提供生活的便利。除此之外还需要保持社区环境整洁，比较好的绿化，多组织公共活动和娱乐活动，例如组织老年人的文娱体育活动，还要有公共体育设施，方便进行体育活动。社区应多组合邻里的联谊活动，期待能有和邻居互动的机会，拥有一个和谐的邻里关系。

朱某（男，28岁，未婚，研究生学历，软件公司职员，来杭州学习工作8年了。现与人合租一套房子，两室一厅）：

"我平时基本上不会和社区干部打交道，因为没什么事麻烦到他们，也就不太接触。他们对我们也不太关心。如果可能的话，我不介意参加居委会的选举，参加一些这样的活动也挺好的，算一种锻炼吧，平时只是忙于工作，偶尔改变一下，生活也会变得有乐趣吧，所以我不会拒绝这样的机会"。

"我觉得应该在社区保障、社区基层政权建设、社区治安等进一步加强，使我们真真切切地感觉到生活在社区里，大家就是一个大家庭。现在，大家就忙于工作，对社区没什么感觉，社区只是一座座房子的聚集，是居住的地方，很多人连邻居都不认识，大家就像路人，不打交道。所以，最好是对社区服务进一步地细化，这样大家都感觉到它的存在，也才有社区归属感啊"。

这一切在社区管理者的眼中又是怎样的呢？

郦某（西湖区的北山街道上保社区主任，采访时间：2009年4月9日）：

"我这个社区主任也是才上任2年，街道办组织考试考上来的，当然最后也是经过社区居民选举后确认的。我们社区管理的千头万绪，什么事情都管，你看我整天忙得不行，困难户的'低保'问题，社区乱搭盖问题，楼上滴水问题，车辆乱停的问题，自行车丢失问题等。每天不是这个就是那个，我们才7个人，根本忙不过来。上保社区位于老城区，主要居住的是本地人，有户籍人口5 565人，登记在册的外来人口2 300人左右，主要是建筑工人和从事服务性工作的小业主。我们现在连社区居民的事情都管不过来，哪里还有精力去加强外来人口管理。再说，我们也没有这个职能，他们有时可能为了子女教育、暂住证之类的事情找找我们，其余的他们基本上都是自己管理自己，有的话，他们也是与房东打交道吧"。

可见，社区户籍居民与新移民之间是"两张皮"。不过，这并不意味着他们之间已经是两个边界分明的人群共同体，相反，他们在一个社区里其实是"你中有我，我中有你"的分布状态。而且，新移民普遍处于社区的底层，形成无形的"底边社区阶层"。不仅如此，他们也缺乏自我组织的能力，所以，至少目前还没有成为"社区隔离"的力量。

从表7-6可以看出，在中国社会现存的组织架构中，无论是官方的还是民间社会的组织，新移民的参与度都是很低的。接近半数的新移民根本就没有参加过任何组织，尤其是劳力移民和经营移民，他们几乎都是生活中自我的圈子里，比较而言，智力移民的组织参与性比较广泛，譬如他们参与共青团、志愿者组织、同乡会、中共党组织、工会、群众文娱类组织以及一些专业技术协会等。调查发现，新移民即使在参与的这些组织中，其实扮演的角色和组织行为也是很"低度的"。相反，一些非正式的民间组织，比如同乡会、志愿者组织和一些社区性群众文娱类组织，常常成为他们唯一的、"奢侈的"组织活动，因此，新移民可以说是"没有组织的群体"。

表7-6　　　　　　　　城市新移民参加的组织活动

		类型							
		Total		智力型移民		劳力型移民		投资型移民	
		N	%	N	%	N	%	N	%
参加过的组织活动	工会	291	9.19	163	16.57	98	7.42	30	3.48
	共青团	728	22.99	380	38.62	248	18.79	100	11.59
	中共党组织	262	8.27	178	18.09	42	3.18	42	4.87
	民主党派	7	0.22	3	0.30	2	0.15	2	0.23
	同乡会	625	19.73	225	22.87	233	17.65	167	19.35
	商会	157	4.96	20	2.03	25	1.89	112	12.98
	志愿者组织	499	17.76	252	27.61	171	12.95	76	8.81
	群众文娱类组织	461	14.56	179	18.19	201	17.23	81	9.39
	专业技术协会	268	8.46	126	12.80	70	7.30	72	8.34
	宗教组织	89	2.81	36	3.66	31	2.35	22	2.55
	公司活动	8	0.25	5	0.51	2	0.15	1	0.12
	其他	20	0.63	9	0.91	8	0.61	3	0.35
	无	1 338	42.25	242	24.59	650	49.24	446	51.68
	Total	3 167	100.00	984	100.00	1 320	100.00	863	100.00

没有组织不等于无纪律。生活在城市社区里的新移民尽管与社区"原住民"很少打交道，原因除了上班没有时间交流之外，最主要的因素应该是新移民多数都是生活在自我的圈子里。城市新移民的交往对象大多还是维持在原有的群体内，新移民进城以后为了在城市得到发展而不得不构建新的社会关系。构建新的社会关系并不是"打破重来"，而是基于原有的以血缘、地缘为特征的社会关系网络，在此基础上拓展和构建新的社会关系网络。如此以来，常常结成我们所谓的非正式的社会组织。调查发现，劳力移民中出现自己的"打工者之家"这样的组织，但是由于中国的社团管理制度，很难使之类组织合法化，于是他们都是处于公司化或者"地下状态"，这些游走在法律灰色地带的新移民自组织是"有名无实的"；在智力移民，尤其是居住在城市社区里的高级智力移民，出现了"虚拟的社区组织"：外来者参与的"QQ"群，以此参与所在社区的管理和论坛。不过所有这些所谓的自组织目前都不是"实体性的"，只是社区里的松散的集合体而已。

在新移民的眼中，社区建设应该怎么做呢？

刘某（男，47周岁，硕士学历，来杭五年有余，单位中层管理人员，自有房）：社区，从它的字面意义上来看就是一个小社团区域里的管理委员会。那它当然应该对这个社会中的区域、对这个群体里头的居民要有所了解，它应该融入进去。融入不进去，游离于社区之外，那它也不能管理好这个群体中的成员。它应该要扮演什么样的角色呢？它首先应该融入社区里面，了解这个社区中存在什么样的问题，了解这个社区中的居民。通过调查研究，集中这个社区的民意，然后出台一些相关的管理措施。它所扮演的角色应该是很定位的，应该是服务而不是管理。如果说角色错位，它扮演了管理者的角色，那它永远也不可能管理好。只有扮演一个服务者的角色，也就是说社区中有什么困难，它应该提供相应的一些什么服务，只有根据社区居民的需求，在法律法规许可的范围内，满足社区居民的需求，它才能发挥真正的社区功能。

（能不能举个具体的例子，社区如何来管理？）

假设我是社区里的一个居民，而且我没有单位的管理，那我会碰到许多问题：比如说子女入学、孙辈的入学问题，养老、就医，一系列的问题。这些问题靠一个人的力量去解决它是很困难的。需要社区从医疗、社保、养老比如说一些孤寡老人的问题做好服务。通过调研以后集中一下，社区中的哪一些问题是第一位的，哪些是第二位的，然后分轻重缓急去解决这些问题，去做好服务，那肯定就能赢得这个社区居民的认可。

（你刚才说到像你的许多事情都是单位管的，那社区的管理有没有必要？是单位管理好还是社区管理好？）

从发展的趋势看，从单位人到社会人是改革的一个大方向。单位只是为事业发展做一些事情，人们根据自己的居住地，退休以后应该融入社区，他所有的医疗、养老，所有的后续问题，应该根据你在哪个地方，由这个社区去管理，这是很有必要的。

（你觉得社区有没有必要把杭州本地人和外地人分开来管理呢？）

这没有必要，因为人分流动人口和常住人口。流动人口只要在你这个社区，不管是三年也好五年也好，只要在社区，就是社区群体的一个部分。他离开了，就是进入了另外一个社区，成为另外一个社区的一部分。根本没有必要分开，因为人一出生，从法律概念上都是平等的。人为地区分本地和外地人不仅是不人性的，而且是违法的。

刘先生的社区观念其实给我们提出了一个很好的课题，那就是当下进行的社区建设过程中，应该要考虑新移民的因素，并以此探索建构城市新型社区共同体的可行性和可欲性。

我国目前的社区建设实践始于1999年，到目前为止，已经基本上形成了以街道办和社区居委会为结构的城市社区模式。这个模式的首要特征就是它不是严格意义上的公民自治型组织，而是国家政权建设在城市社区中的体现。譬如杨敏认为，目前我们城市社区的建设其实是为了解决"单位制"解体后城市社会整合和社会控制问题的自上而下的"国家治理单元"，而不是一个可以促进公共领域形成或市民社会发育的地域社会生活共同体。在这种架构下，国家倡导通过居委会组织动员居民参与社区环境卫生、社区治安、社区服务、社区文化等方面的建设过程，但不鼓励居民在居委会组织网络以外进行自主性的利益表达①。

另一个重要的特点就是这样的社区建设是单纯建立城市社区户籍居民的基础之上的。没有关注社区建设与新移民之间的关联性，更不用说在社区建设实践的过程中充分考虑新移民的因素。不过，一个不可回避的事实是，外来人口在目前的社区人口结构中，已经成为社区成员的一部分，有些甚至成为社区人口的主体组成部分。那么，就十分有必要在社区建设上进行制度创新，以适应社区结构变迁和社区人口变化的需要。但是，在国家治理下的社区建设架构里讨论所谓的"社区自治"或者"社区退管"之类"政治性话题"于社区创新是没有意义的。那么，如何在国家治理架构下"制造"新型的社区共同体呢？

调查显示，城市新移民的身份认同和社区生活已经在直接影响他们的城市融入和当前的社区建设。具体来说：新移民"散居"在城市社区的各个角落，他

---

① 杨敏：《作为国家治理单元的社区——对城市社区建设运动过程中居民社区参与和社区认知的个案研究》，载《社会学研究》2007年第4期。

们多数租住私房，自有房的比例很低，处于社会底层；新移民的社区生活处于"无组织有纪律"的状态，即使有组织，也是"有名无实"，有些地方甚至出现了"隐形组织"；新移民的身份认同上倾向于"外来者"心态，自我认同和他者认同的程度低；新移民具有明显的"社区冷漠"情结，社区参与度很低；新移民的生活方式基本上与城市人没有差异，但在各级政府主导的社区建设中，新移民并没有作为一个重要的因素被考虑进去。

劳力移民眼中的乡村社区的"熟人社会"是由血缘性家族伦理、纵式社会结构、共享的社区文化信仰价值等构成的；在智力移民和经营移民（包括社区现有的户籍居民）的期望中，社区应拥有共同的社区认同，譬如社区精神、社区意识、社区文化等，而与户籍、贫富、社会地位等无关。费孝通在20世纪90年代中期曾在上海就社区建设调研时，居委会的干部曾提出要把城市社区建设成为一个新型的"熟人社会"，这个观点在费孝通看来，社区建设不单是"经济"或者"行政"上的问题，"也有人类学意义上的，更直接地说，是人类自身的问题，而且它们的解决不但要求针对性和规范性，也要求灵活性和创新性"[①]。那么，社区建设中的"灵活性和创新性"怎么体现呢？费孝通勾勒出了社区建设的"图像"：如何使那些在改革开放中从计划经济的单位体制中释放出来的市民能够继承我国古代已有的守望相助的传统精神；如何发展居民邻里间的合作互助的社会关系，使之适应当前城市的新格局，逐步由一切依赖上级安排的习惯心理改变为人人相互关心，出力自理解决问题的社区自立的精神；如何从社区自理进一步发展出基层自治的组织，进入有中国特色的社会主义的"草根民主"。

显然，这是一个较长的社会建构的过程，不仅需要完成"个人私人生活的变革"，更需要实现"公共生活的变革"。譬如公民社会的建构。杜维明在讨论现代的中国时，曾经提到，以家族为中心的社会，很难转换成公民社会[②]。如果可以把这个"以家族为中心的社会"狭隘地理解为中国现代的乡村社会的话，那么，在一个以国家治理为中心的城市社区里"制造"一个公民社会，可能吗？麻国庆认为不但可能，而且还可行。不过，不是我们通常所认为的西方社会视角下的公民社会，而是很中国化的"家族化的公民社会"。因为在他的眼中，中国社会有着建设"家族化公民社会"的天然的基础：家族伦理、延续的纵式社会结构，以及中国社会里的"类别"与"关系"等人文资源[③]。

---

① 费孝通：《中国现代化：对城市社区建设的再思考》，载《江苏社会科学》2001年第1期。
② 杜维明：《现代精神与儒家传统》，三联书店1997年版。
③ 麻国庆：《家族化公民社会的基础：家族理论与延续的纵式社会》，载《学术研究》2007年第8期。

第八章

城市新移民的适应与融入

8.1 引 论

改革开放历经三十余年,我国在工业化和城镇化进程中取得了令人瞩目的成绩,伴之而来,也进入了人口流动迁移最为活跃的时期。据统计,2009 年中国流动人口已达到 2.11 亿人,平均年龄约为 27.3 岁,其中 78.7% 为农业户口,以青壮年为主,主要在制造、批发零售和社会服务业领域就业,多集中在低薪或高危行业[①]。

数量庞大的城市新移民为了生存与生活,在不同地域间进行流动,支撑起中国经济的高速发展。他们从农村走向城市,从朴实走向繁华,将农村与城市紧密地联系起来。一方面,他们为城市提供了低廉的劳动力,创造出巨大的财富;另一方面,他们为农村带来了收入,促进了农村经济的发展。

国家统计局的一项调查显示:近七成的农民工对城市生活感觉比较适应,半数以上的农民工希望留在城市发展[②]。尤其是新生代的新移民,他们从学校直接进入社会(城市),缺少务农经验,更适应城市的生活,但他们要真正融入所处

---

① http://baike.baidu.com/view/102960.htm?fr=ala0_1_1.
② 李珂、柳娥:《城镇化进程城镇化进程亟须农民工实现城市融入》,载《理论前沿》2009 年第 23 期。

的城市还存在各种各样的困难。从宏观上看，城市新移民遭受到的首先是制度性排斥（歧视），"不合理的制度安排，使某些社会群体获得更多的牟利机会，更多的福利待遇，而另一部分人却陷入制度性的贫困。"①；其次，生活方式、价值观念、社会心理等方面的差异也增加了新移民融入的难度。从微观上看，新移民社会网络的断层，综合素质的不足，以及相关专业知识、技能和经验的匮乏，都使得他（她）们难以真正地融入城市并在城市中定居下来，从而完成移民的过程。

目前，社会学、人口学、经济学和公共政策等多个学科，对人口在不同区域流动及其在流入地社会融入的现状、过程及特点等都做了大量研究。但各学者采用的指标各有不同，分析的维度也各有侧重，对相同或类似的概念也常有不同的理解、定义和测量标准。厘清各学者所研究的范围，概念的指代，简要梳理其在流动人口（农民工、国内移民等）的城市融入程度、过程、障碍、影响因素等方面的研究结论，有助于我们更好地把握进一步的研究思路。

从现有的新移民社会融入研究成果看，各地新移民的社会融入度普遍较低，融入难度较大，面临着收入较低、人际交往范围较窄、对移入地市民和政府的认同度不高、归属感较低等问题。虽然农民工能够在八小时内赶上都市人的步伐，但八小时外的生活却与城市人相脱节，显得格格不入②。

流动人口在进入城市后，如何适应城市，并融入其中？19 世纪 90 年代，以美国社会学家帕克为代表的芝加哥学派，开始研究从欧洲来到美国的新移民如何进入和适应新的环境。西方对外来移民与主流社会关系问题的理论探讨，按其基本取向，可以梳理出"同化论"和"多元文化论"两大流派③。"同化论"认为跨境移民在接受国一般要经历定居、适应和同化 3 个阶段，对移民来说，学习、适应、接受所在地的生活方式和文化价值观念，抛弃原有的社会文化传统和习惯，进而才能实现同化和融合。而"多元文化论"认为，移民将其不同文化背景、不同社会经历和价值观念重新塑造其生活的地点，并有助于建构多元化的社会和经济秩序。

从新移民对移入城市的心理认同度和归属感上看，"农民工"存在对城市存在地域上的强认同和群体上的弱认同④。农民工对城市生活的认同程度很高，近一半的人很喜欢城市生活（49.17%），不太喜欢的占 27.19%，表示不喜欢的只有 3.16%，态度不明确、说不清的占 18.18%。但是，以北京为例，把农民工对

---

① 仲大军：《国民待遇不平等审视——二元结构下的中国》，中国工人出版社 2002 年版。
② 朱力：《从流动人口的精神文化生活看城市适应》，载《河海大学学报》2005 年第 3 期。
③ 李明欢：《20 世纪西方移民理论》，载《厦门大学学报》2000 年第 4 期。
④ 米庆成：《进城农民工城市归属感问题探析》，载《青年研究》2004 年第 3 期。

北京、对居住社区和对北京人的态度做一下对比，可以发现，对这三者的认同程度依次越来越低，在日常生活中农民工可以通过具体的生活经历直观地感受到市民对他们的态度，从而形成自己较直接的评价和感受①。

通过考察行动主体是否愿意与其他人或者其他社会群体交往，可以测量社会成员对于他们之间或者他们与其他社会群体成员之间距离的感觉②。从新移民的人际交往上看，新移民在城市的人际交往仍局限于亲缘、地缘的范围内，包括亲戚、老乡或同厂务工人员等，而与当地市民的交往只限于生产、工作等方面，而感情交往较少，更甚者，一部分群体与当地人基本没有交往。从总体看，新移民对城市居民的群体归属感不强，甚至是较弱。

新移民与城市的融合，存在新移民与城市双方的力量博弈。城市主要表现在制度性安排和社会观念方面。新移民主要表现在其拥有的融入资本方面。根据布迪厄的观点，可把资本分为经济资本、文化资本、社会资本等形式。新移民融入资本的不足，和城市制度性歧视和社会观念歧视的存在，是造成新移民融入当地社会的重要障碍点。

（1）户籍制度和建立在户籍之上的城市各种制度构成了流动人口融入城市社会的制度性障碍；附着在户籍制度上的社会保障、就业、教育、医疗卫生等一系列基本公共服务尚未突破城乡二元分割的状况，成为制约城市化和农民市民化的最主要障碍，拉大了其与城市居民在各方面的差距。"不合理的制度安排，使某些社会群体获得更多的牟利机会，更多的福利待遇，而另一部分人却陷入制度性的贫困。"③尤其我国城市劳动力市场的不统一性，无法达到贝克尔等人提出的人力资本理论：移民在迁入国的经济成就主要取决于其人力资本水平。而目前存在的多层次劳动力市场，如人才市场、城市职工劳动力市场和城市农民工劳动力市场。由于城市管理部门对流动人口就业各种有形和无形的限制，使大部分流动人口被排斥到相对低端的次级劳动力市场上，成为城市社会的底层④。

（2）在社会观念上，在一定程度上，城市居民与农民工仍有着鲜明的内群体与外群体的意识，分别站在各自的立场上，将对方视为一个与自己群体完全不同类的群体。一部分市民将农民工视作"外来人"，认为他们没有权利享受城市的优越条件，在心理上将"他们群"视作异类，在认识上表现出偏见，在行为上表现出歧视。尽管这部分市民的人数不多，但是对这类歧视所造成的负面影响却不能低估。因为它容易使农民工将这种态度误解为广大市民的一般态度，容易

---

① 李伟东：《从社会距离看农民工的社会融入》，载《北京社会科学》2007 年第 6 期。
② 郭星华、储卉娟：《从乡村到都市：融入与隔离》，载《江海学刊》2004 年第 3 期。
③ 仲大军：《国民待遇不平等审视——二元结构下的中国》，中国工人出版社 2002 年版。
④ 李强：《中国城市农民工劳动力市场研究》，载《大连民族学院学报》2000 年第 7 期。

引起农民工的反感，导致群体性摩擦与冲突①。

（3）经济是基础，在经济融入的基础上，新移民才能有社会和心理或文化的融入条件。从新移民收入上看，中国长期存在着户籍管制制度，常伴随有同工不同酬，或无法进入当地高报酬行业。另一方面，新移民中 2/3 的教育水平在初中文化程度以下②，人力资本匮乏，也是造成新移民收入水平低下的原因之一。

（4）文化资本包括以行为方式、语言风格、品位与生活方式、价值观念等为形式的文化能力型文化资本和以文凭、职业证书等为形式的制度化文化资本。农民工文化资本的缺乏直接制约了其融入城市主体社会。同时，文化资本的缺乏影响其人力资本、社会资本的积累，并导致市民对农民工的文化排斥，进一步阻碍其城市融入③。据国家统计局农调总队调查，农民工文化程度初中以下（初中、小学、文盲）约占 85%（流动人口：国家统计局调查结果显示 2004 年我国 1.1 亿农村劳动力外出务工，中国人口网 2005 年 6 月 20 日）。接受过各种技能培训的仅占近 24%，亦即未接受过任何技能培训的高达 76% 以上④。

（5）"社会资本"的概念最初是由经济学"资本"概念演变而来。社会资本是从嵌入于社会网络的资源中获得，它植根于社会网络和社会关系中⑤。移民过程中的每一个环节都受到移民社会资本或社会网络的影响。赵延东提出在农民工经济地位获得过程中，社会资本所扮演的角色是极其重要的，其作用可能比人力资本等因素更为显著，甚至连他们拥有的人力资本也可能要依靠其社会资本才能充分发挥作用⑥。可以认为，城市农民工是依赖社会关系"展开"自己的经济行为，而不是经济行为"嵌入"在社会关系中。

渠敬东认为农民工的社会网络是围绕着血缘、地缘和业缘等同质关系构成，并影响农民工生活世界的建构过程⑦。但是，这种以初级群体为基础的社会网络在经济上和精神上的支持能使刚进城的农民工很快适应环境，在一定程度上防止其沦为城市化失败者，在另一方面却强化了农民工生存的亚社会生态环境，保护

---

① 朱力：《群体性偏见与歧视》，载《江海学刊》2001 年第 6 期。

② 王光玲、杨晨：《金融危机背景下进城务工人员社会融入困境解析》，载《理论学刊》2010 年第 3 期。

③ 刘辉武：《文化资本与农民工的城市融入》，载《农村经济》2007 年第 1 期。

④ 国务院研究室课题组：《中国农民工调研报告》，中国言实出版社 2006 年版。

⑤ 任远、邬民乐：《城市流动流动人口的社会融合文献述评》，载《人口研究》2006 年第 3 期。

⑥ 赵延东、王奋宇：《城乡流动人口的经济地位获得及决定因素》，载《中国人口科学》2002 年第 4 期。

⑦ 渠敬东：《生活世界中的关系强度——农村外来人口的生活轨迹》，载柯兰君、李汉林：《都市里的村民——中国大城市的流动人口》，中央编译出版社 2001 年版。

了农民工身上所具有的传统观念和小农意识，阻碍着其对城市的认同与归属①。

城市新移民在城市的社会融合受到制度安排、社会网络、文化教育、技能培训、社会价值等多方面的综合作用。在新移民数量不断增多，融入问题日趋凸显的现在，需要通过系统的制度改革和观念转变，以促进新移民更好地适应移入城市，实现社会融入，对构建多元化的社会和经济秩序具有重要意义。

综上所述，有关城市新移民社会融入问题众说纷纭，但都围绕几个基本问题：(1) 如何测量、用什么指标体系测量新移民社会融入的水平和程度？(2) 中国新移民社会融入的水平和程度的现状究竟如何？(3) 影响新移民社会融入的因素究竟有哪些？(4) 如何促进城市新移民社会融入的进程？下面我们将用 6 城市新移民调查资料进行分析，以期能够回答这几个问题。

8.2 城市新移民适应与融入评估指标体系

学界中关于人口流动的研究颇多，分析角度也各有不同，20 世纪 90 年代中期后，学者们对社会融入问题的关注程度日增。

"社会融入"的概念最初来源于移民研究中。国际移民理论认为，由于迁入地与迁出地的文化差异，移民往往会出现一种"非整合"现象，即移民在迁入后一般表现为马赛克般的群体分割、文化多元主义和远离主体社会的三种生存状态②。一个群体到达一个新环境后，要真正成为这个新环境的一员，将面临着制度建构、资源配置、文化习俗、价值观念等多方面的障碍。

早期研究表明，农民工由农村转移到城市，虽然社会生活领域发生了变化，但并没有从根本上改变他们以血缘关系为基础的网络纽带，因此他们凭借这一网络，可以较好地"进入"城市，但却很难"融入"其中。学界一些专家指出要想成为真正的新市民不仅是一个地域变迁和转移问题，而是一个包括思想观念、行为方式、生活方式、社会组织形态等都逐渐向城市范式变换的过程，国外对此研究进一步表明，移民在接受国的融合要经历定居、适应和完全同化三个阶段③。与此同时朱考金、刘瑞清也提出了一些不同的观点，他们认为判断移民融入与否的关键可以解释为行为主体的自身认同问题，只要他在意识之中认为自身已实现了融入，那么即便其在城市生活的诸多方面均与城市居民存在较大差距，

---

① 朱力：《论农民工阶层的城市适应》，载《江海学刊》2002 年第 6 期。
② 吴新慧：《关注流动人口子女的社会融入状况》，载《社会》2004 年第 9 期。
③ 黄晓燕：《新市民社会融入维度及融入方式》，载《社会科学家》2010 年第 3 期。

其仍可被认为是实现了城市融入。相反，如果其自身认为其并未实现有效的城市融入，那么即便是其生活水平等硬性方面赶上甚至超过城市居民，也不能说是实现了彻底的城市融入[1]。

流动人口如何融入城市已成为城市研究中的热门话题和经典命题，对于"社会融入"的界定也可谓是"仁者见仁，智者见智"。许多研究者认为社会融入指不同个体或群体与某个群体的内聚性（Cohesiveness），表征的是个体在某个群体中的参与程度和认同程度及群体成员之间相互依赖程度。

任远、邬民乐从融入与被融入的双方互动角度出发，指出社会融入是个体和个体之间、不同群体之间或不同文化之间互相配合、互相适应的过程，并以构筑和谐的社会为目标[2]。刘建娥则近一步提出社会融合是特定社会中的个人、群体与社区，在结构调整与主体自我适应的动态过程中，基于社会资本的发展，促进社会资源的平等分配，社会服务的有效传递，实现广泛的社会权利，平等地参与经济财富与社会文明的创造和分享，改善弱势群体的社会生活，实现社会和谐[3]。

朱力以农民工为分析人群，指出农民工的城市融入是指农民工作为外来群体生活在城市，能达到城市生活水平、适应城市生活方式、为城市所接纳、在城市找到归属感的过程。并进一步将农民工的城市融入分为三个层面：经济层面、社会层面和心理层面；并认为，这三个不同方面是依次递进的，经济层面的适应是立足城市的基础；社会层面是城市生活的进一步要求，反映融入城市生活的广度；心理层面的适应是属于精神上的，反映参与城市生活的深度，只有心理和文化的适应，才说明农民工完全地融入城市社会[4]。

近年来，众多研究学者从经济学、社会学、人口学、政治学等学科领域，对流动人口社会融合问题进行了比较深入的研究，并取得了一定成果。但目前对于社会融合的结构维度，还没有形成一个统一的观点，对于融入指标的测量也没有统一的标准。

早在20世纪30年代，费孝通先生的《江村经济》已经进行过类似的研究，指出在长期的农业社会里，外来人要真正融进当地社区，必须通过买地、置产和通婚三种手段[5]。此后的研究中，对社会融入的指标设置日益精细。朱力的三层面融合，认为社会融合的经济、社会和心理或文化这三个层面对融入的程度是依

---

[1] 朱考金、刘瑞清：《青年农民工的社会支持网与城市融入研究》，载《青年研究》2007年第8期。
[2] 任远、邬民乐：《城市流动流动人口的社会融合：文献述评》，载《人口研究》2006年第3期。
[3] 刘建娥：《乡-城移民社会融入的实践策略研究社区融入的视角》，载《社会》2006年第1期。
[4] 朱力：《论农民工阶层的城市适应》，载《江海学刊》2002年第6期。
[5] 费孝通：《江村经济》，商务印书馆2001年版。

次递进的，经济层面的适应是立足城市的基础；社会层面是城市生活的进一步要求，反映的是融入城市生活的广度；心理层面的适应是属于精神上的，反映的是参与城市生活的深度，只有心理和文化的适应，才能使流动人口完全融入于城市社会[1]。

风笑天通过三峡农村移民的社会适应的研究，提出社会融合应该从家庭经济、日常生活、与当地居民的关系、生产劳动、社区认同5个维度来分析[2]。此外，移居地方言的式微和本地风俗习惯、价值观念的变迁、新移民的购房需求与实际购买率之间的差距也都直接间接地影响到融合程度。李珂和柳娥指出，判断进城农民工是否成功地融入城市，主要应将其经济收入、住房条件、基本权益的保障状况、对在城里就业和生活的满意程度、与城市居民的关系、对自己现在实际身份的认知等作为评价指标[3]。

通过多维度比较，张文宏和雷开春选取了14项社会融合指标（职业稳定程度、语言掌握程度、熟悉风俗程度、接受文化价值的程度、亲属相伴人数、身份认同程度、社会交往范围、经常交往人数、添置房产意愿、社会心理距离、拥有户籍情况、社会满意度、职业满意度和住房满意度），对城市新移民的社会融合程度进行了定量的分析。其中"本地语言掌握程度"、"熟悉本地风俗程度"、"接受本地价值观念的程度"、"职业稳定程度"、"亲属相伴人数"、"本地户籍状况"等指标主要借鉴了国际移民研究中的相关维度；"本地人身份认同程度"、"社会交往范围"、"社会心理距离"、"日常交往人数"、"社会满意度"、"职业满意度"、"住房满意度"等指标则是对国内移民社会融合研究相关指标的进一步细化；"添置房产意愿"则是考虑到我国大城市住房价格持续高涨的现实状况而设计的一个新指标。"亲属相伴人数"、"职业稳定程度"、"本地户籍情况"和"日常交往人数"为客观指标，其他则为主观评估指标。因子分析结果可解释为"本地语言掌握程度"、"熟悉本地风俗程度"和"接受本地文化价值程度"3项指标命名为"文化融合"因子，"社会满意度"、"职业满意度"和"住房满意度"3项指标命名为"心理融合"因子，"职业稳定程度"、"身份认同程度"和"拥有户口情况"3项指标命名为"身份融合"因子，"亲属相伴人数"和"添置房产意愿"指标命名为"经济融合"因子[4]。

我们认为，任何一个移民对新环境的适应与融入都不可能是一个静态、突然

---

[1] 朱力：《论农民工阶层的城市适应》，载《江海学刊》2002年第6期。
[2] 风笑天：《"落地生根"——三峡农村移民的社会适应》，载《社会学研究》2004年第5期。
[3] 李珂、柳娥：《城镇化进程城镇化进程亟须农民工实现城市融入》，载《理论前沿》2009年第23期。
[4] 张文宏、雷开春：《城市新移民社会融合的结构、现状与影响因素分析》，载《社会学研究》2008年第5期。

发生的结果，只能是一个不断推进的连续的动态过程。波恩（W. R. Bohning）曾经提出移民与定居的"四阶段说"。他认为，移民从发生、定居到生存、发展，主要是按以下四个阶段进行的：第一阶段，新移民（主要是年轻的客工）到达移入国；此时该批移民有两个主要特点，即向家乡汇款和预期在工期结束后起程回国；第二阶段，一部分移民留了下来，并基于血缘或地缘关系，发展出对其在新环境生存有帮助作用的社会网络；第三阶段，家庭团聚，长期定居意识的产生，对移入国的向往和与自身相同的族群和社区的形成、发展，使得移民日益倾向于在移入国永久定居下来；第四阶段，移民的生存与争取公民权与其他社会权利、法律地位的阶段。此时，移民输入国政府扮演了主要的角色：移民是最终取得平等的公民地位还是遭到排斥，都与该国政策及其内部政治、经济和社会、文化状况有着密切的关系①。我们认为，波恩较好地归纳了移民适应并融入新环境的动态过程，为我们建立城市新移民适应与融入现状评估的指标体系提供了比较好的参考框架。下面我们用表 8-1 来推演出城市新移民适应与融入现状评估的指标体系。

表 8-1　　　城市新移民适应与融入现状评估指标体系

移民阶段	融入主题	融入程度	行为特征描述	评估指标
第一阶段	生活重心转移	最低	向家乡汇款	1. 是否向家乡汇款 2. 向家乡汇款额占收入的比重 3. 向家乡汇款额占支出的比重
第二阶段	社会支持网络形成	较低	基于血缘或地缘关系，发展出对其在新环境生存有帮助作用的社会网络	4. 在移入城市是否有关系最好的朋友
第三阶段	长期定居意愿产生	较高	家庭团聚	5. 是否和家人一起生活在移入城市
			对移入国的向往，长期定居意识的产生	6. 是否有长期定居意愿
第四阶段	争取平等权利	最高	争取公民权与其他社会权利、法律地位	7. 是否愿意参与社区或居委的选举

---

① 周聿峨、阮征宇：《当代国际移民理论研究的现状与趋势》，载《暨南学报》（哲学社会科学版）2003 年第 2 期。

8.3 城市新移民适应与融入现状评估

根据上述指标体系,我们进行了与城市新移民适应与融入现状相关的问卷内容设计。下面报告相关调查结果。

8.3.1 生活重心

是否向家乡汇款以及汇款的额度是测量新移民融入当地社会的重要指标,因为它直接反映了新移民的消费重心是否置于移入地,而消费重心又反映了其生活重心所在地。新移民向老家汇款,说明他与移出地有经济联系;向老家汇款额占其收入和支出的比重越高,说明其生活重心越倾向于老家,也就是融入移入地的程度越低。

为此,我们在问卷中询问了被访者上个月寄回老家的开支额以及其他各项开支(伙食费、住房费用、通讯费用、交通费用、娱乐休闲费用、人际交往费用)、月可支配收入。根据这几项调查数据,我们可以测算新移民是否向家乡汇款以及汇款的额度。

统计结果表明,移民向老家寄钱的移民比例达到32.6%,向家乡汇款额占收入的比重平均为32.6%,向家乡汇款额占家庭生活支出的比重平均为38.2%。也就是说,大约2/3的城市新移民已经将生活重心置于移入地,融入移入地的程度较高。综合几项指标来看,劳力型移民生活重心更倾向于老家,融入移入地的程度较低;经营型移民其次;智力型移民融入移入地的程度最高。就各个区域来看,广东两个城市(广州、东莞)的新移民融入移入地的程度最低;郑州向老家寄钱的移民比例、向家乡汇款额占收入的比重、向家乡汇款额占支出的比重都最低,说明郑州的新移民融入移入地的程度最高;其他几个城市差别不大,居于中等。

表 8-2   城市新移民向老家寄钱情况   单位:%

指标	智力型移民	劳力型移民	经营型移民	广州	东莞	沈阳	成都	杭州	郑州	合计
向老家寄钱的移民比例	25.6	37.0	34.3	39.3	43.2	30.2	27.9	33.4	21.5	32.6

续表

指标	智力型移民	劳力型移民	经营型移民	广州	东莞	沈阳	成都	杭州	郑州	合计
向家乡汇款额占个人收入的比重（以向老家寄钱的移民为BASE）	28.7	41.0	22.4	38.4	36.5	30.9	28.7	26.8	28.7	32.6
向家乡汇款额占家庭支出的比重（以向老家寄钱的移民为BASE）	34.9	44.4	31.1	43.1	43.2	36.7	37.7	30.4	32.3	38.2
样本数	952	1 239	832	516	526	513	519	446	503	3 023

8.3.2 社会支撑网络

是否进入或建立移入地的社会网络是测量新移民融入当地社会的另一个重要指标。一方面进入或建立移入地的社会网络本身就是社会融入的重要形式；另一方面社会网络为新移民提供社会支持，成为其进一步融入本地社会的基础和条件。

我们在问卷中询问被访者最好的三个朋友的情况，包括最好的三个朋友分别在本市、家乡还是其他地方。如果最好的三个朋友没有一个在本市，我们将其社会网络融入度记为1，代表最低融入度；如果最好的三个朋友有一个在本市，我们将其社会网络融入度记为2，代表较低融入度；如果最好的三个朋友有两个在本市，我们将其社会网络融入度记为3，代表较高融入度；如果最好的三个朋友都在本市，我们将其社会网络融入度记为4，代表最高融入度。

统计结果表明，39.0%的新移民在移入地社会网络重心已经全部在移入地，融入程度很高；另有25.7%新移民社会网络重心已经向移入地倾斜，融入程度比较高；其余约1/3的城市新移民社会网络融入度较低。智力型移民、劳力型移民和经营型移民之间无明显差异。几个区域比较，广州、东莞、杭州等几个沿海城市新移民社会网络融入度较低，郑州、成都、沈阳等相对内地或次发达的城市新移民社会网络融入度较高。

表 8-3　　　　　　　　　　城市新移民社会网络融入度

最好的三个朋友有几个在本市	智力型移民	劳力型移民	经营型移民	广州	东莞	沈阳	成都	杭州	郑州	合计
0 个（1 分）（%）	13.4	15.3	18.2	18.2	19.7	11.4	13.6	21.2	9.3	15.5
1 个（2 分）（%）	18.8	20.0	20.7	23.4	26.9	21.2	17.6	12.4	15.6	19.8
2 个（3 分）（%）	28.3	25.2	23.7	22.5	26.7	27.7	23.4	24.3	29.7	25.7
3 个（4 分）（%）	39.5	39.5	37.4	35.9	26.7	39.8	45.5	42.0	45.4	39.0
合计（%）	100	100	100	100	100	100	100	100	100	100
平均值（分）	2.9	2.9	2.8	2.8	2.6	3.0	3.0	2.9	3.1	2.9
标准差	1.1	1.1	1.1	1.1	1.1	1.0	1.1	1.2	1.0	1.1
样本数	984	1 320	864	538	580	528	552	452	518	3 168

8.3.3　长期定居意愿

产生长期定居意愿，就是产生了扎根意识，这是移民完成移民过程、完全融入移入地的必经阶段，也是移民较高程度地融入移入地的主要表现。我们用被访者对"我愿意在现在这个城市定居"这句话的认可程度来测量新移民的定居意愿，分"非常同意"、"同意"、"一般"、"不同意"、"完全不同意"五个程度，分别记为 5 分、4 分、3 分、2 分和 1 分。

统计结果表明，新移民在移入地城市定居意愿整体上处于一般偏上的水平，有明确定居意愿的新移民占总数的 60.7%。劳力型移民定居意愿明显较弱，经营型移民和智力型移民定居意愿较强。就各个区域来看，广东两个城市（广州、东莞）的新移民定居意愿明显较弱，沈阳的新移民定居意愿明显较强，其余几个城市中等。

表 8-4　　　　　　　　　　城市新移民城市定居意愿

对"我愿意在现在这个城市定居"这句话的认可程度	智力型移民	劳力型移民	经营型移民	广州	东莞	沈阳	成都	杭州	郑州	合计
非常同意（%）	11.2	8.7	9.2	8.1	4.1	20.8	7.2	13.4	5.1	9.6
同意（%）	52.6	45.7	57.4	45.0	37.2	51.0	64.0	51.4	59.2	51.1
一般（%）	23.3	20.9	15.0	21.9	22.6	19.4	11.9	22.6	22.0	20.0
不同意（%）	10.0	20.9	15.7	21.5	30.6	6.3	13.8	10.4	11.5	16.1

续表

对"我愿意在现在这个城市定居"这句话的认可程度	智力型移民	劳力型移民	经营型移民	广州	东莞	沈阳	成都	杭州	郑州	合计
完全不同意（%）	2.9	3.8	2.8	3.5	5.5	2.5	3.0	2.3	2.2	3.2
合计（%）	100	100	100	100	100	100	100	100	100	100
平均值（分）	3.6	3.3	3.5	3.3	3.0	3.8	3.6	3.6	3.5	3.5
标准差	0.92	1.02	0.95	1.01	1.03	0.92	0.92	0.92	0.84	0.98
样本数	967	1 266	836	520	562	520	528	434	505	3 069

产生长期定居意愿是新移民扎根移入地在意识层面、态度层面的表现，而家庭团聚测试新移民定居扎根在事实层面的直接表现。家庭团聚直接反映了新移民生活重心的全面转移，反映了新移民与旧的生活纽带、与老家主要社会联系的分离；同时，家庭团聚为新移民融入移入地提供了最为坚固的社会支持网络，有利于新移民加速度地融入新社会体系。在问卷中我们询问被访者是否和家人住一起，由此测量家庭团聚情况。

统计结果表明，新移民在移入地家庭团聚比例很高，已婚并与家人一起居住的新移民占总数的87.2%。劳力型移民家庭团聚比例明显较低，经营型移民和智力型移民家庭团聚比例达到100%。就各个区域来看，广东两个城市（广州、东莞）的新移民家庭团聚比例明显稍低，杭州的新移民家庭团聚比例较高，其余几个城市中等。

表8-5　　　　　　城市新移民家庭团聚情况

已婚，现在和谁住在一起	智力型移民	劳力型移民	经营型移民	广州	东莞	沈阳	成都	杭州	郑州	合计
家人（%）	100.0	70.4	100.0	83.8	86.1	88.4	87.9	90.8	87.8	87.2
样本数	141	514	531	229	267	138	248	173	131	1 186

8.3.4 争取平等权利

争取公民权与其他社会权利、法律地位是新移民融入移入地的最高程度，即完全彻底地融入。

我们用被访者是否同意"自己和本地人很平等"来测量。统计结果表明，40.3%的新移民认同"自己和本地人很平等"。比较而言，劳力型新移民平等意识最弱，认同率只有36.2%；经营型移民平等意识最强，认同率达到45.3%；智力型移民平等意识略强于平均水平。从区域来看，广州、东莞、杭州等发达地区城市新移民平等意识较弱，尤其是东莞这个中国当代最典型的新移民城市；沈阳、成都这两个次发达地区的城市新移民平等意识最强。

表 8 - 6　　　　　　　　　城市新移民平等意识

是否同意"自己和本地人很平等"	智力型移民	劳力型移民	经营型移民	广州	东莞	沈阳	成都	杭州	郑州	合计
完全不同意（%）	3.0	5.1	4.4	4.9	7.3	3.2	1.8	5.7	2.5	4.3
不同意（%）	20.7	28.3	23.8	30.6	39.0	15.9	20.0	20.7	20.2	24.7
一般（%）	33.7	30.3	26.5	29.1	26.8	24.7	27.7	36.0	39.7	30.4
同意（%）	34.8	32.3	38.4	30.8	25.0	45.2	42.8	30.1	34.4	34.7
非常同意（%）	6.7	3.9	6.8	4.5	1.9	11.0	7.0	6.4	3.1	5.6
同意率（%）	41.5	36.2	45.3	35.3	27.0	56.2	49.7	36.4	37.6	40.3
样本数	984	1 295	848	530	575	527	545	439	511	3 127

为了对城市新移民社会融入程度做出更为清晰地测量，我们对上述研究结果进一步地标准化处理：1. 移民类型、区域比较以平均水平为依据，高于平均水平为"高"、低于平均水平为"低"、平均水平附近为"中"；2. 整体评估以比例高低为依据，超过2/3为"高"、低于一半为"低"、一半至2/3为"中"；3. 社会融入水平得分计分方式：一次"高"计3分，一次"中"计2分，一次"低"计1分，最高分21分，最低分7分。评估结果见表8-7。评估结果表明：

1. 城市新移民社会融入整体上处于中等偏上水平；
2. 总体上越往移民阶段的高级阶段，新移民的社会融入水平越低；
3. 劳力型移民社会融入水平明显低于经营型移民和智力型移民；
4. 广州、东莞几乎在所有指标上都处于较低水平；
5. 郑州、成都、沈阳这几个相对迟发展的城市新移民社会融入水平最高。

表8-7　　　　　　　　城市新移民社会融入水平综合评估

移民阶段	融入主题	评估指标	智力型	劳力型	经营型	广州	东莞	沈阳	成都	杭州	郑州	整体
第一阶段	生活重心转移	1. 是否向家乡汇款	高	低	中	低	低	中	高	中	高	高
		2. 向家乡汇款额占收入的比重	中	低	高	低	低	中	高	高	高	高
		3. 向家乡汇款额占支出的比重	中	低	高	低	低	中	中	高	高	中
第二阶段	社会支持网络形成	4. 在移入城市是否有关系最好的朋友	中	中	低	低	中	中	中	低	高	高
第三阶段	长期定居意愿产生	5. 是否和家人一起生活在移入城市	高	低	高	低	低	中	高	高	中	高
		6. 是否有长期定居意愿	高	低	高	低	低	高	高	中	中	中
第四阶段	争取平等权利	7. 是否同意"自己和本地人很平等"	中	低	高	低	低	高	高	低	中	低
社会融入水平得分			17	8	18	7	7	16	17	15	18	17

8.4　城市新移民适应与融入影响因素

8.4.1　相关研究综述

关于新移民社会融入影响因素的研究较多。蔡禾、王进的结论是，影响农民工愿意放弃土地选择行为性永久迁移的因素相对集中在更具个体性的人力资本因素和城市生活方式认同上；影响农民工愿意将户口迁入打工城市选择制度性永久迁移的因素相对集中在更具地域性的因素和制度合法性压力等外部关系评价的社会因素上①。而"新生代的农民工"几乎没有务农经历,对城市的认同超过了对农村的认同②。任远发现,外来人口在城市中累积地沉淀,居留时间越长继续长期居留的概率越高③。张文宏、雷开春发现城市新移民的定居打算与其采纳本地节日的状况和他们对子女的期望之间存在着正相关关系④。李若建提出两个影响外来人口居留性的最重要因素,一个是职业、一个是住房。白领职业,工作条件和收入比较好,并且相对稳定,有一定的社会地位,因此也容易在工作地长期居住。有自己住房者,基本上属于准备长期定居者⑤。章铮则认为年收入、预期工作年限和房价是影响民工家庭进城定居的主要因素⑥。王毅杰发现,"社会经济地位"变量中的年龄、文化程度和城市生活时间,社会网络连续谱的两端"情感性关系"、"工具性关系",显著影响着流动农民的留城定居意愿⑦。张继焦关系网络是城市就业中的社会资本,关系网络不是单一的和固定不变的,而是组合性的和可开发的,处于不同迁移就业阶段的人们所运用的社会关系网络也往往是不一样的⑧。朱考金、刘瑞清指出青年农民工主要依靠的社会支持网的不同类型,与其不同的城市融入结果间存在着正向相关关系,即城市融入度越高,其正式社会支持网发挥的作用越大,水平越高,而随着融入度的降低,非正式社会支持网络的作用迅速上升⑨。王春兰、丁金宏认为,在目前流动人口以就业谋生为外出打工主要目的的大背景下,经济收入成为最显著的定居意愿影响因素;经济收入还影响到其他因素,如城市吸引力(主要包括城市发展带来的就业机会、在流入地城市的社会融合程度、户籍制度)、婚姻家庭状况(配偶与子女是否随迁以及子女就读情况)以及个人特征(包括年龄、性别、来到流入地时间的长短)对流动人口的居留意愿有较明显的影响⑩。陈文哲、朱宇研究流动人口定居意愿的动态变化和内部差异后发现,定居意愿及其变化情况在流动人口内部的差异比较明显,主要表现在女性、未婚者选择在流入地定居的比例上升的幅度比男

---

① 蔡禾、王进:《"农民工"永久迁移意愿研究》,载《社会学研究》2007 年第 6 期。
② 林彭:《迈向"后生存时代"的青年农民工研究》,载中国农村研究网 2003 年 11 月 3 日,www.ccrs. org. cn/NEWSgl/ReadNews. asp? NewsID = 5251。
③ 任远:《"逐步沉淀"与"居留决定居留"——上海市外来人口居留模式分析》,载《中国人口科学》2006 年第 3 期。
④ 张文宏、雷开春:《城市新移民社会认同的结构模型》,载《社会学研究》2009 年第 4 期。
⑤ 李若建:《广东省外来人口的定居性与流动性初步分析》,载《人口研究》2007 年第 6 期。
⑥ 章铮:《进城定居还是回乡发展?——民工迁移决策的生命周期分析》,载《中国农村经济》2006 年第 7 期。
⑦ 王毅杰:《流动农民留城定居意愿影响因素分析》,载《江苏社会科学》2005 年第 5 期。
⑧ 张继焦:《差序格局:从"乡村版"到"城市版"——以迁移者的城市就业为例》,载《民族研究》2004 年第 6 期。
⑨ 朱考金、刘瑞清:《青年农民工的社会支持网与城市融入研究》,载《青年研究》2007 年第 8 期。
⑩ 王春兰、丁金宏:《流动人口城市居留意愿的影响因素分析》,载《南方人口》2007 年第 1 期。

性、已婚者大得多；来自省外的流动人口回乡的意愿减弱得更明显；在流入地定居的意愿随着文化程度的提高逐渐增强，教育的正向效应更加突出[①]。黄乾发现，农民工定居城市意愿总体上不强烈，农民工的年龄、就业状态、月收入、农村土地、住房情况、养老保障状况及社会融合对其定居意愿有显著的影响，而性别、婚姻、受教育程度、职业和社会资本对定居意愿的影响不显著[②]。姚俊从四个方面分析指出，在体制性因素上正规就业与否对农民工定居城市的意愿具有正向的显著影响；在社会生活行动因素上购房能力与居住现状都对农民工是否定居城市没有显著影响；在社会心理因素上在城打工时间对定居意愿有正向影响，而对于社会支持网与定居意愿之间的正向关系假设则不支持；在个人特征因素上收入与定居意愿之间正向影响的假设得到证明，性别对定居意愿也有显著影响，婚姻、受教育程度、年龄与定居意愿的假设不成立[③]。熊波、石人炳发现职业类别、收入状况和住房状况对农民工定居城市的意愿有显著的影响；性别、年龄和受教育程度的影响不显著[④]。吴兴陆将农民工分成愿意定居组和不愿意定居组，前者平均受教育年限、进城打工时间、换工作次数和打工收入水平明显高于后者[⑤]。任远、戴星冀还发现家庭型迁移与个人型迁移相比，长期居留倾向更高；储蓄倾向越强，长期居留倾向越低[⑥]。曾旭晖、秦伟2000年对成都市农民工的调查表明，对城市社群的认同、对政府信任程度高都使一个进城务工者更倾向于留城。另一方面，选择留城者无论在事实上还是在态度上都表现出对土地的疏远。子女和父母当前的状况对样本留城倾向的影响没有表现出统计显著性。但是目前是否有配偶以及配偶是否在城的影响则具备统计学意义。配偶在城市者最倾向于留城[⑦]。和丕禅、郭金丰研究江西外出务工农民发现，较高的收入和受教育程度、较长的外出年限导致更明显的移民倾向，是否享有社会保障项目对农民工的移民倾向没有影响[⑧]。李亚琴、李开荣认为，之所以已经迁移出去的农民工未实现彻底的迁移，主要是由于城市（劳动合同期限、子女教育）、农村（土地制

---

① 陈文哲、朱宇：《流动人口定居意愿的动态变化和内部差异——基于福建省4城市的调查》，载《南方人口》2008年第2期。

② 黄乾：《农民工定居城市意愿的影响因素——基于五城市调查的实证分析》，《山西财经大学学报》2008年第4期。

③ 姚俊：《农民工定居城市意愿调查——基于苏南三市的实证分析》，载《城市问题》2009年第9期。

④ 熊波、石人炳：《农民工定居城市意愿影响因素——基于武汉市的实证分析》，载《南方人口》2007年第2期。

⑤ 吴兴陆：《农民工定居性迁移决策的影响因素实证研究》，载《人口与经济》2005年第1期。

⑥ 任远、戴星冀：《外来人口长期居留倾向的模型分析》，载《南方人口》2003年第4期。

⑦ 曾旭晖、秦伟：《在城农民工留城倾向影响因素分析》，载《人口与经济》2003年第3期。

⑧ 和丕禅、郭金丰：《制度约束下的农民工移民倾向探析》，载《中国农村经济》2004年第10期。

度)、农民(人力资本)、政府(农民工就业的组织化程度较低、公共管理服务、就业和生活环境、社会保障)等多方面因素共同作用的结果[①]。朱宇认为流动人口的居留意愿与其在流入地的生存能力和家庭策略、市场需求波动和企业用工策略等一系列非户籍因素有着密切的关系[②]。熊彩云建构的农民工城市定居转移决策因素的推—拉模型显示,农民工的个体差异如性别、教育程度、婚姻状况、打工年限、打工收入等对农民工定居有直接影响。在影响农民工城市定居转移决策的农村拉力因素中,缺少专业技能与父母养老等后顾之忧最为关键,农村收益、土地流转、故土情节等对农民工定居决策并不构成太大障碍。在影响农民工城镇定居决策的诸多城市推力因素中,住房、子女教育、社会保障、平等就业等城市推力因素最为关键。社会人口变量对城市新移民的社会融合产生了显著的影响[③]。张文宏、雷开春也在不同维度做出了解释,指出女性新移民的经济融合程度显著高于男性;已婚新移民的经济融合程度和身份融合程度明显高于未婚者,而前者的文化融合程度却显著低于后者;教育获得对城市新移民的身份融合有着显著的积极影响;经济收入对城市新移民的心理融合产生了显著的积极影响,居住时间对经济融合、身份融合和文化融合均产生了显著的积极影响[④]。

上述有关新移民社会融入影响因素的研究大多关注个人因素,如移民的人口特征、人力资本、居留时间、收入水平、行为习惯、家庭结构等;已有研究对社会环境因素关注相对较少,而且不够深入。同时,以单纯的农民工样本进行的研究较多,而从一般意义上的移民的角度进行的研究不多。再则,关注城市定居意愿影响因素的研究较多,而关于社会融入其他内容影响因素的研究较少。我们希望在现有研究的基础上推进移民社会融入影响因素的研究:一是以"新移民"样本代替单纯农民工样本;二是更多关注农民工的生存环境对其定居意愿的影响;三是根据第二节的思路研究新移民全部四个层面社会融入程度的影响因素,建立一套复合的回归模型。

8.4.2 研究方法

我们研究的因变量包括第二节提炼出来的 4 组共 7 个变量。首先用表 8-8

[①] 李亚琴、李开荣:《基于农民工定居性迁移的有效性研究》,载《农村经济》2007 年第 12 期。
[②] 朱宇:《户籍制度改革与流动人口在流入地的居留意愿及其制约机制》,载《南方人口》2004 年第 3 期。
[③] 熊彩云:《农民工城市定居转移决策因素的推—拉模型及实证分析》,载《农业经济问题》2007 年第 3 期。
[④] 张文宏、雷开春:《城市新移民社会认同的结构模型》,载《社会学研究》2009 年第 4 期。

来介绍因变量的测量方法。

表8-8 社会融入变量（因变量）测量方法

变量分组	变量	测量方式	测量层次
第一组：生活重心转移变量	1. 是否向家乡汇款	是=1，否=0	虚拟变量
	2. 向家乡汇款额占收入的比重	实际比例	定比变量
	3. 向家乡汇款额占支出的比重	实际比例	定比变量
第二组：社会支持网络变量	4. 在移入城市是否有关系最好的朋友	0个=1，1个=2，2个=3，3个=4	定距变量
第三组：长期定居意愿变量	5. 是否和家人一起生活在移入城市	是=1，否=0	虚拟变量
	6. 是否有长期定居意愿	非常同意=5，同意=4，一般=3，不同意=2，完全不同意=1	定距变量
第四组：争取平等权利变量	7. 是否同意"自己和本地人很平等"	非常同意=5，同意=4，一般=3，不同意=2，完全不同意=1	定距变量

根据上述前人研究的结论，我们选择以下个人身份或人力资本类自变量：1. 性别。男记为1，女记为0，虚拟变量；2. 年龄。具体年龄，定距变量；3. 文化程度。小学以及下记为1，初中记为2，高中及以上记为3。定序变量，作定距变量处理；4. 月可支配收入。分10级，1 000元及以下记为1，5 001以上记为10，其余每500元为1级。定序变量，作定距变量处理；5. 考虑子女前途。用对"我希望我的子女以后也能在这个城市发展"同意程度来测量，分五级：非常同意、同意、一般、不同意、完全不同意，分别记为5分、4分、3分、2分、1分；6. 住房类型。是否自购房，作虚拟变量；8. 居住时长。即在现居住城市居住的年限。具体年限，定距变量。

"生存环境"是本研究重点考虑的自变量，包括以下几个方面的指标：（1）公共福利满意度。通过与本地人的差异比较方式进行测量，分四级：与本地人完全一致、有一些差异但享受了绝大部分福利、有很大差异只享受了少部分福利、完全没有享受，分别记为4分、3分、2分、1分。（2）房价水平满意度。通过打分方式进行测量，分五级：非常满意、满意、一般、不满意、很不满意，分别记为5分、4分、3分、2分、1分。（3）物价水平满意度。通过打分方式进行测量，分五级：非常满意、满意、一般、不满意、很不满意，分别记为5

分、4 分、3 分、2 分、1 分。（4）生活状况满意度。通过打分方式进行测量，分五级：非常满意、满意、一般、不满意、很不满意，分别记为 5 分、4 分、3 分、2 分、1 分。（5）人际环境。我们用被访者对"自己现所在这个城市很有人情味"这一说法的认同程度来进行测量，分五级：非常同意、同意、一般、不同意、完全不同意，分别记为 5 分、4 分、3 分、2 分、1 分。（6）社会排斥。我们问"经过这几年的居住，请问你觉得本地人对外来人口的态度如何"，答案包括一直比以前好、比以前好、比以前差和没什么变化，分别记为 4 分、3 分、2 分、1 分。（7）政治排斥。我们问"你所（租）的社区干部对你们的态度如何"，答案包括关心、不关心、有歧视，分别记为 3 分、2 分、1 分；

当因变量为二分虚拟变量时，取值为 0、1，适合建立对数比率回归（Logistic Regression）模型，统计模型如下为 $Y = \ln(p_1/p_0) = \alpha + \sum \beta_i X_i$（其中 $i = 1, 2, 3, \cdots, n$）；当因变量为连续性定距变量时，适合建立多元线性回归（Multiple Linear Regression）模型，统计模型为：$Y = \beta_0 + \beta_1 X_{i1} + \beta_2 X_{i2} + \beta_3 X_{i3} + \cdots + \beta_k X_{ik}$。

8.4.3 各变量的描述性统计结果

因变量的描述性统计结果在前面已经有报告。自变量描述性统计结果如表 8-9 所示。

表 8-9　　　　　　　　　自变量的描述性统计结果

变量	选项	样本量（人）	比例（%）	向下累计（%）	均值	标准差
我愿意在现在这个城市定居	完全不同意	99	3.2	3.2		
	不同意	493	16.1	19.3		
	一般	614	20.0	39.3		
	同意	1 568	51.1	90.4		
	非常同意	295	9.6	100.0		
	合计	3 069	100.0		3.48	0.98
性别	男	1 586	50.1	50.1		
	女	1 582	49.9	100.0		
	合计	3 168	100.0			

续表

变量	选项	样本量（人）	比例（%）	向下累计（%）	均值	标准差
文化程度	小学及以下	167	5.3	5.3		
	初中	831	26.2	31.5		
	高中（包括中专）	967	30.5	62.0		
	大专	620	19.6	81.6		
	本科及以上	583	18.4	100.0		
	合计	3 168	100.0			
月可支配收入	1 000元及以下	454	14.4	14.4		
	1 001~1 500元	930	29.5	43.8		
	1 501~2 000元	575	18.2	62.1		
	2 001~2 500元	339	10.7	72.8		
	2 501~3 000元	242	7.7	80.5		
	3 001~3 500元	177	5.6	86.1		
	3 501~4 000元	104	3.3	89.4		
	4 001~4 500元	66	2.1	91.4		
	4 501~5 000元	71	2.2	93.7		
	5 001元及以上	199	6.3	100.0		
	合计	3 157	100.0			
希望孩子今后也能在这个城市发展	完全不同意	97	3.4	3.4		
	不同意	428	14.9	18.2		
	一般	614	21.3	39.5		
	同意	1 364	47.3	86.8		
	非常同意	379	13.2	100.0		
	合计	2 882	100.0		3.52	1.01
是否自购房	没有	2 806	88.6	88.6		
	有	362	11.4	100.0		
	合计	3 168	100.0			
在这个城市多久了	2年	895	28.3	28.3		
	3年	855	27.0	55.2		
	4年	606	19.1	74.4		
	5年	812	25.6	100.0		
	合计	3 168	100.0		3.42	1.15

续表

变量	选项	样本量（人）	比例（%）	向下累计（%）	均值	标准差
对公共福利满意度	完全没有享受	613	20.7	20.7		
	有很大差异，只享受了少部分的福利	1 113	37.5	58.2		
	有一些差异，享受了绝大部分的福利	1 053	35.5	93.7		
	完全一致	187	6.3	100.0		
	合计	2 966	100.0		2.27	0.86
对本市的房价满意度	非常不满意	684	21.6	21.6		
	不满意	1 069	33.7	55.3		
	一般	1 207	38.1	93.4		
	满意	180	5.7	99.1		
	非常满意	28	0.9	100.0		
	合计	3 168	100.0		2.31	0.90
对本市物价满意度	非常不满意	78	2.5	2.5		
	不满意	514	16.2	18.7		
	一般	1 828	57.7	76.4		
	满意	692	21.8	98.2		
	非常满意	56	1.8	100.0		
	合计	3 168	100.0		3.04	0.74
对本市生活满意度	很差	22	0.7	0.7		
	差	115	3.7	4.4		
	一般	1 826	58.5	62.9		
	好	1 008	32.3	95.2		
	很好	149	4.8	100.0		
	合计	3 120	100.0		3.37	0.67
自己现所在的城市很有人情味	完全不同意	121	3.9	3.9		
	不同意	495	15.9	19.8		
	一般	1 421	45.7			
	同意	950	30.6			
	非常同意	122	3.9			
	合计	3 109	100.0		3.15	0.87

续表

变量	选项	样本量（人）	比例（%）	向下累计（%）	均值	标准差
社会排斥（经过这几年的居住，请问您觉得本地人对外来人口的态度如何）	没什么变化	1 142	36.0	36.0		
	比以前差	73	2.3	38.4		
	比以前好	1 322	41.7	80.1		
	一直比较好	631	19.9	100.0		
	合计	3 168	100.0		2.46	1.17
政治排斥（您所（租）住的社区干部对你们的态度如何）	有歧视	149	4.8	4.8		
	不关心	1 914	61.3	66.1		
	关心	1 059	33.9	100.0		
	合计	3 122	100.0		2.29	0.55

研究结果表明，所有调查对象中智力型移民、劳力型移民和经营型移民，所占的比例分别为 31.1%、41.7% 和 27.2%；所居住的城市情况为：广州为 17.0%、东莞为 18.3%、沈阳为 16.7%、成都为 17.4%、杭州为 14.3% 以及郑州为 16.4%。

多数（60.4%）新移民都明确愿意在现住城市定居，只有少数（19.2%）明确表示不愿意在现住城市定居，另有一部分（0.5%）暂时难以表态。

在我们使用的新移民样本中，性别大致男女各半，平均年龄28.14岁，文化程度以初、高中为主，在现住城市平均居住时长为2.42年。

绝大部分新移民月可支配收入在2 500元以下，较多（47.5%）新移民月可支配收入在1 001～2 000元之间。可见新移民收入水平不高。只有极少数（11.4%）新移民住在自购房中，42.0%新移民和家人住一起。

大多数（60.5%）新移民希望自己的孩子今后也能在现住城市发展，只有少数（18.3%）新移民不希望自己的孩子今后在现住城市发展。

新移民对现住城市房价的满意度很低。只有极少数（6.6%）新移民对现住城市房价表示满意，多数（55.3%）新移民明确表示对现住城市房价不满意，剩下的新移民都表态为"一般"。

新移民享受公共福利的情况不够理想。只有极少数（6.3%）新移民表示自己享受的公共福利和本地人完全一致，两成（20.7%）表示自己完全没有享受公共福利，37.5%表示自己只享受了少量公共福利，35.5%表示和本地人有一些差异但享受了绝大部分的福利。

新移民对现住城市物价的评价较为中庸，大多数（57.7%）认为现住城市物价水平"一般",满意率(23.6%)和不满率(18.7%)相差不大。

新移民的生活满意度中等偏上,多数(58.5%)表示生活满意度水平"一般",满意率(37.1%)则明显高于不满率(4.4%)。

大多数新移民(61.6%)认为本地人对他们的态度比以前好,只有少数(2.3%)认为他们的态度比以前差,其中36.0%的新移民则认为与以前没有任何变化。

66.1%的新移民认为社区干部对他们不关心,甚至觉得他们受到歧视,只有33.9%的新移民感受到他们的关心,其余人不予表态。

新移民对现住城市人际环境评价较好。只有少数(19.8%)不满意现住城市人际环境;34.5%新移民满意现住城市人际环境,认为自己现所在的城市很有人情味;其余45.7%新移民对现住城市人际环境给以"一般"评价。

8.4.4 回归模型

对因变量和自变量进行回归分析,根据四类七个因变量共进行七个分析;其中,虚拟变量2个(是否向家乡汇款,是否和家人一起生活在引入城市),使用Logistic回归模型;定比和定距模型5个(向家乡汇款额占收入的比重,向家乡汇款额占支出的比重,在移入城市是否有关系最好的朋友,是否有长期定居意愿,是否同意"自己和本地人很平等"),使用多元线性回归模型。

8.4.4.1 研究结果与发现

1. 是否向家乡汇款。

统计结果表明(见表8-10),回归模型各变量对新移民是否向家乡汇款的影响的解释力度较有限,R^2值为0.064,影响新移民是否向家乡汇款的因素主要有以下几个变量:

表8-10　　　　　新移民是否向家乡汇款影响因素的回归模型
（Logistic回归模型）

自变量	B	S.E.	Wald	df	Sig.	Exp(B)
常数(constant)	-1.51	0.41	13.68	1	0.000***	0.22
性别	0.03	0.08	0.17	1	0.679	1.04
年龄	0.04	0.01	35.90	1	0.000***	1.04
文化程度	-0.21	0.04	27.01	1	0.000***	0.81
月可支配收入	0.01	0.01	0.45	1	0.504	1.01

续表

自变量	B	S. E.	Wald	df	Sig.	Exp（B）
希望孩子今后也能在这个城市发展	0.03	0.04	0.44	1	0.509	1.03
是否自购房	-0.33	0.14	5.61	1	0.018**	0.72
在本市居住的时间	0.04	0.04	1.23	1	0.268	1.04
对公共福利满意度	0.02	0.05	0.19	1	0.661	1.02
对本市的房价满意度	0.08	0.05	2.51	1	0.113	1.08
对本市物价的满意度	-0.04	0.06	0.48	1	0.486	0.96
对本市生活的满意度	-0.01	0.07	0.04	1	0.845	0.99
自己现所在城市很有人情味	-0.09	0.05	3.09	1	0.079*	0.91
社会排斥（经过这几年的居住，请问你觉得本地人对外来人口的态度如何）	0.09	0.04	5.47	1	0.019**	1.09
政治排斥（你所住的社区干部对你们的态度如何）	0.15	0.08	3.84	1	0.05*	1.17

注：1. 2 Log likelihood = 3 309.685，Nagelkerke R Square = 0.064；

2. 样本量为 2 620；

3. 提示符号含义：* 表示 $P<0.1$，** 表示 $P<0.05$，*** 表示 $P<0.01$。

（1）年龄。年龄（$P<0.01$）越大，向家乡汇款的意愿越强，在其他因素不变的情况下，年龄每增长一岁，新移向家乡汇款的意愿会增加 0.04 倍。

（2）文化程度。文化程度（$P<0.01$）越高，向家乡汇款的意愿越弱。在其他因素不变的情况下，文化程度每提高一个层次，新移民向家乡汇款的意愿会降低 0.19 倍。

（3）是否自购房。是否自购房（$P<0.05$）为是时，向家乡汇款的意愿会降低。在其他因素不变的情况下，自购房的移民向家乡汇款的意愿比非自购房移民意愿低 0.28 倍。

（4）人际环境（自己现所在的城市很有人情味）。认为自己现所在的城市很有人情味（$P<0.01$）的满意度越高，新移民向家乡汇款的意愿越弱。在其他因素不变的情况下，人际环境满意度每提高一个层次，新移民向家乡汇款的意愿会降低 0.09 倍。

（5）社会排斥（经过这几年的居住，请问你觉得本地人对外来人口的态度如何）。社会排斥感（$P<0.05$）越弱，新移民向家乡汇款的愿意越强。在其他因素不变的情况下，社会排斥感每降低一个层次，新移民向家乡汇款的意愿会提高

0.09 倍。

（6）政治排斥（你所住的社区干部对你们的态度如何）。政治排斥（P < 0.1）感越弱，新移民向家乡汇款的意愿越强。在其他因素不变的情况下，政治排斥感每降低一个层次，新移民向家乡汇款的意愿会提高 0.17 倍。

2. 向家乡汇款额占收入的比重。

表 8-11　新移民向家乡汇款额占收入的比重影响因素的回归模型
（多元线性回归模型）

自变量	非标准化回归系数		标准化回归系数 Beta	t	Sig.	共线性分析	
	B	标准误				Tolerance	VIF
常数（constant）	0.06	0.04		1.47	0.142		
性别	0.01	0.01	0.02	0.90	0.37	0.94	1.07
年龄	0.002	0.00	0.06	2.93	0.003***	0.82	1.22
文化程度	-0.02	0.00	-0.11	-5.01	0.000***	0.75	1.34
月可支配收入	0.00	0.00	-0.02	-0.95	0.34	0.79	1.26
希望孩子今后也能在这个城市发展	0.00	0.00	-0.02	-0.87	0.386	0.87	1.15
是否自购房	-0.04	0.01	-0.05	-2.63	0.009***	0.89	1.12
在本市居住的时间	0.00	0.00	0.02	0.76	0.449	0.88	1.14
对公共福利满意度	0.00	0.00	0.02	0.81	0.415	0.84	1.19
对本市的房价满意度	0.01	0.00	0.05	2.19	0.029**	0.84	1.19
对本市物价的满意度	0.00	0.00	-0.01	-0.69	0.488	0.85	1.18
对本市生活的满意度	0.01	0.00	0.02	0.75	0.456	0.81	1.24
自己现所在城市很有人情味	-0.01	0.01	-0.03	-1.48	0.139	0.79	1.27
社会排斥（经过这几年的居住，请问你觉得本地人对外来人口的态度如何）	0.01	0.00	0.05	2.21	0.027**	0.90	1.11
政治排斥（你所住的社区干部对你们的态度如何）	0.02	0.01	0.05	2.60	0.009***	0.90	1.11

注：1. R Square = 0.036，Adjusted R Square = 0.031，F = 6.647；
　　2. 样本量为 2 499；
　　3. 提示符号含义：* 表示 P < 0.1，** 表示 P < 0.05，*** 表示 P < 0.01。

统计结果表明（见表8-11），回归模型各变量对新移民向家乡汇款额占收入的比重的影响的解释力度较有限，R2值为0.031，影响新移民向家乡汇款额占收入的比重的因素主要有以下几个变量：

（1）年龄。年龄（P<0.01）越大，新移民向家乡汇款额占收入的比重越大。在其他因素不变的情况下，年龄每增长一岁，新移民向家乡汇款占收入的比重增加0.2%。

（2）文化程度。文化程度（P<0.01）越高，新移民向家乡汇款额占收入的比重越小。在其他因素不变的情况下，文化程度每提高一个层次，新移民向家乡汇款额占收入的比重降低2%。

（3）是否自购房。自购房（P<0.01）为是时，新移民向家乡汇款额占收入的比重降低。在其他因素不变的情况下，自购房的新移民向家乡汇款额占收入的比重比非购房的新移民低4%。

（4）对本市房价的满意度。对本市的房价的满意度（P<0.05）越高，新移民向家乡汇款额占收入的比重越大。在其他因素不变的情况下，对本市的房价的满意度每提高一个层次，新移民向家乡汇款额占收入的比重增加1%。

（5）社会排斥（经过这几年的居住，请问你觉得本地人对外来人口的态度如何）。社会排斥感（P<0.05）越弱，新移民向家乡汇款额占收入的比重越大。在其他因素不变的情况下，社会排斥感每降低一个层次，新移民向家乡汇款额占收入的比重提高1%。

（6）政治排斥（你所住的社区干部对你们的态度如何）。政治排斥（P<0.01）感越弱，新移民向家乡汇款额占收入的比重越强。在其他因素不变的情况下，政治排斥感每降低一个层次，新移民向家乡汇款额占收入的比重提高2%。

3. 向家乡汇款额占支出的比重。

表8-12　　新移民向家乡汇款额占支出的比重影响因素的回归模型
（多元线性回归模型）

自变量	非标准化回归系数		标准化回归系数 Beta	t	Sig.	共线性分析	
	B	标准误				Tolerance	VIF
常数（constant）	0.17	0.04		4.30	0.000***		
性别	0.00	0.01	0.00	0.08	0.937	0.97	1.03
年龄	0.002	0.00	0.05	2.62	0.009***	0.84	1.19
文化程度	-0.03	0.00	-0.18	-8.57	0.000***	0.81	1.23
月可支配收入	0.00	0.00	-0.02	-1.23	0.218	0.94	1.06

续表

自变量	非标准化回归系数		标准化回归系数 Beta	t	Sig.	共线性分析	
	B	标准误				Tolerance	VIF
希望孩子今后也能在这个城市发展	-0.01	0.00	-0.04	-1.80	0.073*	0.87	1.15
是否自购房	-0.05	0.01	-0.07	-3.53	0.000***	0.90	1.11
在本市居住的时间	0.00	0.00	-0.01	-0.26	0.799	0.89	1.12
对公共福利满意度	0.01	0.01	0.03	1.65	0.098*	0.84	1.19
对本市的房价满意度	0.00	0.01	0.01	0.69	0.488	0.85	1.18
对本市物价的满意度	0.00	0.01	0.02	0.79	0.432	0.86	1.17
对本市生活的满意度	0.00	0.01	-0.01	-0.25	0.801	0.81	1.23
自己现所在城市很有人情味	-0.01	0.01	-0.04	-2.00	0.045**	0.79	1.26
社会排斥（经过这几年的居住，请问你觉得本地人对外来人口的态度如何）	0.01	0.00	0.06	2.83	0.005***	0.91	1.10
政治排斥（你所住的社区干部对你们的态度如何）	0.01	0.01	0.03	1.48	0.14	0.90	1.11

注：1. R Square = 0.053，Adjusted R Square = 0.048，F = 10.429；
  2. 样本量为 2 618；
  3. 提示符号含义：* 表示 P < 0.1，** 表示 P < 0.05，*** 表示 P < 0.01。
  4. 在移入城市是否有关系最好的朋友。

统计结果表明（见表 8 - 12），回归模型各变量对新移民向家乡汇款额占支出的比重的影响的解释力度较有限，R^2 值为 0.048，影响新移民向家乡汇款额占支出的比重的因素主要有以下几个变量：

（1）年龄。年龄（P < 0.01）越大，新移民向家乡汇款额占支出的比重越大。在其他因素不变的情况下，年龄每增长一岁，新移民向家乡汇款额占支出的比重增加 0.2%。

（2）文化程度。文化程度（P < 0.01）越高，新移民向家乡汇款额占支出的比重越小。在其他因素不变的情况下，文化程度每提高一个层次，新移民向家乡汇款额占支出的比重减小 3%。

（3）希望孩子今后也能在这个城市发展。希望孩子今后也能在这个城市发展（P<0.1）的意愿越强，新移民向家乡汇款额占支出的比重越低。在其他因素不变的情况下，希望孩子今后也能在这个城市发展的意愿每增强一个层次，新移民向家乡汇款额占支出的比重减小1%。

（4）是否自购房。自购房（P<0.01）为是时，新移民向家乡汇款额占支出的比重会降低。在其他因素不变的情况下，自购房的新移民向家乡汇款额占支出的比重比非自购房低新移民低5%。

（5）对公共福利的满意度。对公共福利的满意度（P<0.1）越高，新移民向家乡汇款额占支出的比重会越大。在其他因素不变的情况下，对公共福利的满意度每提高一个层次，新移民向家乡汇款额占支出的比重增加1%。

（6）人际环境（自己现所在的城市很有人情味）。认为自己现所在的城市很有人情味（P<0.05）的满意度越强，新移民向家乡汇款额占支出的比重越小。在其他因素不变的情况下，人际环境满意度每提高一个层次，新移民向家乡汇款额占支出的比重减小1%。

（7）社会排斥（经过这几年的居住，请问你觉得本地人对外来人口的态度如何）。社会排斥感（P<0.01）越弱，新移民向家乡汇款额占支出的比重越大。在其他因素不变的情况下，社会排斥感每降低一个层次，新移民向家乡汇款额占支出的比重增加1%。

4. 在移入城市是否有关系最好的朋友。

表8-13 新移民在移入城市是否有关系最好的朋友影响因素的回归模型（多元线性回归模型）

自变量	非标准化回归系数 B	标准误	标准化回归系数 Beta	t	Sig.	共线性分析 Tolerance	VIF
常数（constant）	1.62	0.21		7.83	0.000***		
性别	0.04	0.04	0.02	1.04	0.3	0.97	1.03
年龄	0.00	0.00	-0.03	-1.28	0.201	0.84	1.19
文化程度	0.08	0.02	0.09	4.05	0.000***	0.81	1.23
月可支配收入	0.00	0.00	-0.02	-0.88	0.377	0.94	1.06
希望孩子今后也能在这个城市发展	0.11	0.02	0.10	4.89	0.000***	0.87	1.15
是否自购房	0.15	0.07	0.04	2.22	0.027**	0.90	1.11
在本市居住的时间	0.12	0.02	0.12	6.00	0.000***	0.89	1.12
对公共福利满意度	-0.04	0.03	-0.03	-1.38	0.168	0.84	1.19
对本市的房价满意度	-0.01	0.03	-0.01	-0.25	0.804	0.85	1.18

续表

自变量	非标准化回归系数 B	标准误	标准化回归系数 Beta	t	Sig.	共线性分析 Tolerance	VIF
对本市物价的满意度	-0.03	0.03	-0.02	-1.00	0.316	0.85	1.17
对本市生活的满意度	0.05	0.03	0.03	1.34	0.181	0.81	1.23
自己现所在城市很有人情味	0.06	0.03	0.05	2.16	0.031**	0.79	1.26
社会排斥（经过这几年的居住，请问你觉得本地人对外来人口的态度如何）	-0.01	0.02	-0.01	-0.48	0.633	0.90	1.11
政治排斥（你所住的社区干部对你们的态度如何）	0.11	0.04	0.06	2.77	0.006***	0.90	1.11

注：1. R Square = 0.043，Adjusted R Square = 0.038，F = 8.384；
  2. 样本量为 2 620；
  3. 提示符号含义：* 表示 P < 0.1，** 表示 P < 0.05，*** 表示 P < 0.01。
  4. 是否和家人一起生活在移入城市。

统计结果表明（见表 8 - 13），回归模型各变量对新移民在移入城市是否有关系最好的朋友的影响的解释度较有限，R^2 值为 0.038，影响新移民在移入城市是否有关系最好的朋友的因素主要有以下几个变量：

（1）文化程度。文化程度（P < 0.01）越高，新移民在移入城市关系最好的朋友的数量越多。在其他因素不变的情况下，文化程度每提高一个层次，新移民在移入城市关系最好的朋友的数量增加 0.08 个。

（2）希望孩子今后也能在这个城市发展。希望孩子今后也能在这个城市发展（P < 0.1）的意愿越强，新移民在移入城市关系最好的朋友的数量越多。在其他因素不变的情况下，希望孩子今后也能在这个城市发展的意愿每增强一个层次，新移民在移入城市关系最好的朋友的数量增加 0.11 个。

（3）是否自购房。自购房（P < 0.05）为是时，新移民在移入城市关系最好的朋友的数量越多。在其他因素不变的情况下，自购房的新移民在移入城市关系最好的朋友的数量比非自购房的新移民多 0.15 个。

（4）在本地居住的时间。在本地居住的时间（P < 0.01）越长，新移民在移入城市关系最好的朋友的数量越多。在其他因素不变的情况下，在本地居住时间每增加一年，新移民在移入城市关系最好的朋友的数量增加 0.12 个。

（5）人际环境（自己现所在的城市很有人情味）。认为自己现所在的城市很有人情味（P<0.05）的满意感越强，新移民在移入城市关系最好的朋友的数量越多。在其他因素不变的情况下，人际环境满意度每提高一个层次，新移民在移入城市关系最好的朋友的数量增加0.06个。

（6）政治排斥（你所住的社区干部对你们的态度如何）。政治排斥（P<0.01）感越弱，新移民在移入城市关系最好的朋友的数量越多。在其他因素不变的情况下，政治排斥感每降低一个层次，新移民在移入城市关系最好的朋友的数量增加0.11个。

5. 是否和家人一起生活在移入城市。

表8-14　新移民是否和家人一起生活在移入城市影响因素的回归模型
（Logistic 回归模型）

自变量	B	S.E.	Wald	df	Sig.	Exp（B）
常数（constant）	-0.12	0.80	0.02	1	0.876	0.88
性别	0.70	0.17	17.63	1	0.000***	2.02
年龄	0.00	0.01	0.00	1	0.944	1.00
文化程度	-0.36	0.09	17.48	1	0.000***	0.70
月可支配收入	0.12	0.03	11.90	1	0.001***	1.13
希望孩子今后也能在这个城市发展	0.14	0.08	2.63	1	0.105	1.15
是否自购房	1.26	0.28	19.75	1	0.000***	3.53
在本市居住的时间	0.14	0.07	3.72	1	0.054*	1.15
对公共福利满意度	-0.23	0.10	5.41	1	0.02**	0.79
对本市的房价满意度	0.00	0.09	0.00	1	0.977	1.00
对本市物价的满意度	0.02	0.12	0.02	1	0.888	1.02
对本市生活的满意度	0.17	0.13	1.73	1	0.188	1.18
自己现所在城市很有人情味	-0.09	0.10	0.88	1	0.349	0.91
社会排斥（经过这几年的居住，请问你觉得本地人对外来人口的态度如何）	-0.02	0.07	0.04	1	0.836	0.98
政治排斥（你所住的社区干部对你们的态度如何）	0.09	0.14	0.41	1	0.52	1.09

注：1. -2 Log likelihood = 1022.465, Nagelkerke R Square = 0.116;
　　2. 样本量为1 100;
　　3. 提示符号含义：* 表示 P<0.1，** 表示 P<0.05，*** 表示 P<0.01。

统计结果表明（见表8-14），回归模型各变量对是否和家人一起生活在移入城市的影响有一定的解释度，R^2值为0.116，影响新移民是否和家人一起生活在移入城市的因素主要有以下几个变量：

（1）性别。男性（$P<0.01$）和家人一起生活在移入城市情况显著高于女性；在其他因素不变的情况下，男性和家人一起生活在移入城市的情况比女性高1.02倍。

（2）文化程度。文化程度（$P<0.01$）越高，新移民和家人一起生活在移入城市的可能性越小。在其他因素不变的情况下，文化程度每提高一个层次，新移民和家人一起生活在移入城市的可能性会降低0.3倍。

（3）月可支配收入。月可支配收入（$P<0.01$）越高，新移民和家人一起生活在移入城市的可能性越大。在其他因素不变的情况下，月可支配收入每提高500元，新移民和家人一起生活在移入城市的可能性提高0.13倍。

（4）是否自购房。自购房（$P<0.01$）为是时，新移民和家人一起生活在移入城市的可能性越大。在其他因素不变的情况下，自购房新移民和家人一起生活在移入城市的可能性比非自购房的新移民高2.53倍。

（5）在本地居住的时间。在本地居住的时间（$P<0.1$）越长，新移民和家人一起生活在移入城市的可能性越大。在其他因素不变的情况下，在本地居住时间每增加一年，新移民和家人一起生活在移入城市的可能性增加0.15倍。

（6）对公共福利的满意度。对公共福利的满意度（$P<0.05$）越高，新移民和家人一起生活在移入城市的可能性越小。在其他因素不变的情况下，对公共福利的满意度每提高一个层次，新移民和家人一起生活在移入城市的可能性减小0.21倍。

6. 是否有长期定居意愿。

表8-15 新移民是否有长期定居意愿影响因素的回归模型
（多元线性回归模型）

自变量	非标准化回归系数		标准化回归系数 Beta	t	Sig.	共线性分析	
	B	标准误				Tolerance	VIF
常数（constant）	0.50	0.16		3.19	0.001***		
性别	0.09	0.03	0.04	2.73	0.006***	0.97	1.03
年龄	-0.01	0.00	-0.04	-2.34	0.019**	0.84	1.19
文化程度	0.12	0.02	0.15	8.29	0.000***	0.81	1.23
月可支配收入	0.01	0.00	0.03	2.10	0.036**	0.95	1.06
希望孩子今后也能在这个城市发展	0.46	0.02	0.47	27.09	0.000***	0.87	1.15

续表

自变量	非标准化回归系数		标准化回归系数 Beta	t	Sig.	共线性分析	
	B	标准误				Tolerance	VIF
是否自购房	0.17	0.05	0.06	3.26	0.001***	0.90	1.11
在本市居住的时间	0.04	0.01	0.05	2.90	0.004***	0.89	1.13
对公共福利满意度	0.00	0.02	0.00	-0.17	0.864	0.84	1.19
对本市的房价满意度	-0.04	0.02	-0.03	-1.98	0.048**	0.84	1.18
对本市物价的满意度	0.05	0.02	0.04	2.01	0.044**	0.85	1.17
对本市生活的满意度	0.11	0.03	0.07	4.11	0.000***	0.81	1.23
自己现所在城市很有人情味	0.14	0.02	0.13	7.07	0.000***	0.79	1.26
社会排斥（经过这几年的居住，请问你觉得本地人对外来人口的态度如何）	0.01	0.01	0.01	0.67	0.505	0.90	1.11
政治排斥（你所住的社区干部对你们的态度如何）	-0.01	0.03	-0.01	-0.30	0.765	0.90	1.11

注：1. R Square = 0.328, Adjusted R Square = 0.324, F = 89.183；

2. 样本量为 2 573；

3. 提示符号含义：* 表示 P < 0.1，** 表示 P < 0.05，*** 表示 P < 0.01。

统计结果表明（见表 8-15），回归模型各变量对新移民是否有长期定居意愿的影响有一定的解释度，R^2 值为 0.324，影响新移民是否有长期定居意愿的因素主要有以下几个变量：

（1）性别。男性（P<0.01）长期定居移入城市的意愿高于女性；在其他因素不变的情况下，男性长期定居移入城市意愿等级比女性 0.09。

（2）年龄。年龄（P<0.05）越大，新移民长期定居移入城市意愿越小。在其他因素不变的情况下，年龄每增长一岁，新移民长期定居移入城市意愿等级降低 0.01。

（3）文化程度。文化程度（P<0.01）越高，新移民长期定居移入城市意愿越强。在其他因素不变的情况下，文化程度每提高一个层次，新移民长期定居移入城市意愿等级提高 0.12。

（4）希望孩子今后也能在这个城市发展。希望孩子今后也能在这个城市发展（P<0.01）的意愿越强，新移民长期定居移入城市意愿越强。在其他因素不变的情况下，希望孩子今后也能在这个城市发展的意愿每增强一个层次，新移民长期定居移入城市意愿等级提高0.46。

（5）是否自购房。自购房（P<0.01）为是时，新移民长期定居移入城市意愿越大。在其他因素不变的情况下，自购房的新移民长期定居移入城市意愿等级比非自购房的新移民高0.17。

（6）在本地居住的时间。在本地居住的时间（P<0.1）越长，新移民长期定居移入城市意愿越强。在其他因素不变的情况下，在本地居住时间每增加一年，新移民长期定居移入城市意愿等级提高0.04。

（7）对本市房价的满意度。对本市房价的满意度（P<0.05）越高，新移民长期定居移入城市意愿越弱。在其他因素不变的情况下，对本市房价的满意度每提高一个层次，新移民长期定居移入城市意愿等级降低0.04。

（8）对本市物价的满意度。对本市物价的满意度（P<0.05）越高，新移民长期定居移入城市意愿越强。在其他因素不变的情况下，对本市物价的满意度每提高一个层次，新移民长期定居移入城市意愿等级提高0.05。

（9）对本市生活的满意度。对本市生活的满意度（P<0.01）越高，新移民长期定居移入城市意愿越强。在其他因素不变的情况下，对本市生活的满意度每提高一个层次，新移民长期定居移入城市意愿等级提高0.11。

（10）人际环境（自己现所在的城市很有人情味）。认为自己现所在的城市很有人情味（P<0.01）的满意感越强，新移民长期定居移入城市意愿越强。在其他因素不变的情况下，人际环境满意度每提高一个层次，新移民长期定居移入城市意愿等级提高0.14。

7. 是否同意"自己和本地人很平等"。

表8-16　新移民是否同意"自己和本地人很平等"影响因素的回归模型（多元线性回归模型）

自变量	非标准化回归系数		标准化回归系数 Beta	t	Sig.	共线性分析	
	B	标准误				Tolerance	VIF
常数（constant）	0.33	0.17		1.98	0.047**		
性别	0.09	0.03	0.04	2.53	0.011**	0.97	1.03
年龄	-0.01	0.00	-0.07	-3.59	0.000***	0.84	1.19
文化程度	0.10	0.02	0.11	5.85	0.000***	0.81	1.23
月可支配收入	0.01	0.00	0.04	2.28	0.023**	0.94	1.06

续表

自变量	非标准化回归系数		标准化回归系数 Beta	t	Sig.	共线性分析	
	B	标准误				Tolerance	VIF
希望孩子今后也能在这个城市发展	0.02	0.02	0.02	0.97	0.333	0.87	1.15
是否自购房	0.23	0.06	0.08	4.25	0.000***	0.90	1.11
在本市居住的时间	0.02	0.02	0.02	0.97	0.331	0.89	1.13
对公共福利满意度	0.09	0.02	0.08	4.01	0.000***	0.84	1.19
对本市的房价满意度	0.05	0.02	0.05	2.56	0.011**	0.84	1.18
对本市物价的满意度	0.04	0.02	0.03	1.68	0.093*	0.86	1.17
对本市生活的满意度	0.23	0.03	0.15	8.03	0.000***	0.81	1.23
自己现所在城市很有人情味	0.35	0.02	0.31	15.81	0.000***	0.79	1.26
社会排斥（经过这几年的居住，请问你觉得本地人对外来人口的态度如何）	0.03	0.02	0.04	2.00	0.046**	0.90	1.11
政治排斥（你所住的社区干部对你们的态度如何）	0.02	0.03	0.01	0.64	0.525	0.90	1.11

注：1. R Square = 0.236，Adjusted R Square = 0.232，F = 57.057；

2. 样本量为 2 598；

3. 提示符号含义：* 表示 $P<0.1$，** 表示 $P<0.05$，*** 表示 $P<0.01$。

统计结果表明（见表 8-16），回归模型各变量对新移民是否同意"自己和本地人很平等"的影响有一定的解释度，R^2 值为 0.324，影响新移民同意"自己和本地人很平等"的因素主要有以下几个变量：

（1）性别。男性（$P<0.05$）对"自己和本地人很平等"的同意程度高于女性；在其他因素不变的情况下，男性对"自己和本地人很平等"的同意程度等级比女性高 0.03。

（2）年龄。年龄（$P<0.01$）越大，新移民对"自己和本地人很平等"的同意程度越小。在其他因素不变的情况下，年龄每增长一岁，新移民对"自己和本地人很平等"的同意程度等级降低 0.01。

（3）文化程度。文化程度（$P<0.01$）越高，新移民对"自己和本地人很平

等"的同意程度越强。在其他因素不变的情况下，文化程度每提高一个层次，新移民对"自己和本地人很平等"的同意程度等级提高0.1。

（4）月可支配收入。月可支配收入（P＜0.01）越高，新移民对"自己和本地人很平等"的同意程度越大。在其他因素不变的情况下，月可支配收入每提高500元，新移民对"自己和本地人很平等"的同意程度等级提高0.01。

（5）是否自购房。自购房（P＜0.01）为是时，新移民对"自己和本地人很平等"的同意程度越高。在其他因素不变的情况下，自购房的新移民对"自己和本地人很平等"的同意程度等级比非自购房的新移民高0.23。

（6）对公共福利的满意度。对公共福利的满意度（P＜0.05）越高，新移民对"自己和本地人很平等"的同意程度越高。在其他因素不变的情况下，对公共福利的满意度每提高一个层次，新移民对"自己和本地人很平等"的同意程度等级提高0.09。

（7）对本市房价的满意度。对本市房价的满意度（P＜0.05）越高，新移民对"自己和本地人很平等"的同意程度越高。在其他因素不变的情况下，对本市房价的满意度每提高一个层次，新移民对"自己和本地人很平等"的同意程度等级提高0.05。

（8）对本市物价的满意度。对本市房价的满意度（P＜0.1）越高，新移民对"自己和本地人很平等"的同意程度越高。在其他因素不变的情况下，对本市物价的满意度每提高一个层次，新移民对"自己和本地人很平等"的同意程度等级提高0.04。

（9）对本市生活的满意度。对本市生活的满意度（P＜0.01）越高，新移民对"自己和本地人很平等"的同意程度越高。在其他因素不变的情况下，对本市生活的满意度每提高一个层次，新移民对"自己和本地人很平等"的同意程度等级提高0.23。

（10）人际环境（自己现所在的城市很有人情味）。认为自己现所在的城市很有人情味（P＜0.01）的满意感越强，新移民对"自己和本地人很平等"的同意程度越高。在其他因素不变的情况下，人际环境满意度每提高一个层次，新移民对"自己和本地人很平等"的同意程度等级提高0.35。

（11）社会排斥（经过这几年的居住，请问你觉得本地人对外来人口的态度如何）。社会排斥感（P＜0.05）越弱，新移民对"自己和本地人很平等"的同意程度越高。在其他因素不变的情况下，社会排斥感每降低一个层次，新移民对"自己和本地人很平等"的同意程度等级提高0.03。

表 8-17　新移民适应与融入影响因素的回归模型汇总

因变量 自变量	生活重心转移			社会支持网络	长期定居意愿		争取平等权利
	是否向家乡汇款	向家乡汇款额占收入的比重	向家乡汇款额占支出的比重	在移入城市是否有关系最好的朋友	是否和家人一起生活在移入城市	是否有长期定居意愿	是否同意"自己和本地人很平等"
常数（constant）	-1.51***	0.06	0.17***	1.62***	-0.12	0.5***	0.33**
性别	0.03	0.01	0.00	0.04	0.7***	0.09***	0.09***
年龄	0.04***	0.002***	0.002***	0.00	0.00	-0.01**	-0.01***
文化程度	-0.21***	-0.02***	-0.03***	0.08***	-0.36***	0.12***	0.1***
月可支配收入	0.01	0.00	0.00	0.00	0.12***	0.01***	0.01***
希望孩子今后也能在这个城市发展	0.03	0.00	-0.01*	0.11***	0.14	0.46***	0.02
是否自购房	-0.33**	-0.04***	-0.05***	0.15**	1.26***	0.17***	0.23***
在本市居住的时间	0.04	0.00	0.00	0.12***	0.14*	0.04***	0.02
对公共福利满意度	0.02	0.00	0.01*	-0.04	-0.23**	0.00	0.09***
对本市的房价满意度	0.08	0.01**	0.00	-0.01	0.00	-0.04**	0.05**
对本市物价的满意度	-0.04	0.00	0.00	-0.03	0.02	0.05**	0.04*
对本市生活的满意度	-0.01	0.01	0.00	0.05	0.17	0.11***	0.23***
自己现所在城市很有人情味	-0.09*	-0.01	-0.01**	0.06**	-0.09	0.14***	0.35***
社会排斥	0.09**	0.01**	0.01***	-0.01	-0.02	0.01	0.03**
政治排斥	0.15*	0.02***	0.01	0.11***	0.09	-0.01	0.02

续表

模型	Logistic 回归	多元线性回归	多元线性回归	多元线性回归	Logistic 回归	多元线性回归	多元线性回归
样本量	2 620	2 499	2 618	2 620	1 100	2 573	2 598
模型统计量	$-2LL=3\,309.685$ Nagelkerke $R^2=0.064$	$R^2=0.036$ Adjusted $R^2=0.031$ $F=6.647$	$R^2=0.053$ Adjusted $R^2=0.048$ $F=10.429$	$R^2=0.043$ Adjusted $R^2=0.038$ $F=8.384$	$-2LL=1\,022.465$ Nagelkerke $R^2=0.116$	$R^2=0.328$ Adjusted $R^2=0.324$ $F=89.183$	$R^2=0.236$ Adjusted $R^2=0.232$ $F=57.057$

注：1. * 表示 $P<0.1$；

2. ** 表示 $P<0.05$；

3. *** 表示 $P<0.01$。

为了更综合地反映各自变量对各因变量的显著性程度，我们将上述 7 个回归模型汇总成表 8-17。从表中我们可以看出：

（1）性别对生活重心转移和社会支持网络的几个变量没有显著性影响，但对长期定居意愿、争取平行权利的几个变量有显著性影响。男性比女性和家人一起生活在移入城市的比例高 1.02 倍，有长期定居意愿、同意"自己和本地人很平等"均高出 0.09 个等级。

（2）年龄整体上与社会适应与融入的程度呈反相关关系，新移民年龄越大社会适应与融入的程度越低。年龄每增加 1 岁，新移民向家乡汇款的可能性提高 0.04 倍，向家乡汇款额占收入的比重提高 0.2%，向家乡汇款额占收入的比重提高 0.2%，长期定居意愿的等级下降 0.01，同意"自己和本地人很平等"的等级下降 0.01。

（3）文化程度整体上与社会适应与融入的程度呈正相关关系。新移民文化程度越高对社会适应与融入的程度越大。文化程度每提高一个层次，新移民向家乡汇款的可能性降低 0.19 倍，向家乡汇款额占收入的比重降低 2%，向家乡汇款额占支出的比重降低 3%，在移入城市关系最好的朋友的数量增加 0.08 个，长期定居意愿的等级提高 0.12，对"自己和本地人很平等"的同意程度提高 0.1 个等级。但是，文化程度每提高一个层次，和家人一起生活在移入城市的可能性降低 0.3 倍，这是一个例外，说明文化程度对新移民是否和家人一起生活的影响还存在一些中间变量和间接影响因素。

（4）月可支配收入对生活重心转移和社会支持网络的几个变量没有显著性影响，但对长期定居意愿、争取平等权利的变量有显著性影响。新移民月可支配收入越高，长期定居的意愿和争取平等权利的意识越强。月可支配收入每提高500元，新移民和家人一起生活在移入城市的可能性提高0.13倍，有长期定居意愿、对"自己和本地人很平等"的同意程度均提高0.01个等级。

（5）希望自己的孩子今后也能在这个城市发展的意愿对生活重心转移和争取平等权利的几个变量基本没有显著性影响，但对社会支持网络和长期定居意愿的变量有一定的显著性影响。希望自己的孩子今后也能在这个城市发展的意愿每提高一个等级，新移民在移入城市关系最好的朋友的数量增加0.11个，长期定居意愿等级提高0.46。

（6）是否自购房与社会适应与融入的程度呈正相关关系。自购房的新移民向家乡汇款的意愿和汇款的比重均比没有购房的新移民低，而在移入城市关系最好的朋友的数量、和家人一起生活在移入城市的意愿、长期定居意愿和争取平等权利方面均高于没有自购房的新移民。

（7）在本市居住的时间对生活重心转移和争取平等权利的变量没有显著影响，但对社会支持网络和长期定居意愿则呈正相关关系。在本市居住时间越长，新移民在移入城市关系最好的朋友的数量越多，长期定居意愿也越强。在本市居住时间每增加一年，新移民在移入城市关系最好的朋友数量增加0.12个，和家人一起生活在移入城市的可能性提高0.15倍，长期定居意愿等级提高0.04。

（8）对公共福利满意度对生活重心转移和社会支持网络的几个变量基本没有显著影响，而对争取平等权利有一定的影响。对公共福利满意度每提高一个等级，新移民对"自己和本地人很平等"的同意程度提高0.09个等级。

（9）对本市的房价的满意度对社会支持网络的变量没有显著影响，但对生活重心转移、长期定居意愿和争取平等权利的部分变量有显著影响。对本市房价的满意度每提高一个等级，对"自己和本地人很平等"的同意程度等级提高0.05。但是，对本市房价的满意度每提高一个等级，新移民向家乡汇款额占收入的比重提高1%，长期定居意愿等级降低0.04，说明这之间还有一些中间变量和间接因素有待进一步研究。

（10）对本市的物价的满意度对生活重心转移、社会支持网络的几个变量没有显著影响，但对长期定居意愿和争取平等权利的部分变量有显著影响。对本市物价的满意度每提高一个等级，新移民长期定居意愿等级提高0.05，对"自己和本地人很平等"的同意程度等级提高0.04。

（11）对本市生活的满意度对生活重心转移、社会支持网络的几个变量没有显著影响，但对长期定居意愿和争取平等权利的部分变量有显著影响。对本市生活的满意度每提高一个等级，新移民长期定居意愿等级提高0.11，对"自己和本地人很平等"的同意程度等级提高0.23。

（12）对人际环境的满意度（自己现所在的城市很有人情味）整体上与社会适应和融入的程度呈正相关关系。新移民对人际环境满意程度越高，社会适应与融入的程度越高。对人际环境的满意程度每提高一个等级，新移民向家乡汇款的可能性降低 0.09 倍，向家乡汇款额占支出的比重减少 1%，在移入城市关系最好的朋友的数据增加 0.06 个，长期定期意愿等级提高 0.14，对"自己和本地人很平等"同意程度等级提高 0.35。

（13）社会排斥（经过这几年的居住，你觉得本地人对外来人口的态度如何）对社会支持网络和长期定居意愿的几个变量没有显著影响，但对生活重心转移和争取平等权利的变量有显著影响。社会排斥感每降低一个等级，新移民向家乡汇款比例增加 0.09 倍，向家乡汇款额占收入的比重和向家乡汇款额占支出的比重均提高 1%。但是，社会排斥感每降低一个等级，对"自己和本地人很平等"的满意程度等级反而提高 0.03；我们分析其原因是，越有被排斥感的新移民，对平等的需求和渴望越强。

（14）政治排斥（你所住的社区干部对你们的态度如何）对长期定居意愿和争取平等权利的变量没有显著影响，但对生活重心转移和社会支持网络的变量有显著影响。政治排斥感每降低一个等级，新移民向家乡汇款比例增加 0.17 倍，向家乡汇款额占收入的比重提高 2%。但是，政治排斥感每降低一个等级，在移入城市关系最好的朋友的数量反而增加 0.11 个；我们分析其原因是，越有被排斥感的新移民，越需要社会支持。

第九章

城市新移民的社会流动

这一章我们将重点讨论城市新移民,尤其是劳力型新移民的流动现象,即"回流"和"转工"。我们将通过一个文具厂所表现出来的新移民的流动情况,展现回流和转工主体的差别、形成原因,以及背后所体现的新移民的生存策略。

9.1 农民工"回流"研究

关于"农民工"的回流研究一直是热门话题。在《永恒的钟摆——农民工的流动研究》[①]一文中就对回流现象进行全面的考察。早在20世纪90年代后期,就开始出现了一些关注"农民工"回流的研究,直到近几年,才开始引起普遍的关注,出现了一系列的关于"农民工"回乡还是外出的选择问题的研究论文。

学者们对"农民工"回流形成的机制进行了大量的探讨。很多学者普遍选择了"推—拉"理论用以解释"农民工"回流的形成机制,如贡成龙就用"推—拉"理论对南通地区农村进城务"工农民"回流现象加以分析,认为新形势下城市"推力"和农村"拉力"对进城务工农民的回流产生了重要作用。[②]成艾

---

① 周大鸣:《永恒的钟摆》,载柯兰君、李汉林:《都市里的村民——中国大城市的流动人口》,中央编译出版社2001年版。
② 贡成龙:《进城还是返乡?——新形势下进城务工农民回流现象分析》,载《农村经济》2007年第11期。

华结合 2004 年 3 月在湖北省恩施州的实地调研资料，借鉴"推—拉"理论对我国"农民工"回流的动力机制进行了探讨，并提出相应的对策建议，她认为，在"推—拉"理论解释"农民工"的非农化转移中，客观存在的城乡之间的收入差距为农村剩余劳动力的城镇转移提供了最基本的转移动因。① 也有学者从制度、主观选择、推—拉理论等综合原因，解释了"农民工"回流的动力机制，如高强、贾海明、张成等，他们同时对回流的正面影响和负面影响都做了一定程度的论述。②

也有学者主要针对"农民工"回流造成的影响进行论述。一些学者认为，外出农民工作为乡村的"精英群体"，他们的回乡，将拉动劳务输出地的经济发展，如易清传、易园华、谭洋金认为"农民工"精英群体是"农民工"群体的佼佼者，是农村的精英，是农村素质相对较高的中青年，表现出了其特有的一些特征，蕴涵着巨大的能量，在新农村建设过程中扮演着重要的角色。政府应利用新农村建设的大好时期，因势利导，统筹规划，科学决策，从制度、决策上支持，为其回流投身家乡建设提供良好环境，最终将有效推动我国城乡协调发展与和谐社会大建设。③ 然而，也有学者认为"农民工"回流是一种倒退现象，如刘铮就提出，劳动力回流尽管在一定程度上具有促进农村经济发展的正面效应，但从总的趋势而言，是城镇化进程的倒退，因此，善待农民工，确定合理的工资标准，不仅是保护"农民工"利益的需要，也是城镇化进程的基本要求。④

白南生、何宇鹏的"回乡，还是外出？——安徽、四川二省农村外出劳动力回流研究"，是从综合的角度分析农民工回流原因、影响、机制的代表，他们以安徽、四川两省的农户情况为例，使用了多种统计模型描述了农村劳动力外出与回流的一般特征，分析了他们的收入、就业和经济结构，最后该文章指出，大规模的候鸟式的农民流动，是中国农村劳动力从农村向城市转移的特殊方式，在城市化的各种体制障碍一时很难消除的背景下，在大半径的转弯（体制转轨）中，以政策渐变方式调整结构偏差——农村劳动力候鸟式的流动，正是逐步实现中国城市化的独特方式，是对中国经济增长和经济体制转型的贡献。⑤

---

① 成艾华：《中国农民工回流的动力机制研究》，载《安徽农业科学》2007 年第 2 期。
② 高强、贾海明：《农民工回流的原因及影响分析》，载《农业科技管理》2007 年第 4 期。张成：《中国农民工回流现象分析》，载《南京林业大学学报》（人文社会科学版）2007 年第 3 期。
③ 易清传、易园华、谭洋金：《农民工"精英群体"回流建设新农村的研究》，《乡村经济》2007 年第 9 期。
④ 刘铮：《劳动力无限供给的现实悖论——"农民工回流"的成因及效应分析》，《清华大学学报》（哲学社会科学版）2006 年第 3 期。
⑤ 白南生、何宇鹏：《回乡，还是外出？——安徽四川两省农村外出劳动力回流研究》，《社会学研究》2002 年第 3 期。

笔者认为，在这些研究中，对于农民工作为主体的主位研究还是相对较少的，就是说我们在看到"农民工"回流现象时，多从城乡推拉机制、社会制度的大背景之下去讨论，而较少注意到选择回流、或是有回流倾向的"农民工"主体的真实愿望，因此较容易将其看成是在环境压力下的被迫行为。同时，对"农民工"群体还没有出现细分，即"农民工"对回流有哪些不同的看法，其原因又是什么。因此，对"农民工"的主位研究是必要的，必须在分析社会环境之外，了解他们的真实愿望和想法。

我们选择达成文具厂为个案。该文具厂是20世纪80年代末期在珠三角地区开办的港资企业，作为劳动密集型的五金工厂，在资本运作上追寻着生产能力高、价格便宜的劳动力。其原有的设备、人员、生产工艺相对稳定地保持十几年，该厂的老员工呈现出80年代末期外出的农民工所独有的特征和流动轨迹，在研究时间上具有连续的跨度。

文具厂面临问题的关键就是"人员流动太频繁"。总人数1000多人的工厂，全年竟有4000多人离职。人员流动大致是两类，回流和转工。文具厂人事部门的员工每日花2~3个小时处理员工离职，而招聘人数和离职人数的比例几乎1∶1。人员流失使生产线上每天都在换人，这对于劳动密集型企业来说是致命的伤害，因为这一行业不需要高新技术，但特别需要熟练工，而人员流动使生产线上的人每天都在适应机器，严重影响生产效率，也浪费培训成本。因此，厂领导要求基层管理人员，要对员工好一点，想尽一切办法留住员工，但是频繁的人员流动并没有因此有所缓解。

回流是老一代"农民工"在日常实践中最突出的行为策略和个人选择，这不单纯是年龄或者生命周期的影响，而是反映了正发生在"农民工"群体内部的主体分化和变迁，二十年的城乡流动，已经在这一特殊群体内部产生了影响。调查中访谈的二十余位在80年代末90年代初外出务工的"农民工"，从年龄上看，他们年龄在35~45岁之间，外出务工时间在十年以上，在对待未来出路的问题上，95%以上的被访者都回答"打算回家乡"，但这只是一个意愿，为之已经付出行动的占一半左右，也就是说有一半左右的被调查者已经做好了回乡的准备，在近一年到两年内可以回乡，另外一半"农民工"还处于观望状态，即明确了未来出路，但还想继续在城里坚持一段时间。对于回流来讲，为什么绝大多数的"农民工"在务工多年后会做出"回流"的个人选择？这一选择对于他们的务工生涯是结束还是开始？他们的出路在哪里？回流后他们会做什么？

9.1.1 老农民工回流的意愿及原因

改革开放以来中国流动劳动力的热潮已经持续了 20 多年，这二十多年，伴随着大环境的变化，"农民工"群体自身内部也不可避免地发生着变化，一方面，80 年代末 90 年代初流入城市的大批外来工已步入中年，多数"成家立业"，他们的思想发生了变化，部分人技术上有所提高，自身定位也随之抬高，而多数对于自身未来的期待在减弱，回乡的心态和扎根城市的渴望在互相抗衡，形成了心理上的矛盾和迷茫；另一方面，农民工群体内部正在经历着更新换代，一群十八九岁的新一代外来工群体正在走上历史舞台，他们年轻接受新事物快，受教育程度较高，几乎没有乡土认同，融入新城市的适应力强，参与社区活动的程度高，同时，对于未来成功的渴望也更强烈。前者说明在本文中关注的"老农民工群体"不可避免地要考虑未来出路的问题，后者说明，现实状况让"老农民工群体"面临着职业发展上的尴尬和生活发展上的放松。因此，面对新现象的出现，农民工群体的"退路"问题是值得关注的，它是伴随着民工潮而出现的另一股热潮。

首先的问题是，哪些人会选择回乡？回到哪里去了？为什么要回乡呢？

笔者在调查中访谈了 20 余位在 80 年代末 90 年代初外出务工的"农民工"，从年龄上看，他们年龄在 35~45 岁之间，外出务工时间在十年以上，在对待未来出路的问题上，几乎 95% 以上的被访者都回答"打算回家乡"，但这只是一个意愿，为之已经付出行动的占一半左右，也就是说有一半左右的被调查者已经做好了回乡的准备，在近一年到两年内可以回乡，另外一半"农民工"还处于观望状态，即明确了未来出路，但还想继续在城坚持一段时间。

事实上，"农民工"是否选择回乡，和他们是否愿意留城、与是否有留城的可能性相关。

在调查中笔者发现，高比例的"老农民工"选择回乡，首先与他们在城市发展的尴尬境地相关。

从职业的发展上来看，这些务工十年以上的"老农民工"有一个群体特点，就是学历较低，外出务工前 80% 以上是在家务农，外出务工时几乎是没有任何技术储备的，因此在务工之初多以学徒的身份劳动，在实践中学习了技术、积累了经验。经过十几年的储备，他们在技术上基本定型，或者是在某一领域掌握了熟练的技术和技巧，或者是在地位上上升到了领班或经理的位置。从技术上看，他们不愿转变学习新技术，但也不愿做技术要求不高的工作；从地位上看，由于他们对自身技术、经验和付出努力多少的估定，他们不愿永远停留在被指挥的位置上，但农民工的身份使他们很难再具有上升的空间。因此，很多"农民工"

表示自己在城市打工的未来是非常尴尬的，对现状已经是基本可以满意的了。一位老农民工表示："我出来打工十几年了，我没什么学历，能走到今天的位置已经很不容易了，我感到打工的生涯就快要结束了，再努力也就是这样了吧，不能想要更多了，而且也要不了了……"

从生活前景上看，"农民工"群体始终是城市中的一个特殊群体，虽然他们生活在城市，但户口却在农村，正如本章的第一个案例那样，相当多的农民工生活在工厂中，而不是生活在城市中，他们的日子似乎与所在的城市没有任何关系，他们每天上班、下班，在宿舍和车间之间移动，平时没有什么特别的去处，每天几乎都是待在自己的房间里，除了工作和吃饭睡觉，没有特别的活动，也不认为需要什么特别的活动。也就是说和城市保持疏离状态已经有十几年之久，他们是城市的建设者，但却被排除在城市服务体系之外，他们是城市中的生产者而不是消费者，因此如果一生留在城市中很大程度上意味着一生都要保持这种状态，这是为他们不能接受的。一位老农民工表示："如果不是赚钱，我不会留在这里，我不是这的人，安家落户都不可能也没必要，来这里这么久了，我很少出去，这不是我的家……"

从生命的周期来看，为什么"回流"无法形成像农民大量外出务工时引发的热潮呢，这很大程度上和生命的周期以及在人生关键时期的情况有关，也就是说，尽管多数人都有回乡意愿，但回乡的时间却不尽相同，事实上，很多人在结婚、生育时就已经回乡了。笔者了解到，很多辞工者（而非转工者）辞工的原因是回乡结婚、生育或是带小孩，这种情况发生在女工身上的比例较高。对于很多女工来说，结婚是务工生涯的一个转折，结婚后可能靠丈夫一人赚钱，也可能休息一段再外出务工，而生育几乎就是务工生涯的一次大的断裂点，由于用工单位极少在工人生育期间照发工资或报销医药费，因此结婚前、生育前的辞工回乡现象较为普遍。而45岁左右是老农民工回乡的"高发期"，据了解，主要是因为这个年龄小孩也差不多读完书出来打工了，因此作为长辈的老农民工压力减小，多数就选择回乡了。一位女工表示："我以前在生小孩时回家乡过一次，后来小孩上学，丈夫又不在家，自己在家也觉得没意思，就又出来做工，现在小孩都出来做事了，我和丈夫商量，可能这一两年就回家乡了，反正家乡也有房子了，小孩怎么发展是他们的事……"

以上解释的是因为事业发展的困境、生活前景的尴尬以及在人生几个关键时期中的无奈而引发的回乡，也就是无法留城的农民工的意愿，但是笔者发现，也有一些"农民工"是具备留城条件的，他们在城市有了一定基础，孩子在城市上学，甚至长辈也接到了城市，那么他们为什么还是选择在几年后回乡呢？

尽管有学者反对将恋乡恋土情结作为农民工回乡的原因，认为高学历或是有发展前途的人就不会愿意回乡，但这只能说明恋土、恋乡情结不是引发回乡的主要原因，事实上，这一情结在今天仍然发挥着不可忽视的作用，只是这种作用不只是"情感"那么简单。很多农民工之所以更恋乡，是因为他们觉得在城市中没有"根"，总是处于漂浮的状态，这主要和户籍有关，同时也和交往圈有关。

绝大多数"老农民工"的交往圈都来自于同乡，他们是一同走出农村来到城市大批的朋友，有着惺惺相惜的自然亲切感，很多"农民工"都表示对同乡更为信任。同时，他们在表述广东本地人排斥外地人的同时，也在潜意识里排斥着广东本地人，这种"他""我"的认同，使他们在广东的生活总是处于戒备和警惕当中，而回乡，则是他们为自己选择更为轻松、闲散生活的途径，这才是他们之所以恋乡的原因所在。而年轻农民工的交往圈扩大了很多，笔者在调查中发现了很多既有外地人也有本地员工的交往小群体，在后面的内容中将会论及。

此外，恋乡情结还包含着家庭责任的内涵，很多农民工重视"房子"的作用就像重视"家"一样，他们不由自主地将"稳定"下来的标准划定为是否有了"自己的房子"。当然，在城市买得起房的农民工是极少数，但是在家乡盖房、或是在家乡附近的乡镇买房则是更为可能的。带着这种"房子在哪、家就在哪"的概念，他们更愿意选择回乡。没有房子不行吗？一些农民工表示"那就感觉像脚下没根一样""有了房子，也算是我们尽到了父母的责任，将来小孩也有一个自己的家，不然的话，孩子以后'漂'，我们也要跟着他们'漂'……"

正如农民工外出务工动机的"推拉"理论一样，农民工在面对未来出路的时候也在考虑着推力和拉力，推力就是在城市中职业生涯发展的尴尬、生活前景的尴尬和人生不同时期的尴尬，拉力就是家乡更为熟悉和适应的人际环境、更轻松闲散的生活状态以及作为"根"的房子。两种力量相互作用，使多数老农民工做出回乡的选择。

9.1.2 农民工回流的可能和实现途径

前面内容说明的是大多数"老农民工"具有回乡的意愿及其原因，那么，他们是否有回去的可能呢？回去以后打算做什么呢？

对于前一个问题，多数农民工表示"这是很有可能的，只是时间问题"。之所以说是很有可能的，是指客观条件，"老农民工"认为自己本来就是流动人群，在城市没有什么牵挂，可以随时选择回去，户口也还留在家里，更容易被家乡接纳。另外也有很多农民工表示，自己家里还有土地，有的还由家人耕种，有的承包给别人种了，有地的"农民工"认为自己回乡的可能性更大。

不过农民工选择在何时回乡就和很多因素相关了，一个重要的影响因素就是孩子。比较容易理解，如果子女被带到城市读书，那么"农民工"在短期内可能不能或不愿回乡，如果子女在家乡读书，父母担负着赚钱供其读书的责任，也不会轻易回乡。而很多农民工表示自己回乡可能在子女出来做事以后，也就是说当"老农民工"养家糊口的担子减轻了，他们就会选择回乡。这和城市人是不同的，却恰恰契合了外出务工的动机，他们并不是打算一直做到年纪大退休，而是做到自己不用再拼命赚钱养家糊口的时候选择回乡，这是老农民工群体的特征之一。

回乡的"农民工"有什么打算呢？30%左右的农民工表示还没有成熟想法，想回去看看再说，选择去乡镇的企业继续打工的仅占5%，而有45%左右选择自己开店（经商）或是自己办小厂，选择什么也不做的占5%，另有15%左右选择务农。

从未来的打算来看，极少数人选择回乡后仍然务工，而是多数为自己选择了"经商"或是"务农"。问及原因，被访者表示，这样的生活更为"自由"，可以自己把握，想做就做，不想做就可以休息，压力不大，也没有那么辛苦。而"经商"似乎是作为一个模糊概念存在的，其中"开小店"是一个比较受欢迎的答案。一位农民工表示："我的最大希望是在我自己的房子一层开个小店，上面二层住人，白天我可以自己下来看小店，既不用租别人的地方，也不用看别人脸色，自由点儿。这种想法估计这一两年就能实现，这样离家还近，不用在外面那么辛苦。"

从回流的地点来看，并非所有"农民工"都会选择回到乡下的家中，50%左右的农民工都为自己选择了离家乡更近的城镇，或者是离家乡更近的城市（如四川的选择成都、广西的选择南宁等），只有在家乡有地的，又愿意回家乡务农的才会选择回到乡下家中。这说明，"农民工"群体回流并非是单纯的"倒退"回去，而是为自己选择了他们认为更好的地点，作为未来继续出发的落脚点。一位"农民工"表示："我自己也出来这么多年了，再回去继续种田的话也不适应，所以还是选择我们家乡那个镇吧，那里更……怎么说呢……和家乡比肯定更繁华点儿吧，将来我的小孩也就不再是我那个穷乡下出来的，我也算是没白打工这么多年，还是有点儿进步的。"也有部分"农民工"表示之所以选择城镇是因为小生意更容易做。

因此，从职业打算和回流地点来看，有回流打算的老农民工一方面为自己选择了更为"自由""轻松"的职业，而不是返农，另一方面为自己选择了折中的地点，比乡下更"繁华"，又具有与家乡相似的人际环境和地域文化。

9.1.3 "回流"作为农民工的主体性选择

学术界常常将"农民工"回流问题作为农民工的"出路"甚至是"退路"

来探讨,甚至笔者在调查之初也认为,"转工"对于农民工来说是追求更好而采取的新的选择策略,而"回流"则是老一代"农民工"打工生涯的终结,然而事实上我们发现,无论是"回流"还是"转工"都是它们对于一个新的生活机会进行主体性选择的契机。

通过前面的论述可知,一方面"农民工"群体因为城市的推力和家乡的拉力而更易做出回乡的选择,另一方面他们的回乡不是单纯的人口流动,而是对个人生活的一次重新梳理和定位。

从生命周期上看,"老农民工"现在即将步入中年阶段,步入的是生存压力减弱、人生资本更多、对未来选择也思考更成熟的阶段,他们正在面对的不仅是务工生涯要不要继续的问题,面对的还是未来的生活如何渡过的问题。这和城市人的到年龄退休是有区别的,他们为自己选择的不是退休,而是真正有能力去开始一段自己"向往"的生活。

调查中发现,如果说"农民工"最初选择外出务工是出于生存压力,而选择更容易获得经济利益的生活方式的话,那么这一代农民工选择回流,意味着他们为自己选择了自己更"向往"的生活,这个更"向往",包括了几个关键要素:自由、轻松、自尊等等。

"自由"是常常被农民工使用的词汇,他们认为打工意味着被人管理、被人压迫,每天都要打卡上下班,工资是记时的,因此没有自由,认为自己像一台机器,而回乡自己做生意开店,则可以根据自己的意愿选择是否开工。"轻松"一词虽然也常被提到,但是概念很模糊,很多"农民工"只是认为自己做老板更轻松,对此并没有更深入的考虑,这说明农民工在未来选择中也受到些感性因素的影响;"自尊"意味着"农民工"认为自己在城市中永远不能被人接纳和尊重,他们在城市中的边缘地位使他们渴望得到周围人的认可和尊重,因此当他们回乡时,他们不仅是有了一些积蓄的人,还是在城市里见过世面的人了,这种感性上的认知在农民工身上表现得极为明显,一位"农民工"就说:"同样都能活下去,我为什么要在这里忍受艰辛呢?回到家乡我还被人羡慕呢,那多好,我可不想难为我自己,我现在不过是迫于生活坚持一段而已。"

也有部分"农民工"表示为了"家庭责任"也要回家乡去,一方面要回到父母身边,一方面夫妻在外面飘太久也不是永久之计,还有一方面就是在家乡为子女"留一个根",为子女留出地、留下房子,父母也算是尽到了一些责任,如果让子女跟着父母在外漂,做父母的心里不安。

可以见得,单纯用"推—拉"理论似乎还不能完全解释回流现象,因为城市的推力拉力是同时存在的,乡村也一样,并不能说外出务工时城市拉力较大，而回流时则较小，事实上，推力和拉力作用于"农民工"身上是一个较为复杂的过程，农民工作为选择的主体必然要进行计算、权衡，但这种权衡并非是完全建立在理性基础上的，还包含着很多感性成分。但无论是理性上还是感性上、生活上还是经济上，选择回乡都是"农民工"为自己选择一种度晚年的方式。

因此，"回流"作为企业"农民工"对未来生活的一次重新选择和定位，实际上是农民工生活的一个新的开始，这种选择更突出了外出务工作为一种"权宜之计"的性质。总而言之，"回流"是"农民工"依照自己的生存逻辑而进行的主体性选择，这种选择更符合农民工自身的需求，同时这一结论也说明，老一代企业农民工留在城市的可能性并不大，他们成为危害城市发展未来的"流民"的可能性更是很低。我们既不能将他们禁锢在家乡的土地上，更不能简单按照我们的逻辑去探讨他们未来如何融入城市生活。事实上，"农民工"只有通过自身的努力，从劳工型向业主型、智力技术型转化，才有可能留在城市，成为城市新移民的一部分。

9.2 农民工"转工"研究

"转工"一词是笔者在调查中从"农民工"口中反复得到的，在某些情况下被表述为"辞工""转厂"等，但在文献检索中，笔者发现学者多用比较现代的"跳槽"一词，来代替"转工"一词，因此，这里关注的也是对于"跳槽"的研究，但二词的基本含义是一样的。

可以看出，尽管在学术界相关的深入研究还不多见，但是社会已经开始关注农民工群体的频繁"转工"现象了，频繁"转工"不仅对企业的生产造成很大影响，直接指向企业提高待遇、改善环境、承担责任的要求，而且也反映了农民工群体正在发生着群体变迁，因此，关注越来越频繁的"转工潮"，是具有重要意义的。

在文具厂，频繁"转工"也引起了我们的注意，我们重点关注了这些频繁转工，以及有"转工"倾向的青年农民工们作为主体的行为和态度。研究方法是将问卷和深入访谈相结合，了解了"农民工转工"的频度状况、"转工"的原因、"转工"的一般途径，以及"转工"后的生活变化等问题。研究的理论是从行动与实践论的视角来探讨农民工主体所产生的"转工"行动，是怎样转化为一种实践的策略的。

9.2.1 "转工":农民工主体的行动

笔者对员工的"转工"现象做了大量的调查,因为挂职在人事行政部,很自然地接触到公司的人事变动问题。笔者深深感到,达成文具厂的人事工作一方面真的很容易,另一方面又实在很难。每天上午,负责人事的工作人员都面对着离职、和入职的工作,几乎整个上午都在处理类似的事情,几乎没有一天没有人辞工,也几乎每天都有零星的新员工入职。而到了下午,负责培训的工作人员就开始新员工的入职培训,由于没有固定的招聘时间,入职培训也变得不固定,来几个新员工就搞一次培训,一周起码有3至4天下午都有新员工培训,而每次也只有几个人。

一年365天几乎天天如此,累积起一年,数字是惊人的,我们可以在表9-1中由人事部提供的2007年离职员工数字中感受到。

表9-1   2007年离职人数全年总计   单位:人

合水厂离职人数		荷城厂离职人数	
部门名称	数量	部门名称	数量
FA 圈夹	2 199	T-card 车间	434
LA 配件	94	制造部	59
LA 装配	536	拉丝车间	26
工业工程	17	物料部	9
白板车间	7	品质部	47
冷轧车间	47	啤勾部	213
物料部	46	啤轧部	323
品质部	59	会计部	3
敷粉车间	3	文件控制	1
培训部	15	生产部	2
会计部	7	综合事务部	1
人事行政部	34	厂部	1
生产部	1	零件仓	2
信息部	2	人事行政部	17
厂部	2		
总计	3 069	总计	1 138

注:该数据由人事行政部提供。

可以看到，一家总人数只有一千多人的工厂，全年竟有四千多人离职……FA圈夹车间目前人数为767人，而全年竟有2 199人离职……

正是如此惊人的人员流动现象让笔者最先注意到了"农民工转工"这一问题，员工为什么要走？不走又为什么要留？老农民工为什么要回乡？频繁转工给年轻人带来了什么？笔者带着这些问题展开了一系列的田野调查。

我们将被调查群体分成三个部分，针对转工问题进行调查：（1）在人力资源部，对办理离职手续的员工进行简单的访谈和问卷调查，了解其转工原因，其中一些员工在调查中和笔者建立了良好的友谊，通过追踪访谈了解其"转工"后生活的变化；（2）在培训部，对新入职的员工进行访谈，了解其之前"转工"的大概情况，来本厂的原因和期望；（3）也面向生产线上的普工发放部分问卷，了解其是否有转工倾向或经验。

问卷内容包括四个主要部分：（1）基本信息，包括年龄，外出务工年数，曾有的"转工"次数等；（2）转工的原因，"转工"的目的需求，"转工"时最看重的是什么；（3）"转工"的过程中可能出现的问题，如是否会征求他人意见，会征求谁的意见，是否会遇到制度和规则上的障碍等等；（4）对待转工的态度，转工信息的获得，以及向他人传递转工信息等等。

该问卷派发150份，回收128份，有效问卷112份。对于问卷涉及的后三个部分的内容将在后面结合访谈论述，这里可以先看看"转工"群体的基本情况。

第一，从年龄上看：6%的被访者年龄在30岁以上，28%的被访者年龄在15~20岁，64%的被访者年龄在21~30岁，2%的被访者没有填写此栏。

第二，外出务工的年限：从问卷结果看，30岁以上的"老农民工"均在80年代末90年代初外出务工，年限均在5年以上，这期间有部分农民工有过短暂回乡的经历。而青年"农民工"包括15~30岁的农民工，外出务工年限多在1~4年。从总数来看，90%以上的被访者外出务工在1年以上。

第三，转工频率：30岁以上的农民工选择"2~3次"的占29%，选择"1次"的占71%；21~30岁农民工选择"4次及以上"的占27%，选择"2~3次"的占62%，选择"1次"的占5%；15~20岁农民工选择"4次及以上"的占2%，选择"2~3次"的占36%，选择"1次"的占37%。

第四，对辞工人员的跟踪统计：

通过访谈部分月份的辞工人员情况，以2007年10月为例，全厂共辞工133人，其中：

- 年龄在15~20岁的占52%，15~30岁的占90.5%，31~40岁的约占9.4%；
- 133人中具有初中文化程度者占77%，高中文化程度者占20%，大学本科者占 3% 左右；

● 外出务工时间在 1~2 年的占 28%，2~5 年的占 66.4%，5~10 年的占 5%；

● 辞工后已经有了明确工作去处的占 60%，暂时回家乡的占 15%，另有 25% 仍要再考虑去哪里工作；

● 辞工时距离上次辞工（第一次辞工者按上次离乡务工时间算）时间为 1 年内的占 34%，1~2 年的占 53%，2~5 年的占 11%。

在调查中可以看出，在"转工"人群中，青年农民工占绝大多数，且这些转工者多数学历偏低；相当一部分年轻"农民工"并非第一次"转工"，而是有了两次以上的"转工"经历；从 25% 的还没有明确去处的比例来看，仍有相当程度的"农民工"在没有确定未来打算的情况下辞工（而不是"转工"）。

"农民工转工"的原因不仅仅是工资不满意那么简单，尽管这是非常重要的原因之一，但公平、自由、开放等要素也成了青年农民工考虑的重要因素。

前面已经统计过，93% 的被访者有过"转工"经历，在"转工的原因"方面选择"工资待遇问题"的占 42%，选择"工作环境问题"的占 24%，选择"不公平、管理限制等"的占 16%，选择"人际关系问题"的占 8%，选择"仅因为有更好选择"的占 3%，选择"其他原因"的占 7%，另有 4% 缺省。

笔者将所有访谈中和问卷中所提到的转工原因进行了总结，将"农民工转工"的原因归纳为以下四个方面：

第一，因为基本需要缺失而引发的"转工"：这一基本需要通常被"农民工"表示为"工资待遇低""出粮不准时""工作环境噪声太大，环境不好"等等，在青年农民工的表述中，这类原因大概仅占到 1/4 的比例，但是在"老农民工"的表述中，这一要素占绝大多数比例。无论如何，工资待遇、工作环境的不满足是引发"农民工转工"的原因之一，如果工厂提供给工人的工资待遇和社会福利保障不能够满足现有的基本需要或当其他企业提供更优厚的工资待遇时，工人会毅然离去。

有些人愿意追求一份稳定的工作和稳定的收入，而不愿意轻易变动工作，而农民工对这种愿望却不强烈。一位年轻农民工表示："我们出来就是闯的、出来'漂'的，不指望在一个地方呆上一辈子，高兴就做，不高兴就走，是我自己要走的，所以没什么不好意思。"

而且，"农民工"同样需要良好的人际关系，由于人们都有友爱与归属的需要，希望与他人建立友爱的关系和感情，因此，如果"农民工"在职业群体中不能与同事或上级建立良好的人际关系，矛盾重重，迫于这种压力，他们一有机会就会离开。在厂调查期间，由于新老"农民工"的冲突、关系不和睦、对一件事看法不同等原因引发的辞工现象时有发生,青年农民工认为,对待矛盾冲突没有"忍"的理由,最好的办法是一走了之。

第二,因公平感缺失引发的"转工":农民工当前从事的大多是体力劳动,是"脏、乱、差"的工作环境,但他们仍然在心中有自己的报酬期望。

由于达成文具厂属于五金行业,劳动密集型行业,而整个珠三角劳动密集型工厂近几年都在走下坡路,利润率的降低,使该领域农民工的工资待遇只降不升,这也是导致员工"转工"跳槽的重要原因。

笔者发现,青年"农民工"的务工需求不是赚钱养家糊口那么简单了,他们要和同时走出家乡务工的伙伴们相比较,哪里的工资高,哪里的环境好,就想方设法去那里。此外,部分青年农民工转工的原因是和厂内工资的差异得来的,一位文员在转工前表示:"我在这里也不是做不下去,可是你知道吗,×××是拿2 800元的,我不明白为什么她就可以拿的比我高,她虽然做的年头比我多,但我念过的书比她多,现在职位也比她高啊,我觉得这家工厂是不公平的,很多薪金给的都神不知鬼不觉的,所以我不想待在这里了。"

第三,因幸福感缺失引发的"转工":很多农民工的职业幸福感,除了来源于工资待遇之外,还来源于对自我支配的自由的渴望。许多农民工心中认为是更好的职业或是出路,就是"自己做老板",其原因是"有自由"。他们频繁跳槽的原因也存在着对更"自由"的生活的渴望。在涉及外出务工的情况和态度时,他们表示"在外打工太苦了,原因是'不自由',处处都被人管着,做不好还要挨骂……"在问卷调查的开放式问题部分,笔者请被调查者提出对工厂的意见和建议,这一部分成了农民工发泄郁闷的"园地",他们在回答中用不连贯的语句写道"我们就像是做工的机器"、"在外面打工就要机械地干活,工厂根本不把我们当人看,就是无意义地干活"……

"自由"的意涵是什么?在很大程度上,"农民工"是在将一个现代的工业世界与他们所熟悉的家乡生活方式进行对比,农民在农业生活和生产中是不会受到"上班时间""工作纪律""操作程序""打卡"等现代工业文明带来的新生事物的限制的,因此,走入工厂后种种限制严重降低了"农民工"的职业幸福感,"农民工"无论是"跳槽",还是"回流",都带有着对"自由"的一种深深的渴望。

现代社会的发展要求劳动者具有一种现代的工业精神,而年轻的"新生代农民工"在这一点上也是较为缺失的,他们一方面向往城市现代文明,另一方面却无法适应现代工业的约束,因此导致的心理矛盾和行为矛盾,促使其频繁"转工",这种非理性的"转工"行为,不但没有帮助这个群体实现"自我实现",反而阻碍了其自我实现的进程,使其陷入更加迷茫的生活境遇,甚至导致青年犯罪等严重的社会失范现象。

第四，群体性事件引发的"转工"：在工厂里，"集体蒸发"事件在一年中就发生了几次，因吵架、冲突或是群体性的见解不合而引发的"转工"屡见不鲜。群体性"转工"甚至成为"农民工"抗争的一种行动。为了避免群体性事件太多、规模太大，厂长在招工时一是不集中招收来自同一省份的人，一是尽量不招那些好斗殴生事地方的人。①

那么，"转工"者是如何做出转工行为的呢，从产生想法到付诸实践，大概是一个什么样的过程工？"转工"后，"农民工"们是否实现了自己所期望的目标？"转工"对"农民工"的影响究竟有多大？

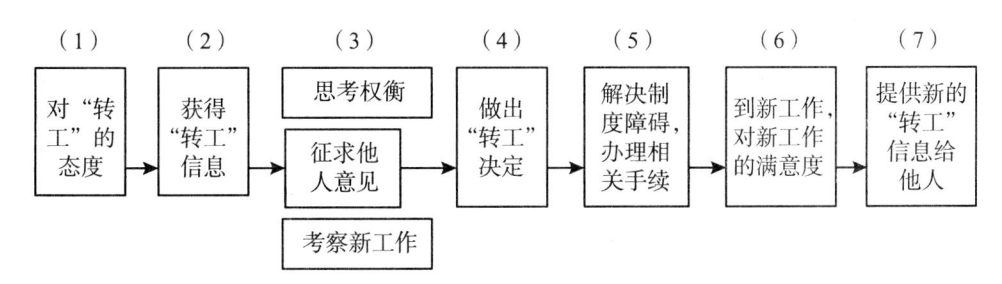

（1）对"转工"的态度 → （2）获得"转工"信息 → （3）思考权衡／征求他人意见／考察新工作 → （4）做出"转工"决定 → （5）解决制度障碍，办理相关手续 → （6）到新工作，对新工作的满意度 → （7）提供新的"转工"信息给他人

图 9-1 转工的一般路径

笔者从以上"转工"的几个阶段考察了农民工群体的特殊性。

第一，对待"转工"本身的态度可能会影响后面的行为，既影响到对"转工"信息的获得，也影响到最终做出"转工"的决定。从问卷调查的结果上看到：30 岁以上的农民工选择"'转工'是值得提倡的"和"仅仅是个人的选择"两项的人数为 0，71% 选择了"可以理解，但不值得提倡"，29% 选择了"是不正确的行为，应该限制或禁止"。而 21~30 岁的农民工选择前两项的占 58%，选择后两项的仅占 36%。15~20 岁的选择前两项的占 64%，选择后两项的占 26%。

在访谈中，大多数青年农民工认为"转工"是"很正常"的事，甚至将经常"转工"的人看做是"有胆识和有想法的"。一位 18 岁的年轻女农民工表示："转工是为了找到更好的工作，如果我一辈子都待在这家厂，或是一待就是几十年，我觉得太不可思议了，正常人都不会这样的，如果我在这里待了很久，只能是因为我还没找到更好的去处而已……"青年农民工认为，自己随时准备着去更好的去处，极少人认为自己应该在工厂踏实做很久。当问到是否是因为这家厂的原因才会转工时，某农民工回答："我想真正满意的地方还是少，可能就算我在别家厂工作，遇到更好的工作我也会走人。"但是在老农民工的口中，频繁

---

① 孙九霞：《珠江三角洲外来工企业中的族群与族群关系》，《广西民族学院学报》2001 年第 3 期。

"转工"是青年农民工最大的特征,也是极其不好的现象,DXR就告诉笔者:"我已经和我女儿反复地说了,在一个地方一定要踏踏实实工作一段时间才能学到东西,所以先不要谈钱,也不要朝三暮四的……"老农民工说:"'以前'工人不会那么轻易走人的,因为大家都还是希望稳稳当当在一处做熟,现在的年轻人说走就走,真不知道去别的地方怎么就能很好?"

第二,"农民工"主体获得关于转工的信息,由于第一阶段中青年农民工对"转工"持认可态度,以致他们对外界信息始终持开放态度接受。在调查中发现,青年"农民工"群体日常聊天的一个主要内容,就是哪里的工作更好,待遇更高,谁谁去了哪里有了怎样的发展,自己今后有什么打算等等。在外界信息来源的构成上,25%左右青年农民工认为关于"转工"的信息来自于同乡或亲戚,50%左右的青年"农民工"认为关于"转工"的信息来自于朋友,这里的朋友包括以前的同事。仅有20%左右的青年"农民工"认为可以依靠招聘广告获得信息,他们对于招聘广告的关注也是较少的。也就是说,关于转工的信息基本依靠口口相传,没有正式固定的渠道。

此外,"转工"的信息包括"××公司待遇更好,××公司正在招人"等简单信息。

第三,思考权衡的过程,也就是"农民工"由获得了信息到作出决定之间的过程,在这一过程中,农民工会考虑什么呢?

在调查中请数十位青年"农民工"作出排序,排在前四位的分别是"待遇"、"朋友关系"、"上下级关系"和"工作环境",而被访者对"是否能学到技术""未来发展""专业对口"等选项表示想的不是很清楚或是不理解。在作出决定之前,80%的青年农民工认为会先征求他人的意见,征求的对象主要是朋友,但朋友的意见只是作为参考,不一定会成为作出决定的主要原因。一位被访者还表示:"我觉得别人的意见没什么用,因为大家一般都会鼓励你'转'走的,除非他是和你一起工作舍不得让你走,不然一般都会说'转转'还是好的。"此外,认为在"转工"前需要到未来的工作地点考察一下的被访者仅占到10%,多数人认为虽然看一下是必要的,但一般不会有这样的机会,也嫌太麻烦了。总的来看,青年农民工作出"转工"决定多半仍出于感性因素。

第四,正如雷文斯代、厄文特李的"推—拉"理论一样,"农民工转工"同样是作用于推力和拉力而作出转工决定的。一方面,被访者表示,目标单位的待遇和良好的人际、工作环境是最能够吸引他们作出"转工"决定的,也就是说,他们以更好的待遇和环境作为"转工"的原因,另一方面也有很多人表示,原工作单位的待遇差或是某些突发原因,也是造成最终转工的重要影响因素。同样值得注意的是,有一些偶发事件也会导致"农民工转工",在访谈中笔者发现,

"与上司不和""与之前想象不一样""对工作的厌倦"都是引发"转工"的推力,部分被访者因"与领班吵了一架""突然让员工扫厕所""和女朋友分手了"等原因作出"转工"决定。

第五,"农民工"频繁"转工"对达成文具厂的影响和危害是不言而喻的,那么,工厂是否有相关的条例或是规定能够适当限制人员的随意流动呢?人事行政部的负责人表示:"根据劳动法,我们签订合同,只能规定员工在厂期间应遵守的规范,除此之外,我们既不能收抵押金,也不能规定他们一定要待多久,他们可以随时走人,唯一一点损失就是他们可能在走的时候拿不到当月的工资,所以到年底辞工的就少一点儿,因为大家想拿到年终的好处再走。""甚至有一些员工是连手续都不办就走了的,不知道这样是否犯法。"根据厂里的规定,员工在办理离职手续时,需要登记,归还属于公司的工具,以及宿舍的钥匙,并不需要付出任何其他的代价。而且人事行政部对这种情况已经司空见惯,除非辞工的是管理层中重要的人物,否则一般不会进行任何劝说或询问。

第六,青年"农民工"在转工后真的实现了之前的目标和期望吗?如果说"农民工"的外出务工不仅是一次地域的流动,而且是职业的流动的话,那么可以说,今天的农民工经历的是不断变更的职业流动,他们并非一次性地流入一个岗位后长久留在该职位上,而是不断调适自己和职业之间的契合,寻找更"好"的"地方"。多数农民工认为自己从家乡流入城市务工是"好"的选择,也就是说无论从收入还是地位上都是"上升"了的,但对于频繁"转工"后的影响则无法形成统一意见。

70%左右的"农民工"认为自己"转工"后比"转工"前仅有微弱的进步,对"转工"后更为满意的占到80%,笔者跟踪了几位农民工的"转工"历程,一位到新单位办公室任文员的农民工表示:"我觉得'转'到这个单位以后总的来说还是好的,至少到了新的环境还是有些新奇,工资和原来差不多,但是'跳跳'有利于自己见到更多新鲜事物。"

从工资上来看,多数被访者表示,"转工"带来的工资待遇上的影响"略微提升",地位上的影响是"几乎没有",而满意度上的影响却是"提升很多",也就是说,青年"农民工"尽管带着对待遇更好、环境更好的渴望"转工"的,但却不得不承认"转工"后与之前的预想差距仍然很大,从客观因素的估量,变化甚微,但是心理上却更加满足,这种满足是和"转工"之前比较得来的,当有了新的"转工"机会,这种满足变化消失,而这种满足多是心理上对于"转工"本身的认可,而非对目标单位的认可。因此,对于"转工"者来说,"转工"与否、"转工"的影响多数表现在"感性"要素上,而客观的可评述的理性因素则很少作为参考。

第七，对于是否会将"转工"的信息传达给别人，多数青年"农民工"表示"会"，理由是"既然别人可以把好的机会介绍给我，我也应该把机会介绍给别人，而且朋友们在一起打工更好。"在传达给别人信息时会包含哪些内容？排在前四位的是"待遇""人际环境""工作环境""饭堂、住宿等生活条件"。在调查中还发现，和"上司关系好"的青年"农民工"更倾向于对工作做出正面评价，且更倾向于将信息传达给他人，因为在访谈中，青年"农民工"反复将"我的领班太好人了"之类的字眼运用其中，这类带有感情色彩的评价蕴涵了被访者对工作的满意度。

9.2.2 "转工"作为主体性实践的策略

农民工"转工"，这是一个被视为正常现象而存在的行动，因为传统上，"农民工"的职业稳定性就较城市居民低很多，这主要是由"农民工"工作的性质以及劳动力市场的不规范而决定的。一方面，"农民工"捧的不是铁饭碗，奉行的是劳动力自由雇用的市场交换原则，农民工通过劳动力的交换而获得财富和其他利益，而这一关系随时可以解除；另一方面，农民工劳动力市场的雇用模式使很多农民工仅仅作为"临时工"的形式存在，无法享受"正式工"的福利，甚至工资级别也与正式职工分属两个体系，因此双方都缺乏认同感；此外，当前的"劳动合同"的签订一方面在一定程度上保护了农民工的权益，更赋予了他们极大的自由，一纸合同对农民工的职业流动没有任何约束作用，在劳动力的市场机制下，人们是用十分简单的辞职、解雇解决单位内部的矛盾的。

但是，为什么在近几年"转工"现象呈现越来越频繁的态势呢？为什么青年"农民工"更倾向于频繁"转工"和非理性"转工"呢？在调查中发现，一方面是由于"农民工"与职位之间的供求关系影响，使"农民工"有更多的职业选择，因此对固定职位的认同和重视程度严重削弱，另一方面，这很大程度上和青年"农民工"的自我实现的意愿以及对实现目标的策略选择相关，青年"农民工"对工资待遇和环境的要求更高，满意度也降低了。

前者使青年"农民工"可以轻易地找到"转工"的目标去处，由于他们对难易程度的认知，使他们并不在意在固定职位上是否能停留很久，也就是说即使"老农民工"也有通过"转工"上升的想法，但他们并不具备当前的客观环境和条件。在孙九霞1997年做的访谈中就有一些相关的提法，如："我琢磨着换一家工厂，但现在工作不好找，我身上又没什么专门的技术，不太容易……""我也想帮她（被访者的妹妹）转过来和我在一起，起码在一个城市也好啊，但是现在不太容易找，不是我不想，是我能力也有限啊，咱们厂也不是什么时候都招人的。"

而后者说明，因为理想与现实存在差距，因此青年农民工群体要进行主体性的实践，而今天的青年农民工理想更高，使他们更倾向于通过不断变更工作去寻找自己理想的地方。

笔者发现，"转工"现象尽管在90年代就一直存在着，但近几年才形成潮流，而且有加剧的趋势，"转工"的主体多半是青年农民工，"转工"对他们来说，既是对原工作单位的不满和反抗，也是为了寻求更高目标的一种实践，可以说，是他们追寻自我实现的一种"流动策略"。下面就将从几个方面来分析"转工"作为农民工主体性实践的策略性意义。

"转工"首先是源于一种自我保护意识，前面已经提到，"转工"主要和"基本需求的保障"、"公平与否"、"是否具有工作幸福感"以及"与他人比较"有关，而这其中"基本需求的保障"相对更为重要。

为什么近几年"转工"行为越来越频繁了呢？老员工表示："是因为青年人都不愿意吃苦了，我们当年出来打工的时候，再苦再累，只要是能赚到钱，干什么活儿都行，可是现在的年轻人不一样了，环境差了不行、领班太凶了不行、干活儿累点儿不行，这不行那不行，所以就经常跳槽。"

而部分青年"农民工"则表示："我们不是怕吃苦，是因为没必要吃这些苦，他们那些老人都太能忍了，几个月不发你工资还坚持干，没必要，该走就得走，我是出来打工的，但是我也是有人权的，不能让老板随便欺负。"

的确，在调查中我们看到，更多青年"农民工"的"转工"行为是出于一种"自我保护"的意识，这种意识使他们面对"不公平"、"没前途"、"不自由"等不喜欢的现象时，可以使他们在瞬间产生转工倾向。而反对"转工"的"老农民工"则被认为是缺乏这种自我保护意识，更多的是采用隐忍的方式来解决，"只要能赚到钱，什么都忍了"。

在对底层人群作分析时，曾有很多学者使用了"生存伦理"等相关的概念，例如，陈佩华在对致丽玩具厂女工信件分析中则提出"生存文化"的概念。① 陈佩华指出，外来工为了帮助家庭摆脱贫困外出打工，结果陷入另一种贫困之中，这种贫困不仅是物质的，也是精神和文化的，他们为了最低的生存需求挣扎在希望与失望之间，无可选择也无力摆脱。作为对古典经济学家"自由选择"理论的批评，陈佩华以"生存文化"指出了在外来女工"自由选择"背后的无奈和无助。黄平等人在对农村人外出的研究中指出，区别于"经济理性"的"生存理性"，即寻求并维持生存而非追求利润的最大化，依然是中国农民在现实中行

---

① 陈佩华：《生存的文化——通过私人信件透视外来工人的生活》，《清华社会学评论》（2002年卷），社会科学文献出版社2003年版。

动的首要策略和动力。①

谭深也曾指出,"生存的文化"已经被赋予自我保护的内容,也许我们可以称之为"防御的文化"。不仅如此,对于对工人或针对她们个人的歧视和伤害,女工们虽然没有公开的反抗,可是她们在内心有强烈的不满,"气得不得了,也不想跟他争辩,都忍下去。"在女工们的语言中,"忍"是经常挂在嘴边的。而"忍"是一个蓄积过程,是一个底限:在忍的一侧,是生存的文化+反抗的隐藏文本;超过了这个底限的另一侧,就可能是反抗的公开文本。而反抗者之间的关系,是集体行动的基础,是反抗行动的中介。②

从这个意义上讲,青年"农民工""自我保护意识的增强",就是触动"转工"成为一种表达方式的根本推动力,而他们频繁的采取"转工"策略,实际上是力图争取对"生存文化"的突破,也是对"生存伦理"的一种"修正"。不过在调查中笔者发现,对于年纪尚轻,理想远大却易冲动的青年农民工来说,这种"修正"在很多情况下,是盲目和过激的,他们只在乎自己是不是能够自由表达自我保护的意愿,而对于表达的结果则所视不足。

青年农民工的频繁"转工"让企业面临着损失,但是青年农民工却对此有着极简单的解释:"我们之所以常常'转工',是因为我们始终没有找到让人满意的停留地,人都是这个想法,有了更好的去处自然就会想到想要走的,谁说要一辈子在一个地方才好呢?"

——那么"转工"后的就是更好的吗?"这个谁也不能保证,不去试一下怎么知道?"

——究竟什么样的工作才能够更让你满意而减少"转工"?"我现在还说不清楚,应该是待遇也高,能发挥我的特长,而且环境和人际关系都好的吧。"

从这个角度来看,频繁"转工"是青年"农民工"实现理想、找到更符合理想的去处的一种途径:青年"农民工"实现理想的策略是通过变更工作来实现的,而不是通过在一个岗位上奋斗和自我发展而实现的(即使是进行着自我学习和发展,也是为了更有条件找到更好的去处),这恰好证明了"农民工"群体主体性实践方式的转变。

可以说,"农民工"群体在职业的流动上是绝对自由的,因此他们可以凭借自身力量去找到属于自己的位置,但能不能找到则受到很多因素的影响。在调查中发现,青年"农民工"尝试像普通的城市青年一样生活和工作,但这其中遇到了很多障碍,因此,尽管转工是作为主体性实践的策略而存在,但其真正起到

---

① 黄平:《寻求生存——当代中国农村外出人口的社会学研究》,云南人民出版社1997年版。
② 谭深:《搜身事件与萌生的阶级意识》,"三农论坛"。

的作用微乎其微，甚至还使青年"农民工"的选择行为"问题化"。

例如，频繁的转工使"农民工"缺乏技术的积累，他们本就不具备实用的一技之能，在"转工"的过程又不会考虑技术上的承接性，因此常常在不同行业、不同技术要求之间流动，不断接触新技能，使技能得不到集中的积累；频繁转工还使农民工成为厌学者，正如"老农民工"不愿意带学徒一样，他们学到一半就已经产生转工想法了，无法踏实学习一门技术，更谈不上自己的创新，因此成为有理想但不积累的厌学一族；频繁"转工"使"农民工"缺乏业绩的积累，因为他们不通过在一个岗位上的奋斗来追求自我实现，因此不断到新的岗位上后，业绩和工作经验都得不到积累，因此影响了他们的职位晋升和薪酬提升。

总之，尽管"转工"常常作为一种"自我实现"的实现策略而存在，但过于频繁的"转工"反而影响了青年农民工的职业发展。

为何青年"农民工"较"老农民工"当年更容易产生"转工"倾向？在调查中发现，很多青年"农民工"将"转工"当成是一种"表达方式"。

青年"农民工"的主体处于青壮年时期，他们和城市青年一样，有着相对较强烈的自我实现意识和突出的个性，他们更倾向于按自己的兴趣、爱好和理想进行主观的认识和选择。在务工过程中，他们不断地张扬着自己的理想，他们对于城市人的歧视、工厂主的不公平处理方式特别敏感，一旦发现有任何不道德的行为，便采取"辞工"的方式。

因此，"辞工"事实上就是青年"农民工"表达方式的一种。尽管青年"农民工"自我实现意识更强烈，但这并不意味着青年农民工作为社会弱势群体的地位获得了根本的转机。和很多城市青年人一样，他们往往无法单独承受和面对城市生活、工作中的困境和挫折；尽管青年"农民工"自我保护意识更为强烈，对主体的权益的需求更强烈，但他们的地位决定了他们在工厂中仍然处于"失语"状态，因此他们对待权益的争取消极而被动。在这个情况下，"辞工"成为他们维护自身权益时最经常使用的手段。

"辞工"所表达出来的意涵就是不满，不满就要"走人"，这正是典型的"用脚投票"的方式。

"用脚投票"一词来源于股市，要理解"用脚投票"一词得先明白什么是用手投票。在股份公司中，产权是明晰的，投资者以其投入资本的比重，参与公司的利润分配，享有所有者权益；以其股权比重，通过公司股东代表大会、董事会，参与公司的重要决策，其中包括选择经理层，这就是所谓的"用手投票"。同时，投资者还拥有另一种选择权，即跑了，理都不理你的"用脚投票"——卖掉其持有的公司股票。现在通常用来比喻对某事的失望或抵触，从而选择离开或者放弃。

近几年,"用脚投票"也被用来形容"农民工"的"辞工"了,通常被解释为是农民工维护权益意识的增强,"工人开始以行动来拷问企业的'道德'在何方。"① 也就是说,当"农民工"的权益受到侵害时,"用脚投票"是他们表达不满的一种表达方式。

在调查中我们感受到,尽管今天的"农民工"群体维权意识增强了,对自尊的需求更强烈了,然而他们仍然处于一种"失语"状态,工厂并未为"农民工"提供任何的对话平台。

同时,"农民工"似乎也已经习惯了这种话语平台的缺失,2007 年 8 月,我们在人事行政部负责了"合理化建议奖"的活动,鼓励普通工人对公司的各方各面都提出宝贵的意见和建议,并给予物质奖励。我们也借这个机会在工厂尝试开辟了一些申诉渠道,如开通电子信箱、投诉电话,还在饭堂、宿舍、车间等地方安装了十几个意见箱。截至 2007 年 12 月,近半年的活动持续下来,十几个意见箱竟然只收到了一封"意见信"。为什么在座谈会上那么多意见的"农民工"竟然不能自由地提交意见信呢?他们有的解释是"只会说,不会写",有的解释为"写了也没用,根本不能解决实际问题",还有的说"一提上去肯定就被领导追查了,知道是谁写的,对谁都不会好,会影响领导的看法"。

无论是青年"农民工",还是"老农民工",中国的"农民工"群体似乎已经习惯了这种失语状态,反倒不相信任何一种对话方式,在这种情况下,"用脚投票"便成了一种最简便的表达方式。

"转工"是为了什么?当然绝大多数的人都会回答"为了找到更好的工作岗位",同时也包含着另一层含义就是"脱离现在的不满意的工作",因此,频繁"转工"成了青年农民工寻求上升的一种方法和途径。

在"转工"的过程中是要花费一定的成本的,如找工作的时间只花费不收入、求人帮忙可能要请人吃饭、在月中走可能拿不到当月的工资等等,而且多数农民工都承认,在转工的过程中他们的地位几乎是丝毫没有上升的,而且工资待遇也提升不显著,也就是说,"转工"的结果是非常不尽如人意的。

因此,如果说青年农民工是将频繁"转工"作为一种方法和策略,那么这种方法的效果的确是不显著的。"转工"作为一种改善处境的最便捷的方法,在其中包含了"懒惰、一了百了"的不负责任的态度,很多青年"农民工"都抱着"好就干,不好就走"的态度,使他们无论在面对学习,还是面对工作都形成了一种惯性的不负责,久而久之就形成了加速的"转工"潮。

"转工"同时还是一种分散的个人行动,在频繁的"转工"过程中,每个人

---

① http://news.xinhuanet.com/focus/2004 - 11/02/content_2140165.htm.

都在流动中,身边的同事常换常新,导致青年"农民工"缺乏了一种集体参与意识,不仅在企业内无法形成企业文化,也导致在青年农民工群体内部凝聚力的形成非常困难,甚至在很多情况下,朋友关系成为了提供"转工"信息的工具关系。

其实,尽管"转工"作为一种方法,效果不是很显著,但青年"农民工转工"的步伐仍然没有停下来,也有一些被访者表示,"这样漂下去不知道要到什么时候",在他们"转工"的过程中,也会出现迷茫和不舍,只不过,这都成为他们对现实的新的感知,认为这是青年人所必须经历的一步。在个案中曾提到的WXL就在一次有"转工"倾向的时候,(后来没有"转"成),在她自己的日记中写道:"五年的广东生活,我将逝去的青春,微笑哭泣……通通打成包放在心底,让它只占据心的空间,不去左右我的思想!……每个人都试图挽留,可是每个人都必须离开。这就是成长。"

在这一章,我们重点讨论了城市新移民,尤其是劳力型新移民的流动现象。调查发现,劳力型新移民的流动主要表现为"回流"和"转工"两种形态。"回流"作为老一代劳力型移民对未来生活的一次重新选择和定位,实际上是他们生活的一个新的开始,这种选择更突出了外出务工作为一种"权宜之计"的性质。"回流"是他们依照自己的生存逻辑而进行的主体性选择,这种选择更符合其自身的需求。同时这一结论也说明,老一代劳力型移民留在城市的可能性并不大,我们既不能想当然地认为他们会禁锢在家乡的土地上,也不能简单按照我们的逻辑去探讨他们未来如何融入城市生活。事实上,他们只有通过自身的努力,从劳力型向经营型、智力技术型转化,才有可能留在城市。"转工"作为新生代移民的频繁选择,不仅是作为一种常态现象存在,在这种现象的背后,隐藏的是新生代移民群体对于"成功、好"的界定和追求以及实现这些目标的策略的选择,更进一步还隐含着新生代移民群体在适应城市生活上的调适方式上的转变。

第十章

城市新移民的社会保障

社会保障（social security）一词最早出自美国 1935 年颁布的《社会保障法》。美国 1999 年出版的《社会工作词典》将社会保障定义为："一个社会对那些遇到了已经由法律做出定义的困难的公民，如年老、生病、年幼或失业的人提供的收入补助。"《新大不列颠百科全书》对社会保障的定义是："社会保障是对病残、失业、作物失收、丧偶、妊娠、抚养子女或退休的人提供现金待遇。"国际劳工局 1984 年对社会保障的界定是："社会保障即社会通过一系列的公共措施对其成员提供的保护，以防止他们由于疾病、妊娠、工伤、失业、残疾、老年及死亡而导致的收入中断或大大降低而遭受经济和社会困窘，对社会成员提供的医疗照顾以及对有儿童的家庭提供的补贴"。① 在我国，社会保障一般是指国家和社会通过国民收入的分配再分配，依法对社会成员的基本生活权利予以保障的社会安全制度。② 一般来说，社会保障由社会保险、社会救济、社会福利、优抚安置等组成。其中，社会保险是社会保障的核心内容。社会保险是指国家通过立法采取强制手段对国民收入进行再分配，它通过形成专门的保险基金，对劳动者因年龄、疾病、生育、伤残、死亡等原因丧失劳动能力或失业而中止劳动，本人和家庭失去收入来源时，由国家和社会提供必要的生活和物质帮助。③ 国务院 2004 年发布的《中国的社会保障状况和政策白皮书》中又将社会保险分为养老

---

① 董克用编：《中国经济改革 30 年：社会保障卷（1978~2008）》，重庆大学出版社 2008 年版。
② 陈良谨编：《社会保障教程》，知识出版社 1990 年版。
③ 张洪涛、郑功成：《保险学》，中国人民大学出版社 2008 年版。

保险、失业保险、医疗保险、工伤保险和生育保险五大部分。

新中国成立不久就开始建构现代社会保障制度。改革开放以前的社会保障制度是与高度集中计划经济体制相配套的"国家保险模式"。改革开放以来，为了适应市场经济体制改革需要，我国的社会保障制度开始进行变革。有观察认为，中国特色的社会保障模式（偏向社会保险模式）正在形成。[①] 随着新移民问题的凸显，各地也开始了与城市新移民相关的社会保险体系探索。由于我国各地情况差异性大，因此探索出的实践模式也不相同。学界将这些不同的探索归纳为广东模式、上海模式、北京模式、成都模式、深圳模式等，并分类为农村模式、综合模式、独立模式、完全城镇模式、差异城镇模式、弹性模式等。社会保障作为一种国民收入再分配形式是通过一定的制度实现的。当前中国的社会保障制度是中央政府和各级地方政府共同负责的计划。但就目前而言，国家政策尚未出台统一标准。城市新移民的社会保障落实具有必要性和重要性。

首先，随着我国现代化和城市化进程的发展，城乡之间与城市之间的劳动力流动和定居化都将成为常态，新移民群体数量将不断增加，如何解决这部分城市新移民的社会保障问题，是关系到社会公平和社会稳定发展的重大问题。

其次，在初始阶段，城市新移民往往从事一些城市居民不愿从事的脏累苦活，工作风险大，工作环境差，社会地位偏低。在这一庞大的群体中，还有数量可观的妇女和儿童，这些相对的社会弱势群体的基本权益保障还有很多工作要做。

最后，将城市新移民纳入社会保障体系是社会公平与效率兼顾的需要，是保证人民安居乐业的重要前提，也是我国社会主义制度优越性的体现。

从制度经济学角度考察，当前我国城市新移民的社会保障面临着劳动力市场行政分割带来的社会保障实现障碍。劳动力市场分割一般分为两种情形，一种是纵向的劳动力市场分割，也称技术分割，指劳动力职业等级的客观界限。这种分割源自劳动者个人素质及受教育培训程度的差距。另一种是横向的劳动力市场分割，指劳动力单位分割、产业分割、城乡分割、地区分割。其中横向分割多表现为行政分割。具体表现为了户籍制度对劳动力市场的分割和生产资料所有制形式对劳动力市场的分割[②]。不同类型的城市新移民因为在不同层次和类型的城市劳动力市场进行就业，因此就面临着不同类型的劳动力市场行政分割和带有制度结构性特征的社会保障。

---

① 李迎生：《社会保障制度的中国模式》，《人民论坛》2009 年第 5 期。
② 刘传江、徐建玲等著：《中国农民工市民化进程研究》，人民出版社 2008 年版。

10.1 定量分析城市新移民社会保障的现状

表 10-1 显示智力型移民最关注住房福利,这也是新生劳力移民、经营型移民的主要关注点;但相对于智力型移民而言,经营型移民和资深劳力移民更关注教育福利,新生劳力移民也比较关注教育福利;另外新生劳力移民对文化康乐福利的关注明显高于其他群体。

表 10-1　　　　　　城市新移民最关注的公共福利　　　　　　单位:%

	智力型移民	新生劳力移民	资深劳力移民	经营型移民
教育福利	14.94	25.49	34.69	36.69
卫生福利	17.68	13.83	16.80	11.69
文化康乐福利	3.76	10.57	4.07	3.47
住房福利	61.89	46.51	34.15	43.52
合计（N）	984	918	369	864

图 10-1 表明新移民的住房福利和本地人的差别最大,不过其中智力型移民的情况会好些,不仅如此,智力型移民在教育福利、卫生福利和文化康乐福利上均有较好的一致性;另外,智力型移民有享受各种保险和单位提供的福利的比例大多多于其他新移民,其中经营型移民的覆盖率最小（商业保险除外）(见图 10-2)。

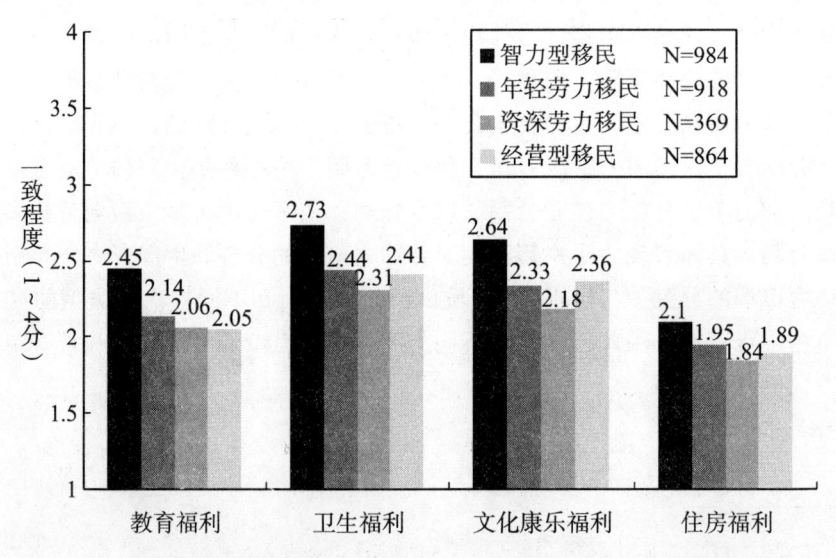

图 10-1　城市新移民享受的公共福利与本地人的一致程度

在这个议题上，有人关注区域性的制度分割，认为在某些区域外来人口——无论是农民工还是"外来市民"，在保障获取上都处于不利地位（张展新，2007）；那么本研究分城市看四种福利的一致性，确实发现郑州出现区域性的制度分割，也就是智力型移民、劳力型移民和经营型移民之间没有显著差异（见表10-2）。

表10-2　郑州新移民享受的公共福利与本地人的一致程度

	智力型移民	劳力型移民	经营型移民
教育福利	2.25	2.02	2.09
卫生福利	2.20	1.98	2.26
文化康乐福利	2.21	1.98	2.18
住房福利	1.69	1.63	1.82
合计（N）	152	236	130

上述数据反映了城市公共产品供给滞后（如住房、教育、基础设施等）的问题，城市新移民所关注的住房、医保和社保等福利并未获得保障。其中智力型移民享受各种保险和单位提供的福利的比例大多多于其他新移民，经营型移民的覆盖率最小；另外，发现区域性制度分割的情况，不管智力型移民还是劳力型移民获得保障都处于不利地位。接下来，我们将通过个案描述的方式进一步分析城市新移民的社会保障问题。

10.2　劳力型移民的社会保障

10.2.1　流动的工作与断裂的保障

从制度层面上讲，现行社会保障制度并没有排斥正规就业的农民工。进入城市工作的劳工型务工者原则上同样受《劳动法》及其配套法律体系的保护，可以参加基本养老、医疗、失业、工伤等社会保险。但在实践上，各地参保率低也是事实。

劳工型移民尤其是在非正规就业渠道生存的劳工型移民的社会保障问题比较严峻。目前由于户籍的限制，他们大多被排斥在城市社会保障体制之外，在生活条件、就业、医疗等诸多方面，都处于一种体制外状态。以失业保险为例，《失

单位：%

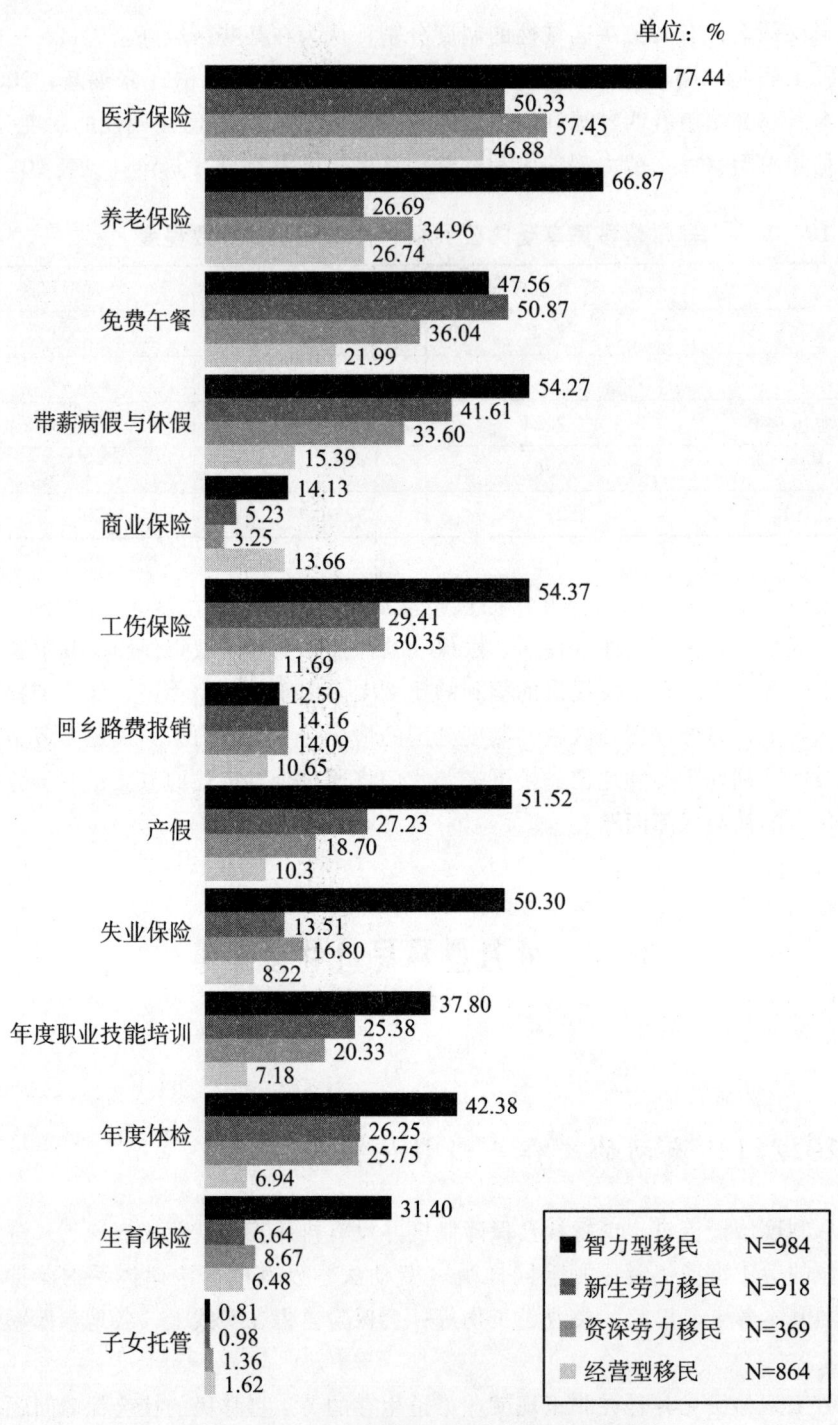

福利项目	智力型移民	新生劳力移民	资深劳力移民	经营型移民
医疗保险	77.44	50.33	57.45	46.88
养老保险	66.87	26.69	34.96	26.74
免费午餐	47.56	50.87	36.04	21.99
带薪病假与休假	54.27	41.61	33.60	15.39
商业保险	14.13	5.23	3.25	13.66
工伤保险	54.37	29.41	30.35	11.69
回乡路费报销	12.50	14.16	14.09	10.65
产假	51.52	27.23	18.70	10.3
失业保险	50.30	13.51	16.80	8.22
年度职业技能培训	37.80	25.38	20.33	7.18
年度体检	42.38	26.25	25.75	6.94
生育保险	31.40	6.64	8.67	6.48
子女托管	0.81	0.98	1.36	1.62

■ 智力型移民　N=984
■ 新生劳力移民　N=918
■ 资深劳力移民　N=369
■ 经营型移民　N=864

图 10-2　城市新移民享受的保险与福利

业保险条例》规定城镇企事业单位招用的农民合同工应当参加失业保险。这样，当劳动合同期满未续订或者提前解除劳动合同的，只要本单位已缴纳失业保险费，就可由社保经办机构根据其工作时间长短，向其支付一次性生活补助金。但多数用人单位不愿为农民工参保缴费，而农民工由于其所处的相对弱势地位，自身法律知识和维权意识不强，导致其权益往往得不到有效保障。同时，劳工型移民的工作多呈现出临时性、流动性和低收入的特点。而按照政策在一个单位工作不足一年不能享受相关待遇，转移保险关系的办理也繁琐困难，这样就从两个层面上导致了参保积极性的不足。低收入的工作性质则导致一些劳工型移民往往在生存线上挣扎，收入往往用于日常消费，保险因为没有立竿见影的效果而被排斥出支出预算之外。

鲁先生在打工的单位中，只有上年工作过的外语学校，完全按照国家的劳动法，给上了养老保险和医疗保险、缴纳了住房公积金，但是时间只有4个月，随着被解职，保险也停了下了，他说暂时不打算续交，主要是因为没有钱。（编号：沈阳—劳工型—001）

张先生虽然是做过建筑工人的，但从来没有给自己买过意外伤害保险之类的，自己本来挣的就少，再补贴老家用，根本就没有多余的钱去买保险，再说即使交了也是交自己的钱，还不如自己多拿着点现钱。（编号：沈阳—劳工型—002）

针对劳工型移民的社会保障对策方面，郑杭生、洪大用等较早提出过较为宏观的五大建议，一是迅速转变观念，确立农民工在城市中的合法地位；二是加强宏观调控与微观管理，逐步实现农民进程的有序化，克服盲目流动；三是充分利用现有体制，全方位推进农村入城劳工的社会保障视野；四是积极推进立法，促成有关法规尽早出台，使社会保障事业有法可依；五是积极开展宣传活动，采取多种多样的形式，充分利用舆论监督的力量，做好社会保障的宣传工作[1]。郑功成则在操作层面上提出了分类分层保障方法以切实保障劳工型移民的权益[2]。事实上，劳工型移民参加的社会保险，在社会环境层面上主要受制度安排、费用数额和给付方式等因素影响。一些劳工型移民集中的省份和城市已经在不断发展和调整相关社会保障政策，将更多的劳工型城市新移民纳入社会保障体系中来。

以广州医疗保险改革为例，广州市2009年出台的"农民工"参保办法，适用范围是广州市行政区域内与用人单位建立劳动关系的非广州市城镇户籍全日制从业人员，实行强制参保，以实现真正"应保尽保"。用人单位必须为与其建立

---

[1] 郑杭生、洪大用：《重视和发展城市农民工的社会保障事业——社会转型过程中的一个重要问题》，《学术交流》1994年第5期。

[2] 郑功成：《推进我国社会保障改革的几点思考》，《中国软科学》2001年第4期。

劳动关系的外来从业人员参加基本医保,也可整体或部分选择参加城镇职工基本医保。农民工参保个人不用缴费。由用人单位以上年度广州市单位职工月平均工资为基数,按每人每月1.2%的标准为其外来从业人员缴纳基本医疗保险费,目前标准是每人40元/月。城镇职工医保的缴费比例是10%(新华网:2009)。该政策出台以来,在一些正规用人单位工作的劳工型移民的权益将会得到相应改善。有针对广东省出台的各项社会保障政策的观察认为,当前广东省社保工作的发展方向是:一是扩大养老保险的覆盖面,提高"农民工"的参保比例和实际缴费人数,研究养老保险关系转移模式问题;二是扩大医疗保险的覆盖面,重点解决"农民工"的大病医疗保险问题;三是工伤与失业保险的工作重点在于政策的落实[1]。覆盖面和政策落实与劳工型移民就业所在的单位性质、行业以及规模等因素相关。将社会保障工作开展到每一种类型的企业和单位中,是落实政策和实现社会保障覆盖的重要步骤。

但就目前来讲,各省的社会保险统筹层次尚未达到全省统筹,全国层面的统筹更难以实现。所以,无论是城镇职工还是农民工,如果要跨省转移,无论哪一险种的账户转移都存在困难。如果在省内转移,没有实现统筹的地区之间依然存在转移困难的问题[2]。部分劳工型移民选择回流乡村,城乡转移支付问题同样没有得到很好的解决。

在个人层面上,劳工型移民的参保意识和支付能力也深刻影响到劳工型移民个人的参保行为。用人单位方面,则是一种出于经营成本的考虑,天然地从降低成本、规避责任的角度考虑,在对劳工型移民的劳动力进行使用的同时并不愿承担相应的责任。有的用人单位特别是一些大量使用"农民工"的项目施工单位经常使用"隐瞒用工人数"、"私了"和"信息封锁"等非正式解决方式来规避购买保险的责任和处理善后事件。因此,劳工型移民的社会保险问题往往成为政府、企业和劳工之间的博弈场,而劳工明显处于弱势地位。

他没有养老保险,但是买了医疗保险,在家里他老婆给买的,好像是一年交80元,报销60%,记得不是特别清楚。工伤险从来都没有买过,也没有要求过,工地上太复杂了,一个大的工程有几十个分包商,分包商下面又有小分包商,关系千丝万缕,"承包商分包出去的不仅仅是工程,更是人的生命,因为承包商和分包商签订合同的时候,都会在合同上事先把工伤事故的责任归于这些小的包工头,让这些小包工头承担责任","这是一个不公平的协议,因为没有给农民工买工伤保险,小的包工头一般没有能力给农民工赔付,因此,在出事故的时候,

---

[1][2] 蔡禾主编:《城市化进程中的农民工:来自珠江三角洲的研究》,社会科学文献出版社2009年版。

农民工就得不到应有的赔偿","农民工的命是最不值钱的,前段时间一个大学生被车撞了,赔了100多万元,你什么时间听过一个民工的命会被赔这么多钱","总承包商对于农民工的工伤应该负有完全责任"。他觉得民工没有给买工伤险,出了事故又得不到赔偿,从根本上来说是体制的问题,他就是想不明白,国家为什么就是治理不好这一块,民工的赔偿为什么就这么难。(编号:郑州—劳工型—004)

他什么保险都没有,"干一天活能拿一天钱就不错了,现实的工资都无法保障,还给买保险呢,政府没有执行力度,50个人,最多给10个人买保险,只是走个形式,虚的,往上报的都是假的,工伤险买下来得多少钱呀,工头根本就不会给买","'农民工'嘴上抹石灰,没有话语权,没有表达的渠道,没有意识主动要求买保险"。工地上出现了伤亡事件,私了的比较多,事故分为一般事故、重大事故和特大事故,大部分都私了,直接把钱给伤亡的人。有一次在工地上,塔吊歪了,掉下来的瓦片把他砸晕,和包工头私了这件事情,包工头付医疗费用,休息了五天,这五天每天还付给他工钱,这是碰见好工头了,如果碰见不好的工头,一分钱都拿不到。1995年在安徽阜阳打工,两个人在工地上当场被砸死,一个人只赔了30 000元,"农民工的命很不值钱"。(编号:郑州—劳工型—002)

国家规定给每一位工地上的农民工都要投保,为了开工,施工单位会给一部人投上保险,这部分人是经常跟着施工单位干活的人,随时找来的工人根本不会给他们投保。比如600个工人,为了办手续开工,只会给300人投保,谁也不会知道你工地上用了600人,这么大的工地上人根本不显眼,没有人去查。"谁也不愿意工地上死人,但工地上死一个人是很正常的现象"。有些"农民工"自己也不注意人身安全,没有安全意识,有些"农民工"在这么高的地方干活,连安全带都不系。有一次在一个工地上一块石板从上面掉下来就直接拍死一个人,晚上直接来车就把这个人拉走了,至于谁拉的拉到哪儿没有人知道。施工单位最反感的就是媒体,如果被媒体曝光就要停工,这么大的工程,每天的损失都要好几万,因此人死后,消息立刻封锁。有的给"农民工"的家庭就赔几万,家属不愿意也没有办法,人已经死了,他们也没有能力和施工单位抗争。前段时间郑州某施工单位因工死了五名农民工,属于重大伤亡事故,中纪委派人下来调查,调查也没有什么,等到他们来了什么都处理好了,他们能看见和听见的都是施工方说的,无法接触到事情的真相。当然这中间也还会有别的"猫腻",比如塞钱之类的他没有再细说。我问他:"'农民工'死亡就可以这样轻而易举的瞒过去吗?"他说我:"学生就是思想单纯",看到的听到的都是政府好的一面的声音。当然现在比以前好很多了,管理逐渐到位,也不断和工人宣传要有安全意识。我问他郑州有没有这方面的志愿者单位帮助这些农民工维权,他说他不清楚,即便有也没人会搭理这样的组织,除了政府部门来的人,任何组织和个人连工地的大门都进不去。(编号:郑州—经营型—002)

10.2.2 难以落户

王飞等对我国户籍制度改革起步较早的重庆市、宁波市、石家庄市和郑州市等地进行研究时发现,当前户籍改革主要解决了三类人员的进城落户问题:一是符合"投靠"政策规定但没有指标的人员进城落户;二是"城中村"农民通过村改居等途径实现就地身份转换;三是鼓励各类投资、购房和人才引进。各地具体落户条件有宽有紧,但基本上都以"合法固定住所、稳定职业或收入来源"作为底线进行限制①。从各地城市户籍制度改革的情况来看,只有极少数有特殊贡献的劳工型移民解决了落户问题,对于大部分进城"农民工"而言,进入门槛较高,劳工型移民把户籍迁入城市所占的比例很低。如我们在沈阳市访谈的十个劳工型移民案例中,只有一例是将户籍迁入城市(沈阳—劳工型—001),该案例中的鲁先生是通过自身努力通过买房实现落户和社会流动的。这种通过资本积累实现拥有城市物业而达到落户的方式在劳工型移民群体中,是一条不可复制的途径。更多的劳工型移民没有足够的购买能力通过购置房产获得城市户口,因此失去了利用这一途径实现落户的可能。

我觉得杭州的房子太贵,想要在这里买房子真是不容易,还好我们公司提供集体宿舍,不然自己去租房租金也不便宜,更不用说去买房子了。要变成城里人的话那至少要有自己的房子,至少要有能力供得起房子,现在杭州的房价等于说也是给外来人入住设置的一个障碍(编号:杭州—劳工型—001)。

他从来没有在城市安家的想法,也没有打算把孩子带到城市上学,根本就没有这个经济能力,"能在城市安家的农民工少之又少",他想都没敢想过能在城市安家。目前就打算一直干下去,都是为了孩子,等把孩子供出来,孩子有工作,可以自己挣钱了,他年纪大了干不动了才回家,回家后种种地够吃喝就可以了。(编号:郑州—劳工型—003)。

10.2.3 档案的工具性使用

我国档案行业标准《档案工作基本术语》对档案的定义表述是:"国家机

---

① 刘传江、徐建玲等著:《中国农民工市民化进程研究》,人民出版社2008年版。

构,社会组织或个人在社会活动中直接形成的有价值的各种形式的历史记录。"由于劳工型移民尤其是散工人群通过非正式渠道就业,其工作以频繁的同等级流动为主要特征。档案对于劳工型移民来说并无太多实质意义,以至于有些访谈对象对"档案是什么"这一问题表示茫然。一般来说作为一个比较低层的打工者是没有档案,也不需要档案的。但当需要在工作积累的基础上实现社会流动,尤其是要通过正式就业渠道实现求职成功的时候,个人活动与国家机构和社会组织发生关系,档案的作用就会体现出来。对于一些流动性较强的劳工来说,"暂住证"比档案更为重要。这种能够证明其身份的证件如果不见了,可能导致遭遇被拘留等国家暴力机关施予的惩罚。

苏先生在外打工,没有档案,都不知道档案里面都有点啥。在外打工,他最讨厌查暂住证,在新疆打工的时候,他们在村庄里租的房子。正睡觉的时候,一群人把那一块聚居区围起来,所有人拿暂住证下楼,没有暂住证的立马被拉近一个面包车内,送往拘留所。要么给钱,要么老板给钱保出来。他说他最痛恨暂住证这个东西,这是最不公正的东西了,所以后来他不管去哪儿,只要是办证,他就掏钱办,以免进拘留所有"好果子"吃就晚了。(编号:郑州—劳工型—009)

在鲁先生的城市迁移过程中,我们看到,他并不是一个高校毕业的高学历者,在早期的工作经历中也并没有因为学历的要求而使他在求职上受到障碍,但是当为了获取更高级一点的工作时,档案和学历问题就比较突出了。

鲁先生只有高中学历,尽管念了自考,但是只通过两科,没有拿到最后的学历,虽然一直在自学,但是随着高等教育的普及,一个大专或者本科学历已经成为求职的敲门砖。在这种情况下,鲁先生无奈选择了造假。他伪造的档案寄放在了老家的人事部门,当然,这也是因为有特殊的关系,而且小县城,所以也比较容易造假。(编号:沈阳—劳工型—001)

与档案和户口迁移带来的繁琐和无用相比,有时档案和户口放置在原单位或原来生活的农村得到或可能获得的收益可能更多。出于这种理性计算,一些有档案认知的劳工型移民也主动选择不对档案和户口进行迁移。

吴女士和丈夫的户口和档案都在老家鞍山市的原单位放着,她认为她和丈夫年龄都大了,把户口和档案迁过来已没有必要,她总是期待着将来国家也许能对他们这些下岗的贫困职工会有政策上的帮助。她希望女儿的户口能留在沈阳,这样会更加有利于女儿今后的发展,"我们无所谓了",吴女士说。(编号:沈阳—劳工型—003)

林先生的档案和户籍一直在吉林老家没有变动过。他对于户口和档案没有多少认识,觉得没什么用,因为一直以来找的工作单位也没有特别需要档案的,所以档案就放在老家。在他看来,国家现在对农村的政策非常好,农民能享受的优惠政策也增多了，林先生说："我在老家自己有三亩地，每亩地国家每年补一百元，三亩就是 300 元。据说以后国家对农村的政策会更好的。况且我年底就打算回去了，所以没有把户口迁出来的想法。"（编号：沈阳—劳工型—004）

10.2.4　以理抗争与以身抗争：工资拖欠的解决

　　工资拖欠问题是劳工型移民面临的一个重要而特殊的社会保障问题。为加大"农民工"工资清欠力度，在人力资源和社会保障部领导下，2010 年全国各级劳动争议仲裁机构专门建立方便"农民工"劳动争议申诉的"绿色通道"，采取简易程序快速处理，对小额劳动报酬争议案件实行终局裁决、先予执行。据统计，2010 年全国各级劳动争议仲裁机构受理涉及农民工工资问题的争议性事件下降了 15.1%。但国家制度层面的设置往往并不能与劳资纠纷的社会现实对接。这种"绿色通道"的启动，以劳资纠纷事件的申报为基本前提。实践上，劳资纠纷往往在正式渠道以外解决。我们对一些做"包工头"的经营型移民的访谈从侧面反映了这种国家视野以外的工资拖欠问题和其解决过程。在这个过程中，直接与"农民工"发生劳资关系的施工单位与"农民工"群体站在统一战线，共同与项目开发商进行对话。有时我们也会看到，是施工单位和"农民工"群体发生劳资纠纷。无论是何种形式的争议，农民工群体都处于不利的被动地位。

　　劳动合同是确定雇佣关系的正式书面协议，也是保障劳工型移民权益的重要凭据。郑州"案例—004 中"的建筑工人吕先生在长期的讨要工资斗争中总结出最重要的经验就是干活之前一定要签订合同。对于一般劳工来讲，签订合同意识并不是很强，这也是导致后期出现劳资纠纷或工资拖欠时劳工处于被动和不利地位的重要原因之一。这时，劳工只能通过自己、工友互助或集体行动的方式进行抗争。吕先生就是这一持有"弱者的武器"通过各种形式与拖欠工资作斗争的典范。在斗争的过程中，以理抗争和以身抗争是他组织集体行动的重要策略。

　　在提到拖欠农民工工资的问题时，他说拖欠农民工工资不是施工单位想拖欠，而是开发商拖欠施工单位的钱，施工单位无钱支付农民工。有一次一个项目的开发商是台湾的老板，施工单位与开发商签订的合同价是 4 600 万元，但施工单位完工后结算价为 6 400 万元，开发商不愿意，找了四家公司审计，最后定的价格为 5 600 万元，但就是不给施工单位钱。他说很多农民工闹事都是施工单位在背后组织的，因为施工单位和开发商签订的有合同，不好意思撕破脸皮，就组织农民工闹事要钱。这个台湾开发商满世界地飞，想找到他人不容易，有一次得到消息他回来了，就组织了 10 个农民工去要钱，整整跟着开发商一天，开发商去哪儿农民工就去哪儿，最后到了晚上开发商报警，警察来后看是拖欠农民工工钱的事情，不好插手，开发商最后没办法，晚上十点叫来了"黑帮"的人，"黑帮"的人都是掂着枪去的，农民工这次没能讨到钱。第二次在得到开发商又来郑州的消息后，施工单位拉了一中巴的农民工，把开发商团团围住，于是当天就把付款的方式定下来了。（编号：郑州—经营型—002）

他在"农民工"群体当中很有号召力，经常也帮助其余"农民工"讨要工资。有一次，他同乡的一个朋友被拖欠工资，要不到钱，就给他打电话，同乡抱着电话一直不停地哭，同乡承包了一个小工程，被拖欠了 6 万多元，要不到钱，也没有钱给手下干活的人，被逼得一直哭，就找他帮助。他首先就问同乡有没有签合同，同乡说有合同，这样他心里就有底了，"有合同就有道理，走遍天下都不怕"。他讨要工资非常有经验，凭借着合同采用正规渠道和非正规渠道相结合的一种方式，也就是以理抗争和以身抗争相结合。他一般不去找政府下设的帮助农民工讨要工资的部门，比如劳动监察大队，这样拖的时间会很长，不会立即解决，而是直接找到省政府。他让朋友带上合同，和朋友一起来到省政府，政府看门的人开始不让进，他就在门口嚷嚷："你想把我们逼到绝路上吗，民工等着回家收麦也要不到钱，省政府不该管这事情吗？"他说只要在门口不走，省政府肯定会有人出面协调，不会让把事情闹大的。最后，省政府的人直接打电话给劳动监察大队，劳动监察大队又打电话给公司，不一会儿，公司就派人过来了，他手里有合同，有证据，嚷着要打官司，其实内心并不是真的想打这场官司，公司的人只想赶紧把他们给拉回去，一个劲儿地说这官司不能打。他上午 11 点左右去的省政府，下午 1 点半就回来了，公司承诺说下午 6 点给钱，他来到公司，就跟在老板后面，但一直到晚上 10 点也没有给。他火了，就开始以自己的命相要挟，"你说你今天给钱不给钱吧，不给钱今天就死在这，反正你不给钱也是饿死，把我逼死也是死"，"我这手里有合同，你说给我钱，有理走遍天下"，就这样在公司纠缠到晚上 11 点多，只要回了 4 万元，还有 2 万多元没有要回，但这样总比一分钱要不到好，"以前出来，咱农民没有这个意识，不知道要签合同，现在我时常就叮嘱他们，一定要签合同，一定要签合同，有了法律依据，咱就不怕，咱就一定可以要到钱"。

他除了自己帮助"农民工"个体讨要工资，还组织过民工群体一起讨工资。有一次，他们同乡的几个人给老板干活，但开发商一直欠着钱不给，他就组织了民工群体。他在民工之中非常具有号召力，而且他也有些许的法律常识，他说"我会和他们说，我们只是在那静坐，我们只能动嘴说，绝对不能动手打架，欠我们工资本来就是违法的，如果我们去打斗，我们就成违法的了，我会一再强调绝对不可以破坏开发商的东西、绝对不可以破坏公共建筑、绝对不可以动手打架，我们只要做到了这三个绝对不，就一定可以要到钱"。"我们一般都是打个条幅在那静坐,其实打条幅的事也是法律上不允许的,但我们已经想好了,你说我们是违法的,是你们拖欠我们工资违法在先,况且我们农民工不懂法"。(编号:郑州—劳工型—004)

因此,只有国家加大对劳工型移民权益的保护力度,同时全社会共同形成对这一公共事务的关注和舆论压力,才可能降低劳资纠纷和"农民工"被侵权事件发生的概率。依靠用人单位"道德的血液"的价值力量是不够的。

张总说现在都不敢拖欠工人工资,一个怕他们跳楼,再一个也怕上访。另外国家对农民工工资这块有着很严格的规定。工程款拨付后,必须先支付工人工资。在办施工手续前,农民工工资按比例在建委压着,如果敢拖欠,建委清欠办就去封门。工人的保险是强制险,施工许可证之前都必须办理保险。但是一般有工伤,都是队长带着去医院看看,买点吃的就协商解决了(编号:郑州—经营型—008)。

10.3 经营型移民的社会保障

由于自主经营,自负盈亏的非正式就业特点,经营型移民经常游离在国家正规就业和社会基本保障制度之外。我们的访谈对象中有相当一部分人没有入保,有的对档案和户口的基本知识表示茫然。如沈阳"案例002"中的李先生目前医疗、工伤、养老以及其他各类保险情况他都没有。整体上讲,受财政体制和统筹区域政策等因素的制约,政策性社会保障在经营型移民群体中的落实并不到位。有些从单位职工转化为个体经营者,社会保险交付的责任就全部转移为自己承担。

李先生做电子商务的业务员时,单位就开始给交"五险",也就是如果在单位工作,那么单位就给交,没在单位工作时就自己交。现在开店了,保险就得自己去交了。(编号:沈阳—经营型—004)

他2006年回到郑州在第二家房产公司工作时就办理了三险(养老、医疗和失业),现在虽然自己做生意,但这些险并没有停交,这三险加起来每个月差不多要交1 000元左右,由第二家房产公司替他交,他再把钱给公司。他很看重这些社会保障,还说自己没办住房公积金太亏了,不然每个月就可以少还些钱。(编号:郑州—经营型—002)

而没有单位工作经历的经营型移民的社会保障主要通过购买商业保险的方式达成,这时个人的参保意识等个体化因素就起到较为关键的作用,从而使经营型移民的参保形态呈现出多样性。事实上，一部分有参保意识的经营型移民还是会通过各种方式办理保险业务。如户籍和档案关系仍然在农村老家的经营型移民，往往以参加"新农合"或"新农养"的形式实现社会保障。

她没给自己交保险："我要是再交保险，就更不够活了，我还不如回农村了呢。"（编号：沈阳—经营型—005）

他各种保险都没有，按他自己的话说："医疗、养老等各种保险都是一个钱的问题，一个人做生意有钱了，还会在乎这个保险吗！像他的顾客开个车，一次就买几千块钱的鞋"。他目前还没有买保险的打算，一是没有意识要买保险，二是钱都投在了生意上，也没有钱买这些保险。而且他总觉得自己现在还不固定，想等有一天工作固定了再买保险也不迟。（编号：郑州—经营型—003）

我问师傅有没有办什么医疗、养老保险之类的，他说他从老家来的时候，刚交了一种什么险，一年交250多元，交15年，60岁之后按当时的物价标准每个月就可以固定领钱了。现在他村子上有人就已经开始每月领钱，一个月110多块钱，等他60岁以后，物价标准肯定比现在高，领的钱也会比现在多。他也不知道这是什么险，镇上领导去家里宣传，大家都说这种险可以得到实惠，他全家人除了孩子都交了，孩子必须要到20岁以后才能交。我觉得他说的应该是养老保险，师傅说交这个险挺高兴的，老了干不动活了有保障，全家都乐意交。

我问他有没有参加"新农村合作医疗"，并向他解释你买这个保险后，生病了去医院看病，然后有固定的地方为你报销一部分钱。他说他交这个钱已经交了4年了，每年是25元，头一年病了不给报销，以后的每年如果生病住院就可以报销一部分钱。他现在交的养老保险和医保都是村里有人上门宣传，而且已经有人从交的这些险中得到实惠，农民就是朴实，大家说好，也不知道交的这钱是干什么，只知道老了能领钱，病了能报销就把钱交了。他说他所在的那个村子买这两种险的人挺普遍，他全家都买了。（编号：郑州—经营型—001）

郑州"案例—001"中的刘师傅来自河南省罗山县。罗山县是探索实施新型农村合作养老保险制度的试点。凡是年满20周岁以上的罗山农村居民，缴费满15年，年满60周岁后，都可以按月领取养老保险金。年满60周岁以上的老人，按该县上年度农民人均纯收入6%缴费的，每人每月领101.3元；按8%缴费的，每人每月领111.8元；70周岁以上老人，政府每月每人补助养老金10元。县政府每年拿出本级财政收入的3%补贴新型农村合作养老保险基金。"新农养"采取个人缴费、集体补助、政府补贴、社会捐资的模式，紧扣"老有所养"这一主题，自启动以来，全县已有269个村启动了这一工作，参保总人数近6万人。我们认为，从个体层面上看，经营型移民以农民的身份获得农村养老保险，自身进入老龄后的生活得到一定程度的保障；而从社会层面上看，这对于社会稳定和社会公平而言都是有利的。但应当看到，经营型移民，尤其是有城市定居意愿而户籍仍在农村的经营型移民作为一个整体，已经不可能完全回归农村，回归农民身份，而是要持续地在城市中生活，因此，新移民的市民化问题是不能也无法回避的。

10.4 智力型移民的社会保障

相对而言，智力型移民的社会保障现状是三种类型的城市新移民中相对较好的。这与智力型移民的就业状态密切相关。由于该类型的城市新移民通过正规部门实现正式就业。这些部门多数在政府征税和监管体系之中，职业稳定性、收入福利待遇等方面可以得到保障。高校毕业生离校时，一般都会由学校、学生本人和工作单位三方就毕业生离校后的就业工作落实签署一份协议（简称"三方协议"）。协议签订后，学校会给毕业生派遣证，拿着派遣证到工作单位报到后就开始计算工龄，而高校毕业生也拥有了"干部身份"。

农民、工人和干部的区分，是改革开放前的社会主义时期中国社会公民身份分类的制度安排，并作为一种制度后果影响至今。有调查指出，在改革开放前有与之相应的多达14种制度来确保这种制度性设计：户籍制度、粮食供应制度、副产品和燃料供应制度、教育制度、就业制度、医疗制度、养老保险制度、劳动保护制度、人才制度、兵役制度、婚姻制度、生育制度等①。随着社会转型和社会制度变迁，一些与身份捆绑的制度设计逐退出。但在目前我国社会体系中将公民分为农民、工人和干部三类身份的情况下，高校毕业生的"干部身份"仍然等于在社会结构中进行流动和升迁的一种身份认可和社会资本（如职称评定的凭证），为其个人的进一步发展提供了上升空间和基础。从个体层面上来看，高学历背景的智力型移民对社会保障较为了解和理解，并且有能力进行支付，这也是智力型移民社会保障情况较好的重要原因。

苗女士单位的效益比较好，三年以来单位一直给她交"五险"（包括养老保险、医疗保险、失业保险、工伤保险和生育保险）。三个月前，单位已开始给个人交住房公积金了。（编号：沈阳—智力型—002）

社保制度我觉得挺好的，只要交了社保，工伤就（花钱）很省。我同事的

---

① 刘纯彬：《论中国的二元社会结构——阻滞中国农村工业化城市化过程探析》，《社会》1989年第8期。

哥哥因公受伤了，总共花了 3 000 多元的医药费，然后大概报销了 80%，2 000 元吧，另外公司还赔偿了（大概是 4 000 元吧，具体忘记了）。我们有社保的看个病就方便多了，但是那些没有社保的，看病就要花很多钱了。（编号：杭州—智力型—015）

10.4.1　档案与户籍

在我国人事档案一般只有国家机关或企事业单位才有接受权，如果在事业单位就业，毕业即找到工作的智力型移民的档案和户口一般随着工作走。随着经济类型的多元化，当前的私企、民营经济和外资企业都不能接收和管理档案，在这类非国有单位就业的智力型新移民们只能将档案交给人才交流中心管理。如果就业后的工作是临时性的，则工作单位对档案和户口较少做出要求。这时的智力型移民户口与档案可能出现回归家乡或断档的情况。

苗女士在沈阳上的大学户口也随之被迁来。大学毕业后，苗女士将档案放入一家人才中心，户口则被迁回老家，直到她买下房子后户口才终于落在了沈阳。（编号：沈阳—智力型—002）

高女士上大学来到沈阳时户口和档案也随之被迁来。大学毕业后她把户口落在了沈阳的奶奶家，但是工作单位都是临时的，不需要档案，所以档案的问题一直是困扰着高女士的大问题，直至现在档案仍在自己家里放着。（编号：沈阳—智力型—003）

他的档案和户籍都在深圳人才市场，现在任职的公司总部在深圳，所以签约之后就把档案和户籍直接落到了深圳人才市场。当他离职的那天到深圳人才市场迁出来就可以了，档案和户籍的管理费用到时候交齐就行了。因为户口不在沈阳，他之前要评助理工程师职称的时候遇到了障碍，要到户口所在地来评。其他的也就没什么感觉。他也没办居住证，因为在沈阳不办居住证也能缴纳保险。（编号：沈阳—智力型—006）

另外一种情况就是高校毕业后未能立刻就业的大学生档案处理。目前国家对于毕业未就业的大学生的档案，一般采取三种方法：一是把档案转至生源地，由所在地级市的人事局接收。二是把档案留在学校。2002 年国家下发文件，允许毕业时尚未落实单位的毕业生户口、档案留校两年。三是把档案转至就业代理或人才交流中心。

邓绍兴认为，人才频繁流动，人事档案的作用被淡化，某种意义上来说是社会进步的一个方面。全国已有相当多的城市明里或暗里承诺高级人才不受人事档案限制，这一方面说明人才已经成为地方社会发展的重要战略资源，人才大战的帷幕已经徐徐拉开;另一方面也说明传统人事档案制度的功能在慢慢削弱。虽然档案的"决定性"作用在淡化,但并不意味着档案对于个人就不重要,尤其在我国现行的体制下,如养老保险、医疗保险、失业保险等国家强制推行的福利政策,职称评定、各种政审等,仍需要人事档案。目前,已经有一些地区在这方面取得突破,比如上海已取消了办理社会保险在档案上的限制,档案在外地的工作者只要调档确定工龄,就可以在上海办理职工的"四金"(失业、养老、医保、住房)(《北京晨报》:2006)。但在保险报销跨地域支付尚未实现的今天,档案仍然对社会保障实施有所影响。

他有医疗、工商、养老、失业、商业保险。"月月都在工资里扣好几百块钱。"但是因为医疗保险的地域限制,他深圳的医保在沈阳是不可用的,所以他买药,去医院看病都是自费。保险报销的地域限制还是很严格的(编号:沈阳—智力型—006)。

10.4.2 落户与城市身份

相对而言,户口背后所依靠的户籍制度对城市新移民的城市融入尤其是在社会保障以及社会心理层面的影响更加深刻。如以就业单位所有制形式来分类考察,可以将劳动力就业划分为全民所有制职工、集体所有制职工和个体户等。城镇部分集体所有制职工、个体经营者、私营企业和"三资"企业中的中方职工远不能享受到全民所有制职工那样优厚的社会保障[①],但这种所有制单位的准入标准往往与户籍联系密切。

当前一些省市已经开始对户籍制度进行改革尝试。如 2001 年其广东省决定按照实际居住地登记户口原则,实行城乡户口登记管理一体化。以沈阳为例,当前地方政策放宽,只要取得"房证",即可落户沈阳。不仅本人可以落户,配偶未婚子女及父母均可在沈阳落户;子女上学和沈阳本地户口待遇完全一样。一些有能力在沈阳购房的智力型移民通过买房拥有了沈阳户口,从而在心理上实现了城市身份的认同。也有人认为,只有进入当地事业单位,才是真正地实现城市融合,成为本地人。这种社会心态从侧面反映了对正式就业和非正式就业结构与类型的认知。

中专毕业后王女士没有就业就失业了,当时不得不把户口和档案放回老家,之后的工作都是临时的也不需要调动档案,所以档案也一直没动,现在她觉得档案对她事业的发展没有什么影响,如果将来需要,她从老家迁来也不迟。她对户

[①] 刘传江、徐建玲等著:《中国农民工市民化进程研究》,人民出版社 2008 年版。

口则十分看重，因为她一心想成为一个真正的城里人，只有拥有了沈阳户口才能让她从骨子里真正认定她的城市身份，从而达到她的目标，通过买房她最终拥有了沈阳户口。（编号：沈阳—智力型—002）

王先生称自己是"三无人员"——无户口、无身份证、无档案。2005年大学毕业时，当时学校规定无论是否找到接收单位，一律把户口签走，当时王先生把户口迁出来一直放在自己手中，直至2006年春，他父母告诉他老家里要动迁，按每户的人头给拆迁费，为了得到拆迁费，他就托关系把自己的户口落到自己村里，直到现在老家也没有拆迁。他结婚后户口才迁到沈阳。至于档案，因为他大学毕业时还欠学费，学校按当时的规定直接把档案扣在学校，一直到现在，他也没打算还那笔学费，他说现在档案好办，只要肯花钱就能办个假的，所以原来的档案要不要都不影响他赚钱。身份证2008年上半年丢了，因为他的户口在老家，要办理身份证只能回老家办理，可是他上班时间回不了家，节假日回家，办理身份证的机构又不上班，所以一直没办理。虽然是"三无人员"，但不影响他的单位给他上养老保险、医疗保险、失业保险，三险每总共从他工资里扣去156元钱。他虽然在居住方面已经相对稳定，但工作方面依然存在不稳定因素，他认为只有进入机关、事业单位，他才能成为本地人。（编号：沈阳—智力型—005）

他的户口在他买完房子以后落到了沈阳，这样将来许先生孩子的户口也可以随他落在沈阳，上学就没有户口的限制了。他和老婆工作的单位虽然都是私企，但他们属于办公室的高层工作人员，所以单位都给他们上了应缴的保险，没有什么可担心的。（编号：沈阳—智力型—010）

智力型移民对于保险的态度，则呈现出不同的倾向，甚至表现出截然相反的态度。有的人单位和个人各承担一部分保险金缴纳，仍然认为不如钱在自己手里安全；有的虽然单位没有医疗、养老等这些政府的保险，但仍然会自己出资购买商业保险以求得心安。多种情况的存在，也是智力型移民群体社会价值取向多元化的表征之一。

他觉得保险费用单位只是负责交一小部分，大部分还要自己交，这些钱都是从工资直接扣除的，根据他目前的收入，每个月要扣除1 500元左右作为保险费用，而他现在在私人企业上班，没有安定感，如果以后不在此单位了，保险费要么停交要么就要全部自己交，他没有为长远考虑的意识，只想钱全部放在自己的手里才安定。（编号：郑州—智力型—001）

他没有医疗、养老等这些政府的保险，他在保险公司给自己买的定期寿险附加住院医疗，每年他交1 000元，如遇到重大事故死亡，可以给家人赔付100万元，如果没有重大事故发生，20年交满后返还，相当于一个无息存款。（编号：郑州—智力型—001）

改革开放以后，为了适应市场经济体制改革需要，我国的社会保障制度开始进行变革。在城市移民徒增的社会背景下，各个城市开始酝酿与城市新移民发展相适应的社会保障体系。但定量和定性数据反映出，调查地城市的公共产品供给（如住房、教育、基础设施等）都表现出滞后的情况，户口、档案、保险等都设置了层层限制，不能满足城市新移民移居城市的基本需要，或者说造成了社会保障的制度排斥。目前由于户籍的限制，劳工型移民大多被排斥在城市社会保障体制之外，在生活条件、就业和医疗等诸多方面，都处于一种体制外状态，受到不公正的市民待遇，这无论是对其基本生活，还是对其在城市定居的意愿都造成了很大的打击。对于经营性移民来说，由于其自主经营，自负盈亏的非正式就业特点，他们经常游离在国家正规就业和社会基本保障制度之外。但对一些具有保险意识，经营收入较为可观的经营型移民来说，购买商业保险成为他们获得未来保障的一条途径。相比之下，智力型移民享受各种保险和单位提供的福利的比例都多于其他新移民，这成为他们具有较高的市民性和较强的市民认同的重要原因。

第十一章

城市新移民的基本现状及问题：
基于郑州的调查

11.1 郑州市概况

11.1.1 区划概况

郑州市是河南省省会，地处中华腹地，九州通衢，北临黄河，西依嵩山。位于河南省中部偏北，黄河中游南岸。东连开封市，西接洛阳市，南邻许昌市，北隔黄河与新乡市相望。东西最大横距166公里，南北最大纵距75公里，总面积7 446.2平方公里。为了促进河南及中部地区的发展，2003年河南省委、省政府提出了构建中原城市群的设想，中原城市群以省会郑州为中心，包括洛阳、开封、新乡、焦作、许昌、平顶山、漯河、济源在内共9个省辖市和48个县市，总面积5.87万平方公里，人口3 903万，全省60%的城市、35.1%的面积和40%人口分布于此，是河南经济发展的核心区域。自中原城市群建设实施以来，郑州市越来越成为中部地区发展的"领头羊"，吸引了周边地区大量的资金、人力等要素，在近几年内获得了快速发展。

目前，郑州市区面积1 010平方公里，城市建成区面积113平方公里。现辖金水区、中原区、邙山区、管城区、二七区、上街区、中牟县，代管巩义市、新郑市、荥阳市、登封市、新密市6区5市1县；一个国家级新区，两个国家级开发区、一个国家级出口加工区；是中国历史文化名城、中国八大古都之一、中国优秀旅游城市、国家园林城市、国家卫生城市；是中华人文始祖轩辕黄帝的故里，商朝开国君主商汤所建的亳都，是河南省政治、经济、教育、科研和文化中心。

11.1.2 社会经济发展概况

郑州市2010年的政府工作报告表明，① 2009年全市实现生产总值3 300亿元，增长12%；地方财政总收入达到521.7亿元，增长12.3%，其中一般预算收入达到301.9亿元，增长15.9%；全社会固定资产投资完成2 289.1亿元，增长29.1%；社会消费品零售总额完成1 434.8亿元，增长18.9%；城镇居民人均可支配收入达到17 417元，农民人均纯收入达到8 121元，分别实际增长9.5%和7.8%。

在服务业方面，2009年全市第三产业增加值达到1 400亿元，增长13%。商贸流通业发展迅速，编制了《郑州市现代化商贸城建设总体规划》和《郑州市商业网点规划》，有10家商贸流通企业年销售额超10亿元。会展经济繁荣发展，全年举办全国药品交易会、全国汽车配件交易会、全国糖酒商品交易会等大型展会84场，累计办展面积124万平方米，拉动经济增长100亿元以上。

在城区建设方面，郑州市重大基础设施建设初见成效，高速铁路综合交通枢纽站、机场至民权高速公路、四港联动大道等一批项目相继开工，郑州东500千伏输变电工程、陈三桥污水处理厂一期工程基本建成，郑新黄河公铁两用大桥、国际航空港配套工程等项目顺利推进。

伴随着社会经济的快速发展，城市综合承载能力进一步提升。目前，郑州市正在着力构建城市综合交通体系，配合做好石武、郑西、郑徐铁路客运专线建设工作，郑州至焦作、郑州至开封、郑州至机场等城际轨道交通工程开工建设。市政重点工程进展顺利，65个城建项目累计完成投资100亿元，是近年来投资规模最大的一年。南三环—嵩山路立交、天河北路等一批市政交通工程建成启用，京广路—沙口路高架快速通道、中心区铁路跨线桥、火车站西出口站前广场等工程加快推进。地铁1号线开工建设，文化路—东风路等8座下穿式隧道和8座人

---

① 参见郑州市人民政府发布的"2010年政府工作报告"，网址为：http://www.zhengzhou.gov.cn/html/1262573618890/1266799812463.html。

行过街天桥加快建设。市区新建公园3个、游园16个，植物园一期竣工开园，新增绿地561万平方米。

11.1.3 外来人员的变化情况

伴随着经济社会的快速发展，郑州的流动人口数量的急剧增加，外来人口在总人口中的比重逐年上升。统计数据表明，20世纪90年代以来，郑州市的外来人口数量稳步增加。截止到2009年，常驻外来人口的数量已经接近224万人，占整个郑州市常驻人口总数的23.4%。这意味着几乎每4个在郑州生活的人中，就有一个外来人口（参见表11-1和图11-1）。

表11-1　　　　　1992~2009年度郑州市人口数据表　　　　　单位：人

年份	户籍人口	非农业人口	农业人口	常驻人口	外来常驻人口
1992	5 559 680	1 525 897	4 033 783	5 739 697	180 017
1993	5 656 950	1 686 782	3 970 168	5 856 104	199 154
1994	5 761 300	1 774 055	3 987 245	5 954 207	192 907
1995	5 833 545	1 839 309	3 994 236	6 089 720	256 175
1996	5 894 143	1 905 651	3 988 492	6 158 933	264 790
1997	5 973 299	1 979 386	3 993 913	6 225 092	251 793
1998	6 060 225	2 034 967	4 025 258	6 356 218	295 993
1999	6 153 573	2 107 151	4 046 422	6 344 609	191 036
2000	6 280 197	2 206 965	4 073 232	6 794 758	514 561
2001	6 389 101	2 314 569	4 074 532	6 895 403	506 302
2002	6 490 875	2 416 157	4 074 718	6 877 300	386 425
2003	6 610 688	2 497 216	4 113 472	7 026 631	415 943
2004	6 711 519	2 612 659	4 098 860	7 261 277	549 758
2005	6 796 951	2 731 185	4 065 766	7 564 116	767 165
2006	6 916 223	2 927 412	3 988 811	7 873 167	956 944
2007	7 070 145	2 978 581	4 091 564	8 285 583	1 215 438
2008	7 196 050	3 017 749	4 178 301	9 038 887	1 842 837
2009	7 314 705	3 073 790	4 240 915	9 553 287	2 238 582

资料来源：郑州市公安局提供。

图 14-1　1992~2009 年度郑州市常驻外来人口变化

11.2　郑州市移民政策演变

随着城市化的高速发展,越来越多的外来人口涌入郑州市务工经商。与此同时,郑州市有关移民的政策法规也发生了很大的变化。本节主要从户籍政策、就业政策、公共服务、计生政策等方面简要叙述郑州市移民政策的法规演变。

11.2.1　户籍管理:从控制为主到政策放宽

郑州市外来人口的变化与郑州市的户籍政策密切相关。总体来看,改革开放以来郑州市户籍政策的演变大体分为三个阶段。

第一,调整阶段。为了贯彻落实《国务院批转公安部关于解决当前户口管理工作中几个突出问题意见的通知》文件和省政府《关于批转省公安厅关于调整我省户口管理有关政策的意见的通知》(豫政〔1998〕68号)精神,根据公安部、省政府及省厅的有关规定,在继续坚持严格控制省会城市规模,合理发展县(市)的原则下,调整郑州市户口管理的有关政策,计划经济体制下的户籍管理政策有所放松。这一阶段户籍政策调整的主要内容包括以下几个方面:一是实行婴儿落户随父随母自愿的政策。二是放宽解决夫妻分居问题的户口政策。夫妻分居,一方在常住户口所在地辞职或无固定职业,已投靠配偶实际连续居住县(市)一年以上、市区三年以上,准予在郑州市落户。三是男性超过60周岁、女性超过55周岁,身边无子女需到郑州市投靠子女的公民,允许落户。

第二，放宽阶段。为了贯彻落实《河南省人民政府关于进一步加快河南省城镇户籍管理制度改革的通知》（豫政［2000］11号）精神，郑州市于2001年11月1日下发了《郑州市人民政府关于进一步完善和落实户籍制度改革政策的通知》（郑政［2001］13号），取消了进城控制指标和"农转非"计划指标，放宽了亲属投靠的落户条件，出台了吸引人才、购房、投资、兴办实业等落户政策，并将户口审批权限下放到县（市）级公安机关。这一阶段户籍政策的放宽主要体现在以下几个方面：一是亲属投靠。夫妻分居三年以上；男性超过60周岁、女性超过55周岁，身边无子女；子女户口在外地年龄在16周岁以下的，准予迁入。二是新生婴儿可随父随母自愿入户。三是外地公民在郑州市市区购买住房面积达到56平方米以上的，准予本人和直系亲属迁入。四是在郑州市投资、经商、办企业的外地公民，纳税额达到10万元以上的准予本人及其共同生活的直系亲属迁入。五是凡具有大专以上学历的毕业生及郑州市需要的特殊专业的中专、技校、职专毕业生经人事部门或劳动部门批准后，即可在郑州市入户。

第三，实施一元制户籍管理。为了贯彻《中共河南省委、河南省人民政府关于加快城镇化进程的决定》（豫发［2003］9号）精神，按照《河南省公安厅关于进一步深化城镇户籍管理制度改革的通知》（豫公通［2003］244号）要求，郑州市2003年8月22日下发了《郑州市人民政府关于户籍管理制度改革的通知》，在全市范围内取消了农业、非农业户口的二元户口性质，实行一元制的户口管理模式，统称为"郑州居民户口"。同时，进一步降低了迁郑入户的门槛。这一时期户籍政策改革的核心内容包括以下几点：一是把在郑购买住房56平方米以上可以迁移本人及其直系亲属的条件调整为在郑州有住房的，不论面积大小，均可办理迁郑户口；为吸引更多的人才到郑州入户，放宽了引进人才的限制，对中专、中技、职专毕业生不再要求必须为郑州市急需的专业，规定具有中技（含技校）以上文凭的人员在市人才交流中心或职业介绍中心存档后，均可以办理迁郑户口。二是在非农劳动力转移方面，对于一些进城务工人员的户籍管理，特别规定在郑务工人员只要参加社会统筹，凭相关证明即可办理郑州户口，同时取消了近郊农村和市区之间户口的迁移限制，居民可以自由双向迁移。三是顺应人员合理流动的要求，放宽了亲属投靠的条件，凡是直系亲属迁入的，不受结婚时间和被申请人的年龄限制，均可办理郑州户口。四是凡在郑州市投资、经商的外地公民，连续经营三年纳税金额达到3万元以上的，或一年纳税达到10万元以上的，允许本人及其直系亲属户口迁郑。

第四，当前郑州市的户籍政策。这里从两个方面介绍郑州市的户籍政策，一是外来人员的落户政策，二是外来暂住人员的管理政策。相关政策规定，非本市外来人员落户郑州的具体条件包括：（1）实行亲属投靠入户。郑州市公民申请其配偶、子女和父母入户郑州，不受结婚时间和被申请人的年龄限制，均可办理郑州户口。（2）实行购房入户。在郑购买住房的外省市公民，不受房屋面积限制，可办理本人及其直系亲属的迁郑户口。（3）实行在郑就职入户。郑州市机关、企事业单位系统内部异地调动的正式职工，准予职工本人及其配偶和未成年子女户口迁郑。（4）实行学历入户。中等专业技术学校以上的毕业生，到市人才中心存档后即可办理迁郑户口。（5）实行工作资质入户。具有中级以上专业技术职称、高级职业技能资格或郑州市急缺的技术工种和特殊工种的外地企业职工，在郑州市有接收单位，经劳动保障或人事部门批准，可办理迁郑户口。（6）实行缴纳社会统筹金入户。与郑州市企事业单位签订劳动合同，并缴纳社会统筹金的人员，可办理迁郑户口。（7）实行投资纳税入户。凡在郑州市投资、经商的外地公民，连续经营三年纳税金额达到 3 万元以上的，或一年纳税达到 10 万元以上的，允许本人及其直系亲属户口迁郑；外商投资企业按其实际投入外资额，每 10 万美元可迁入 1 人。（8）实行成建制入户。外地企业成建制迁入郑州市的职工，经市政府批准，可办理迁郑户口。

在外来人口（非本市户籍）的登记管理方面，郑州市对暂住人口登记管理依据郑州市人民政府第 160 号令《郑州市市区暂住人口登记办法》（参见本章后附录）。

11.2.2　就业管理：从限制到开放

目前郑州市针对流动人口就业管理的政策法规是 2002 年 12 月 27 日颁布的《郑州市外来就业人员管理办法》。在郑州市流动人口管理相关政策法规中，就业管理的政策法规演变比较典型，体现了郑州市流动人口管理观念由限制到开放的转变。

1992 年 10 月 1 日，为加强对外来劳动力的管理，保障外来劳动力及使用外来劳动力的单位和个人的合法权益，根据国务院和省人民政府的有关规定，郑州市政府颁布了《郑州市外来劳动力管理办法》。此办法中可以看出有保护郑州市城市劳动人口的迹象，如"市区所有单位或个人需要使用临时工的，应首先招用市区城市行业人员。在市区城市行业人员不能满足需要时，应优先招用本市所辖各区、县（市）的城镇就业人员或农村青年。"除此之外还规定："外来劳动力在市区务工从业，应持常住户口所在地的乡（镇）以上人民政府或者街道办事处出具的证明和本人居民身份证，到市或者区外来劳动力管理部门申请办理《临时务工许可证》；成建制外来劳动力务工从业，应持有关证明到市外来劳动力管理部门申请办理《进郑许可证》；外来劳动力或者用工单位应按规定向外来劳动力管理部门缴纳城市市容纳费、务工从业管理费。"，这几项内容都表现出当时对外来劳动力的管理相当的严格、限制，外来人员在郑州从业存在一定阻力。

1996年9月16日起施行的《郑州市城市外来从业人员管理办法》与1992年的相比变化不大，其中还是规定了"单位或个人招用临时人员，应首先招用城市失业人员。城市失业人员不能满足需要时，应优先招用本市农村人员。"外来从业人员必须申请办理《外来人员就业证》，外来成建制单位需要到市劳动行政部门申请办理《成建制外来劳动力从业许可证》。而变化之处在于，取消了征收市容纳费和务工从业管理费的规定，增加了"市劳动行政部门应当将市区内各行业、工种分为可使用、控制使用和不准使用外来人员三类，并严格审批，分类管理"以及"外来从业人员必须持本人身份证明和流动人口计划生育管理证，到暂住地公安派出所申请办理暂住登记，领取《暂住证》；整户暂住的申领《暂住户口簿》"两项规定。从变化内容可以看出，对外来人员的管理明显科学化、规范化，但是外来人员在郑州的就业门槛仍然没有降低。

2002年12月20日郑州市政府发布了《郑州市外来就业人员管理办法》，《办法》中没有明确规定"单位或个人招用临时人员，应首先招用城市失业人员。城市失业人员不能满足需要时，应优先招用本市农村人员。"其次，为了使外来人员在郑州更好地工作生活、保护他们的合法权益，还规定劳动保障行政部门要对外来人员进行就业前培训、办理外来人员就业证，用人单位给外来人员的工资不得低于本市职工最低工资标准，依法为招用的外来人员办理社会保险手续，按时足额缴纳社会保险费等。与以往的外来人员就业管理办法相比可以看出，外流人口的就业渠道扩宽，各类职业介绍机构更加规范，管理流动人口的观念更加开放，有效地促进了全市就业工作的顺利开展，缓解了就业压力。

2004年郑州市农业局、劳动和社会保障局、教育局、科技局、建设委员会、财政局6部门制定的《2004～2010年郑州市农民工培训规划》，指出要在2004～2005年，对拟向非农产业和城镇转移的郑州市20万农村劳动力开展转移就业前的引导性培训，对其中的10万人开展职业技能培训；对已进入非农产业就业的30万农民工进行岗位培训；2006～2010年，对拟向非农产业和城镇转移的郑州市50万农村劳动力开展引导性培训，并对其中的25万人开展职业技能培训。同时对新进入非农产业就业的60万农民工开展岗位培训。以此来改变农村劳动力素质不高，缺乏劳动技能，严重影响了向非农产业和城镇转移步伐的问题。

11.2.3 福利与保障：从缺乏到完善

这里主要从农民工的子女义务教育、医疗、工伤与养老保险等方面介绍郑州市有关农民工的福利与保障政策。

在农民工的子女义务教育方面，随着城市化进程不断加快，进城务工就业农民子女义务教育问题日益突出。为贯彻落实《国务院关于进一步加强农村教育工作的决定》（国发［2003］19号）精神，依据《国务院办公厅转发教育部等部门关于进一步做好进城务工就业农民子女义务教育工作意见的通知》（国办发［2003］78号）要求，结合郑州实际情况，于2003年1月颁发了《关于进一步做好进城务工就业农民子女义务教育工作的意见》。意见中规定做好进城务工就业农民子女义务教育工作已成为各县（市）、区及市政府部门的年度考核标准，并对农民工子女入学过程中遇到的诸多问题给予解决。例如："全日制公办中小学在严格控制班额、确保教学质量的前提下，尽可能多地接收进城务工就业农民子女就学"；"对群众自发举办的以接收进城务工就业农民子女就读为主的民办学校，要加强扶持和管理"；"通过设立助学金、减免费用、免费提供教科书等方式，帮助家庭经济困难的进城务工就业农民子女就学"；"在评优奖励、入队入团、课外活动等方面，要做到进城务工就业农民子女与城市学生一视同仁"，等等，真正解决了农民工子女无处上学、上学难的问题。2004年6月6日郑州市政府出台了《关于进一步做好进城务工就业农民子女义务教育工作的实施意见》，对农民工子女上学渠道、教育收费以及学籍管理等方面做了更进一步的规定。意见中指出要尽可能多地接收农民工子女就学，有招生能力的学校不得拒收农民子女；要为在校的进城务工就业农民子女办理学籍，其毕业和升学参照当地有关借读生的规定执行；农民工子女接受义务教育收费要与当地学生一视同仁，到当地教育行政部门安排的公办中小学就读免收借读费；流出地教育行政部门要建立进城务工就业农民子女入学登记制度，并妥善管理好他们的学籍档案等。以上规定，可以看出为切实保障农民工子女平等接受义务教育的权利，政府在不断努力营造全社会关心、支持农民工子女教育工作的浓厚氛围，为农民工子女健康成长创造良好的环境。

在医疗、工伤与养老保险方面，流动人口的医疗与养老保险问题一直是社会关注的热点问题，针对这一问题郑州市也出台了几部相关的政策法规。2006年，郑州市出台了相关的规定中指出：农民工在本市城镇用人单位实现稳定就业的，可随用人单位参加本市城镇职工基本医疗保险；农民工在本市城镇从事个体经营的，按照《郑州市城镇个体劳动者参加基本医疗保险暂行办法》参加基本医疗保险。虽然有1万多名稳定就业农民工参加了城镇职工医保，但是，还有大部分流动性强、就业不稳定的进城农民工的大病医疗问题得不到保障。2007年5月11日，郑州市政府就《郑州市城区农民工基本医疗保险办法（草案）》召开听证会，向社会各界代表征求意见。按照草案，符合纳入医保范围的郑州市城区农民工是指具有农村户籍，在国家规定的劳动年龄内且有劳动能力，与郑州市城区区域内用人单位建立劳动关系的劳动者，用人单位都应按规定为与其建立劳动关系的农民工办理基本医疗保险。另外草案还规定，农民工参保无须个人缴费，所有参保费用由用人单位缴纳；农民工从参保缴费生效期的当月起，就可以与城镇居民享受同等待遇；参保者每年最高将可以净报销医疗费用6万元等。郑州市政府承诺将认真考虑会议代表的意见、建议，对《郑州市城区农民工参加基本医疗保险办法》征求意见稿进行进一步的修改与完善，力争尽快出台实施，使广大农民工朋友尽早享受到医疗保险待遇。

2006年郑州市颁布了关于印发《郑州市实施农民工"平安计划"加快推进农民工参加工伤保险工作方案》的通知，主要是以农民工较为集中、工伤风险程度较高的煤矿和非煤矿山、建筑等高风险企业为重点，用三年左右时间，将矿山、建筑等高风险企业的农民工基本覆盖到工伤保险制度之内。进一步落实和完善农民工参保、工伤认定、劳动能力鉴定、工伤待遇支付方面的有关政策，方便农民工参保和领取待遇；利用多种方式，做好"平安计划"的宣传工作，为推进农民工参加工伤保险营造良好的社会氛围。2007年11月16日，根据国务院《工伤保险条例》、《河南省工伤保险条例》等有关法律、法规规定，郑州市政府颁布了《郑州市高工伤风险企业农民工工伤保险办法》。此《办法》指出"高工伤风险企业均应为所使用的农民工办理工伤保险手续，并按照工伤保险经办机构核定的缴费额按时足额缴纳工伤保险费"；"建设单位拨付的农民工工伤保险费应当专款专用，不得截留或挪作他用"；"高工伤风险企业使用的农民工发生工伤事故时，用人单位应当采取措施及时救治并为农民工提出工伤认定申请"；"高工伤风险企业的农民工因工死亡或发生工伤被鉴定为1～4级伤残的，其供养亲属抚恤金或伤残津贴、生活护理费可按月领取，也可按照有关规定选择一次性领取"。可以看出，政府在不断完善和健全相关制度，维护高工伤风险企业农民工权益，保障因工作遭受事故伤害或者患职业病的农民工获得医疗救治和经济补偿。

郑州市流动人口养老保险是以2004年3月8日颁布的《郑州市人民政府关于农村劳动力转移就业后参加郑州市社会养老保险工作的实施意见》为基础实施的。《意见》规定：农民工转移到我市就业后，应依法纳入社会养老保险范围，执行郑州市企业职工社会养老保险政策，与同类型城镇企业职工享有同等的社会养老保险待遇；用人单位要从维护农民工合法权益出发，依法按照社会养老保险的有关规定，如实申报农民工的基本信息和实际工资收入，按时足额缴纳社会养老保险费；参保缴费后，个人缴费年限累计满 15 年（含 15 年）及其以上者，退休后按月享受基本养老待遇；个人缴费年限累计不满 15 年的，退休后其个人账户储存额一次性支付给本人等。这使农民工真正实现老有所养。

11.2.4 计划生育管理：从重在管理到强调服务

目前郑州市针对流动人口计划生育管理的政策法规是 1993 年颁布实施的《郑州市流动人口计划生育管理办法》。从流动人口计划生育管理政策法规的演变看，各级计划生育部门一直都是郑州市流动人口的计划生育主管机关、公安、工商、劳动和卫生等行政管理机关和计划生育主管机关共同合作、综合治理的思想也一直贯彻始终。管理制度基本稳定，20 多年以来没有太大的变动，管理思想从单纯强调管理转变为加强管理的同时，开始重视对外地来人员的权益保护和服务提供。

为了加强流动人口的计划生育管理，有效地控制人口增长，1993 年 10 月 8 日根据国务院批准、由国家计划生育委员会发布的《流动人口计划生育管理办法》和河南省人民政府发布的《河南省流动人口计划生育管理办法》，郑州市结合实际情况，制定施行了《郑州市流动人口计划生育管理办法》。《办法》中明确了各级计划生育部门与政府有关部门在流动人口计划生育管理方面的职责，指出管理的对象是"离开常住户口所在地到异地从业、生活的育龄人口"，对于"本市外出人口"由流动人口常住户口所在地的市各乡（镇）人民政府、街道办事处发放生育证，同时要对他们进行计划生育政策教育、建立联系制度以及外出流动人口的统计工作；而"外地来郑暂住人口"由常住户口所在地和现居住地人民政府共同负责管理。

2007 年 7 月 11 日由郑州市政府发布了《郑州市流动人口计划生育管理服务工作实施方案》，在计生管理理念和管理方式上都做了更多完善。第一，进一步明确各级计划生育部门与政府有关部门在流动人口计划生育管理方面的职责，服务的理念已贯穿其中。如"各县（市）、区人口计生部门与乡（镇）街道办事处签订年度流动人口计划生育管理服务目标责任书，对乡（镇）街道办事处的流动人口计划生育工作开展情况进行指导、监督和评估"；"乡（镇）街道办事处为流动人口已婚育龄妇女建档立卡，将资料录入微机数据库，纳入日常管理和服务"等。第二，实行四项管理工作制度，即"建立流动人口信息现代化采集制度，建立流动人口信息月报告单制度，建立流动人口计划生育信息月核查制度，建立流动人口信息月访视制度"。第三，健全管理服务网络，实行分类管理，即"在社区实行流动人口计划生育一体化管理、市民化服务,建立"社区居委会—居民楼院—楼栋"三级管理服务网络;在都市村庄实行"旅栈式"管理,建立"村民委员会—村民组—房东"三级管理服务网络;在各类经济组织和社会组织落实法定代表人或主要负责人负责制,建立"经济组织和社会组织—车间(下属单位)—班组"三级管理服务网络。通过以上种种措施建立"统一管理、优质服务"的流动人口管理服务新体制、稳定低生育水平,维护流动人口计划生育合法权益,提高流动人口计划生育管理服务工作水平。

11.3 郑州市城市移民的现状描述

根据课题组的统一安排,我们对郑州市的智力型移民、劳力型移民和经营型移民进行了问卷调查,回收共发放问卷 530 份,回收有效问卷 518 份,其中智力型移民 152 份,比例为 29%;劳力型移民 236 份,比例为 46%;经营型移民 130 份,比例为 25%。本小节的描述主要基于上述问卷调查数据。

表 11-2 郑州市调查样本一览表

	智力型移民	劳力型移民	经营型移民	合计
样本量	152	236	130	518
比例(%)	29.3	45.6	25.1	100

11.3.1 基本情况

调查表明,在所有的移民中,性别之间差异不大,男性占 51%,女性占 49%。相对来讲,智力型移民中,女性偏多,比例为 56%;而在经营型移民中,男性偏多,比例为 61%。

表 11-3 郑州市移民性别比例对比表

性别	智力型移民(%)	劳力型移民(%)	经营型移民(%)	合计(%)
男	44.08	50.00	60.77	50.97
女	55.92	50.00	39.23	49.03
调查样本	152	236	130	518

在年龄方面，在郑州市务工的农民工的平均年龄为 25.28 岁，其中智力型移民的平均年龄为 24.49 岁、劳力型移民的平均年龄为 23.16 岁、经营型移民的平均年龄为 30.07 岁，在三类城市移民中，劳力型移民的平均年龄最小，而经营型移民的平均年龄最大。具体的年龄分布参见表 11-4。

表 11-4　　　　　　　　　郑州市移民的年龄分布

年龄	智力型移民	劳力型移民	经营型移民	合计
20 岁及以下	6.58%	26.69%	4.62%	15.25%
21~25 岁	65.13%	53.39%	20.77%	48.65%
26~30 岁	24.34%	13.98%	34.62%	22.20%
31~35 岁	1.97%	2.54%	18.46%	6.37%
36~40 岁	1.97%	1.69%	14.62%	5.02%
41 岁及以上		1.69%	6.92%	2.51%
平均年龄（岁）	24.49	23.16	30.07	25.28

调查表明，智力型移民大多接受了大专及以上教育，在三类移民中受教育程度最高；在劳力型移民中，更多的是接受了初中教育或者高中（包括中专）教育，在三类移民中受教育程度最低；在经营型移民中，受教育程度相对分散，接受初中教育、高中（包括中专）、大专教育的人数各占一定的比例。总体来看，郑州市城市移民中 41.70% 的受访者接受了高中（包括中专）教育，28.96% 的人接受了大专教育。由此可见，城市移民的整体文化水平相对较高。

表 11-5　　　　　　　　郑州市移民的文化程度　　　　　　　　单位：%

文化程度	智力型移民	劳力型移民	经营型移民	合计
小学及以下		3.39	5.38	2.90
初中		24.15	26.92	17.76
高中（包括中专）	1.32	71.19	35.38	41.70
大专	74.34	1.27	26.15	28.96
本科及以上	24.34		6.15	8.69

调查表明，有 67.18% 的受访者迁入城市的原因是进城务工，有 25.48% 的受访者迁入城市的原因是进城求学，仅有 7.34% 的人是为了定居。值得注意的是，在智力型移民中，45.39% 的人当时迁入是为了读书，但是这些人读书毕业之后由于没有找到合适的正规工作，没有取得所在城市的户口，只能继续待在这

个城市，成为暂时飘在城市的打工者。

表11-6　　　　　　郑州市移民的迁入原因　　　　　　单位：%

迁入原因	智力型移民	劳力型移民	经营型移民	合计
定居	7.89	6.78	7.69	7.34
工作	46.71	73.31	80.00	67.18
读书	45.39	19.92	12.31	25.48

11.3.2　社会生活

收入增加是移民来到城市的主要目的。调查表明，在郑州市移民中，有近1/4的移民月收入在1 000元以下，有近一半的移民收入在1 000~2 000元之间，月工资超过4 000元的移民在整个移民群体中的比例不超过10%。移民群体的分类对比表明，劳力型移民的收入最低，智力型移民的收入居中，经营型移民的收入最高。

表11-7　　　　　　郑州市移民月可支配收入情况　　　　　　单位：%

收入分组	智力型移民	劳力型移民	经营型移民	合计
1 000元及以下	22.37	36.02	6.15	24.52
1 001~2 000元	60.53	57.20	23.85	49.81
2 001~3 000元	11.18	5.93	16.92	10.23
3 001~4 000元	2.63	0.85	18.46	5.79
4 001元及以上	3.29		34.62	9.65

移民来到城市，几乎日常生活的每一个方面都需要花费。移民的收入主要花费在哪些方面？调查表明，移民第一位的支出是吃饭的花费，有29.73%的移民认为伙食是第一位的花费；有26.83%的移民认为房租是第一位的花费；另外还有13.51%的移民认为穿衣是第一位的花费。由此可见，移民的花费主要集中吃、住、穿等生活必需品方面。三类移民的对比分析表明，在最主要的支出方面，智力型移民的伙食支出与房租支出同样重要；在劳力型移民中，伙食支出成为其最主要的支出项目；在经营型移民中，房屋支出是其最主要的支出项目。

表11-8　　　　郑州市移民最主要的支出项目　　　　　　　　单位：%

支出项目	智力型移民	劳力型移民	经营型移民	合计
伙食	29.61	36.02	18.46	29.73
穿衣	13.16	19.07	3.85	13.51
供房	8.55	2.12	16.15	7.53
房租	28.95	20.76	35.38	26.83
交通费	0.66	0.42	0.77	0.58
抚养小孩	2.63	6.36	14.62	7.34
赡养父母		2.12		0.97
人际交往	9.87	5.51	3.85	6.37
买书、学习和培训	2.63	1.69	1.54	1.93
化妆美容		0.85		0.39
娱乐消遣	1.97	2.97	5.38	3.28
医疗保健		0.42		0.19
通讯费（手机、电话、上网等）	1.97	1.27		1.16
保险费		0.42		0.19

问题：您日常中开支最大的三项内容分别是什么？（第一位）

郑州市移民的收支是否平衡？调查表明，大约1/5的移民收入大于支出，有固定的节约；有2/5的移民收支刚好平衡，结余不多；有仅40%移民收支紧张或入不敷出。在三类移民中，经营型移民收大于支的比例更高，在智力型移民中收不抵支的情况更为明显。

表11-9　　　　郑州市移民的收支情况　　　　　　　　单位：%

收支状况	智力型移民	劳力型移民	经营型移民	合计
收大于支，固定有节余	18.42	11.44	37.69	20.08
收支刚好平衡，节余不多	29.61	47.88	41.54	40.93
收支紧张，控制不好钱就不够花	40.79	32.63	18.46	31.47
入不敷出	6.58	5.93	2.31	5.21
不确定、不清楚	4.61	2.12		2.32

问题：您目前的收支状况如何？

调查发现，70.85%的被访者选择在城市里租住房屋，仅有11.97%的人是自购房屋。相对来讲，租住是三类移民最主要的租住类型，其中智力型移民最为明显，比例达到76.97%，智力型移民中还有12.50%的人组在单位宿舍。在劳力型移民中，租房的比例达到65.25%，另外有22.46%的人居住在单位宿舍。在经营型移民中，租房的比例为73.85%，自购房的比例达到23.08%。

表11-10　　　　　郑州市移民的住房类型　　　　　　　　单位：%

住房类型	智力型移民	劳力型移民	经营型移民	合计
租住	76.97	65.25	73.85	70.85
自购房	8.55	8.05	23.08	11.97
借住	1.97	3.81	2.31	2.90
单位宿舍	12.50	22.46	0.77	14.09
其他		0.42		0.19

在租房的移民中，绝大部分租住的是城中村和村镇出租屋，比例达到76.29%，其中劳力型民工的比例最高，达到81.82%。由此可见，劳力型移民最有可能"窝居"。经营型移民租住商品房的比例较大，达到27.08%，其次是智力型移民，达到19.66%。

表11-11　　　　　郑州市移民的租房类型　　　　　　　　单位：%

租房类型	智力型移民	劳力型移民	经营型移民	合计
单位宿舍	1.71	2.60	1.04	1.91
城中村/村镇出租屋	75.21	81.82	68.75	76.29
小区商品房	19.66	12.34	27.08	18.53
政府廉租房	1.71	1.95		1.36
外来工公寓	0.85	1.30	1.04	1.09
工作场所			2.08	0.54
其他	0.85			0.27

另外，在居住方式上，经营型移民中有66.08%会和家人一起居住。而智力型和劳力型移民只有23.03%、24.58%会和家人一同居住，他们更多的是选择和朋友、同事一起居住或者自己一个人住。

调查表明，城市移民闲暇时的休闲活动主要集中在玩电脑、上网，看电视、影碟，访友、聊天、逛街、购物，听音乐、收音机，其中选择玩电脑、上网的比例达到75.87%，选择看电视、影碟的比例达到66.99%，逛街、购物和听音乐、收音机的比例也都超过了57%。当然，三类移民之间在休闲活动上也有一定的差异，比如，智力型移民玩电脑、上网的比例高于其他两类移民；经营型移民听音乐、收音机的比例低于其他两类移民，而下棋、打牌、搓麻将、访友、聊天的比例高于其他两类移民；劳力型移民运动/健身的比例、做家务的比例、买彩票的比例低于其他两类移民。

表11-12　　　　郑州市城市移民休闲活动调查表　　　　单位：%

休闲活动	智力型移民	劳力型移民	经营型移民	合计
看电视、影碟	67.76	61.86	75.38	66.99
玩电脑、上网	86.84	74.15	66.15	75.87
听音乐、收音机	62.50	61.44	43.85	57.34
阅读、摄影、书法	36.84	27.12	33.08	31.47
上夜总会、KTV、卡拉OK	13.16	19.92	20.77	18.15
运动、健身	34.87	25.00	33.85	30.12
逛街、购物	65.79	56.36	49.23	57.34
上酒吧、理发厅、美容院	9.87	10.17	13.08	10.81
种花、养盆景、养动物	3.29	6.36	11.54	6.76
访友、聊天	56.58	53.81	66.15	57.72
打桌球	18.42	18.22	21.54	19.11
下棋、打牌、搓麻将	21.71	22.46	36.15	25.68
饮茶、吃东西、睡觉、发呆	36.84	33.05	38.46	35.52
做家务	36.18	25.00	39.23	31.85
玩手机	45.39	45.76	45.38	45.56
彩票	16.45	8.05	22.31	14.09

问题：您闲暇时会选择的休闲活动有哪些？（多选题）

从休闲场所来看，自己或者朋友家里、饭馆、公园、网吧排在前四位，成为城市移民在聚会休闲场所上的主要选择。其中，74.32%的人选择了自己或朋友家里，56.37%的人选择了公园，53.67%的人选择了饭馆。从移民类型的对比来看，经营型移民和智力型移民在饭店的选择上明显高于劳力型移民，在游乐场选择上要明显低于劳力型移民，而智力型和劳力型移民在网吧的选择上要明显高于经营型移民。

表11-13　　　郑州市城市移民休闲场所调查表　　　单位：%

休闲场所	智力型移民	劳力型移民	经营型移民	合计
麻将馆	3.29	2.97	5.38	3.67
网吧	33.55	35.59	16.15	30.12
歌舞厅	8.55	13.14	15.38	12.36
自己或者朋友家里	78.95	70.76	75.38	74.32
体育馆	13.82	9.75	11.54	11.39
公园	59.21	53.39	58.46	56.37
游乐场	19.74	26.27	20.00	22.78
酒吧茶座	17.76	10.17	20.00	14.86
饭馆	57.89	46.19	62.31	53.67
其他	1.97		1.54	0.97
电影院	0.66			0.19
图书馆/书店	0.66			0.19
工作场所		0.42		0.19
以上都没有		0.85	0.77	0.58

问题：您休闲聚会时会选择哪些场所？（多选题）

从休闲时的伙伴来看，朋友、同事、同学、家人亲戚、老乡是城市移民休闲时最主要的交往对象。其中，有79.42%的人选择了朋友，64.27%的人选择了同事，60.58%的人选择了同学。从移民类型的对比来看，经营型移民选择家人亲戚、老乡的比例明显高于其他两类移民群体，智力型移民选择同学的比例明显高于其他两类移民，劳力型移民选择同事（工友）的比例明显高于其他两类移民。当然，与其他两类移民相比，经营型移民选择客户、商业伙伴的比例也明显较高。从上述对比分析可以看出，三类移民分别拥有属于自己的主导型交流群体。

表11-14　　　郑州市城市移民休闲伙伴调查表　　　单位：%

休闲伙伴	智力型移民	劳力型移民	经营型移民	合计
家人亲戚	38.16	37.77	56.15	42.52
同学	76.97	54.94	51.54	60.58
同事	64.47	73.39	47.69	64.27
老乡	28.29	30.90	48.46	34.56

续表

休闲伙伴	智力型移民	劳力型移民	经营型移民	合计
朋友	85.53	79.83	71.54	79.42
客户、商业伙伴	15.13	7.30	41.54	18.25
邻居	7.24	5.15	14.62	8.16
无		0.43		0.19

问题：您平时休闲时的伙伴一般是哪些人？（多选题）

移民步入城市，在日常的生活中难免会遇到各种各样的困难与挫折。调查表明，收入低、知识不够用、工作压力大是导致移民生活烦恼的最主要因素。其中，选择收入低的比例为57.53%，选择知识不够用的比例为49.81%，选择工作压力大的比例为45.37%。三类移民的对比分析表明，与经营型移民相比，更多的智力型移民和劳力型移民认为收入低、工作不稳定是生活烦恼的来源；与劳力型移民相比，更多的智力型移民和经营型移民认为工作压力大是生活烦恼的原因；与经营型移民相比，更多的智力型移民和劳力型移民认为没有奋斗目标是生活烦恼的主要来源。

表11-15　　郑州市城市移民生活烦恼的影响因素　　单位：%

烦恼的因素	智力型移民	劳力型移民	经营型移民	合计
收入低	63.82	61.44	43.08	57.53
工作不稳定	27.63	25.42	15.38	23.55
工作压力大	50.00	34.75	59.23	45.37
孤独、人际关系冷漠	5.92	7.20	10.77	7.72
身体不好	3.29	2.12	6.15	3.47
家庭不和	1.97	2.12	1.54	1.93
为情所困	8.55	10.59	10.77	10.04
没有一技之长	14.47	15.25	6.92	12.93
知识不够用	49.34	52.54	45.38	49.81
一事无成	11.84	8.90	7.69	9.46
生活单调	34.21	35.59	33.85	34.75
没有奋斗目标	10.53	15.25	4.62	11.20
其他	0.66	0.42	0.77	0.58
以上都没有	5.92	3.39	3.08	4.05

问题：您目前生活中苦恼的事情都有哪些？

移民进入城市多是抱着追求幸福生活、实现自我价值、追求更好的生活品质而来的。在进入城市以后,他们如何理解幸福?在移民看来,生活幸福的标准是什么?调查表明,家庭美满、事业成功和身体健康是城市移民生活幸福的主要标准,其中81.85%的受访者认为家庭美满是生活幸福的标准,61.78%的受访者选择事业成功作为生活幸福的标准,48.26%的受访者选择身体健康作为生活幸福的标准。三类移民的对比分析表明,与智力型移民和经营型移民相比,劳力型移民选择家庭美满的比例相对较低一些;与劳力型移民和经营型移民相比,智力型移民选择事业成功的比例较高一些,而选择身体健康的比例较低一些。

表11-16　　　郑州市城市移民生活幸福标准调查表　　　单位:%

幸福的因素	智力型移民	劳力型移民	经营型移民	合计
家庭美满	86.18	77.12	85.38	81.85
事业成功	69.08	57.20	61.54	61.78
生活富足	25.00	19.92	22.31	22.01
得到别人的尊重	13.16	16.95	7.69	13.51
实现自己的理想	25.66	22.46	22.31	23.36
赚到很多钱	9.87	16.53	13.08	13.71
为社会作贡献	4.61	6.36	4.62	5.41
知足	9.21	8.47	10.00	9.07
子女孝顺	3.95	5.08	11.54	6.37
身体健康	40.79	50.00	53.85	48.26
有知心朋友	8.55	17.37	6.15	11.97
搞好人际关系	5.92	8.47	6.15	7.14

问题:您认为三项生活幸福的主要标准是什么?

11.3.3　工作

工作的稳定性对于移民具有极端的重要性,因为移民来到城市的主要目的是为了找工作,为了提高收入。工作的稳定意味着收入的稳定,收入的稳定意味着生活的稳定。就郑州市的移民而言,在从事目前的工作之前平均经历了2.23次的工作变换,其中智力型移民经历了2.03次、劳力型移民经历了2.39次、经营型移民经历了2.16次。与经营型移民相比,智力型移民和劳力型移民的工作变动次数相对较多,在经营型移民中,有27.69%的人从来没有变动过工作,而智力型移民和劳力型移民中,从来没有变动工作的比例分别只有12.50%、16.95%。

表 11-17　　　　　　郑州市移民工作表明次数　　　　　　单位：%

工作变动次数	智力型移民	劳力型移民	经营型移民	合计
换过 1 次	26.32	13.14	11.54	16.60
换过 2 次	33.55	31.78	30.77	32.05
换过 3 次	15.13	20.76	12.31	16.99
换过 4 次及以上	12.50	17.37	17.69	16.02
没换过工作	12.50	16.95	27.69	18.34

调查表明，48.46% 的移民经常变动工作（周期为半年或更短）或偶尔变动工作（周期为 1 年），只有 20.27% 的人工作较为稳定，没有变动过工作。相比而言，更多的劳力型移民经常变动工作（周期为半年或更短），经营型移民的工作情况相对稳定，工作变动相对较少。

表 11-18　　　　　　郑州市移民的工作变动情况　　　　　　单位：%

工作变动情况	智力型移民	劳力型移民	经营型移民	合计
经常变动（周期半年或者更短）	6.58	14.41	11.54	11.39
偶尔变动（周期一年）	47.37	40.25	19.23	37.07
很少变动（周期两三年）	28.95	31.36	33.85	31.27
稳定，未变动	17.11	13.98	35.38	20.27

问题：您在本市工作的稳定性如何？

调查表明，郑州移民每周平均工作 6.12 天，其中智力型移民每周平均工作 5.97 天，劳力型移民平均每周工作 6.22 天。相比而言，智力型移民比劳力型移民每周工作的时间较短。在智力型移民中，每周工作 5 天的比例有 19.15%，而在劳力型移民中，每周工作 5 天的只有 12.66%；在智力型移民中，每周工作 7 天的只有 17.02%，而在劳力型移民中，每周工作 7 天的高达 34.50%。

表 11-19　　　　　　郑州市移民每周工作的天数　　　　　　单位：%

每周工作天数	智力型移民	劳力型移民	合计
5 天及以内	19.15	12.66	15.09
5.5~6.5 天	47.52	38.86	42.05
7 天	17.02	34.50	27.76
不固定	16.31	13.97	15.09

另外，从移民每周休息的时间也可以反映出移民的工作时间。分析表明，20.57%的智力型移民在周六和周日休息，相比而言，劳力型移民中只有6.11%的人在周六和周日休息；在智力型移民中，有25.53%的人享有周日的休息时间，而在劳力型移民中，只有15.72%的人能够享受周日的休息；在劳力型移民中，有17.9%的人没有假期，需要一直上班，而在智力型移民中，这一情况的比例只有9.22%。

表11-20 郑州市移民的休息时间 单位：%

休息时间	智力型移民	劳力型移民	合计
周六和周日	20.57	6.11	11.59
周日	25.53	15.72	19.41
每周或者每个月的特定日子	8.51	10.48	9.70
轮休	11.35	16.59	14.56
无固定休息时间	24.82	33.19	29.92
没有假期，一直需要上班	9.22	17.90	14.82

问题：您平时放假的日子是什么时候？

从每天的工作时间来看，郑州市移民平均每天工作8.49小时，其中智力型移民平均每天工作8.21小时，劳力型移民平均每天工作8.66小时。调查表明，在智力型移民中，70.21%人每天的工作在8小时之内，而在劳力型移民中，只有54.59%的人每天的工作在8小时之内。

表11-21 郑州市移民每天的工作时间 单位：%

工作时间	智力型移民	劳力型移民	合计
8小时及以内	70.21	54.59	60.38
8小时以上	17.02	31.00	25.61
不固定	12.77	14.41	14.02

问题：您一天一般工作几个小时？

移民选择工作时，哪些因素最重要？调查表明，41.78%的移民选择工作时觉得最重要的是收入待遇。与劳力型移民相比，智力型移民选择工作时也更加重视工作前途，有24.82%的智力型移民认为工作前途是选择工作时最重要的因素。

表 11-22　　郑州市移民选择工作的影响因素　　　　　单位：%

	智力型移民	劳力型移民	合计
收入待遇	39.01	43.23	41.78
工作环境	13.48	16.16	15.09
个人的兴趣	9.93	16.16	13.75
社会地位	0.71	0.44	0.54
专业对口	7.09	4.80	5.66
工作前途	24.82	13.54	17.79
其他	4.96	5.68	5.39

问题：在选择工作时，您觉得最重要的是什么？

在工作过程中，对事业发展影响最大的因素有哪些？调查表明，55.26%的移民认为能力和技术是影响事业发展的主要因素，分别有53.10%、52.29%的移民选择机遇和学历。另外，还有45.01%的移民选择人际关系是主要的影响因素。相比而言，在智力型移民中，选择最多的是机遇（65.96%）；在劳力型移民中，选择最多的是学历（58.52%）。

表 11-23　　影响事业发展的主要因素　　　　　单位：%

	智力型移民	劳力型移民	合计
家庭背景	20.57	15.72	17.52
学历	41.84	58.52	52.29
机遇	65.96	45.41	53.10
能力和技术	61.70	51.53	55.26
领导赏识	28.37	18.34	22.10
性格	36.17	26.64	30.19
人际关系	56.74	37.99	45.01
户籍	6.38	7.42	7.01
年龄	6.38	9.61	8.36
性别	3.55	3.06	3.23
婚姻状况	3.55	2.18	2.96
生育状况		0.87	0.54
其他		1.75	1.08

问题：您认为影响事业前途的主要因素是什么？

在调查中，我们询问了经营型移民的雇佣员工情况。如果需要雇人的话，这些雇主从哪些渠道雇佣员工？调查表明，雇主首先雇用的是市场招聘人员及家庭成员，选择的比例分别为 32.56%、30.23%；其次是选择亲戚和同学，比例分别为 29.46%、23.26%；在第三位的选择中，老乡、市场招聘人员以及同学是主要的备选对象。总体上看，城市移民在就业渠道上，市场招聘已经成为了其就业的首要渠道，同时依靠地缘、血缘、同学关系完成就业的仍旧是城市务工人员就业的主要渠道。这一现象说明，市场在分配城市务工人员就业过程中起到了基础性作用，同时基于地缘（同乡及其老乡介绍）、血缘（亲戚、家庭成员）完成城市就业的作为城市务工人员传统的就业渠道仍旧发挥着重要作用。

表 11-24　　　　　　　雇主选择员工的主要渠道　　　　　　　单位：%

雇用对象	首先	其次	再次
家庭成员	30.23	8.53	4.65
亲戚	18.60	29.46	13.95
同学、校友	4.65	23.26	20.93
老乡（认识的或别人推荐的）	13.18	19.38	28.68
市场招聘人员	32.56	14.73	23.26
其他	0.78	1.55	3.10

问题：如果您需要雇用员工，您会雇用哪些人，首先、其次、再次分别是什么？

本次调查分别对移民所从事工作的收入待遇、工作环境、社会地位、升迁机会、工作压力、人际关系、事业前途以及总体满意度进行了评价，要求移民对上述工作的各个方面进行打分评价，其中 1 分为最不满意，5 分为最满意。调查表明，郑州市移民对所从事工作的收入待遇、社会地位、升迁机会的评价得分低于 3 分；对工作环境、工作压力、事业前途的评价得分在 3 分左右；对工作中人际关系的评价得分高达 4 分；总体的评价得分为 3.27 分，处于基本满意的状态。

表 11-25　　　　　　　郑州市移民工作满意度评价

满意度	收入待遇	工作环境	社会地位	升迁机会	工作压力	人际关系	事业前途	总体评价
1 分	16.17%	5.66%	14.02%	22.64%	12.94%	1.89%	11.86%	3.50%
2 分	26.95%	20.22%	25.61%	24.53%	18.06%	4.85%	18.60%	11.59%
3 分	44.74%	44.74%	46.09%	35.85%	31.81%	23.18%	40.16%	51.21%
4 分	8.09%	19.95%	9.97%	9.43%	20.49%	31.54%	16.44%	21.29%
5 分	4.04%	9.43%	4.31%	7.55%	16.71%	38.54%	12.94%	12.40%
平均分	2.57	3.07	2.65	2.55	3.10	4.00	3.00	3.27

11.3.4 社会保障

在现代社会,社会福利对于人们的生活有重要影响。调查表明,55.98%的郑州市移民最为关注住房福利;其次是教育福利,有24.71%人认为教育福利是最值得关注的社会福利。对比分析表明,相对来看经营型移民更加关注教育福利,而智力型移民更加关注住房福利。

表11-26　　　郑州市移民最关注的社会福利　　　　　单位:%

福利类型	智力型移民	劳力型移民	经营型移民	合计
教育福利	18.42	21.19	38.46	24.71
卫生福利	11.18	11.44	6.92	10.23
文化康乐福利	6.58	9.75	2.31	6.95
住房福利	63.16	54.24	50.77	55.98
养老福利		0.42	0.77	0.39
其他	0.66	1.27		0.77
不清楚		0.42		0.19
不关注/无		1.27	0.77	0.77

问题:您最关注的社会公共福利是什么?

作为外来的移民,在社会福利方面与本地居民有没有差异?调查表明,39.29%的移民认为完全没有享受当地的教育福利,认为教育福利与本地居民有很大差异的有21.43%;在卫生福利方面,41.68%的移民认为完全没有享受当地福利,19.37%的人认为在卫生福利方面与本地人有很大差异;在文化康乐福利方面,43.62%的人为人完全没有享受本地的福利,18.09%的人认为与本地人享受的福利相比有很大差异;在住房福利方面,59.70%的人认为完全没有享受本地的福利,18.78%的人认为享受的福利与本地人有很大差异。由此可以看出,社会公共福利享受方面的城乡差别非常明显。

表11-27　　　郑州市移民享受当地社会福利的情况　　　　单位:%

享受情况	教育福利	卫生福利	文化康乐福利	住房福利
完全没有享受	39.29	41.68	43.62	59.70
有很大差异,只享受了少部分的福利	21.43	19.37	18.09	18.78

续表

享受情况	教育福利	卫生福利	文化康乐福利	住房福利
有一些差异，享受了绝大部分的福利	28.57	24.63	22.98	13.71
完全一致	10.71	14.32	15.32	7.81

问题：您目前在本市所享受的各类公共福利与本地人的差异情况？

除了社会公共福利之外，工作单位往往还提供一些单位内的福利。调查表明，33.20%的郑州市移民享受了单位内的免费午餐，21.43%的移民享有带薪病假或休假，没有享受单位内任何福利的移民比例为34.36%。移民类型的对比分析表明，智力型移民的单位福利相对较好，有24.34%的单位有产假福利，有20.39%的单位提供年度体检，22.37%的单位提供年度职业技能培训，32.34%的单位提供带薪病假与休假，还有7.24%的单位报销回乡路费。很明显，智力型移民的单位福利远远好于劳力型移民。

表11-28　　　　郑州市移民单位内福利情况　　　　单位：%

单位福利	智力型移民	劳力型移民	经营型移民	合计
产假	24.34	15.68	6.92	16.02
免费午餐	36.84	38.56	19.23	33.20
年度体检	20.39	14.41	5.38	13.90
年度职业技能培训	22.37	16.10	5.38	15.25
子女托管	1.97			0.58
带薪病假或休假	32.24	23.73	4.62	21.43
回乡路费报销	7.24	6.36	6.15	6.56
其他	0.66	0.85		0.58
没有	26.97	34.32	43.08	34.36
话费报销			0.77	0.19
没有工作单位	1.97	0.42	16.92	5.02
不适用/无	1.97	2.12	13.08	4.83

问题：除了奖金、保险之外，请问您的单位还提供哪些福利项目？

社会保险是国家和社会在通过立法对国民收入进行分配和再分配，对社会成员的基本生活权利给予保障的社会安全制度。调查表明，除了医疗保险外，郑州市移民参加其他社会保险的比例都比较低，只有17.37%的移民参加工伤保险，

19.88%的人参加养老保险，10.62%的人参加失业保险，仅有0.97%的移民参加生育保险。之所以移民参加医疗保险相对较高，是因为这些移民在老家参加农村实施的医疗新农合，并不是他们在本地参加的城镇的医疗保险。

三类移民的对比分析表明，智力型移民的社会保险参加比例明显高于劳力型移民；经营型移民参加商业保险的比例相对较高；劳力型移民没有参加保险的比例是最高的，一半以上的劳力型移民没有参加任何社会保险。

表11－29　　　　　郑州市移民参加社会保险的情况　　　　　单位：%

保险类型	智力型移民	劳力型移民	经营型移民	合计
医疗保险	55.26	42.37	50.00	48.07
工伤保险	25.66	14.41	13.08	17.37
养老保险	32.24	13.56	16.92	19.88
生育保险	1.32	0.42	1.54	0.97
失业保险	18.42	8.05	6.15	10.62
商业保险	6.58	4.66	17.69	8.49
其他	0.66	1.27	0.77	0.97
以上都没有	36.84	52.97	39.23	44.79
意外保险	0.66			0.19

问题：您本人享有以下哪些项目的保险？

已有的研究表明，教育是影响人们地位获得的重要因素，因此移民的子女教育是影响移民下一代命运的重要因素。在郑州的移民调查样本中，共有109位移民已有子女，其中65位移民的子女正在上学。调查表明，在这些移民中，孩子在原籍上学的比例占到30.77%，孩子在本市公立学校上学的占到49.23%，另外20%的移民子女在本市的私立学校上学。

表11－30　　　　　郑州移民子女的就学情况　　　　　单位：%

就读地点	智力型移民	劳力型移民	经营型移民	合计
原籍就学	66.67	50.00	21.74	30.77
本市公立学校		37.50	56.52	49.23
本市私立学校	33.33	12.50	21.74	20.00

为什么一些移民子女没有在本市学校就读？原因何在？调查表明，受教育的成本高是主要因素，62.22%的移民选择受教育成本高这一因素，另外还有

24.44%的人分别选择了获得学位难和学校质量有待改进等因素,因为子女适应难而没有在本市学校就读的移民仅占6.67%。另外,调查还表明,郑州市子女在本市接受教育时,60%的移民子女需要上缴赞助费。

表11-31　　　　　影响子女在本市接受教育的因素　　　　　单位:%

	劳力型移民	经营型移民	合计
获得学位难	37.50	22.22	24.44
受教育成本高	50.00	66.67	62.22
子女的适应难	12.50	5.56	6.67
学校质量有待改进	50.00	16.67	24.44

问题:影响您子女在本市顺利接受教育的因素有哪些?

表11-32　　　　　郑州市子女在本市入学上交赞助费情况　　　　　单位:%

是否交赞助费	劳力型移民	经营型移民	合计
有	62.50	61.11	60.00
无	37.50	38.89	40.00

问题:您的子女读书是否需要赞助费、借读费?

11.3.5　社区参与和身份认同

调查表明,近60%的郑州市移民从来没有与社区干部打过交道,仅有2.90%的移民经常与社区居委会干部打交道。这表明,移民的社区参与活动严重不足。相比而言,劳力型移民从来没有与社区干部打交道的比例相对较高。

表11-33　　　　　郑州市移民与社区干部的交往情况　　　　　单位:%

交往情况	智力型移民	劳力型移民	经营型移民	合计
从来没有	51.32	69.49	52.31	59.85
很少	28.95	15.25	22.31	21.04
偶尔	18.42	11.86	21.54	16.22
经常	1.32	3.39	3.85	2.90

问题:您与社区干部打交道吗?

谈到社区干部对待移民的态度,70.85%的移民认为社区干部对他们的态度是不关心,只有26.25%的移民认为社区干部对他们关心,并且有2.90%的移民认为社区干部对移民他们有歧视。

表 11-34　郑州市移民心目中社区干部对他们的态度　　　　单位：%

态度	智力型移民	劳力型移民	经营型移民	合计
有歧视	2.63	4.24	0.77	2.90
不关心	73.68	67.80	73.08	70.85
关心	23.68	27.97	26.15	26.25

问题：您认为，您所（租）住的社区干部对你们的态度是什么？

在移民看来，并不是所有的社区管理内容都与他们的生活密切相关。调查表明，移民最关心的问题是社区治安，63.51%的移民选择了这一社区管理内容；其次是社区环境，54.83%的移民选择了这一社区管理内容；排在第三位的是社区服务和租住屋管理，有44.02%的移民认为它们是与移民密切相关的。需要注意的是，仅有17.37%的移民认为社区文化教育与他们相关，23.36%的移民认为社区就业与他们密切相关，28.57%的移民认为社区保障与他们密切相关。很显然，移民的社区参与以及社区对他们生活的影响不是很明显。另外，从三类移民的对比来看，更多的劳力型移民认为社区管理的内容与他们的生活关系不大。

表 11-35　社区管理内容与移民生活的关系　　　　单位：%

社区管理内容	智力型移民	劳力型移民	经营型移民	合计
社区基层政权建设	9.87	5.51	10.00	7.92
社区服务	50.00	38.98	46.15	44.02
社区保障	33.55	24.15	30.77	28.57
社区就业	26.32	22.46	21.54	23.36
社区环境	60.53	52.54	52.31	54.83
社区治安	65.79	58.47	70.00	63.51
社区计划生育	7.89	2.97	10.77	6.37
社区文化教育	25.66	9.75	21.54	17.37
社区退管	5.92	2.54	2.31	3.47
出租屋管理	52.63	41.95	37.69	44.02
流动人口管理	25.66	19.49	17.69	20.85
没有	4.61	15.25	9.23	10.62

问题：对下述社区管理的工作内容中，您认为与您密切相关的是哪些？

另外，从移民参与社区居委会选举的意愿也可以看出，移民参与社区的程度较低。调查表明，仅有38.8%的移民很愿意参与社区居委会选举，31.27%的移民表示不愿意参与社区居委会选举，还有29.92%的移民认为社区居委会选举与自己没有关系。从三类移民的对比来看，智力型移民更愿意参与社区居委会的选举。

表11-36　　　　　郑州市移民参与社区选举的意愿　　　　　单位：%

	智力型移民	劳力型移民	经营型移民	合计
很愿意	47.37	39.41	27.69	38.80
不愿意	28.95	28.81	38.46	31.27
与我没关系	23.68	31.78	33.85	29.92

问题：如果可能的话，请问您愿意参与社区居委会选举吗？

移民如何看待自己的身份？他们认为自己是乡下人还是城市人？调查表明，尽管他们在城市工作，但是有将近一半（49.03%）的移民认为自己是外来人，仅有11.20%的移民认为自己是本市人，还有36.87%的移民认为他们是暂时待在城里的人。对比分析表明，劳力型移民认为自己是本市人的比例最低，智力型移民认为自己是本市人的比例最高。

表11-37　　　　　　　　移民的身份认同　　　　　　　　单位：%

身份认同	智力型移民	劳力型移民	经营型移民	合计
外来人	35.53	49.58	63.85	49.03
本市人	16.45	8.47	10.00	11.20
暂时待在城里的人	44.08	38.14	26.15	36.87
说不清楚	3.95	3.81		2.90

问题：您认为自己目前的身份是哪一类人？

在移民的心目中，本地人如何看待这些外来移民？是把他们作为外来人，还是把他们看做是本市人？调查表明，超过一半的移民（54.25%）认为，本地人把他们看作是外来人；有15.64%的移民认为，本地人把他们看做是本市人。由此可以看出，不仅移民自身更多把他们自己看做是外来人，而且他们也认为，本地人也是这么认为的。

表 11 - 38　　　　　　移民心目中本地人的看法　　　　　　　单位：%

	智力型移民	劳力型移民	经营型移民	合计
外来人	46.71	50.42	70.00	54.25
本市人	21.71	13.56	12.31	15.64
暂时待在城里的人	22.37	28.39	11.54	22.39
说不清楚	9.21	7.63	6.15	7.72

问题：您认为本地人认为您目前的身份是哪一类人？

调查表明，大部分的移民认为他们的生活方式与本地人很多方面一致或完全一致（50%的移民认为他们的生活方式与本地人很多方面一致，14.29%的认为他们与本地人的生活方式完全一致），认为自己的生活方式与本地人不一致和大多数不一致的比例分别为9.07%、21.43%。

表 11 - 39　　　　郑州市移民与本地人生活方式的差异　　　　单位：%

	智力型移民	劳力型移民	经营型移民	合计
不一致	6.58	8.47	13.08	9.07
大多数不一致	23.03	18.22	25.38	21.43
很多方面一致	51.97	50.85	46.15	50.00
完全一致	15.13	16.10	10.00	14.29
很难说清楚	3.29	6.36	5.38	5.21

问题：您认为自己目前的生活方式与本地人是否有差异？

11.4　郑州市移民生活中存在的问题

11.4.1　就业压力大，工作不稳定

就业压力大是当今社会存在的一个普遍问题，当然流动人口也不例外，其中主要表现在工作不稳定，工作变换频率快。从数据分析结果看，智力型和劳工型移民比较相似，工作更换频率较高，在两年以内更换过工作的概率都达到了80%以上。经营型移民大多都自己做生意，相对来说工作较稳定，但是两年内更

换工作的频率也达到了 55%。调查发现，智力型（33.55%）、劳力型（31.78%）和经营型（30.77%）移民更换 2 次工作的都超过三成，更换 3 次、4 次的也不占少数，可以说有半数以上的人都更换了至少 2 次的工作。典型案例调查也证明了这一点。

典型个案（郑州—智力型003）：智力型移民，男，29 岁，驻马店人，本科学历，现在是郑州某大型房地产销售公司职员。

在 2002~2005 年三年时间内，他始终未能找到自己的定位，在不同的城市漂泊共换了 5 份工作。其中 2002 年 4 月至 2002 年 10 月，通过招聘会的方式获得了在啤酒企业工作的机会；2002 年 10 月至 2003 年 9 月，在国有银行郑州分行工作；2003 年 10 月至 2005 年 2 月，在郑州市一个做加油机的中型企业驻深圳分公司工作；2005 年 4 月至 2005 年 9 月，在深圳本地某上市企业工作；2005 年 10 月开始在郑州某大型房地产销售公司工作至今。

典型个案（郑州—劳工型004）：劳工型移民，男，44 岁，商丘人，初中学历，建筑工人。

他 23 岁开始从农村走到城市打工，除了新疆没有去过，大部分的城市都去过了，在国内几乎跑了一遍，主要的时间是在北京待着，来郑州只有 4 年的时间。干过多种行业：提灰桶、装卸货物、收破烂……用他自己的话说："单纯依靠体力能挣钱的活差不多都干过，现在主要是在工地上打工，做粉墙、砌墙体的工作"。

典型个案（郑州—经营型003）：经营型移民，男，27 岁，信阳人，本科学历，毕业后没有找到工作，自己创业。

从 2006 年 7 月到 2007 年 2 月，一直在郑州市找工作，不到一年时间就更换了两次工作，第一个工作只干了一个星期，第二个工作也只干了一个月；2007 年 3 月到 2008 年年底开始了第一次创业，开了一家买皮包的小店面；之后又从 2009 年年初至今，到广东学习经验后开始了第二次创业，开了一家卖外贸鞋的小店。

11.4.2　劳工型移民拖欠工资严重

劳工型移民的风险意识和吃苦耐劳精神与其他社会群体相比都相对较强，但是他们所得到的回报却不能与他们的付出相符。拖欠工资在各个行业中都比较常见，而建筑业中的问题显得尤为突出。我们在个案访谈中，许多"农民工"都反映曾被拖欠过工资，解决工资拖欠问题是农民工最迫切的愿望。

典型个案（郑州—劳工型002）：劳工型移民，男，46 岁，周口人，小学学历，建筑工地工人。

他讲述了一次自己的经历，2006年年底准备回家过年，但工资还没有发下来，二十个工人一起找开发商项目部，采用堵门的办法最终只要回工资的80%，那20%到现在也没有给。他说："干完活，能100%全部拿到工资的很少，碰见好的老板就多拿些，不好的就少拿些，拿不到钱的就采取'堵门'的方式，有时候看见老板来了，就堵着老板的车不让走"。农民工对国家政策不了解，法规懂得很少，在自己的工资遭到拖欠的时候，一般都采用一些非正规的手段来讨要。

典型个案（郑州—劳工型003）：劳工型移民，男，33岁，周口人，小学学历，建筑工地工人。

在调查中发现，由于拖欠工资严重，农民工只能通过非正规渠道维护自己的权益，对政府没有信任感。"工资真难要，活很多，但很多活不敢接，怕拿不到钱"，"私活一般是按天结钱，所以钱稍微好要些，跟着正规的工程队干，钱也不会拖欠太久，但如果跟着一些不正规的工程队，钱就不是很好要"，"被拖欠工资的时候，从来没有想尝试过走正规渠道去劳工局要钱，老百姓不走正规渠道，是因为怕官官相护，去说理没人会理"。

典型个案（郑州—劳工型005）：劳工型移民，男，56岁，周口人，小学学历，建筑工资工人。

他在外边打工从来没有签过合同，也从开没有主动要求过，他说自己根本就没有这方面的意识，问及他有没有拖欠工资的经历，他说："哪个农民工没有过这方面的经历啊，都有过，只是拖欠多少的问题"。他印象深刻的一次要钱经历，也是他唯一一次通过正规渠道要钱的经历。因为没有签订劳动合同，所以在经过一年的打官司、讨债过程后，他一分钱也没有要回来。

11.4.3 社会网络单一，难以融入当地社会

流动人口进入郑州市以后，其社会网络很大程度上受工作的影响，在调查过程中了解到，智力型移民主要的交际圈都是周围的同事及同学；劳工型移民的交际范围只有工友和老乡；同前两种类型一样，经营型移民的社交范围也不是很广泛，主要是和生意相关的人打交道。正是由于社会网络单一、社交范围小，才导致流动人口参与社会，融入社会存在一定障碍：一方面是主观上缺乏参与意识，另一方面客观上缺乏参与渠道。

从数据中可以看出，"农民工"很少跟社区干部打交道，甚至过半的人从来都没有打过交道。调查中大多数人都是直接与房东联系，相关的社区政策的规定或是社区登记等，都是由房东与社区干部直接沟通、间接完成。虽然一些人有了

自己的房子，也极少和所在社区的干部打交道。

典型个案（郑州—智力型002）：智力型移民，女，26岁，南阳人，本科学历，自2006年毕业至今无固定工作。

因为社会地位低，无固定工作、流动性强，所以没有朋友圈和交际网络。她从来没有参加过社区建设和城市管理，从来没有和社区干部打过交道，也不认识社区干部。她性格开朗，有主观参与社区建设的意愿，但是缺乏客观参与的渠道。她说："没有房子，永远属于异乡人，看到别人，就觉得是两个阶层的人，没有'底气'"。

典型个案（郑州—劳工型009）：劳工型移民，男，32岁，周口沈丘人，初中未毕业，郑州某加油电路板生产企业的一名工人。

他的社会网络很小，很简单，就是厂里的同事。他知道社会关系很重要，但是总是迈不出家门，不会与人交流，见到陌生人很拘谨。在问到他在郑州生活的感受时，他说他从来没有想过他是郑州人，虽然现在取消了户口限制，可以到处流动，但是这不是他的家。他一直认为自己是农村人，心理自卑感很强，很难融入到这个城市。

典型个案（郑州—经营型001）：经营型移民，男，37岁，罗山人，初中学历。

先后在郑州市批发衣服（约两年）、经营小照相馆（约三年）、承包学校食堂（约一年），现在在自家镇子上开了家"欧派门"专卖店，清闲时到郑州市干木匠活。他在郑州市的社会网络主要有三种人：亲戚、装修工人和牌友。提到城市社会参与这个问题，他一头雾水，在郑州多年从来没有意识要融入到郑州这个城市。用他自己的话来说就是"哪儿挣钱就去哪儿，跑过的城市很多，对郑州市没有向往"。

11.4.4 医疗、养老保险缺乏

"看病难、看病贵"已经成为中国社会的一个普遍问题，对流动人口来说，这个问题尤为严重，因为他们绝大多数都没有任何社会保险和商业保险。虽然郑州市政府将流动人口作为城镇职工基本社会保险制度扩大覆盖面的主要对象，但是流动人口参保率依然偏低。

典型个案（郑州—智力型004）：智力型移民，男，33岁，许昌人，本科学历，一边在学校兼职代课一边自己开店做生意。

他从毕业到现在一直处于漂泊状态，没有固定的工作单位，在各个地方兼职，因此，医疗、工伤、养老等各种福利待遇他都没有，而且他现在经济压力特别大,所以没有钱自己购买这些保险。他说等经济宽裕的时候,再购买医疗和养老保险,能在未来有个保障。

典型个案(郑州—劳工型002):劳工型移民,男,46岁,周口人,小学学历,建筑工人。

他什么保险都没有。他自己说:"干一天活能拿一天钱就不错了,现实的工资都无法保障,还给买保险呢,政府没有执行力度,50个人,最多给10个人买保险,只是走个形式,虚的,往上边报的都是假的,工伤险买下来得多少钱啊,工头根本就不会给买。农民工没有意识主动要求买保险。"

典型个案(郑州—经营型003):经营型移民,男,27岁,信阳人,本科学历,毕业后一直没有找到工作,现在自己创业。

在问及到医疗、养老及各种保险的情况时,他做出的回答是各种保险都没有,按他自己的话说:"医疗、养老等各种保险都是一个钱的问题,一个人做生意有钱了,还会在乎这个保险吗!"他目前还没有买保险的打算,一是没有意识买保险,二是钱都投资了生意,也没有钱买保险。他总觉得他自己还不固定,等有一天工作固定了再买保险。

附录:郑州市市区暂住人口登记办法

第一条 为规范暂住人口登记,保障暂住人口的合法权益,维护社会治安秩序和社会稳定,提高社会管理的决策水平,根据《河南省暂住人口管理条例》等有关法律、法规规定,结合本市实际,制定本办法。

第二条 本办法适用于没有本市市区常住户口,到本市市区范围内(不含上街区)暂时居住的人员。

寄养寄读、探亲访友、出差、就医、旅游的人员不适用本办法。

外国人、无国籍人和港、澳、台同胞、侨胞在本市市区的暂住管理,按照国家有关规定执行。

第三条 暂住人口登记实行属地管理,坚持便民、高效的原则。

第四条 市、区(不含上街区,下同)公安机关是暂住人口登记管理的主管机关。公安派出所具体负责暂住人口登记工作,履行下列职责:

(一)办理暂住人口的暂住登记,发放、变更、收缴、注销居住证;

(二)定期核对暂住人员的登记情况,对暂住人员进行法制宣传教育;

(三)建立健全暂住人口的各项管理制度,建立本辖区内暂住人口档案,定期进行暂住人口统计,完善对本辖区内暂住人口的管理;

(四)检查、督促有关单位和责任人落实暂住人口登记管理责任和措施。

劳动和社会保障、人口和计划生育、教育、工商、税务、房地产管理等有关部门应在各自职责范围内,配合公安机关做好暂住人口登记工作。

街道办事处、乡（镇）人民政府和居（村）民委员会应当协助公安机关做好暂住人口登记工作。

第五条 公安派出所设立暂住人口登记站，并可根据暂住人口居住情况设立暂住人口登记点，负责受理暂住人口登记申请，为暂住人口提供服务。

区公安机关可以聘用暂住人口协管员，协助公安派出所做好暂住人口登记和日常管理工作。聘用暂住人口协管员所需经费由区人民政府财政承担。

暂住人口协管员优先从本市失业人员中聘用，具体聘用、考核、管理办法由市公安机关制定。

第六条 暂住人口管理工作所需经费列入同级人民政府财政预算，财政部门应当及时拨付。

第七条 市、区公安机关和公安派出所应当采用先进管理手段，提高暂住人口登记管理水平。

第八条 公安、工商、税务、房地产、人口和计划生育、劳动和社会保障、教育等部门应当建立信息交流制度，实现信息共享。

公安机关应当及时将暂住人口登记情况通报给房地产、税务、教育、人口和计划生育等部门。

房地产管理部门应当及时将办理房屋租赁登记情况通报给公安、工商、税务、人口和计划生育等部门。

公安机关在办理暂住人口登记、工商部门在办理工商登记、税务部门在征缴税款工作中，对发现没有办理房屋租赁登记备案的，应当及时通报给房地产管理部门。

第九条 暂住人口的合法权益受法律保护，任何单位和个人不得歧视暂住人口。

暂住人口合法权益受到侵害时，有权向有关部门和暂住人口登记站、点举报或投诉。有关部门和暂住人口登记站、点应当及时依法处理。

第十条 暂住人口应当按照《河南省暂住人口管理条例》规定的时限到公安派出所或者暂住人口登记站、点申报暂住登记，领取居住证。

住宿在旅馆的暂住人员的登记管理，按照旅馆业治安管理规定办理。

第十一条 申报暂住登记，按照下列规定办理：

（一）单位招用暂住人员并提供住宿的，由用人单位申报办理；

（二）个体工商户招用暂住人员并提供住宿的，由雇主申报办理；

（三）租赁房屋居住的暂住人员，由房屋出租人办理；

（四）其他暂住人员，由本人申报办理。

第十二条 申报暂住登记，应当提交暂住人员的居民身份证。需领取居住证的,还应提交暂住人员近期标准照片两张。

房屋出租人为租赁其房屋居住的暂住人员办理暂住登记的,除按前款规定提交材料外,还应出示房屋租赁证。

申报暂住人口登记符合前款规定的,公安派出所应当即时登记暂住人口的姓名、性别、出生日期、常住户口所在地、居民身份证件号码、暂住地址、暂住理由,发给统一格式的居住证。

第十三条 暂住人员变动暂住地址的,应当自变更暂住地址之日起7日内到变更后的暂住地公安派出所办理暂住登记变更手续。原居住证有效期未满的,变更登记后可继续使用。

第十四条 除公安机关依法执行公务外,任何单位和个人不得查验、扣押暂住人员居住证。

第十五条 公安派出所办理暂住人员暂住登记,不得收取费用。暂住人员需领取居住证的,应当按照国家、省有关规定缴纳工本费。

第十六条 房屋出租人向暂住人口出租房屋,应当保证房屋安全,并对出租的房屋经常进行安全检查,落实各项安全防范措施。

第十七条 房屋出租人应当按照有关规定登记承租人的姓名、身份证件种类和号码,不得将房屋出租给无身份证件的暂住人员居住。发现暂住人员有违法犯罪嫌疑的,应及时报告公安机关。

房屋出租人应当按照有关规定与公安派出所签订治安责任书。公安派出所应当建立房屋出租人履行治安责任的监督考核机制。

第十八条 暂住人口居住集中区域的居(村)民委员会应当加强治安保卫工作,督促房屋出租人履行治安责任,协助公安派出所做好暂住人口登记管理工作。

第十九条 公安机关、公安派出所和暂住人口登记站、点的工作人员在暂住人口登记管理工作中,应当依法行政、文明执法,为暂住人口提供优质服务,自觉接受监督。

第二十条 用人单位、个体工商户不按规定申报暂住人口登记的,由公安派出所责令限期改正,给予警告;逾期仍不改正的,按每人次处以50元罚款。

房屋出租人将房屋出租给无身份证件的人居住的,或者不按规定登记承租人姓名、身份证件种类和号码的,处200元以上500元以下罚款。

第二十一条 公安机关、公安派出所和暂住人口登记站、点工作人员在暂住人口登记管理工作中,徇私舞弊、滥用职权、玩忽职守、索贿受贿、侵犯暂住人员合法权益的,依法给予行政处分;构成犯罪的,依法追究刑事责任。

暂住人口协管员在暂住人口登记和日常管理过程中,有违法违纪行为、侵犯暂住人员合法权益的，由公安派出所或公安机关按有关规定处理。

第二十二条 暂住人员在本市市区范围内的就业管理按照《郑州市外来人员就业管理办法》执行。

第二十三条 县（市）、上街区的暂住人口登记工作，参照本办法执行。

第二十四条 本办法自 2007 年 8 月 1 日施行。

第十二章

城市新移民的问题与对策：基于成都的调查

城市新移民是伴随着我国当代城市化进程而出现的一个特殊社会阶层。能否较好地解决城市新移民的问题，直接关系到成都城市化进程的质量和速度，在一定程度上影响着成都和谐社会的实现。因此，研究城市新移民的问题是当前成都城市建设的紧迫课题。

本研究从2008年12月开始进入准备阶段，主要工作是查阅相关文献及研究调查问卷和访谈提纲，并开始在成都进行试调查，试调查结束后对成都新移民的基本问题有了初步的体会，对相关涉及的问题有了进一步的改进，对问卷和访谈提纲做了修改。2008年12月至2009年4月为定量调查阶段，6月定性调查正式启动，8月底圆满结束。调查过程中遇到不少困难，不过总体而言，调查得到圆满的结束，获得了十分有价值的第一手资料，回收552份有效问卷和30份访谈资料，保证了定性与定量的结合。研究的对象主要分为：智力型移民，主要是指根据现有户籍制度规定可以落户的科技人才，学历在大专以上；劳力型移民，主要指进到成都的农民工和国内其他地区的城镇下岗职工；经营性移民，来自成都以外地区的投资者或创业者。

12.1 移民留在成都的原因

成都是一座移民城市，具有悠久的移民传统，现居民的移民特征明显。虽然此次成都移民调查的研究对象为智力型移民、劳力型移民、经营型移民，但是通过对调查问卷的整体分析，可以把这些移民之所以选择留在成都的原因进行分析，又可以将成都的新移民重新分为四大类：

1. 教育型移民。成都拥有20余所高校，其中部分为全国知名，此外，还有许多其他类型教育机构，每年都从全国各地或境外招收学生入学，每年也都有大量学生毕业进入社会参加工作。这些外地学生中，每年都有一定数量的人留在成都工作，从而变成本地公民。除此以外，随着劳动力市场的全面开放，各地的人口频繁流动，外地高校毕业生来成都应聘，谋求发展，也是补充成都人力资源的又一重要渠道。这种类型的移民在此次调查的智力型移民中占较大比例。

2. 经营型移民。经营型移民的到来对成都这座移民城市的经济增长的拉动作用是非常重要的。除了成都本地市民的投资和经商外，吸引外地和境外投资，已经成为繁荣城市经济的基础性举措。外来的投资者本人，投资者家属和亲属，以及投资项目的部分管理和技术人员，都将随投资的进入而移居成都，构成新的城市移民。同时，对于许多投资者来说，成都处于我国的西南内陆地区，相对于沿海地区已经高速发展的经济而言，成都充满了商机，并且成都也是人口密集的城市，充满了巨大的市场，许多投资者就是看中了这一点而选择了在成都进行商业投资，这是经营型移民选择成都发展的主要原因，是成都经济发展的重要动力。

3. 打工型移民。这部分移民主要由两种人员构成。一种是成都周边地区进入成都市区的农民工。他们中有些人虽有一技之长，但文化水平普遍不高，适合从事专业技能要求不太高的工作，如加工制造业、建筑安装业、搬运保洁业等。他们劳动力成本较低，有吃苦耐劳的精神，在成都的经济建设和社会生活中发挥了重要作用，是成都移民中的一个重要群体。尤其是成都以外的少数民族同胞，他们主要来自成都周边的民族地区，他们大多会进入成都以改善自己的生活。由于受文化教育程度的限制，虽然他们从事的许多职业是属于体力劳动，但是在他们眼中，成都依然充满了机会。另一种是外地城市的农民工以及下岗失业人员，由于在原居住地找不到工作而生活困难，来到成都寻求务工机会和生存出路。

4. 养老型移民。成都属亚热带湿润季风气候，气候温和、四季分明、无霜期长、雨量充沛、日照较少，各种物产供应非常丰富，同时成都也是中国西南地区商贸、金融和交通和通信枢纽，基础设施发达，城市功能完善，生活非常便利，这些优势决定了成都尤其适合养老。相比沿海地区快节奏的生活，成都是一座非常休闲的城市，能让人不会感到快节奏生活的压力，所以这成为成都吸引许多新移民的原因之一。

另外，由于最近几年房地产楼盘的大量开发和房价的走势，成都的房价相比较全国其他地区尤其是东部沿海地区是相对能接受的。因此一些移民就瞄准了成都，居家搬迁过来或者迁到成都养老。所以在调查中发现有许多的外地老年人在成都居住养老，当然也不乏喜欢这种生活节奏的年轻人。

12.2 新移民的精神压力

虽然有多种类型的新移民纷纷选择来到成都，但是新移民搬迁到一个新的陌生地方，往往会面临着生理、心理和社会适应等方面的压力，许多研究深入分析了造成这种状况的原因。从微观层面分析，原有社会网络和关系资源的缺失是造成移民困难和压力的主要因素，移民自身的客观条件则又直接影响到他们对困难的感受程度。

这些生理、心理和社会适应等方面的压力共同形成了新移民的精神压力，成为他们生活的重要负担，在调查研究中可以发现这些纷繁的精神压力可以简单地划分为主要的几个类别：

12.2.1 社会网络、关系的限制

中国社会是一个"人情化社会"，人情关系是人的重要生存方式，换言之，就是人的社会关系网络是人的重要资源。新移民迁入成都，必然伴随着原有社会网络和关系资源的缺失，这成为新移民困难和压力的主要因素。"在家靠父母，出门靠朋友"这是中国人传统的社会关系网络，反映的就是中国人的人脉关系，即"人脉是财脉"，而来到新的城市成都，人际关系网就留在了原地，需要在成都重新建立一张关系网，这种从有变无的关系网络使得新移民在成都生活中显得十分孤立无助，因为原来的社会关系网络能够给人们带来情感上的支持，移入新的城市就丧失了这种情感的支持。社会关系网络的局限性更明显的体现在信息的闭塞，减少了获取信息的多种渠道，不能及时获得社会中最新的信息，使生活变得闭塞。

在问卷调查中，我们发现成都新移民的交友关系网络中，许多的关系网就是同乡，在同乡的社会交往中具有很强烈的归属感。从调查中知道，新移民的朋友基本上是以老乡或同学为主，遇到困难时也会向同城的老乡寻求帮助，所以新移民信任的仍然是以地缘或血缘为基础的关系。成都新移民既受社会网络和关系益处，同样也因为没有社会网络、关系而受到各方面的社会限制。

12.2.2 语言带来的隔阂

不同语系的新移民来到成都面临着显而易见的语言交流的困难,这在一开始会成为他们工作、生活的障碍,产生隔阂感。

在调查中发现,一些从四川省以外地区移入成都的新移民,尤其是与成都语系不同地区如浙江、安徽、湖南等省来的新移民会发现,对于本地语言存在着一些困难,在与本地人群交往中必须用普通话沟通,而本地人群可能习惯于成都本地语言,这就带来一些沟通上的困难,成为他们工作、生活的障碍,产生一定的隔阂感。有些新移民,虽然对于听懂成都话已不存在困难,但始终不能用成都话进行表达。语言上的困难会时常让新移民感到自己不是这个城市的主人,而只是异客。

12.2.3 社会归属感的缺失

部分新移民在来到成都之后,可能在经济上、社会地位上存在着较大的差距,也容易使他们产生自卑和封闭心理,无法与成都市民进行平等的交往和沟通。这使得他们在来到成都以后也常常感到孤立,他们很少能跟自己阶层以外、居住地以外的人群发生接触,所以他们的关系网络就总是局限在和自己经济地位接近,居住范围附近的人群之中,形成"物以类聚,人以群分"的局面。在移民的交友关系网络中,大部分的关系网就是同乡,在同乡的社会交往中具有很强烈的归属感。从调查中也可以获知,新移民的朋友基本上是以老乡或同学为主,遇到困难时也会向同城的老乡寻求帮助,所以新移民信任的仍然是以地缘或血缘为基础的关系。

从某种程度上来说,相对于成都本地人,新移民所拥有的社会人际关系资源本就十分匮乏,而在成都重新建立的关系网也局限在与自己接近的人群中,这样就更加剧了社会资源的匮乏,形成一种恶性的循环,会导致他们在寻找工作的过程中无法获得关系资源、机会,以及有效的就业信息,因而使得他们难以获得向上发展的机会,寻求向上流动更加困难,也就始终难以摆脱自己的困难处境。

在新移入城市生活的困难所带来的,是新移民对新城市社会归属感的缺失。因为在移民的原住地的社会里,社会归属感相对稳定和明确,社会身份的存在不容易为人所觉察。而在新的城市生活面临巨大的压力,使新移民很敏感地感受到了自己社会身份的变化,外来者的身份使新移民不能自然融入社会生活中。这就是新移民的社会身份的问题,根据学者亨廷顿(Samuel P. Huntington, 1927~

2008）的分类，社会身份分为归属性身份、文化性身份、疆域性身份、政治性身份、经济性身份、社会性身份。① 在此，不对以上几种社会身份的概念做探究，此次问卷调查而言，可以发现许多来自凉山、阿坝的藏、彝等少数民族移民，他们中不小比例的人，对于成都这座城市来说，就存在着鲜明的文化身份认同的问题。很明显，在成都，新移民面对这些身份的缺失，会严重影响他们对移入城市成都的归属感。

综上所述，语言交流困难，与原有社会关系网络提供的情感支持和信息的丧失，以及对成都归属感的缺失是新移民适应困难的主要因素。中国学者的研究偏重于在血缘和地缘之上的初级社会网的破坏给移民造成的适应困难②。同时，作为适应过程中的主体，新移民自身的知识、经验、能力等也直接影响着他们的适应过程，影响到他们对困难和压力的感受③，以及他们对移入城市的感受。

这种新移民自身对新城市适应的差别，在此次调查中较为明显的体现在劳力型移民与智力型移民之间。对于在成都以劳力为生的移民，更多地体会到在此生活的不易，而智力型移民凭借所受的教育、工作经验，大多能较快地适应在成都的生活，所体会到的困难不是那么强烈，因而隔阂感也相对较弱甚至没有感觉。

12.3　新移民所面临的物质压力

在成都的新移民面临着比较大的社会生活压力，具体而言是指他们在生活中所遭遇的困难，这正是因为"新移民"这个身份所带来的比较沉重的生活包袱。这些具体的困难处处限制着新移民在成都的生活。

12.3.1　难以享受各种本地权利

一方面，那些户籍尚未转入城市的新移民往往无法享受到成都本地居民的种种权利，特别是那些被定义为"暂住人口"的劳力型移民，常常被视为城市拥挤、肮脏、混乱和治安恶劣问题的根源。在这样的生活环境下，成都新移民的形象在某种程度上被扭曲和异化，被贴上不好的身份标签，这使得新移民无法发出

---

① 张文宏、雷开春：《城市新移民社会认同的结构模型》，《社会学研究》2009年第4期。
② 施国庆、陈阿江：《工程移民中的社会学问题探讨》，《河海大学学报》1999年第3期。
③ 刘成斌、雷洪：《三峡移民的角色行为障碍》，《河海大学学报》．2002年第2期。

自己的声音或者发出的声音也难以为人们所重视，成为了在成都被忽视的阶层和名副其实的"弱势群体"。

另一方面，对于那些已经把户籍迁入成都的新移民，他们"虽然获得了城市市民的户籍，但是并没有享受到总体性社会下面一个市民所拥有的所有待遇"。[①] 这种条块分割带来的结构性矛盾，在成都难于短期内解决，这也是中国城市化面临的共同性问题，需要制度层面的重大变革才能有根本性的改变。

12.3.2 缺失城市发言权

成都新移民除了要面临比成都本地人口大得多的生存压力和竞争压力外，有时还被视为成都本地居民的发展机会及资源的争夺者和竞争者，从而受到城市"社会排斥"和"社会隔离"的影响及制约。同时，由于他们离开了原来的亲属团体和社会群体，没有了可以依赖的社会网络，不熟悉城市的各种权力操作规则，在一个全新的社会环境中往往难以找到发言的渠道和维护自己权益的途径，更难以对成都社会的各项管理事务和决策事项发表自己的看法和建议，实际上也缺乏对成都社会的发言权。所以在成都生活，却始终没有心理的归属感，始终感觉到自己不能真正算是城市里的主人。

12.3.3 受制于传统户籍问题

在问卷调查中感受最深的是新移民的身份所带来的子女上学、住房、医疗等一系列问题，主要是受移民的户籍限制。

新移民子女在成都就学非常困难，主要表现在两个方面：一方面是由于在成都受教育费用较高，承担起来比较辛苦，尤其对劳力型移民而言。由于现阶段教育问题是一个普遍的社会问题，教育费用甚至已经超出部分城市户口家庭的支付能力，况且新移民子女由于进入成都时间较晚，经济基础相对较差，在支付教育费用的问题上更显得捉襟见肘了。但子女教育问题是一个至关重要的问题，于是迫于无奈会选择相对较便宜的学校就读，而这些学校是存在着教育质量的问题。另一方面新移民子女和成都本地家庭子女教育条件的差距，这会让新移民在成都感受到一种距离感，无法融入到成都生活中去。甚至会感受到教育的不公平，引

---

① 刘玉照、梁波：《上海市"新移民"身份获得与结构分化——转型期外来人口的"移民化"研究》，载《文化复兴与秩序重构——上海市社会科学界第四届学术年会2006年度青年文集》，上海人民出版社，2006年。

发一系列的社会问题。这也是在调查问卷中感受最深的，因为收入较低的新移民普遍为子女上学高额的借读费感到压力沉重。

新移民在住房上问题也非常突出。住房问题是安居的基础，如果没有一个安定的居住环境，新移民在成都生活中缺少一种归属感，而且缺乏安全保障，心理上很难融入到成都生活中，也没有家的感觉，始终认为来成都只是打工挣钱，很难落地生根。归结原因一方面是政府在住房调控方面需要做更大的努力，使房价回归到一个合理的水平上，起码让新移民能够感受到购买商品房的希望。同时加大保障性住房、经济适用房以及廉租房的建设力度，为条件较差的新移民群体提供一个住房保障环境。另一方面新移民也需要根据自身的条件选择租房或购房，甚至可以选择区位条件较差租房或购房等经济条件改善后，再考虑租房改善措施。

新移民在医疗保障方面也存在一些问题。医疗保障是社会保障中非常重要的一环，也关系着新移民的健康问题。新移民中收入较高且所在单位为其购买了医疗保险的群体相对来说在医疗保障方面不存在很大问题。但是，新移民中收入较低的群体，同时也没有医疗保险的群体生活就非常困难。因为平时的生活花费就不低，为节省昂贵的医药开支，身体生病时往往不去医院。严重影响身体健康。在调查问卷中，很多被调查的新移民都存在这样的问题，尤其是劳力型移民特别突出。

12.4 解决新移民问题的途径措施

新移民面临的一系列问题的解决，是一项长远而艰巨的过程，需要经过时间的考验，但仍然是可以得到解决的，可以从以下几个方面着手：

第一，逐步解决户籍问题。由于户籍问题引发的一系列问题导致新移民在成都生活过程中障碍重重。为解决这些问题我们首先必须从教育、住房和医疗三方面进行讨论。

新移民子女的教育是非常重要的问题，也是现在教育体制改革重点考虑的一个方面。应该从教育的体制上改革现有的教育制度，取消城乡教育的限制，废除甚至于取消新移民子女"借读费"等类似的不合理收费。同时加大教育基础建设投入，为新移民困难家庭子女提供教育基础的教育保障，使没有在城市中落户口的新移民子女享受同等待遇，让他们大致达到城市孩子的一般水平。住房问题不仅仅是新移民面临的问题，现在已经成为一个社会问题。政府必须坚决调控房价，使之处于一个合理的区间，因为房价问题不仅仅是一个经济问题，还是一个民生问题。同时加快各种保障性住房的建设力度和投资规模。医疗保障方面，需要加大医疗体制改革，全面覆盖医疗保障人群。同时对新移民低收入群体提供医疗救助，保障新移民的身心健康，为成都的发展做出更大的贡献。

第二，逐渐赋予城市话语权。由于获取信息和发表意见的渠道较为狭窄，成都新移民往往既无法及时获得那些与自身利益相关的信息，更无法发出自己的声音。特别是那些尚未把户籍转入城市的暂住人口，由于受户籍制度的限制，他们不能在城市居住地参加选举或被选举，而回到户籍地参加选举或被选举的成本又太高，因而逐渐丧失了对国家和地方重要事务发表意见的权利。由于新移民的身份问题，成都新移民和成都本地居民之间往往存在地位身份上的差异，一方面是可能会导致城市的管理者不考虑城市新移民对参与社会事务管理的需求，另一方面则是由于成都新移民自身感到身份低下而根本不敢奢望拥有对社区的管理参与权。因此，要赋予成都新移民参与各级管理的权力，就要求成都的各级权力机关、各个社会治理主体必须充分认识到城市新移民的存在，注重吸收他们的代表参与到相关权力机关及治理组织中来，引导他们直接参与各项社会公共事务的管理，而在履行社会管理行为时应尽量征求、吸纳城市新移民的意见。

第三，适当的心理辅导。成都的许多新移民选择成都生活，很大一部分原因是出于经济上的困窘和无助，导致他们的生活和处事态度倾向于消极和被动，认为自己根本无力去做具有一定技术含量的工作，只能凭体力维持生活。根据这部分人口的实际情况，政府应该从社区着手，利用社区成本低廉、方式灵活和贴近民众的特点，进行职业培训和心理辅导。一方面开展技能培训，为部分流动人口提供各种针对市场需要的技能培训；另一方面对于一些由于物质困窘而自暴自弃、悲观厌世和消极等待的人们，还应该提供适当的心理辅导和治疗，帮助他们振作起来，以积极乐观的态度投入生活和工作，并依靠自己的力量摆脱贫困。

第四，营造和谐氛围。应促使成都的管理当局及在此生活的强势群体充分认识到成都新移民对成都的贡献及其存在意义，并认同和接纳他们，减少乃至于杜绝排斥、歧视外来人口的现象，从而营造一个没有地域歧视和城乡歧视、多元利益均衡协调发展的城市人居氛围。

第五，应积极提升成都新移民作为城市居住者的归属意识，使城市新移民以成都为家，增强作为城市新主人翁的精神，努力实现与成都本地居民之间的融合、交流及和平相处。当前，有必要考虑研究进一步深化户籍制度改革的意见，探索建立城乡统一的户口管理制度，填平城乡"身份鸿沟"，促进城乡的结合及城乡居民的统一融合。

尽管新移民迁入成都后物质和精神都面临诸多的问题，但是新移民在环境中仍然表现出了很强的适应能力，使自己适应新的环境。成都新移民由于从原住地迁移至成都是一个逐渐变化的过程，必将导致移民居住的自然环境与社会环境的改变，从而引起语言、风俗习惯、人际关系、生产和生活方式等方面的调整和适应。在这个变化过程中，种种的社会问题会逐渐显现。

政府需要清楚地了解掌握新移民的这一特殊阶层的生活现状，为其提供良好的教育、社会保障、户籍制度及道德法律等环境，使新移民更好地服务于城市现代化建设中，促进城乡一体化的发展和融合。

第十三章

城市新移民社会关系的嬗变与重构：
基于杭州的调查

20世纪80年代以来，中国进入了所谓的"改革年代"，中国的社会结构发生了巨大变化，在城乡关系上的单向人口流动上表现得尤为引人注目，即大量的农村人口涌入城市。如今30年过去了，农民工群体究竟发生什么变化呢？最近的调查表明，他们曾经作为一个整体性的群体而存在，但现在却开始发生了分化：他们当中一部分人有了在城市定居的基础，或者说按他们现在的发展情况，将来在城市定居是可能的，尤其是20世纪90年代以来，中央及地方政府陆续出台了一系列旨在深化经济、政治体制以及各项配套措施的改革，正逐渐消解阻碍社会流动的障碍性因素，对农村人来说，进城生活已经不像以前那么"高不可攀"，城市的大门正在向一部分人"悄悄地"打开。

随着经济和社会的发展，无论进城的外来打工者、投资创业者，还是受过高等教育的"流动人群"，他们之中一部分人越来越具有移民的特征，用以往的"流动人口"或者"外来人口"等概念称呼他们已经不合时宜，或者说是不适应时代的发展了。他们中有一部分人准备或者已经在迁入地居住下来，并不打算返回他们的原籍，因而更多地表现出移民的特征，本文称其为城市新移民。

新移民"新"在何处？这里的"新"不仅是指时间上的新，更是新型的意思。一是体现在"新"的政策环境；比如户籍政策对人口流动的限制和人身监控功能的逐渐弱化，原来的各种计划经济以及与其配套的各种制度安排日益式微，很多阻碍人们社会流动的因素逐渐被打破，为人们提供了改变社会身份的制度性空间的情况下出现的新型移民；二是新生代移民，或者第二代移民的大量出现。这一群体往往具有比第一代移民更强烈的城市认同感，而且社会关系成分中绝大多数对象为城里人；三是移民的"新型"价值观，主观上强烈渴望转变为"城里人"等。

按照社会关系对新移民提供的支持和新移民需求性质的不同，本章将新移民的社会关系分为两个层次：一个是以与新移民具有亲密关系的血缘、亲缘为基础，如父母、子女、配偶、亲戚以及兄弟姐妹等，这一关系是"既定的"、固有的，类似于滕尼斯所讲的基于"本质意志"①而建立的社会关系；另一个类似于滕尼斯所讲的基于"选择意志"而建立的社会关系，这种关系是以地缘、业缘等"外在"因素形成的，由诸如工作伙伴、同事等构成，在特征上表现为不一定具有亲密关系的特征。仔细探究便可发现，实际上这两个层面是对社会关系这个大系统进行的细分，是以家庭为阀界而划分出的两个不同子系统。之所以将二者细分出来，是因为这两个层面的社会关系具体发挥的效用和维持的机制是有所差别的。

前者主要对新移民提供感情、心理等方面的支持，其维持机制的核心是投入感情，对关系的双方来讲都是一样，只有投入更多的感情，彼此才能从对方那里获得更多的支持，同时这种关系维持得也更持久；而后者主要是为新移民提供一种工具性的支持，这种关系的产生是源于某方面的利益需求，只有与利益挂钩新移民才与其结成关系，目的性很强，这种关系的维持机制也是利益，个体在某方面利益需求的导向下，去结成一定的社会关系，双方的共同利益越大，则关系越强，持续时间也越长。由于前者基于"本质意志"，所以，相比较而言，前者之中成员之间相对依赖性比较高，并且在某种程度上具有不可替代性，持续时间也是最长的，如父母、子女等关系；而后者基于"选择意志"，本质上以利益为导向，所以只要利益改变的话，关系性质也会发生变化，因此，这一层次的关系相比较前者而言，替代性比较高，持续时间不一定很长。对于两种关系类型可以做这样的简单理解，即前者是为了建立关系而建立关系，建立良好的关系本身就是目的；后者是为了获得利益而建立关系，于是，不管建立多好的关系，充其量只是一种手段，目的是为了获利。

当然，以上概念的提出是为了便于研究而建立的一种"理想类型"分析框架，是在两个"极端"上讨论问题，实际存在的情形可能有所不同，新移民的社会关系并不会是直接的两分法，即不是一种在乡土关系与新型社会关系中二者择一式的讨论，真实存在的是要么乡土社会关系成分多一些，要么新型社会关系

---

① 滕尼斯将人们的共同意志分为本质意志和选择意志两种。本质意志主要基于情感动机，指的是人们在传统和自然的感情纽带基础上的一致性和相互融合。选择意志则主要基于思想动机，指的是人们那种尽量排除感情因素的纯理智思维、个人的目的性打算及人与人之间利益关系的考虑。

多一些。本章研究的正是从乡土关系向新型社会关系的过渡及在这个过渡的序列中，具体的社会关系对新移民的帮助，及与新移民的移民行为之间的内在关联性。

13.1 调查数据与分析

13.1.1 基本情况

调查对象界定为：年龄在 23 周岁以上；出生地与原户籍都不在杭州，且从中小城市或农村来杭州发展，在杭州居住 2～5 年；有在杭州定居的意愿；具有合法居所；具有合法收入。

样本的选择方法：主要为样本驱动，即我们经常讲到的"滚雪球抽样"，先从熟人（新移民）开始，然后通过关系网络逐步深入扩展，其次采取集中调查，找研究对象比较集中的地区深入调查。

从 2008 年 3 月开始进入准备阶段，5 月正式调查，12 月结束。由于主客观条件的限制，调查中也遇到不少困难，诸如调查对象不易寻找、拒访、时间跨度长、难以得到有价值的资料等等，不过总体来讲，整个调查过程相对顺利，得到了丰富的第一手资料，回收 200 份有效问卷和 30 份个案访谈资料[1]，做到了定量与定性的结合。

表 13-1　　　　杭州市新移民的主要类型　　　　　　　　单位：%

类别	频次	百分比
劳工移民	81	50.5
智力移民	60	30
投资移民	59	19.5
总计	200	100%

从表 13-1 中的数据可以看出，调查到的杭州新移民主要是劳工移民，占调

---

[1] 该份调查报告是在项目执行前期完成的的，在整个项目结束后，共在杭州访谈 37 位新移民，获得有效问卷 452 份。特此说明。

查总数的50.5%。杭州是"长三角"的核心城市，经济发达，环境优越，发展空间大，吸引了大量的外来劳动力。在调查中，笔者发现很多劳工移民的收入是比较可观的，尤其是一些技术工人，他们的技能对工厂来说是不可或缺的，使得他们对工厂有着非常大的重要性，他们工作几年后甚至成为所在工厂的骨干力量，这在客观上造就了他们成为城市新移民。另外，由于杭州是一个人才荟萃之地，所以笔者将学历在大专及以下的新移民也界定为劳工移民，这点也使得劳工移民的样本相比智力移民和投资移民要多。样本中，智力移民居次，占总体样本的30%，且相比劳工移民普遍较年轻。从学历上看，主要为大学本科及以上的毕业生；从收入上看，无论从工资还是各种福利待遇都要比劳工移民高。投资移民最少，占总体样本的19.5%，主要是来杭州做生意、开店或其他买卖的人员，虽然投资移民的福利待遇相比劳工移民和智力移民较差，但是，从收入水平上来看，这一群体在很大程度上不亚于智力移民。从主观层面来讲，智力移民对杭州的评价最高，其融入城市的意愿也最强烈。

13.1.2 社会关系网络现状

在调查新移民社会关系网络时，首先关注的是新移民的互动对象，即与新移民平时交往的是哪些人。为此，设计了一系列问题来反映新移民的交往对象及情况。在问卷中首先设计的问题是除了家人和亲戚外，请您列出三位最好的朋友的情况以及与您的关系。

在典型个案访谈中则要求访谈对象具体地说明这些人的各方面情况，如他们的姓名、与被调查者之间的具体关系、他们在什么地方认识、认识多长时间、相互交往的频率等。希望通过这些问题能够清楚地了解新移民的社会联系和交往状况。

表13-2　除了家人和亲戚外，请您列出三位最好的朋友的情况以及与您的关系　　　　　　　　单位：%

类别	上司	同事	当地人	商业伙伴	同学	老乡	邻居	其他
第一位	6.5	30	5.5	13	71.5	62	3	2
第二位	9	37	11	17.5	68	67.5	2.5	5
第三位	10.5	31	10	6.5	34	47	7	1.5

从表13-2可以看出，与新移民建立朋友关系的主要集中在同事、同学、老乡这三类。其中，同学和老乡人数最多，而且这两类出现在第一位的比例非常

高,同学达到71.5%,老乡达到62%。在调查中,笔者发现新移民往往和自己同质性比较强的人员交往,尤其是劳工移民,其交往对象绝大部分也是劳工移民或者农民工群体,很少把城里人和其他人当做自己真正的朋友。他们在来到杭州之前会先了解杭州有没有熟人,与自己是什么关系,来杭州以后也是以这些人为基点来拓展自己的交往圈子。

表13-3　　　　杭州市新移民交往对象的社会来源　　　　单位:%

类别	频次	百分比
本地城里人	64	32
外地其他人	136	68
总计	200	100

问题:您平时交往中以哪些人为主?

以上结果同样说明,在日常生活中,新移民和自己同质性比较强的群体交往频率较高,而和其他群体交往不足,至少可以说明新移民和本地居民之间还没有建立相应的社会联系。不过,在访谈中,发现随着新移民来杭州时间的增加,其社交圈子会逐渐扩大,交往对象中杭州本地人的数量会逐渐增加,相互交往的频率也会加强,同时,在双方也可以提供一些必要的帮助。联系有程度之分,为了深层次地把握他们之间的这种交往关系,设计了下面一些问题,以了解新移民与交往对象之间的联系强度与向度。

表13-4　　　　相互交往频率及关系方向表　　　　单位:%

类别	旧关系网络	新关系网络
每周都有交往	7.5	48
每月都有交往	13	77
每年有交往	71	91.5
一年以上才有接触	24	3
给对方帮助	37.5	76
得到对方帮助	49	58.5
给对方支持	30.5	54
得到对方支持	41	39.5
遇到困难找对方	43	27

注:为了便于研究,表中视旧关系网络为来杭州之前建立的社会关系,新关系为来杭州之后建立的。表中也包括一些访谈资料。

以来杭州为分水岭将新移民的社会关系网络分为旧社会关系网络和新社会关系网络。从交往频率来看，来杭州之后新移民的旧社会关系网络交往频率下降，新的社会关系网络交往频率上升。

13.2　分析与讨论

13.2.1　城市新移民社会关系状况

调查发现，新移民的社会关系是一个比较复杂的系统。总的来讲，两种社会关系随着新移民来到城市生活的时间、交往圈子的扩大及社会阅历的增加有一个转换的过程。但是就目前来看，城市新移民的交往对象大多还是维持在原有的群体内，然而在原有的群体内他们彼此建立的又不同于以往的那种初级关系，而更多地表现出一种工具理性特征。新的交往对象和新的社会关系也正在逐渐形成。

表 13-5　　　　　　　　　　新移民社会关系总体情况　　　　　　　　　　单位：%

变量	百分比	变量	百分比	变量	百分比
是否通过关系到此工作（居住）：		来这里之后有无新的关系网络：		原有关系网络是否逐渐缩小：	
是	71	有	47	是	71
否	29	无	53	否	29
来这里之前有无关系网络：		新关系网络是否给予足够的社会支持：		新旧关系网络有无差别：	
有	84	是	39.5	有	87
无	16	否	60.5	无	13

从统计的结果看，绝大多数城市新移民是通过关系找到现在的工作，尤其是劳工移民，基本上是通过"熟人"介绍，联系好工作之后才来杭州。来杭州之后他们积极构建自己的关系网络以获得足够的社会支持。在访谈中，很多新移民认为自己还没有建立像来杭州之前的那种丰富关系网络，即便有一部分人逐渐建立起一个新的交往圈子，但是得到新关系网络中成员提供的帮助尚比较少。

因此旧社会关系网络往往以血缘为基础，新社会关系网络以业缘关系为基础形成的"乡土关系",并将新移民社会关系从大的方面分为夫妻关系、血缘关系、业缘关系、邻里关系;将支持类别分为心理情感性支持和工具性支持。具体统计结果见表13-6。

表13-6　　　　　　　　　新移民关系详析　　　　　　　　单位:%

类别		夫妻关系	血缘关系			业缘关系		邻里关系
			父母	兄弟姐妹	其他亲戚	同事	朋友	
工具性支持	之前①	21	68	37	65	32	39.5	71
	现在	43	21.5	58	71	59	61.5	9
情感性支持	之前	73.5	39	21	19.5	35	39	54
	现在	87	64	65	33	18	23	3

注:①"之前"是指来杭州之前。

从表13-6中基本上可以看出,城市新移民社会关系的嬗变过程,也可以看出各种关系在不同时期所占的比重。首先值得注意的是,邻里关系曾被人们认为是农村主要的社会关系,"守望相助"这一成语典型地反映了农村社区中邻里在社会支持上的作用。但在笔者的调查中,很多新移民来杭州生活后几乎不知道他们邻居是干什么的,甚至见都没见过,更别谈什么社会支持了。

个案1:W(杭州市某公司职员,来杭州4年)

"城市里的生活方式跟农村总归不大一样嘛,其实也谈不上冷漠不冷漠,只是城市里的人更独立而已,以前我在农村的时候对自己周围的邻居很熟悉,而且经常在闲暇的时候去串串门,有什么困难的话也可以向他们求助,现在嘛,更多的是向其他人求助,和邻居感觉没什么关系。"

从内容上来看,新移民寻求夫妻关系,包括父母、兄弟姐妹及其他亲人在内的血缘关系的社会支持时,对心理情感性支持的要求高过对工具性支持的要求;人们在寻求业缘关系的社会支持时,对工具性支持的要求高。

个案2:G(杭州某服装店店主,来杭7年,工作3年)

"在外面更多的还是希望能够和一些朋友建立相互帮助的关系,有什么困难的时候,很多人都来帮你,让人觉得很好,也想下次再给别人提供帮助。在家里嘛,能和老婆孩子在一起感觉很欣慰,再苦再累都觉得很值得。"

"做了几年生意以后,感觉跟家人交流起来都比较真诚,是真正的用心去交流,有时候遇见家人和亲戚的时候感觉特别亲切,但是生意场上就不一样了,很多时候会勾心斗角,大家都彼此利用,看谁付出的最少而得到的却最多,经常互相算计。"

在问及是否愿意与更多的本地人交往的时候,绝大多数新移民都做了肯定的回答。这表明，新移民正在积极构建自己新的社交圈子，希望在异质的"弱关系"① 中寻求资源和发展机会，并强烈的渴望融入到城市生活中去。但是，当谈及建立信任的朋友关系时，很多新移民表示犹豫或者说不清楚，甚至对朋友这个概念也说不清楚，似乎只是一种相互利用的工具关系。

13.2.2 城市新移民社会关系的重构

格兰诺维特、科尔曼、林南等都将社会网络看做是人们在进入某一领域之前业已既定的社会关系资源，人们需要的只是凭借各种策略更好地运用这些关系资源而已。问题是：人具有行动的能力，社会关系不是僵死的，处在社会关系中的人并不是完全被动地接受既定的社会关系，而是会通过人际互动不断赋予社会关系新的成分。很多研究者往往没有更多地重视社会关系建立的功利性或目的性。社会行动的目的会因时、因地、因人而变化，于是，人们会在利用现有社会资本的过程中，伴随着行动目的的变化逐渐构建新的社会关系网络以便行动的顺利展开和目的的实现。

城市新移民新社会关系网络的构建，是基于自己发展的需要，在个人关系基础上的一种社会关系网络的重建与扩展。

一是既存社会关系网络的扩大。主要是指城市新移民家庭为中心的社会网络的扩大。传统乡土中国，家庭社会关系是由血缘和地缘两种主要的纽带联系而成。城市新移民在没有进行迁移时，主要就是这种以血缘和地缘为基础的社会关系网络。通过迁移城市新移民的社会地位（在家乡亲戚看来）得到提升，其家庭的地位和作用在整个社会关系网络中得到了显著提高。因此，一些本来断裂的社会关系网络又开始联结上，原有的社会关系网得到了扩展。

个案3：F（杭州某面馆老板，来杭5年）

"我来杭州发展总体来说感觉不错，这个面馆生意还是挺好的，店里面的厨师和服务员都是我从老家带过来的，自己虽然累了一些，但是在家人看来，觉得我很有出息。"

"实际上我在杭州的收入算不了高，但是亲戚们总是觉得很高了，毕竟我们老家那边收入很有限，来城市之后以前很多不怎么联系的亲戚朋友有时候都会找我帮忙，觉得我好像能帮他什么。"

"去年我还介绍了一个老乡在隔壁那条街开了一个面馆，他还经常过我这里

---

① 李汉林：《关系强度与虚拟社区——农民工研究的一种视角》，载李培林《农民工：中国进城农民工的经济社会学分析》，社会科学文献出版社，2003年。

来,现在生意也不错。"

二是新关系网的建立。城市新移民在接受教育和迁移过程中,为了以后社会职业地位的发展,会有目的性地去建立一些以自己为中心的社会关系网络。这些关系主要是指师生关系、同学关系、朋友关系和同事关系。

个案4:H(杭州某公司办公室文秘,来杭工作3年)

"之前在家乡的时候感觉没几个朋友,上大学到后来工作,虽然很多高中同学和家乡的朋友都不怎么联系了,但是我还是感觉来杭州后,自己的圈子更大了。"

"平时生活和工作总会遇到这样那样的问题,所以我也在慢慢积累一些人脉关系,以便他们能够在适当的时候帮助我,我会经常尽自己所能去给他们做些事情,当然这在很多情况下也是刻意去结交一些人。"

这些网络一般是以信任为纽带建立起来的。信任是这种社会关系网络维系的基石。如果双方没有信任就不可能预期对方会对自己为他所做的事有所回报,因此也就不能确保自己的需求或意愿会得到满足。同时,具有一些共性:第一,以己为中心;第二,"弱关系"的分量有所增加,即新移民的交往逐渐走出同质性的群体;第三,社会关系网络范围扩大,交往对象的社会地位相对增高,这是由于新移民群体的社会流动带来了自己职业身份的相对增高,所交往的对象社会地位也就自然相对比较高;第四,这个网络有着更为丰富的社会资本,对于这个关系网络中的每一个成员来讲,成员之间彼此交往本身就是为了获得更为丰富的社会资本;第五,维系的纽带已经不是血缘和地缘关系,而是彼此之间的信任和彼此之间的利用价值。虽然这个网络最初的铺张是以血缘地缘等初级关系为纽带形成的,但是在形成以后,在新的环境下,维系这种新型社会关系网络的基础却已发生了变化,人与人之间的信任至关重要。基于信任而来的"获利"或得到帮助才是最为关键的。

13.2.3 逐渐走出血缘——"在家靠父母,出门靠朋友"

并不是所有的新移民在城市的就业都以亲缘作为最基础的社会关系网络和最常用的社会资本,在以血缘为基础的亲属关系中获得的资源毕竟有限,为了谋求更进一步的发展,新移民必然要突破亲属关系圈子的局限,建立更广泛的社会关系网络。在调查中,我们发现,除了以家庭为中心的亲缘关系可以提供帮助之外,常用的社会关系网络已经延伸到地缘和业缘关系,比如朋友、同事、商业伙伴等。这个问题可以从两个方面来解释。首先,并不是新移民不想得到亲属的帮助,问题是亲属基本上都在家乡,在城市里的资源有限,对新移民在城里的生活基本帮不上忙或靠不住。其次值得一提的是，家人亲戚即便可以在一些问题上帮助新移民，但是新移民却不一定会求助其亲属，目的是不想麻烦亲属，也有"面子"的因素在内。因为在农村，新移民往往都是成功、有出息的代名词，能够在城市里生活在农村人眼里本来就是有能力的体现，所以这种所谓的"角色期待"在客观上影响了新移民的行为，在调查中我们也遇到过很多新移民讲述自己的辛酸，却不愿意告诉家人的情况。

个案5：（杭州某软件公司工程师，在杭工作4年）

"我是农村出来的，虽然上大学和上研究生的时候也经常有奖学金，但是这么长时间读书给家里也造成了很大的压力，所以工作之后我就决定以后绝对不会再让父母操心；我现在的收入还可以，但是现在考虑买房结婚的话压力也是很大的，不过，我一定不会让父母分担的，现在我们也算是小有成就吧，我们同学基本上搞软件这块的收入还都不错，互相帮助下应应急是没问题的，朋友圈子给我提供的帮助很大，工作后才发现'在家靠父母，出门靠朋友'。"

13.2.4 工具理性与差序格局

费孝通先生认为中国的社会关系是依据"差序格局"来运作的。他认为，与西方团体格局相比，中国传统社会是以亲疏的"差序"原则来构建的。他很形象地说："中国的社会关系是以自己为中心，像石子投入水中一般，和别人所联系形成的社会关系，不像团体中的分子一般大家立在一个平面上，而是像波纹一般，一圈圈推出去，越推越远，也越推越薄"。在这种富于伸缩的网里，随时都以"己"作为中心，同时，在差序格局里，对个人而言，他的社会范围是一根私人联系所构成的网络，而所有的道德也只有在私人联系中才发生意义[①]。城市新移民的社会关系也是以"差序格局"的形式展现出来，所不同的是，这种新型的社会关系是在原有的对象中建立的一种工具理性关系。

新移民用传统的社会关系资源，以乡土关系为基点，在城市中构建一种工具或功利性的关系，拓展自己的社会关系网络。值得注意的是，这种工具关系和费先生差序格局中讲的一样，还是以自我为核心而建立起来的。然而，所不同的是，在工具理性差序格局中，新移民建立关系时考虑更多的则是对方能否给自己带来现实的"好处"。旧差序格局中，虽然费先生也强调地缘关系的重要性，但是只要我们能够深刻的把握他所讲的"中国的道德和法律都得看所施加的对象与自己是什么关系而加以程度上的伸缩，一切普遍的标准并不发生实际作用"；

---

① 费孝通：《乡土中国生育制度》，北京大学出版社，1998年。

问题的关键是：与自己的关系不同则对同一件事情则可能会有不同的态度和准绳，这里的关系即与自己的亲属远近，由此我们可以看出费先生所讲的差序格局实际上更加强调的是血缘关系。因此，工具理性差序格局中有一点比差序格局要突出，那就是：建立社会关系时更加突出"利益"，即之前提到的能给自己带来现实的好处。于是，工具理性差序格局比差序格局的张力要大得多，虽然大多新移民初来城市之时，可能更多的是通过与自己比较亲近的对象来构建城市的社会关系网，然而，亲属毕竟有限，而且现代城市的竞争性大、异质性强、非人格性等特点使得新移民要想在城市里面构建良好的社会关系，获得更多的社会资源，要想真正的融入城市社会，就必然会突破旧的亲缘关系。

在工具理性差序格局中，只要能够给自己带来利益，亲属或者非亲属都可以纳入其中。这个格局的成员大多可能是一种血缘或地缘关系，但已经在实质上突破了以往的血缘地缘关系，而是以成员价值的重要性来逐次表现出来，这里的重要性就是一种工具价值，即这个对象对新移民自己具有多大的利用价值，而且从结构上看，以新移民为核心的工具理性差序格局从中心往外，所涉及的成员对新移民的利用价值越小；同时可以看出，处在格局之中的新移民经常通过各种形式的活动来加强他与格局成员的感情关系，即便是一种形式上的感情关系，通过亲密关系的构建，可以获得格局成员的信任，关系越密切，越容易得到成员的帮助，反过来亦然，其他成员也是存在一个以己为核心而向外不断扩展的工具理性差序格局，同样通过各种活动来构建他与其他成员之间的"亲密关系"，以便得到更多的"实惠"，因为工具理性差序格局是由内到外关系强度逐渐下降的，离中心越近就越可能会成为中心成员拿来实现自己利益的对象。所以从这个层面讲，处在工具理性差序格局之中的新移民或是其他成员，总是通过一些形式的活动来构建或强化彼此之间的关系，实质上是一种互惠交往。

不过，这里要强调的是，并不是说新移民已经在城市里建立了一种工具理性的"现代"关系，只是认为相比旧的关系网络，新移民构建社会关系时多了一些次级的工具关系，以感情为特征的初级关系逐渐下降。

本章以来杭州生活为界限，从总体上将新移民的社会关系网络分为旧社会关系网络和新社会关系网络，并以社会适应和融入城市生活为切入点，着力调查和分析新移民社会关系和社会支持方面的适应情况。

首先，新移民社会关系网络越丰富，其外出就业的可能性越大，并且就业质量也相对较高，这里主要起作用的是基于乡土关系的旧社会关系网络。其次，由于来到城市生活，原有的社会关系网络出现了某种程度的断裂，所以新移民进城以后为了在城市得到发展而不得不构建新的社会关系。构建新的社会关系并不是"打破重来"，而是基于原有的以血缘、地缘为特征的社会关系网络，在此基础上拓展和构建新的社会关系网络。最后，两种社会关系在新移民城市适应方面起了不同的作用，旧社会关系主要为新移民提供的是一种情感性的支持，而新社会关系更多的则是为新移民提供一种工具性的支持。这两种社会关系在城市中交织，并表现出一种线形的、递进式的演进过程，即：血缘地缘关系——虚拟关系的构建——基于血缘地缘关系的拓展——逐渐走出血缘——工具理性差序格局。

新移民进城的过程是一个新的社会联系和关系网络的构建过程。城市中面对的压力增大，情感或是利益需求性质的转变，乡土社会中的社会联系渐趋式微，社会环境的改变，使得原已习得的规范和观念在这个充满陌生人的城市社会里显得格格不入，在距离和需求的双重影响下，原有的社会联系被强制性割断。在旧的社会联系失效，新的社会联系不足以支撑新的压力时，产生的直接后果就是，新移民自身在城里由此形成了一种社会和心理上的结构性紧张和危机。为了能在城里生存、适应和发展，在这种结构性紧张和危机中，他们必须倾向于与"陌生人"建立新的社会联系，在交往中，增加信任筹码，接受陌生环境的规范和观念，主动融入新的环境。

我们在调查中发现，新移民在城市里所建立的这种新的社会联系越多，他们整合和融入所在城市社会的程度似乎就越高。同时，我们还发现，新移民中不满意度和失范行为取向与他们的社会关系网也有不可忽视的联系。在访谈中，我们发现不满意度高的新移民，他们的社会关系或社会网络往往比较狭窄，尤其和他们的那些初级社会关系的联系似乎也不多，逐渐形成一种社会支持网断裂的状况。在他们"再社会化"的过程中，新移民有意无意中形成的社会关系网络起什么作用？这种社会关系网络以一种什么样的方式和多大程度上影响着新移民的社会行为？这种社会关系网络，是否可以看做新移民所形成的一种非正式的自组织系统？这些问题都值得我们去研究探讨。

第十四章

经营型移民的社会流动：基于东莞的调查

本章是关于东莞经营型移民的个案研究。改革开放以来，中国社会经济的急速增长导致了城乡之间人口流动潮。20世纪80年代后期，随着对外开放和城市改革的深入，东部沿海地区经济快速发展，形成了对劳动力旺盛的需求，从而产生了"民工潮"。如今，这些打工者中的一部分，通过进城务工，经过艰苦努力完成了资本的积累，转而成为个体户或私营企业主。他们在经济上具备了在城市定居的能力，其中一部分在城市中拥有自己的住房，他们子女在城市中出生、成长和接受教育。但是，因为户籍制度的持续影响，他们与劳工型移民一样面临着社会保障和子女读书等方面的问题。

本章意图通过对东莞经营型移民的个案研究，了解这个群体在东莞的适应状况以及面临的问题。其迁移过程以及创业经营过程中的哪些策略帮助其完成从"外出打工"到"自己经营事业"的转变。本章的田野调查以东莞虎门规模第二大的民办学校——"智升学校"为切入点，通过对学校老板的访谈了解其移民过程以及学校的创办过程，以及经营过程中的各种策略。并以"滚雪球"的方式对与"智升学校"相联系的投资移民进行个案访谈，了解其迁移过程、创业经营和日常生活等各方面。

14.1 社会流动的分析视角

所谓社会流动，是指社会成员从一个阶级向另一个阶级，从一个阶层到另一个阶层，从一种职业向另一种职业，从一个地区向另一个地区的位置移动①。即个人在社会分层系统中位置的变化。社会流动主要用来解释社会分层系统怎样将人分配到不同社会阶层中。社会流动分为平行的流动与垂直流动。这种流动的完成可以是代际的也可以是代内的。急剧的社会经济变迁常常导致社会分层系统的巨大变化。中国改革开放以来剧烈的社会经济变迁便带来了剧烈的社会流动。即以"民工潮"为代表的大量的城乡之间的移民运动为内陆地区特别是农村地区的社会成员创造了完成社会流动的机会。

陆学艺在《当代中国社会流动》②中指出农民共享其他阶层流动的机制有两种情况：一是农民工可能向其他阶层流动的机制，二是农民工不能向其他阶层流动的机制。有三种机制对农民工的流向有很重要的影响，那就是制度机制、年龄和性别机制以及经济机制。

在研究移民问题中，社会网络与社会流动是研究中常用的视角。"社会网络"指的是城市某一社会群体（如亲属，社区，社团）之中人与人联系的类型。也有些学者将"社会网络"界定为"人与人之间所存在的一系列相关的联系，这种联系在特定的情况下，处于特定的目的，可以构成将人们动员起来的基础"。社会网络一方面又被认为是移民的社会资本，它为新移民提供了关键性的资源，包括工作机会、居住地点等。网络关系的研究大多倾向于了解网络关系在适应都市生活的运行中所充当的角色。研究网络关系有以下几个问题：一是网络内事务、服务，信息的交流和传播。二是为适应城市环境发挥联络作用。三是网络关系情节的分析集中于人际关系中的专家。

社会网络为社会流动的完成提供了全方位的支持。无论是地域之间或者社会阶层之间的社会流动过程中，社会网络都产生了重要的作用。在城乡之间流动过程中，农民工的社会流动机制主要有：就业和收入压力机制、年龄和性别机制、人力资源机制和社会资本机制。③而农民工找工作，在很大程度上要依靠社会关系网络，亲带亲，友帮友，邻居帮邻居是他们找工作的基本模式。由于这样的社会关系网络的作用，他们从事的工作具有类同性。同时，农民工在向上流动，成为个体户或者私营企业主的过程中，也主要通过个人社会网络寻求资金、技术方面的支持。大多数打工者在完成社会阶层的纵向流动之后，即成为经营型移民之后，在生意管理、扩大经营等方面仍然依赖于原来的社会关系网络。

---

① 王传英：《转型期社会学若干问题研究》，国家行政学院出版社1998年版。
②③ 陆学艺：《当代中国社会流动》，社会科学文献出版社2004年版。

14.2 研究点介绍

东莞市虎门智升学校位于虎门镇威远岛，占地面积 28 000 多平方米，建筑面积 12 000 多平方米。学校现有 80 个教学班，198 名教职工，从幼儿园到初二共 4 000 多名学生。东智升学校是 2002 年 8 月经东莞市教育局批准创办的一所全日制民办学校。2002~2006 年期间，学校开设小学部；2006 年 9 月，学校创办了智升幼儿园，2008 年 12 月学校又升级为九年一贯制学校，现智升学校集幼儿园、小学、初中教育为一体。

学校教学设施按市级学校标准配置，电脑室、语音室、舞蹈室、美术室、理化实验室、图书阅览室、队部室等功能室齐全，标准的 400m 环形塑胶跑道和篮球场等俱有，多媒体教室全部配有现代化的电教系统。另外，学校现有 34 辆校车用于接送学生上学与放学。

学校现使用的小学楼为 2001 年兴建，供一到四年级学生在其中上课。而中学部的两栋教学楼则是 2009 年年初才正式投入使用，容纳了学校从五年级到初二的学生上课。因为金融危机的影响学校的生源并不如往年的上升趋势，导致其中的一栋新教学楼暂时闲置。

将学校看做一个整体区域，区域内除教学设施外，还有两间食堂、两间小卖部、一个汽车修理厂。学校区的一面临近公路，公路的两边都是小店铺，这些店铺主要是经营饮食类生意，以川湘菜最为常见。学校的另一边（与公路相邻）为新建的一排五六层小楼。从门牌上看，这些楼房都是工厂，其中规模最大的几家均为制衣厂，厂房则位于小楼中，日夜都有缝纫机密密匝匝的声音。学校旁边本来都是荒地，因为学校的修建和工厂的增多，当地人在自己的地上修起了房子用于出租，这些房子外观非常新，看起来修建不超过三年。这一点也从学校老板 T 那里得到了证实。他说，2002 年学校开办的时候这一带都是荒地，学校修建后，由于学生家长对房屋的需要而逐渐发展起来。

现在学校学生全部都是外来工子女，本地人的子女都选择上公立学校。虽然学校收费并不便宜（每学期 5 000 元），但是仍吸引了一批跟随父母到虎门生活的外来务工人员子女就读。学校里的老师及行政人员也几乎没有本地人，他们都是通过人才市场公开招聘的方式进入"智升学校"的。

在"智升小学"所在的区域，学校、工厂以及周围的小店铺形成了一个完全由外来人构成的区域。在这个区域中，普通话是共同的语言，商店提供的各种商品及服务都是面向工厂里的工人以及学生，在这里，几乎很难看到本地人的影子。

14.3 学校中的移民网络关系——社会流动的方式与机制

14.3.1 从"外出打工"到"办学校"

初到虎门，便已经意识到此行的目的地"智升学校"与以前自己关于"民办外来子女学校"的想象不大相同。而让产生这种想法的原因便是行使于虎门街道中的一辆辆黄色校巴，上面有红色醒目大字"智升学校"。不到15分钟的车程，已经见到不少于10辆"智升学校"的校巴。而其中一辆车驾驶室玻璃上的28号字样，更是让人对这"未谋其面，先见其车"的学校产生了巨大的好奇。能够拥有接近三十辆大巴车作为校车的学校会是怎样呢？

到"智升小学"的时候正是放学时间，给人第一感觉便是喧闹。一辆辆大巴车从围墙中间的一个小铁门勉强挤进学校，里面 L 形的教学楼和围墙将学校围成一个院子，学校一楼教室门口站满了排队上车的学生。汽车喇叭声、叫喊声和老师的口哨声响成一片。粉色的外墙砖绿色铝合金窗使教学楼看起来非常新，以至于无法判断这建筑的使用时间。新教学楼一共五层，每层 7 间教室。校门的另一侧是一栋两层的小楼，也用作学生的教室。粗略估计，小学两栋教学楼一共大概有 30 间教室供学生上课。民办学校能够达到这个规模已经让人有些吃惊，后来才了解到，这仅仅是"智升小学"的部分，"智升学校"包括幼儿园和中学。三个学校一共有学生 4 200 多人，老师及行政人员 200 多人。而令人震惊的是，学校的老板并不仅仅经营这个"智升学校"，他们在东莞万江还有幼儿园与小学，在塘厦有一所幼儿园。万江共有学生 2 300 多人，老师及行政人员 100 多人。塘厦幼儿园有学生 300 多人。而学校老板与老板娘不过三十多岁，到广东也不过十几年时间。那么，他们是怎样从一个外出打工的年轻人一步步走到今天成为五所学校的老板的呢？这个拥有五所学校的企业又是如何创建与发展起来的呢？

我与老公都是祖籍湖南，我家是 50 年代前到江西，所以已经无法讲标准的湖南话了，而老公家是 70 年代迁到江西，全家都能讲地道的湖南话。1989 年，我中学毕业之后到广州工作，那时，家里的姨丈在广州珠江医院工作，我就通过姨丈的关系进入了珠江医院做学徒,工作三年之后离开。我丈夫"T"是1988年离开江西到广州的,他父亲本来就是在家乡做医生,后来因为挣不到钱就到广州白云区开了个诊所,他到广州直接进入父亲的诊所工作。1995年,我离开珠江医院经老乡介绍到丈夫家的诊所中工作,认识他,并于1996年结婚。1997年,我们俩认识了因为家里孩子多而常到诊所看病的梅州人"A",他因为自己开的塑料厂亏本而没有资金,而手里正好有块地,就拉我们合伙做民办学校。那时,民办学校才刚刚兴起。于是,我们又找了个伙伴共同出资100万(每方30多万元)办起了一所名办小学"侨隆小学",位于广州白云区,当地办学校的资金主要是与两边的家人借的。2000年,因为合作不愉快,我们将手中的股份以招标的方式卖出,同时在天河区买下了原来的村办小学校舍,办起了另一所小学,取名为"浦东小学",这次我们找了丈夫的同学共同出资,当时小学一般由我丈夫的弟弟照看。同一年,我们结束了在白云区的诊所,因为家公1998年去世,也因为"侨隆小学"的合作破裂。2001年,虎门"智升小学"开始筹建。2002年,江西老家招商引资,为了拉我们回家办学校,免费给了500亩地,50年的产权。于是,我丈夫与另外两个同学同学出资修建了两所中学,都取名为"唐彩中学"。因为家乡的城镇比较小,已经有了两所中学,所以招生很不容易。再加上后来政策环境发生变化,政府突然提出要对学校征收60万元的税,对于学校招生方面的困难也不愿意帮忙。2005年我们将学校卖出。2003年,浦东学校也被卖给了另外那个合伙人。2004年,我们俩到东莞万江建起了小学,投资80万元(60%股份),而原本在"浦东小学"的弟弟也被转移到了万江的学校。2007年,我在塘厦买了幼儿园,由表妹一家在那边经营。2008年,在虎门"智升小学"的旁边修建了"智升中学",投资一千多万元(75%股份),现金500万元。(L,学校老板娘)

  从学校老板一家的迁移过程以及创办学校的经历可以看到。亲属关系在其中起到了巨大的作用。首先,在从老家到广州的地域迁移过程中,夫妻俩都是通过家庭的关系到广州。初到广州的她并没有像普通流动人口一样进入工厂打工,而是通过亲戚关系进入国营单位"珠江医院"。但是由于没有城市户籍,她无法享受到普通国营单位应有的社会福利与保障。因此,其社会身份依然是"打工者"。而丈夫则是直接进入自己家的诊所,跟随父亲学习医疗卫生方面的技术。从老家到广州,学校老板夫妻通过自身的社会关系网络完成了地域上的流动。在社会身份上,他们仍然是"外来打工者"。也就是说,虽然其实现了社会职业上的非农化转变,但是在社会阶层上并没有实现垂直向上的流动,而只能看做是平行的流动。

  在移民的地域流动过程中,由于政策的限制与就业信息与渠道的不开放性,新到城市的人必须依赖于原有的社会关系网络在城市中立足。通常，一个人从农村到城市的第一份工作都是由亲戚老乡介绍的，并且在社会生活中，通过聚居达到相互帮助。这样，就在城市中形成了由某籍贯外来人口构成的、从事相似职业的居住区域。如北京的"浙江村"、深圳的"平江村"。在东莞虎门"智升学校"中，也可以发现这样一个主要由江西人与湖南人组成的社会群体。

我是1994年离开湖南老家到广州打工的。第一份工作是在番禺的鞋厂做工，那时，老家正好有人在该鞋厂工作，我知道那里要招人，于是便通过老乡的关系进了鞋厂。在鞋厂工作不到三个月的时间，通过早在广州打工的哥哥的介绍，我进入广州流花宾馆集团下的一家位于广州火车站附近的酒店工作。开始是做客房，后来做到前台接待。在这里工作的1年多时间里，我学会了讲当地话。在朋友老乡的一次聚会中，我认识了现在的老公。1997年，我回家一年后重新返回广州，因为有在宾馆工作的经历，我还是选择了去宾馆上班，虽然这次也有熟人介绍，但还是经过了宾馆的面试。这个时候，我哥哥在广州武警停车场做保安。而我丈夫则在广州开车，在舅舅帮助之下，他一边自己开车一边管一个车队，拿着双份的工资。1998年12月，我和丈夫结婚，2000年，丈夫开始给舅舅开车，在烟草公司，那时一个月工资有五六千元。2002年，我在广州天河客运站附近开了一个士多店，自己做起生意。2004年，丈夫自己买了货车装烟搞运输，买车花了二十七八万元，当时他们自己存了十多万元，剩下十多万元是向双方的家人借的。2005年，舅舅退休之后，烟草公司的车队没有了，而依附于烟草公司做运输也不行了。(J，学校校车队老板娘，修理厂老板娘)

我是1994年到广州的，那个时候中学毕业，一到广州就通过姨丈的关系进到"珠江医院"，我在"珠江医院"是做幼儿园老师。在做老师的一年时间里，我自学美容的技术。1995年，我离开"珠江医院"在广州白云区开了一家小小的美容店。当时开店的钱主要是家里给的，白云区的美容院开了大概一年半的时间。之后几年，我又陆续开了几家美容院，但规模都不大，持续的时间也都不长，那个时候在广州与姐姐一起租房子住。(F，学校小店老板娘)

从上面的例子可以看出，移民在城乡迁移过程中，首先依靠的仍然是原有的社会关系网络如亲属、老乡等，原有的关系是帮助他们实现社会流动的第一步。然而，在移民试图完成社会阶层的纵向流动时，仅仅依靠原本的社会网络关系是不够的。虽然原先的社会网络可以为其提供信息、资金以及精神方面的支持，但是这种稳定的网络关系与交往范围内的信息与资源具有一定的局限性，信息源大多来源于并且专注于团体之内，因此，这种具有稳定性的交际网络无法提供移民在纵向流动时所需的背景与支持。在对学校其他股东以及其他与学校相关联的经营型移民的访谈中，虽然其个人经历都不相同，但是在实现从"打工者"到

"老板"的社会身份的转变过程中,在迁入地社会建立的延伸于原本社会关系网络的弱关系所发挥的作用都清晰可见。正如在学校老板夫妻从"打工"到"办学校"这一过程中,其身份转变的契机来源于一个在广州通过开诊所认识的梅州人。这个人并不属于夫妻俩原有的社会关系网络之中。与梅州人认识并且合伙办学校是一个偶然。但是在移民社会垂直方向的流动中,通过在迁入地建立的新的社会关系网络完成社会身份转变却是一个普遍的现象。

我1999年到虎门的时候就进了鞋厂做普工,那时的工资也就三四百元钱一个月,在鞋厂待了7个月,便被厂里开除了,原因是我不是一个坐得住的人,不好管理。之后的一年,我开始在路边摆摊,从广州拿到便宜的服装到虎门卖,那个时候收入不稳定,也没有固定的住处。

摆摊的那一年,在广州拿货的时候,我认识了一些同是做服装生意的老乡,其中一个人告诉我,一个台湾人开的商贸中介公司正在招人,让我去试试。于是,2001年,我去台湾老板的公司应聘,那家公司是做中介生意的,专门负责联系中国香港、中国台湾、新加坡的客户与国内的加工厂,并不作具体的生产工作。我以前在学校的时候就喜欢写点繁体字什么的,只是为了好玩。而听说是台湾人的公司之后,我就写了一份繁体字的简历递了上去,被老板看重,招进了该公司。老板吩咐我,以后与香港、台湾的客户发传真什么的都用繁体字。后来我才知道,老板正是在寻找一个会写繁体字的人,高中时的一点兴趣爱好给予我一个走进服装业的机会。而在贸易公司的工作需要在外面跑业务,应酬客户,也合了我的心意。

2004年,我开始了自己的制衣生意。那个时候我已经积累了一定的经验与客户,当然这些客户都是公司的客户。这一举动也得到了贸易公司以及客户的支持。当时我才工作两三年,没什么钱。第一期开厂的钱都是找亲戚朋友借的,甚至还由亲戚朋友作担保借了高利贷。没办法,我们无法从银行借到钱,因为既没有固定的工作也没有固定的资产。(W,学校老板好朋友,经营服装厂)

14.3.2 学校经营

在调查的时候,虎门"智升学校"已经是虎门规模排第二的民办学校,在同类型学校中,其统考成绩位居第一。学校老板T告诉我,现在民办学校压力非常大,特别是在虎门,2002年智升学生创办的时候,虎门已经有5家民办小学,但还是不能满足大量外来子弟的需求。那时政策也比较宽松,政府通过批准大面积的用地,以及缴纳比较少的租金鼓励民办学校。学校才开的时候,预计第一期招生800个,经过宣传一下就招了1 500个学生,可见当时对于学校的需求量还是很大的。现在虎门有7家小学,政府觉得基本上可以满足外来子弟读书的问题了,政策也收紧,不再批准办新学校。

因为受到金融风暴的影响,虎门的外来人口明显减少,很多学校生源都有所减少的时候,智升小学的生源还有所上升,虽然只增加了不到100个,但"T"说还是很满意。他说,以前外来的家长只要有个地方给孩子上学就不错了,现在不同了,家长也在选学校,民办学校竞争也很激烈,拼的是教学质量,学校设施。

从学校现有的规模以及"T"自己的满意态度来看,"智升小学"可以算比较成功的。老板娘"L"告诉我,她与丈夫并不亲自参与学校的管理。学校通过公开招聘的方式从全国各地聘请校长与行政人员对学校进行管理。她说,在选择老师以及学校行政人员的时候会考虑其籍贯,不让来自同一地区的人太集中,因为以前就出现过湖北籍的教务主任与老师团结起来要求提高待遇的事情。

虽然学校在行政以及教学方面都是通过公开招聘的方式进行管理。但是学校后勤人员则主要是由"L"夫妻的亲戚或者老乡构成的。现在虎门、万江以及塘厦所有学校的财务都是家里的亲戚。如万江学校的财务是老板娘"L"妈妈的妹妹,虎门小学的财务是"L"的丈夫"T"的表妹的女儿,虎门中学的财务是"T"老表的老婆。虎门小学与中学内的小店分别是"T"的妹妹与"L"的妹妹开的。"万江学校"的食堂是"T"兄弟媳妇在管理,而这边的食堂则是"T"的老表在管。学校的保安,包括打扫卫生的阿姨都是湖南以及江西老乡。除了直接进入学校日常运作工作的亲戚外,还有一些亲戚不直接属于学校管理,但也是依附于学校的。比如虎门"智升小学"里的小店给了"L"的妹妹F,中学里的小店给了T的妹妹。万江学校中的小店给了给了"L"的舅舅。"L"的舅妈"J"则是免费借用智升中学的地开了汽车修理厂。学校的校车分别由"L"的父亲、舅舅、妹夫以及两位江西同乡老板所有。

说到亲戚,"L"说,亲戚多很好,帮忙的人也多,关键是信得过,他们最开始在广州办学校的时候,广州的舅舅在审批执照方面就帮了忙。现在"T"的母亲还与他们一起住。去年之前,"L"的父母也在这边,但因为她妹妹回去了。前几年,"L"的母亲在"万江食堂",父亲买了十几辆车做校车老板。而"T"的妹夫去非洲做生意,因此她也来这边,"L"在学校里给她安排了个单间。

在"唐彩"集团下属的位于虎门、万江、塘厦的众多学校系统中,共有"T"和"L"两边的亲戚20名。这些亲戚既有"L"家里的,也有"T"家里的。并且没有区分姻亲与血亲。但是,老板娘"L"告诉我,在对于亲戚的安排上,并没有特别的区分夫妻俩边或者亲戚关系的远近,只是根据个人能力安排其在学校的位子。但是自己家的亲戚与丈夫家的亲戚一般不会同时安排在一个学校里，虽然都是亲戚，但两边的亲戚因为没有血缘关系容易相互攀比，关系不好处理。

在学校的发展以及管理过程中，其管理上的问题也是通过其本身的亲属关系网络得以解决。各个学校财务人员都是亲属，而行政人员外聘保证了资金的合理使用与管理质量；而学校的后勤如保卫、食堂等部门中的亲戚与老乡以及依附于学校系统的小店和校车中的亲戚与老乡不仅仅是学校管理中的一种策略，也是学校作为这个网络中的一部分资源为其他从老家到东莞的地域间流动和从打工到自己当老板的阶层流动提供一个平台。但是值得注意的是，这些通过原本的社会关系网以学校为依托的移民通过学校完成了从"打工者"到"老板"的社会身份的转变，但是这种转变具有相对性。首先，其依附于学校而没有独立的经营渠道，因此，其职业身份的维持与发展依赖于学校的发展。其作为"老板"的经营规模无法超越学校的发展速度而实现自身的发展。

在对与学校相关的经营型移民的访谈中，这种依附于社会关系网络的现象也是屡见不鲜。如学校的车老板在通过原来的社会网络资源获取资金以及发展机会之后，同样以相同的途径找亲戚以及老乡帮助其经营与管理。逆向上看，其亲戚老乡通过与车老板的关系得到了向上流动的机会，正如学校的小店老板以及车老板通过学校获取经营的机会以及社会身份的向上流动，但是，通过这种原有的以亲缘和地缘为基础的社会关系网络完成社会纵向流动是具有依附性的。很难通过这种途径实现社会阶层的较大纵向流动。

14.4　生活在学校——移民社会交往与流动的隔离性

14.4.1　学校中"老板娘"的一天

早上7:00，老板娘"J"起床。早上8:00左右，送儿子到幼儿园。之后便一起到修理厂，查看昨天的账目，修理厂的师傅告诉她今天要买的配件，她一一记下后，打电话给相熟的配件商，让他们送过来。完成这些差不多9:30，然后早餐——酸辣粉。吃过早餐后，"J"返回汽车修理厂。"J"仍与师傅们讨论修车配件的问题。中午，到学校食堂打了饭菜，回家吃饭，之后便是午休，"J"中午的时候躺在床上看"韩剧"。下午2点半，学校开始上课。下午"J"直接到了"F"的小卖部帮忙，每到下课，大约20平方米的小店里就挤满了来买零食的小朋友，卖的东西大多是 5 毛钱一样，小卖部的三面都是一格一格的货架，上面摆满了各色小零食。下午 5：00 左右，离开小店去幼儿园接儿子放学。到汽车修理厂，检查一天的账目，问清楚今天的生意情况。之后便是晚饭时间。晚饭是在家里吃的。晚饭之后便没什么特别的事情要干了。"J"会给儿子播动画片，大概 10 点，儿子睡觉之后，"J"就会看"韩剧"，一直到深夜。

——摘自 2008 年 3 月 26 日田野笔记

日记中的"J"是学校老板娘的舅妈。"J"在"智升学校"拥有四辆校车，同时也借用学校的地经营一个汽车修理厂。在虎门调查期间，田洁便与"J"住在一起，据观察这是最平常的一天。当然，在学校的生活中也常常会有活动的时候。在调查期间，"J"出门几乎都会带上田洁，跟她们一起去吃饭，逛街，打牌……而这些活动的参与者除了调查者这个编外人员，每次都是几个固定的人："J"、"F"一家、"L"一家，学校的另一个些车老板以及其家属。平时不工作的时候，"F"家里是最热闹的一个地方，常常有朋友在那里"打麻将"、"斗地主"。而这些常客也大多是亲戚以及学校里的车老板等人。学校老板"T"的办公室也是一个热闹的场所，"T"和"L"告诉我，只要"T"在，这里每天都会有一大堆人来聊天，打发时间。在调查期间，每次都会发现学校门口停着各色私家车，而学校老板"T"的办公室也总是很多人。然而，经过几次聊天，发现来这里的几乎全部都是江西籍的老板。以"智升学校"为中心，几乎形成了一个以江西人和湖南人构成的日常交往圈子。在这个圈子里，最核心的是以学校老板夫妻为中心的亲戚和车老板们。

平时休闲娱乐都是和家里人在一起，这边亲戚也多，我娴娴就在万江学校的食堂工作，我爸爸也在万江食堂当保安，除此之外还有很多丈夫的亲戚都在这边。平时出去逛街，在家打牌什么的也都是自己的亲戚，老乡什么的，几乎没有本地人参与。（J）

我平时并没有什么休闲娱乐。每天早上六七点起床，打扮，将女儿送到幼儿园，便去学校上班（我主管幼儿园与小学会计，我丈夫表妹的女儿是出纳）。中午回家吃饭午睡，午饭主要是我家婆和小姑准备。下午再到各个学校看看，有时也会去万江和塘厦的学校看看。晚饭时间将小女儿接回家。吃过晚饭就做做家务，看电视休息。我几乎不"打麻将"，也不打牌，一般也很少出去玩。晚上一般不出去，周六日也是出去买了东西就回来，平时也不去唱"卡拉OK"或者其他娱乐活动。全部的休闲活动就是看电视，玩电脑。（L）

在学校的女性经营型移民的日常生活中，经营生意以及照顾家庭是最重要的部分，她们并没有太多的娱乐活动，看电视、打牌和逛街是最常见的休闲方式。而这些活动也局限在学校中的亲戚与老乡范围之中。他们与外界的交往比较少，在其生活中很难出现非亲属与老乡特别是本地人的影子。其所需的精神上与物质上的资源都是通过学校内的人际关系网络获取。因为学校提供了这样一个环境，众多的亲属与老乡在同一个范围内工作与居住，分享共同的网络资源与日常生活，所以，在日常的聊天中，也很难听到家庭与学校范围之外的内容。不仅如此，学校中众多的外地老师与学生，以及学校周围的工厂和店铺共同将这种独立于虎门本地社会的社会群体隔离开来，以至于在田野调查期间，无法通过观察的方式了解他们是否会听说广东话，因为在学校生活期间，日常生活可以接触到的范围内没有任何一个使用广东话的人。

14.4.2 学校中男性老板的闲暇生活与交往范围

相比学校中老板娘们较为单调的生活，学校中的男性明显有更丰富的闲暇生活与稍微宽的社会交往范围。在对学校老板、股东、学校车老板以及学校老板的朋友的社会生活方面情况的访谈中，发现，作为男性，他们的闲暇生活更多是与生意伙伴、朋友一起度过。其对于资金、技术以及信息方面的需求往往是通过与生意伙伴以及朋友的交往中获取的。

学校老板"T"现在是广东地区江西商会的副会长，朋友特别多，应酬也多，晚上常常很晚才在家。他说，平时一起出去玩的多是生意上朋友或同学老乡，而休闲方式一般就是吃饭，唱"卡拉OK"。对于"T"而言，朋友特别重要，他们是经营信息的来源，也常常会给他提供新投资机会，在资金周转不那么好的时候，主要也是朋友再注资入股。在"T"夫妻经营的多个学校中，广州"浦东小学"与江西"唐彩中学"都是与同学共同投资兴办的。而最初选择到东莞，也是因为有同学在虎门开服装学校，也有广州的同行在虎门办学，他们都说虎门这边政策，环境都不错，让他过来看看。于是在考察之后他也决定开始在虎门的学校。

学校另一个股东"H"也表示不工作的时候，周末会带着妻子去爬山，但平时主要是生意上的应酬，吃饭、唱"卡拉OK"等。他说自己每天都会看新闻，了解国家大的经济形势与国家政策是很必要的。他也会到深圳和同学交流经营情况，获得经营信息。

另外，在学校老板办公室，常常可以听到老板们相互之间交流的一个话题便是与当地政府相关部门的关系。虽然"广州侨隆小学"的审批有家里的亲戚帮忙，但是之后的学校都是他们自己去政府相关部门申请办理各种执照的。在这个过程中，他与当地政府、消防部门和交警等都建立比较好的关系，而这些关系在学校的运作过程中也起到了很好的作用。

可见，男性经营型移民拥有更为广的社会交往范围。他们一般选择同学，朋友，生意伙伴作为闲暇生活的伙伴，或者可以说，闲暇生活也是他们工作的一个组成部分。在这个由同学、生意伙伴等组成的交际网络中，其成员进行信息的交换。并且，有需要的时候也会从中获取资金和技术的支持。不同于原有的亲属网络，这种经济、技术、信息以及人力资源方面的支持更多以合作的方式实现而不是单纯相互帮助的方式。

男性经营型移民的社会交往更多倾向于维持经营的外部环境，这不仅表现在通过与生意伙伴、客户与同学同乡的交往中获取资金和信息等，也包括与政府的交往。而这一点在学校里的老板娘的社会网络很少出现。尽管常常需要与当地政府不同部门打交道，但并不表示移民的社会生活融入当地社会。与当地政府的交往是老板作为整个学校的代表与政府作为整个本地社会代表所进行的出于双方利益的接触。这种接触使学校系统内的移民以及依附于学校的小老板们免除了一些与政府部门相关的复杂程序。

经营型移民在经营生意的过程中，难免会遇到资金、技术、信息等各方面的困难以及与政府相关的如用地、建房、营业执照等方面的申请。这些客观的需要使经营型移民无法将自己局限在原有的社会关系网络中。他们往往通建立新的社会关系获取经营所需的资源以及达到与当地政府部门的和睦相处。而新的网络关系的建立除了生意伙伴以及客户之外，常常被经营型移民采用的便是商会，商会往往也是以同乡为基础的。如"T"便是广东地区江西商会副会长。所以，不管是在学校内还是学校外的社会交际网络中，学校的老板们的社会交际网络仍然地缘为基础。

14.5 移民社会认同与定居意向——社会流动的相对性

14.5.1 身份认同

王春光在《农民工的社会流动和社会地位的变化》中指出，从职业上看，农村流动人口进城务工或者经商，或者去异地从事非农互动，在某种程度上都表明他们一定程度的向上流动，但是这种流动由于没有相应的社会制度和社会政策的保证，而在提高他们的社会地位上难以产生很好的效应。甚至可以说，大量农村流动人口进城务工经商，在一定程度上仍然是从一个边缘社会（农村实际上就是我国的边缘社会）进入另一个边缘社会（城市边缘），等于水平流动，把城乡二元社会带进了城市社会内部，构建新的二元社会格局。

如果说农民工虽然实现职业身份的流动，但是并未在社会身份方面发生变动，也就是说，虽然他们非农化，但是并没有被城市社会所接纳。那么，经营型移民是否已经或者可以完成这种社会身份的转变呢？

我老婆是湖南人，2002 年我们在广东认识并结婚，现在生有两个孩子，大的一个上幼儿园，小的才刚刚满月。2006 年，我的父母也从江西老家到虎门，帮忙照顾孩子。现在，我正在着手将自己和孩子的户口迁到虎门，但老婆的户口暂时打算留在湖南农村。农村户口还是有用的。我兄弟姐妹都是大学生，现在在家做公务员，不打算到虎门。

我现在已经习惯了广东的生活方式，也在这边买了房子。饮食习惯方面也很少吃辣，讲广东话已经成为习惯。其实我现在都不知道自己是哪里人了，到虎门十年，但户口还是在老家，我们这代还可以说自己是江西人，但是我的孩子，生在虎门，长在虎门，读书在虎门，没有回过老家几次，连江西话都不会说，但户口还是在江西，如果迁不过来以后还要回去高考，真不知道该算是哪里人！（W）

我会讲"白话"，所以平时在外面和广东人接触没有觉得不方便，并且我自己就是在广州宾馆工作期间学习的"白话"。因为是国营宾馆，里面的员工大多数都是本地人，常常有人说本地人很难相处，但是在宾馆工作的时候，我觉得广州人很好相处，她们很友善，鼓励我学习并说"白话"，因为这样我才能这么快能听说。我丈夫那边而因为有舅舅的关系，老板也都很给面子，在广州的时候，几乎没有觉得当地人不好相处的。到虎门都是自己做生意，没有老板同事，和本地人接触的机会非常少，只有交房租的时候和本地的房东有些接触，我觉得房东太现实了，没有人情味，住在我们附近的一些打工仔因为厂里没发工资想晚一点交房租，房东都很不乐意，会骂人，态度恶劣。（J）

像"W"这样，已经习惯了广东的生活方式与经营环境的情况在学校中的老板们身上并不鲜见。在事业上，经过在广东多年的打拼，他们建立起了稳定的生产和销售渠道，与本地政府也建立了良好的关系。他们认同广东的投资环境以及政府的办事方式。他们能够熟练地听说广东话，并且在广东成家立业，很多人还买了房子。他们觉得在广东生活比在家里更加方便，物质精神生活都更加丰富。但另一方面，他们已经在广东生活了十几年，但是却很少有广东本地的朋友，日常生活中常常接触的除了家人就是同学老乡，他们参加同乡会和商会等以地缘为基础的组织。

在广东，他们是江西人、湖南人，但是说到家乡，他们却也不那么认同。学校老板也说自己不经常回村里老家，老家人都陌生了，因为没有什么联系。而内地政府官员收入比较低，观念也不如广东的实际。办事情程序更讲人情，他们现在已经无法适应家乡的办事风格了。甚至在"T"回家乡办"唐彩中学"时，政府将他们作为当地"招商引资"的一部分。所以，在家乡，他们又成为了"外来的老板"。

而在界定这些老板们的社会身份时，除了他们自我的认同，制度上限制也成为老板们无法明确其认同的一个因素。首先，则表现在户籍。在本次的调查中，通过对与"智升学校"相关联的老板们的个案访谈表明。所有的经营型移民户籍仍为原籍，也就是说制度上，他们并没有完成从流出地到流入地社会身份的转变。即使他们已经在虎门购房并且长期居住，父母子女都已经接到虎门。但是仍然无法顺利加入东莞户籍。也就是说，这些经营型移民在制度上并没有被迁入城市所吸纳，这也导致他们在社会保障，子女教育等方面无法进入城市社会体系。这种情况之下，正如"W"所说，他们都不知道自己到底是哪里人了！

"W"特别强调，他们的下一代更无法找到地域认同，他们的子女出生在东莞，长在东莞，一句家乡话都不会讲，但是户籍仍在老家，将来也必须回家乡读高中，参加高考。他们是哪里人？这一个问题几乎在学校内所有的经营型移民第二代身上都有出现，在对田野调查期间，这些孩子最大的高中，最小的才刚刚出生，不仅如此，"智升学校"以及东莞虎门众多民办学校中的学生们又将如何看待自己的身份？

14.5.2 定居意向

城乡之间社会流动以及社会阶层上升的最终实现以"流动人口"成为"本地人"为标志，即移民完成在迁入城市的定居，融入当地社会生活。而这种社会垂直流动的完成需要三个方面的因素共同作用。一是制度因素，即在户籍上，移民获得迁入地户籍，并且享有与本地居民相同的社会保障与福利。二是社会认同，即被当地社会群体所承认与接纳。三是自我认同方面，移民认同迁入地，认可并融入当地社会文化。

如果说城乡之间的人口迁移，仅仅是完成了地域上的和从农业到非农业的职业身份的转变，并没有实现社会身份与社会阶层的流动，那么，实现城乡与社会阶层的同时流动，具有实质意义的一步便是在迁入地拥有住房。拥有住房表示在迁入地的定居成为可能。所以，在城市新移民中，经营型移民凭借其在经济上的优势较有可能最终成为"本地人"。

我不回江西老家了，他说这边做生意的环境比较好，政府办事效率也比较高。就他办营业执照花一个星期的时间，比起家乡来说要快很多。广东人更实在，特别是政府官员。各方面环境也更加公平，只要努力就能得到回报。而家乡政府不同，我现在已经不能适应家乡的办事方式了。在广东，关系虽然也重要，但办事比较讲规矩了。（W）

以后是否会留在广东，我还没有想好，我愿意也觉得自己有能力在广东生活，但是户口迁不过来，小孩子读书也必须要回去，一方面家里的教育质量比虎门好，教育费用也便宜，现在三个孩子读书一年就要接近两万块钱。另一方面小孩子必须要回原籍地高考，这是国家规定的，没办法改变。结婚时候买的房子2006年便卖掉了，当时不打算回去了，但是2008年，我们又回江西买了1亩地，就在县政府旁边，可能退休了就回去修别墅。

以前才到广州的时候为了躲避暂住证检查，到处跑、到处躲。现在查得不严了，我们也没有办，倒是计划生育从来没有人管过。现在努力的目标就是把江西的房子建起来，再买辆小车，存钱给孩子读书就可以了。虽然我蛮想在这边买房子的，但是户口进不来。我觉得自己已经适应了广州的生活方式，觉得这里气候好，买东西也方便，钱在这里投资了就会有回报。但是另一方面，我又觉得自己已经开始厌倦城市的生活了，想回家修个房子，种点菜，种点果树，弄个鱼塘，养鸡养鸭什么的。这样才是理想的生活方式。（J）

我在虎门中心广场买了房子，住了两年之后现在租出去了，还是住在学校里比较方便。我打算退休之后回江西，老家亲戚多，虽然现在亲戚大多在这边，但以后不工作了也就没有直接的联系了，所以大家都回老家比较好。2008年上半年，我们在江西县城郊买了200亩地，准备建成别墅区，卖给现在广东做生意的江西人。因为今年过年的时候在修建"智升中学"而没能回老家，所以决定"清明节"回去，在两边各住两天。（L）

我们夫妻双方的父母和两个孩子都在江西老家。孩子主要是爷爷奶奶在带，我们不打算把孩子接到虎门，家里的教学质量比较好，暑假的时候他们会把孩子接过来，寒假过年就我们回老家。等孩子读中学了就打算回家，毕竟孩子读书还是需要家长守着的。我们没有也不打算在广东买房子，总有一天是要回家的。我不喜欢广东，虽然这边赚钱容易，但是到哪里都是饿不死的，家里感觉还是要好些，为了孩子读书，少赚点钱也没什么（F）

在对虎门"智升学校"中的经营型移民研究中，在本地购买房子的现象并不普遍，虽然全部的访谈对象都表示东莞的房价可以接受，可只有其中的两位在本地购买了房子。其他均表示并不打算在虎门购房。原因主要有以下几个方面：首先，东莞的户籍制度规定，移民群体无法通过购房的方式获得本地户籍，而国家的高考制度规定学生必须在原籍地参加高考，因此，如学校小店老板"F"和汽车修理厂老板"J"都表示打算孩子读高中之后就回老家，相比在广东的生意，他们表示孩子的教育更为重要。其次，父母、亲戚等在老家，传统的赡养老人观念使其这些移民在城市赚钱后，纷纷回老家修房子。再次，在移民自我认同方面，虽然他们表示已经适应了迁入地的社会生活，但是几乎没有移民认同自己是"东莞人"。最后，他们在虎门的亲属与社会关系网络是建立在共同的事业基础之上的，而移民的日常生活局限于这个他们自己组建起来的社会空间之内，并没有融入本地社会。一旦退休，维持这种联系的基础也就不复存在，移民便无法在迁入地找到归属感，因此，他们选择退休后返回家乡。

社会经济的急剧变迁总是伴随着大规模的社会流动发生。改革开放以来，中国社会正是处于这样一个社会经济体制转轨与社会结构变迁的状态。沿海与内地，城市与农村之间经济发展速度不平衡与生活水平差距逐步拉大使大量的原本从事农业生产的人以及农村剩余劳动力涌入相对发达地区从事非农的工作。从"盲流"到"民工潮"到"城市新移民"，流动人口的问题与中国社会分层重组密切相关。而移民与社会流动两种现象在这一过程中交错相容，在这场还在进行中的社会经济文化变迁与重组中，来自农村以及内陆不发达地区的"移民"首先实现地理区间上的转移，在新的社会经济环境中通过各种策略立足，并且完成社会阶层上的向上流动。

社会学家研究社会流动从而解释社会分层如何将人分配到社会不同阶层中，即社会分层系统本身如何运作。其研究的视角主要是"代际流动"与"代内流动"两种方式。从流动的方向上，又可以分为"平行流动"与"垂直流动"。从内陆以及农村地区到沿海发达城市地区，从务农到从事非农工作的"流动人口"主要是完成了代内的流动，这种在代内的大规模的社会流动是在社会经济急剧变迁的社会文化大背景下发生的。而从个人而言，大多数"流动人口"并没有完成从"农民工"到"移民"的身份转变。王春光认为，这些"流动人口"只是完成了地域上的流动，虽然在职业上也是从务农流动到了非农产业，但是却是从一个边缘流动到另一个边缘，只能看做是平行流动。①

然而，现实中存在这样一些人，他们从家乡到沿海地区城市，经过努力他们有了资本积累和各种生存策略，他们在城市中有了自己的生意，甚至房子，他们的家人子女都生活在城市，他们是家乡人眼中的"老板"，甚至过着比本地人更好的生活。我们将他们称为"城市新移民"，他们是否实现了"移民"？他们在社会阶层上是否实现垂直向上的流动？

我们将这样一些在城市从事工商零售业的自雇者称为"经营型移民"。相比"农民工"经营型移民显然是成功在迁入地立足的一群人。在地域流动过程和从

---

① 王春光：《农民工的社会流动和社会地位的变化》，《江苏社会科学》2007年第2期。

农业劳动者到从事非农产业劳动的身份变化过程中,不管"农民工"还是"经营型移民"大多数都采用了相同的迁移策略,即通过原有的社会关系网络实现地域上的转移。到达城市之后,往往是首先通过亲戚老乡找到工作以及住的地方。所以,通过原本的人际关系网络实现的城乡之间地域流动是实现个人社会阶层流动的重要基础。

在实现城乡流动之后,流动者获得相对稳定的工作与住处,伴随着稳定的交际网络。因为外来人口在城市就业市场以及生活中的不平等地位,他们不得不依靠这样一种稳定的圈子实现信息的交换与精神物质上的相互帮助。然而,因为信息来源与关注点的局限性,这个稳定的交际网络并不能提供移民继续向上流动的必要支持,相反,其将移民封闭于一个与当地社会隔离的区域中,为安于现状提供思想温床,并且阻碍移民了解并接受当地社会文化,增加其融入当地社会的难度。所以,在实现从"劳工型移民"到"经营型移民"的身份转变过程中,原本的资本积累(如可以从原来的社会关系网络中获得的资金与人员支持)与原本社会网络之外建立的弱关系网络同时发挥作用,使他们完成经济地位的上升。

在拥有自己的生意之后,经营型移民们往往选择将更多亲戚朋友拉入到新的经营活动中。另一方面,较之劳工型移民,他们在经营行为中必然涉及与政府相关部门接触,涉及必然的进货及销售渠道。因此,在成为经营型移民后,原有的以亲属与老乡为主的社会关系网络被扩大,具体体现在核心人物的社会关系网络中,政府机关工作人员以及生意伙伴成为强关系点。经营型移民生意的持续一方面离不开在当地社会中建立的新的关系网络,另一方面又运用自身的能力将原有的亲戚老乡等纳入到这个网络中,帮助他们实现社会地位的上升。如果个人生意逐步发展,将会带来原来的网络整体的逐步向上流动。这一方面是出自中国传统社会中对于亲戚与老乡的义务,另一方面也是经营型移民对于当初寻求信息与资金帮助的网络关系的回馈。

随着更多的原本的亲戚老乡上升到新的身份,并且依附于一个或者几个生意成功的移民。原有的身份联系与新的经营行为上的联系将他们更加紧密地组织在一个以亲缘、地缘为基础的小社群中。在与众多生意人的竞争过程中,经营型移民往往会选择"同乡商会"的方式争取更多的资源与同外界联系以及资源共享。对内,他们在生意的关键位置只考虑聘用自己的家人亲戚或者老乡。这样,生意内外的亲戚与老乡组成了日常交际最频繁和重要的部分,他们共享这相同的经营策略与生活方式文以及化观念。虽然他们并非都聚居于一个固定的地域范围内,但是在日常生活中却紧密相连。

正如安东尼·吉登斯(Anthony Giddens)的"结构化"理论在回答个人与社会的关系时,认为个人与社会处于一个相互作用、相互制约、相互创造的动态过程,也就是说互动者在相互依存的情境中运用规则和资源,这些规则和资源就构成了日常生活中的社会结构,与此同时,互动者又再生产出结构的规则和资源。在这里,个体行动、互动社会结构是相互包含的。吉登斯在研究人口迁移时提出的"主体——实践"范式(agent-practice),强调移民也完全是一个能动的社会主体和政治主体,每时每刻的都以自己的"实践"来创造新的东西,而不是完全为"结构"所规定的行动者①。

在东莞,发生在移民中的流动行为,就是这样一个积累自身资源,进行规则创新,改造原社会网络的过程,在这个过程中,他们构建了"二元社区"这样一个空间,在这个"空间"里,经营型移民有不同于城市其他社会群体的生存方式、行为规则、关系网络乃至观念形态,而且这些要素在不断地被"再生产"已成为一种结构化的东西。这个"空间"虽然并没有脱离当地的社会生活,但是却也没有被整合到大的社会中。

马克思·韦伯把社会分层的维度划分为三种:权力、市场机会和声望。② 在测量人们的社会地位时,则主要从三个方面:第一,财富地位或者经济地位;第二,权力地位或者政治地位;第三,社会声望地位。从韦伯的标准去判断经营型移民是否实现了在社会分层系统中的垂直向上的流动。第一,在财富地位或者经济地位方面,经营型移民从老家到城市,从打工到自己经营生意这一过程无疑实现了经济地位的上升,从无产者变为拥有一定个人资产的商人。第二,在权力地位与政治地位上,没有本地户籍的经营型移民在城市中并没有选举的资格,无法享受当地居民的社会保障以及社会福利,即使他们已经在城市拥有了自己的住房,但是户籍制度的限制仍然将他们隔离于由户籍以及相关制度所规定的政治权利之外;此外,子女也难以进入本地的普通学校,只能进民办学校,也不能在本地参加高考。第三,在社会声望地位方面。经营型移民面临着双重的矛盾的社会地位。在老家,他们是"在外面发财的大老板",具有较高的社会声望,在城市社会中的移民群体中,他们无疑也是其中的佼佼者,成功人士,而在迁入地本地居民看来,他们不过是"做生意的外地人",顶多就是"农民企业家"。

这种在社会地位声望方面的双重性源自以户籍制度为基础的城乡二元结构。在这样一种制度性划分之下,城市与农村、沿海与内陆地区并不处于同一的社会分层标准之下,内陆以及农村地区整体地位低于沿海以及城市地区。因此,才会出现这种经营型移民社会声望的双重标准。无法获得城市户籍的经营型移民,虽然在城市中拥有自己的住房以及生意,拥有比大多数城市本地人更高的经济地

---

① 项飚:《传统与新社会空间的生成:一个中国流动人口聚居区的历史》,《战略与管理》1996年第6期。

② 郑杭生、李路路等:《当代中国城市社会结构》,中国人民大学出版社2004年版。

位，但却无法与本地人共享当地的制度性资源，他们被排除在社会保障以及福利系统之外，因此更无法得到建立在制度基础之上的文化观念的认可。不管他们是否适应并且认同城市文化，不管他们的子女是否出生并且生长在城市中，在制度性规定面前，这些拥有经济地位的人并没有自主选择的自由。因此，在经营型移民的社会垂直向上流动过程中，仅仅是实现了经济地位的向上流动，在社会政治以及社会声望上并没有达成向上的流动。

虽然有学者指出，在中国城乡二元分割的制度背景之下，从农村到城市已经实现了社会地位的向上流动，而从打工者到做生意，又实现了社会地位的再次向上流动。但是，在对东莞虎门"智升学校"经营型移民的调查中，我们认为，相比城市农民工，经营型移民虽然获得了更高的经济地位以及比较好的生活环境，但是在户籍仍在原籍地的情况之下，他们仍然是处于城市的"边缘"。这种边缘由户籍制度以及在此基础上的具有区分性的规定划分出来，经营型移民的边缘性并不表现在地理位置与经济地位中，但是却时刻体现在移民的社会生活以及与当地社会文化的融合之中。

第十五章

老工业基地移民融入的社会观照与人生观照：基于沈阳的调查

改革开放以来，伴随着我国日益加快的工业化、城市化和现代化进程，位于我国东北地区的重工业城市沈阳也加快了城市发展与转型的步伐。尤其在2004年国家实施振兴东北老工业基地战略之后，沈阳的经济进入了振兴发展的高潮期，城市建设百业并举，经济市场商机无限。巨大的市场潜力不仅吸引了众多国内外投资性移民聚集沈阳，也吸引着大批劳力型移民及智力型移民来此驻足发展。与改革开放初期东北人纷纷"南下"寻求发展的"孔雀东南飞"现象形成对比，20世纪90年代中期以来，东北地区的重工业城市沈阳已经成为吸引内地人"北上"掘金的新磁场。

大批外来人口移居沈阳，有力地推动了沈阳的经济发展与建设。他们在为沈阳创造财富而出资、出智、出力的同时，其对移居城市的融入也成为显性的社会问题。值得提及的是，以往对移民融入问题的关注与研究，学者们多习惯于从外部、从移民的就业、生活的角度"社会"地观照移民群体，很少从内部、从人生的价值体验或人的精神本质的角度"人生"地思考这一问题，循此思路展开的相关分析与研究也自然多是宏观的。应该说，"社会性观照"的视角并不能覆盖移民融入问题的本质，换言之，这种审视仍存在一定的"盲域"。若对这一问题展开深入地探讨与剖析，还须引入"人生观照"的视角，也即：将移民的融入问题深植于移民群体所处的独特的社会生境，深植于这一群体的日常生活，将其生命体验融入其中，进行一种"人生观照"。唯此，才能对映现着这一特殊而又庞大的社会群体的生存状况及其心灵活动的现象予以接近真实的勾描与探析，从而使这一研究凸显出有血有肉的"人"的个性特征。基于此，本文拟采用一种社会观照与人生观照并置的视角，以沈阳市为对象，对近十几年来老工业基地社会的外来移民融入问题进行探究与解析。

15.1 沈阳移民融入的背景：老工业基地的社会特质与文化积习

自20世纪90年代以来，外来人口的大规模涌入，给沈阳市的城市管理体系带来极大冲击，城市的资源配置、公共服务、基础建设、治安管理、社会秩序等与时俱进地进行了相应的调整与规划。尽管如此，移民的城市融入还是存在许多需要解决的问题。与全国其他城市相似，困扰沈阳市外来移民的突出问题是他们在这座城市中的居住身份与相关权益的不确定性。令这一庞大的外来人口群体尴尬抑或扎心的事实是：由于没有城市的户籍，他们在就业、教育、医疗、社保等诸多事关切身利益的领域内，都不能享受沈阳市民的待遇，这无疑极大地阻碍了移民的融入。

此外，对于沈阳的移民来说，阻滞他们融入的还有一道无影无形的屏障，即老工业基地的城市文化积习。改革开放以来，市场经济的运行在我国社会生活的众多领域已形成潮流，但与我国其他地区相比较，东北老工业基地的非国有经济和非单位仍不够发达，市场经济体制运行对传统的单位制度及其观念的冲击较之其他地区相对薄弱。东北老工业基地在漫长的历史岁月中形成的一些区域性传统观念与文化积习，至今在沈阳市社会生活的诸多领域积淀甚深，制约着沈阳人的日常生活。

沈阳市是我国东北地区的重要工业城市，早在20世纪30年代日伪时期，沈阳市便已形成一些工业企业。与上海、天津等老工业基地城市的企业集群多是通过工商业改造及公私合营等途径建立起来不同，沈阳大规模的工业企业集群主要是在20世纪50年代我国第一个五年计划期间形成的，是在国家力量的直接推动下，在相对集中的时间与空间内建立起来的。如沈阳市一度工厂林立、企业密集的铁西工业区，便是在国家"一五"期间迅速发展壮大的工业集群区。与国内其他一些城市的工业社区规模相对较小、工人居住相对混杂相比较，沈阳市的工业社区普遍具有占地面积广，社会互动规模大的特点。在计划经济体制时期，沈阳许多超大型的国营企业都直属于国家某些部委掌控领导，企业不仅行政级别较高，对属地资源的掌控能力也极强。在计划经济时期，一些大型国营企业单位几乎控制了所有的社会资源。除了由国家直接控制调拨的粮油、煤炭供应之外，其他所有的社会资源大多都由企业单位所控制。超大型的企业不仅承担着"单位办社会"的诸项职能，同时还扮演着一个行政区的角色，在"单位办社会"的时代背景下，由于老工业基地所属的企业规模巨大，员工数量动辄逾万，在相对集中的空间内形成了一整套的社会服务体系，对社会资源的占有自然也呈现出明显的垄断性质。可以说，沈阳是我国最早进入以计划体制为核心内容的"单位体制"的地区，这种"单位体制"在沈阳不仅持续时间最长，而且贯彻得也最为彻底。这种"单位体制"衍生的一些观念与意识在沈阳本地民众头脑中可谓根深蒂固，日久积习。浓郁的单位氛围使得工业企业集群空间具有明显的封闭性，体制性的限制使得企业员工无法走出单位的辖区，缺乏社会流动意识，同时，这种封闭性自然滋生出强烈的"排他性"。从摇篮到坟墓的社会福利保障体制，使得沈阳市民阶层中很大一部分人充满了"单位人"的优越情结，形成了带有沈阳地域特色的文化观念与积习，如计划经济观念浓厚，单位归属感强，经营粗放，资源依赖性强，生存压力小，生活方式悠闲，社会惰性明显，人际关系依赖性强等等[①]。这些文化传统与积习，在城市的日常生活及人际交往中，则多表现为不重规则重人情，不计效益重礼仪，不重个人能力重关系网络的倾向与惰性。

20世纪90年代之后，伴随着中国社会结构的变迁，非国有经济及非单位制度迅速发展，东北老工业基地社会根深蒂固的"单位体制"也开始逐渐消解。与此同时，沈阳市各级政府及职能部门加速推进城市的转型与发展建设，积极引导本地民众转变旧有观念，拓展城市的开放程度，广开就业门路。同时，为实现老工业基地的转型与振兴，沈阳市先后出台了一系列政策与措施，招商引资，广纳人才，在对外来移民加强管理的同时，积极为他们融入城市创造条件，提供方便。在这种外部环境的"推力"及城市内部需求"拉力"的"推拉"之下，沈阳市逐渐演变为一个各类移民聚集的大都市。

以沈阳市老工业区铁西区为例，2003年，沈阳铁西区就新增工业企业261家，该区仅上半年就新增加工作岗位2.4万个。据有关部门统计，1986年至2005年的20年里，沈阳市户籍人口总量由541.1万人增加到698.6万人。尤其在2003年，沈阳市在全国率先取消了外来人口"暂住证"，大大降低了外来人口进入沈阳的门槛，致使当地的迁徙人口数量大大增加，流动人口在城市总人口中所占比例连年递增。到2009年，沈阳市的人口统计总额已达720.4万人，其

---

① 田毅鹏：《"典型单位制"对东北老工业基地社区发展的制约》，《吉林大学社会科学学报》2004年第4期。

中包含进行暂住登记的外来人口 31.1 万。而据有关部门估算，沈阳市实际上的外来人口已接近 200 万，城市人口总量已逼近千万，这一数字足以见证了沈阳的经济活跃度。如果说清代中、末期的东北地区曾是吸引中原内地民众"闯关东"的一块热土，那么，在改革开放的今天，沈阳正迎来新一轮"闯关东"热。与历史上河北、山东等地农民推着架子车"闯关东"谋生的景象有着本质的不同，当下吸引我国各地各类移民前来"闯关东"的是沈阳市这座老工业基地城市的转型以及"二次创业"引爆的巨大商机，是沈阳市城市扩张、经济总量扩大的发展需要，更是无形的"市场之手"推开了沈阳市的开放之门。当然，上述现象也越发凸显出沈阳市作为东北地区中心城市的重要地位。

尽管如此，与国内其他地区人口规模相近的城市相比较，沈阳市在计划经济体制下形成的老工业基地城市特有的文化观念与积习，对外来移民的融入还是构成许多制约与影响，使沈阳的移民融入问题呈现出有别于国内其他城市或地区的特点。本课题在实施过程中，曾对沈阳市投资型、智力型、劳力型三类移民按等同比例随机抽取了 528 个样本，组织专业人员对其进行了问卷调查，结果显示，528 位移民中的多数人都感到与沈阳本地人交往存在一些困难，此中的原因有多种，其中：因生活观念不同占 29.17%；因生活习惯不同占 33.14%；因没有交往的机会占 26.14%；因彼此间地位差异占 19.89%；而因本地人看不起外地人则占 22.92%。可见，从某处角度上看，沈阳的移民融入似乎较之其他城市更具难度与挑战性。

15.2 老工业基地移民融入的社会观照

对移民融入问题的社会观照是指对此采用一种从外部，从群体的角度"社会"地观照，是一种具有宏观性质的审视与研究。当然，这种宏观性地观照只是相对而言，因为在实际操作中，是无法做到对各类移民的融入进行一种全覆盖、广角性地扫描的。基于此，本文对此的社会观照，拟着眼于影响沈阳移民融入的一些外显性问题，聚焦于某些主要的场域。

从宏观上看，沈阳市投资类移民、智力型移民、劳力型移民因其特质不同，在城市融入方面存在着较大的差异，呈现出不均衡的状态。若将三类移民的城市融入做一下比较，不难看出，此中投资类移民与智力型移民或因经济实力或因受教育程度及社会身份等资本优势，在不同程度上都对融入的阻力有所抵消和化解，融入难度相对降低。例如，本课题组在调查中发现，目前沈阳市近 200 万外来人口中，投资类移民约占五分之一，有40万人左右。其中，来自韩国的跨国移民有1万人，来自浙江的投资移民有10万人，而这10万人中的6万人竟来自同一个区域——浙江温州。这6万温州商人涌进沈阳，看好的是沈阳的商机。温州商人进入沈阳后，95%以上都是自己做老板，而且生意都做得比较红火。据调查，近年来，温州人经营的五金机电类商品已经覆盖了沈阳市场的70%。有界内人士甚至宣称，如果温州商人撤出沈阳，沈阳的五金市场将无法正常运转。此外，在东北地区驰名的鞋类贸易集散地沈阳南塔鞋城，70%以上的品牌鞋也是由温州商人代理，许多温州商人更以沈阳五爱服装市场为基地，将服装贸易辐射东北三省。有内行人保守估算，如果每个温州商户一年至少赚10万元的话，温州人每年要从沈阳赚走几十亿[①]。

沈阳的智力型移民也有几十万人。这类移民的主体是近年来各地毕业的大学生，以及硕士、博士。据沈阳市人事局的统计数字显示，2008年，沈阳市共引进、接收各类大学毕业生64 360人，比2007年增长了12 472人。这些逐年增长的高素质新"移民"，正逐渐成为活跃在沈阳各个行业领域的新生力量。这一群体的外显特征为：人员构成比较年轻，受教育程度较高，对城市的适应性较强，融入度较好，但居住稳定性较差。调查中发现，有相当数量的智力移民因工作变动频繁，目前还未形成明显的定居意识。

与智力型移民、投资型移民不同，沈阳市的劳力型移民数量最为巨大，多达120余万人。这是一个亟待社会关注的庞大而又特殊的群体。这一群体主要是农村的富余劳动力，他们大多文化程度偏低，既无投资的资本，又难以凭借智力谋生。在沈阳市，劳力型移民大多从事一些本地人不愿意干的脏、累、差的体力性劳动。与智力型、投资型等其他类移民相比较，这一群体的生存状况相对恶劣，维权意识及能力低弱，城市融入度也最低。因而，劳力型移民已经成为城市中既有很强的存在感同时又被边缘化的一个弱势群体。目前，劳力型移民在城市融入方面存在许多亟待解决的问题，也自然成为本文进行观照的重点。以沈阳市移民的融入来看，主要存在以下一些问题：

15.2.1 城市户籍的困扰

从宏观上看，近200万外来人口移居沈城，已经成为城市中具有鲜明特征的独特阶层。这些外来移民与沈阳市原有居民一起，构成了沈阳城市的"新二元社会结构"、"新二元社会结构"，即有别于以往提及的"城乡对立"的二元结

---

① 马驰：《吸引外地人的磁场，新"闯关东"热折射沈阳嬗变》，《沈阳日报》，2008年2月18日。

构,"新二元社会结构"具指目前我国城市化过程中呈现出的城市居民与大量外来人口共同构成城市现有人口总量,同时,因这两类人口囿于现行的城市户籍制度及相关政策的规定,在城市资源占有及生存权益等方面存在着较大差异的现象。"新二元社会结构"严重阻滞了移民的城市融入,追本溯源,导致"新二元社会结构"生成的"元基因"即是现行的城市户籍制度。这一制度将同在一个城市天空下的居民人为地划分为"常住者"与"暂住者",前者持有城市的正式户籍,后者须缴纳一定费用后方可获得一纸"暂住证"。

20世纪90年代初期,外地人口进入沈阳经商或打工,不仅要办理暂住证,还要另交600元钱办理"就业证"。2002年之前,沈阳有关部门对外来人口的城市准入规定为:外地移民进入沈阳,经商者每月须缴纳40元就业费,打工者每月交37元,再加上5元暂住证工本费,这两类移民全年分别缴纳480元和449元。2002年1月,又对此做出进一步调整,缴纳的费用大幅减少,具体为:经商者每年缴纳65元,打工者每年25元。据调查,在实施"暂住证"制度的时期,沈阳市户政管理部门每年从外来移民这个群体收缴的管理费就多达1.4亿元,而缴费移民中的大多数人都是劳力型移民,他们实际上是这座城市中最为困难和无助的弱势阶层,而"暂住证"的实施并没有使他们在被纳入城市管理的同时获得相应的权益和福利。由于部分城市管理部门对城市管理的片面理解以及管理与服务水平的不足,加之对外来人口权利的轻视,在实际实施过程中,"暂住证"的服务功能往往不能有效落实,其管理功能却被畸形放大,乃至成为控制、限制甚至歧视外来移民的"紧箍咒",在某种程度上强化了本地人与外来移民在城市生活中的不平等,加剧了移民融入的难度。在《城市流浪乞讨人员收容遣送办法》的庇护下,"暂住证"一度被某些执法者演绎成了"合法"敲诈劳力型移民的工具,一些劳力型移民也被"合法"地当做流浪乞讨人员加以收容、管制,直至遣送。在我们的调查中,一些访谈对象都谈及到这一问题:

潘先生,安徽人,木匠,1991年来到沈阳,2008年在沈阳落户,现为小包工头。

潘先生说最不能忍受的就是来自城里人的对他们的傲慢、无理、歧视和欺辱。这些歧视来自各个方面,甚至在公交车上有时也会无端地遭到白眼和谩骂。因为是外地人,为避免不必要的麻烦,他常常忍气吞声。有的时候,甚至有些雇主会以装修有问题而拒付或少付工程款。但最令潘先生感到难过的还不是这种来自某些人的歧视。毕竟,在沈阳,他还是遇到的好人多。令潘先生难过甚至恐惧的是对所有外来务工人员都涉及的"暂住证"制度。

潘先生说:他们住在工地上,有的时候会有当地的派出所来查,他们主要是为了挣钱(无理收费),有的时候工钱还没有给,哪里有钱给他们!为躲过执法人员的盘查和盘剥，潘先生他们常常将工棚的门在外面锁上，他们则从窗户爬进去，不敢开灯、不敢说话。潘先生说："我们不怕暂住登记，只对收费反感，因为收费了而没有给我们办什么事情。对于我们来说没作用。"

尽管潘先生的收入并不少，但因为自己不是城里人，没有城市户口，便受到这种差别对待，这成为潘先生渴望成为城里人的主要原因之一。

鉴于"暂住证"制度存在诸多的不完善与弊病，2003年7月，沈阳市在全国率先废除了外来人口的"暂住证"制度，取而代之以一种开具"暂住证明"的权宜性的办法，为了防止"暂住证明"成为"暂住证"的翻版，沈阳户政部门规定：暂住证明的开具没有任何强制性，外来人口可根据需要自愿办理，凡在沈阳相关部门办理有关手续，如经商从业、工商办照、防疫保险、子女入学以及申领驾照等，一律以申报暂住登记为凭证，办理"暂住证明"的职能单位为所在区域派出所，绝对不允许收取任何费用。

其实，与北京等一些城市相比，近年来，获得沈阳市户籍的条件已经放到很低：大中专毕业生可以先落户，后就业；人均购房20平方米就可以入户沈阳；投资一定数额，同样可以拥有沈阳市户口。据沈阳市温州商会秘书长郑献金介绍，目前在沈经商的六万多温州商人，有一半人已经把沈阳当成了家，其中近两万人已经在沈阳购有百平方米以上住房，许多人因考虑孩子上学问题，干脆入了沈阳户①取消"暂住证"最本质的意义在于在法律上对权利主体予以了明确化，破除了区域的限制，实现了平等地对待每个公民，在某种程度上体现了国民价值、利益的平等化。

在2009年12月中央经济会议上，我国对现行的户籍制度与政策作出了重要调整，提出要把解决符合条件的农业转移人口逐步在城镇就业和落户作为推进城镇化的首要任务，要进一步放宽中小城市和城镇的户籍限制，这对广大移民来说无疑是一个喜讯。目前国内一些城市，如宁夏的银川等城市已经出台了新的户籍管理制度，在全市取消农业户口、非农业户口的性质划分，实行城乡统一的户口登记制度。然而，对于沈阳这一东北地区的大都市来说，放宽落户的限制恐怕还有待时日。以上海为例，2009年2月上海市政府发布的《持有（上海市居住证）人员申办本市常住户口试行办法》就规定：申办条件须符合稳定居住、稳定就业、参加社保、依法纳税、能力水平、诚信记录等方面，同时，持居住证年限及参加本市城镇社会保险年限须满七年。沈阳市的城市规模虽不比上海，但以此为参照系，作为大都市的沈阳，其准入门槛也不会太低，对于众多劳力型移民来说，恐怕还是难以跨越，融入就更难了。据问卷调查数据显示，目前沈阳外来移

---

① 马驰：《吸引外地人的磁场，新"闯关东"热折射沈阳嬗变》，《沈阳日报》2008年2月18日。

民户籍不在本市的占90.53%，在身份认同方面，移民个体认为自己仍属于外来人的占54.78%，而移民本人感到被本地人视为外来人的高达70.53%。可见沈阳移民的融入之路还很漫长。

15.2.2 "体制内"与"体制外"就业中的不平等

由于以计划经济体制为核心内容的"单位体制"在沈阳持续时间最长，贯彻最为彻底，"单位体制"衍生的一些观念与意识在沈阳市民众头脑中根深蒂固。浓郁的单位体制氛围，从摇篮到坟墓的社会福利保障体制，致使在改革开放以来的一个相当长的时期内，沈阳市民普遍流行的择业观念仍然还是"一国营，二集体，不三不四干个体。"再加上在改革开放以来的一个相当长的时期内，与其他城市一样，沈阳市各级政府及职能部门都制定有一系列以户籍制度为基础的政策与措施，对外来移民来沈就业中的工种、专业、人数、就业期限等有着全方位和近乎苛刻的规定。这些针对外来人口就业的规定与限制，强化了沈阳市民众原有的"体制内"、"单位人"的优越情结，滋生和助长一些人对"体制外"、"外来人"强烈的"排他性"。在这种政策氛围下，绝大多数的劳力型移民进入沈阳市以后，其实很难按照自己的理想进行职业选择，他们在工资待遇、劳动争议处理及维护自己合法权利方面，根本无法与他们的城市同行看齐，这极大地伤害了他们的权益和生存的尊严。在我们的调查与访谈中，许多劳力型移民谈及这一问题时都感触颇深：

李女士，辽宁西丰人，沈阳某高校食堂工人

我们劳务工的工作时间是早上6点半到晚上6点半，正式工的工作时间是早上9点到晚上6点半。另外正式工休大礼拜，我们没有休息，时间就差这么多。他们的工资比我们多多了，劳务工干的活多，正式工干的活少。假如现在下班都出去扫地，正式工就不扫地，劳务工就得扫地，这也不是正式要求的，领导说要扫地，你就得干，劳务工不扫地，人家可以给你辞掉，你当然就要好好干了。正式工不一样，人家不干活你也不能给人家辞了。后来我们这食堂就有一个劳务工代表给我们这主管食堂的伙食科科长写过一封信，大家都签名了，因为我们劳务工这时候是一个心情的，我们就是要求有正式的休息时间，你们休大礼拜，哪怕给我们劳务工休小礼拜也行，我们也有个人的私事啊。办事是一个原因，再一个就是周六周日本来都休息，人家正式工都休息，咱们劳务工都工作，能不能给咱们算加班。还有一个就是要求给我们交保险，因为国家有这个政策。写完信之后，食堂对劳务工的条件比以前强了，一个月有四天休息时间，你要是不休就给你20块钱加班费，来这打工的，都是因为条件不好，谁也不休，谁都上，为了挣这 20 块钱。但是保险现在还是没有。

从上述个案可以看出，作为低文化、低技能的移民群体，劳力型移民进入沈阳市的主要目标是寻求劳动经济效益的最大化。他们是城乡劳动比较利益的发现者，在其移民经历中，对劳动的比较利益有着递阶性追求，诸如：工农及城乡收益比较——企业间收益比较——不同地区的企业收益比较——不同企业工种的收益比较——综合收益比较，等等。据本课题的问卷调查数据显示，外来移民进入沈阳，决定他们作出就业选择的条件及因素依次为：收入待遇占 46.90%；工作前途占 21.59%；个人的兴趣占 13.65%；工作环境占 10.17%；专业对口占 4.22%；社会地位占 0.25……

对于劳力型移民来说，因种种原因，彼此间所实现的比较利益可能存在一定的差异，但对劳动效益的递阶性追求却是普遍存在的。与此问题相关联的便是劳动合约的非对称性及权益受损问题。这种不对称性体现在众多方面，诸如国家劳动法规与实际执行的非对称性、用工企业与劳力型移民劳动权利的非对称性、城乡户籍用工同工不同酬、劳力型移民与用工单位的信息不对称性等等。本课题曾就沈阳市外来移民在劳动待遇方面与本地人存在的差别进行过问卷调查，结果为：有 23% 的移民认为在福利及社会保障方面存在差异；23% 的移民认为晋升机会少；21% 的人认为存在同工不同酬的问题；20% 的人认为得到培训的机会少于本地人。正是上述种种原因，导致劳力型移民在城市就业中遭遇"体制内"与"体制外"种种不公平待遇，劳动权益受损的现象十分普遍。这种为了生计不顾个人身体健康，不计社会保障待遇的廉价劳动力在沈阳的城市移民群体中占很大一部分比例。

王女士，女，27 岁，辽宁省昌图人，初中学历，1998 年到沈阳，百货商场联销员。

王女士的工作很枯燥、很乏味，一上午就是在不停地穿蜡线，时间长了会胳膊酸和腰疼。不要干多久，车间的香精味就已经熏得人头疼、恶心了。这些香精都是化学材料制成的，蜡业也是污染比较重的行业，她们明知道长时间在这种条件下工作势必会影响身体健康，但王女士说她们已经习惯了这种工作环境，一天除了中午吃饭时会离开凳子，其他时间都是坐在那里不停地干活，因为站起来活动一下的时间，一个月累积下来就是一笔不小的损失。她也认识到自己的生活艰苦、压力大，这份工作的回报也不可能满足她在沈阳落户的想法，但是她无力去改变什么，只有一句话总挂在嘴边，就是"就那样吧，那能咋办呀。"

客观地说，近年来，多数劳力型移民在打工实践中已经建立起一定的维权意识，但一个不争的事实是，在举目无亲的陌生城市，他们仍缺少通达的投诉通道与维权门径。而更具讽刺意味的是，明明自身权益受损，作为弱势的一方，他们往往会主动选择放弃维权的诉求，原因是不敢去争取合法权益，担心会因此而丢了饭碗，只能选择现实地生存，不敢有更高的奢求。可见在某种情况下，忍辱负重已经成为弱者的一种自我保护盾牌。

给外来移民以公平就业的权利，维护他们合法的劳动权益，是外来移民得以在城市存身发展的基础，更是他们融入城市的前提。

15.2.3 生存空间的自我隔离与社会网络的内倾性

法国当代社会理论大师亨利·列斐伏尔在其都市文化理论研究中，曾提出"生产空间"的概念，认为："任何一个社会，任何一种生产方式，都会生产出自己的空间。社会空间包含着生产关系和再生产关系，并赋予这些关系以合适的场所。"① 从某种角度上看，沈阳的移民融入问题，具体也表现为几类移民群体在这座老工业基地城市的生存空间及社会网络的重组与再建过程。

沈阳的智力型、投资型、劳力型三类移民群体因其属性存在异质性，在生存空间及社会网络构建方面也体现着"人以群分"的特点。如果将沈阳市这几类移民的生存空间与社会网络建构进行比较，智力型移民与投资型移民的融入度明显高于劳力型移民。

沈阳的智力型移民主要是全国各地高校毕业的大学生及拥有更高学历或专业技能者。从总体上看，智力型移民群体中的多数人对沈阳这座城市都持有较强的认同感，究其原因，主要有两方面：一是这一群体接受教育程度较高，观念比较开放，文化适应性较强，在社会网络的缔结与构建中囿限较少，手段较为灵活与通达；二是这一群体的整体素质较高，本地居民对该群体的融入持有较大的包容性。然而，尽管如此，由于近几年来沈阳市的住房价格与我国多数大城市一样涨幅较大且速度过快，这无疑使得众多年轻的智力型移民虽有在此地定居的意向，却只能"望房兴叹"。在调查中了解到，他们中的很多人虽然已在这座城市工作生活与打拼多年，至今却仍未脱离"蜗居"、"蚁居"一族。没有稳定的居所，生存空间的漂泊感，自然在很大程度上影响了该群体的城市融入。

投资型移民在生存空间与社会网络建构方面则与智力型移民有所不同。沈阳的投资型移民大多拥有一定的经济基础，如果投资的产业经营稳定，此类移民比较容易形成在这座城市定居的意向，事实也是如此。例如，在沈经商的六万多温州投资类移民中，有一半人已经在沈阳市购房定居。在沈阳市繁华的商业街太原街附近，有一个建筑面积达四五十万平方米的大型楼盘，此楼盘的住户有1/3是

---

① 包亚明：《现代性与空间的生产》，上海教育出版社2003年版。

来自浙江的温州人和台州人，因而成为远近闻名的"温州城"。近十几年来，大批的投资型移民已经拥有了沈阳市的户籍，成为沈阳的新市民。此外，这一群体的社会网络建构也带有"人以群分"的身份认同特点。自20世纪90年代大批投资型移民涌入沈阳以来，沈阳市已先后成立了温州、福州、绍兴、永康、闽南、台州、宁波、莆田、川渝等约15家由外来移民按行业组织起来的外埠商会。据沈阳川渝商会提供的数字，目前在沈阳市从事服务、调料、酒店等行业的四川籍移民有45万人，由四川籍移民开设的川菜馆多达两万余家。像川渝商会这样的行业组织，属于四川籍移民自行建构起来的社会关系网络。对在沈阳市投资型移民的生存状况进行过专项调查中，发现他们中的一些人尽管在沈阳投资经商打拼多年，甚至已经购房置产，取得户籍，但对这座城市仍然怀有某种疏离感，无论生产经营，还是日常交往、休闲娱乐，许多人仍局限于亲朋或同乡的小圈子。以对投资类移民的经营信息来源渠道的问卷调查为例，在116位接受调查的对象中，其经营信息来源渠道依次为：生意同行65人；亲朋、老乡46人；媒体和网络人；配套经销商、企业21人；展销会11人；其他10人；行业协会4人；政府部门1人。可见，这一群体的生存空间仍呈现出一定的封闭性，社会网络也具有明显的内倾性特点。

  在生存空间与社会网络构建方面存在较突出问题的是劳力型移民群体。沈阳的劳力型移民主要来自我国各地农村，他们中绝大部分人都是通过亲朋好友或同乡及手艺同行结伴来到沈阳的，许多人更是第一次进入城市打工，对城市的一切都感到陌生。与智力型移民与投资型移民相比较，大多数劳力型移民既无专业技术又无投资的资本，加上受我国长期以来城乡二元社会结构的影响，城乡之间久已形成无形的边界，一些城市居民对进城务工的劳力型移民存在许多偏见与阶层歧视，使得劳力型移民在城市里的生存空间普遍呈现出临时性寄寓的特点以及鲜明的过渡意涵，带有明显的自我隔离性。例如，地处沈阳市郊的南李官村是一个自然村，这个普通的村落由于靠近市区，近年来已成为外来人口的聚居村落，并且因其被冠以别名"垃圾村"而名声远播。虽然南李官村与沈阳市区只隔了一条铁路，但铁路两边居民的生活却有本质的区别。在南李官村，很少听到沈阳本地口音，村里60%以上的居民都是外来人口，并且基本上都以回收垃圾为生。村里的男人们每天拉着车到沈阳市区回收垃圾，女人常年在家给捡拾来的垃圾分类，同时也照看孩子，洗衣做饭。一年四季，村里到处是被人筛选后遗弃的垃圾，臭气熏天。遇到阴雨天，村里的道路泥泞不堪。这个被一条铁道与大都市隔开的村落，仿佛与城市的生活完全绝缘，与近在咫尺的城市生活形成强烈的反差，怪异的村容、村貌已经被网民拍成图片晒在互联网上。

  近年来，在沈阳市周边地带已经形成了众多像南李官村这样的劳力型移民聚居村落或社区，当地居民多是有血缘、亲缘、地缘关系的外来人口群体，或是从事相近行业的业缘性移民群体。这类生存空间普遍具有规模小、紧密度高、趋同性强和异质性低的特点，其形成的社会网络也呈现出明显的内倾性。尽管这些聚落或社区经常被城市居民或一些城市管理机构冠以素质低、不讲卫生、社会治安差等种种"污名化"社会标签，但许多外来移民还是拖家带口在此一住多年。究其原因，不仅在于这类空间的生存成本大大低于城市中心社区，更主要的是许多外来移民由于长期无法融入城市生活，已经与城市的生活处于一种近乎隔离的状态，他们无法也不能在城市中获得自信与归属感，只能蜗居于城乡结合部地区，形成自我封闭的亚文化群体。他们聚居一隅，不仅彼此能在生活上给予帮助，而且能在精神上、心理上相互给予安慰。同时，在"都市里的村庄"这类带有乡土性质的社会网络中进行互动与交流，也可将生活中人际交往的成本和交易风险降到最低。如同有的学者所描述的，劳力型移民群体在城市中寄寓的生存空间，往往是一些似乎漂泊于城市时空或城市社会关系背景之上的"自愿性的隔离区"，是一个与传统乡村脱榫的空间。通过对这类与城市化相伴生的、在城市中具有临时性寄寓、或鲜明过渡意涵的社会空间秩序和生存生态的社会学研究，依托这类移民群体所塑造的"新型社会空间"及其内在的运作秩序，我们可以发现作为弱势群体的劳力型移民在走向城市化过程中，是如何创造一个暂时寄居、可以生存的、维护自身利益的生存生态，这种生存生态及其社会秩序的运作，并"不是现代性的对立面，它既是城市异质的边缘，也是替代贫民窟而成为劳力型移民群体融入城市并转变为新市民的摇篮和跳板[①]"。

15.3　老工业基地移民融入的人生观照

对移民融入问题的社会观照既是对其进行人生观照的基础，也是对其进行人生观照的组成部分。但是，社会观照并不等同于人生观照，这两种观照不仅向度不同，而且在审视同一事象时也会有不同的态度。所谓"人生观照"是指从社会内部，从个体、人生的价值体验或人生的精神本质的角度，"人生"地思考外来移民的融入问题，这是一种不同于以往的审视与分析。确切地说，以往对移民问题的研究多集中于对其从外部进行社会观照，缺乏对这一群体从内部做人生观照，究其原因，概缘于研究者多是戴着"他文化"的有色眼镜居高临下地对研

[①] 李培林：《都市里的村庄：一个新村共同体的实地研究》，三联书店2005年版。

究对象进行审视与研究的，缺乏一种平等的理解和对话的心态。而人生观照着重探索影响外来移民"融入"的问题实质，洞察那些外显为种种融入问题的移民群体的内在心理需要。确切地说，"人生观照"更强调一种微观的、具体的对等视角，是一种带有人性和情感温度的研究。

美国心理学家罗洛·梅认为："人性是一棵树，它需要按照使之成为一个生物的内在活力倾向而在各方面生长、发展；"他还提出"人的存在感越强烈，自我意识就越深刻，人的自由选择范围就越大，也就越有可能对自己进行认真的考察和预想，人的意志和决定就越具有创造性和责任感，他对自己命运的控制能力就越强……人一生的任务就是深化这种自我意识，发现自己的内在力量，以期达到对自己生活的控制，去发现新的价值和目标。"① 通过对沈阳市几类移民的深入访谈，我们发现，移民的城市融入，并不在于简单地让他们获得城市社会的外在身份与规范，重要的是要引导和帮助他们将这种身份与规范内化到自己的内在精神与日常生活之中，形成一种肯定自身、确定自身、持存自身和发展自身的安身立命之"力"，进而树立起在城市生存与发展的自信心与幸福感。

调查发现，由于流动的困境以及社会地位的"凝固化"、非制度化下的生存及其社会保障的缺失等诸多原因，沈阳外来移民在家庭关爱、社会交往、娱乐消遣、个人幸福、心理安全感等方面都呈现出一定的问题，而正是这些看似生活中的"小事"，却使许多外来移民尤其劳力型移民群体难以树立起在城市生存与发展的自信心与幸福感。尤其在对一些移民的深入访谈中，这一点给我们感触很深：

张先生，男，38岁，辽宁兴城人，初中学历，瓦工。张先生知道自己在这个城市只是个小角色，没有人会关注他，所以他把全部的希望都放在孩子身上了，希望孩子能考上大学，有出息。他说，"就是自己再累，也要为孩子创造一个好的生活环境"。

杨先生，男，25岁，辽宁鞍山岫岩人，本科学历，2006年大学毕业以后在沈阳某矿泉水饮品厂工作，工人。

孤独几乎是每一位像他这样的移民都有的感受。自他和三位同学合租的临时小窝解散以后，大部分时间他很孤独，大家都各忙各的，另外他的休息时间也不多，聚的机会也少，即便是聚在一起了也不聊这些。

林先生，30岁，吉林公主岭市农村人，中专学历，到沈阳打工7年，曾经换过三份工作，现为沈阳某运动商城销售人员，多年在沈阳工作的他最终还是想回老家成家立业。

林先生更换工作的第二个理由在于他在城市的孤独感，囿于经济原因，他在

---

① 杨韶刚：《罗洛·梅的存在分析观阐释》，《吉林大学社会科学学报》1995年第1期。

沈阳买不了房,找不到对象,即使朋友再多他还是觉得迷茫,没有方向感。在这些年轻的城市移民中,他们在家乡有着稳定的生活,但是他们不想耕地,来到城市后他们又不想凭借一技之长立足下去,他们既渴望悠闲自在,又不想长期待在一个工作地点,工作的这种经常变动,看似潇洒自由,也注定了他们最终不能在此立足……每次辞退工作后他都要回家乡待一段时间,在他看来,还是在家乡踏实、有安全感,况且他在家乡有房有地,有很好的生活基础,这在沈阳则是没有的。

来沈阳的这些年,与他交往最多的就是工作中的同事。他说:"我不得罪谁,与朋友、同事都相处得不错。"他日常生活中最大的开销是花费在和朋友吃饭上,虽然一般是 AA 制结账,但是每天也要花费几十元。朋友中大多是本地人,但这些本地人并不好相处,在他看来,这些本地人很"牛",瞧不起外地人,一起出去吃喝时,经常算计他,让他多花钱,另外就是想法不一样,在商城的这些年轻同事花钱大手大脚,经常向他借300~1 000元不等,买些美莎一类的兴奋药到迪厅去"嗨",回头早把借钱这事忘到脑后了。在他看来在沈阳发展,"你得有资本,得有房",这里不是他的久留之地。

王女士,女,27岁,辽宁省昌图人,初中学历,1998年到沈阳,百货商场联销员。

王女士谈到自己那个时候工作的社会地位时明显感到很自卑,她认为自己当时的工作和身份都属于社会最底层的一类人,大部分沈阳人都是很瞧不起她们这些外来打工的农村人的。有时候一些没有素质的客人酒喝多了以后就会对她们说一些带有侮辱性的话,说她们是农村人没见过世面之类的,而且他们说骂就会骂她们一顿。

除自卑感之外,她对沈阳这座城市也没有归属感。王女士很喜欢沈阳这种大城市的生活,很想留在沈阳,但是她对自己的身份和工作有一种自卑感,总认为这种自己的社会地位很低。这种自卑感也许是工作中的经历造成的,也可能是其他原因,但不管是什么原因,这种自卑感终究还是本地人的一些行为给她造成。王女士喜欢逛街、喜欢买衣服,喜欢打扮自己,在生活习惯上可以说已经和都市人没什么区别了,但是在她的思想里,不管自己从外面上看再怎么都市,却还是一个来自外地的打工者,用她自己的话说,她们是外来打工的农村人,是最底层的人。

对沈阳市智力型、投资型、劳力型三类移民按等同比例随机抽取的528个样本的问卷调查结果显示,占有相当比重的移民在城市生活中遭遇和感受到各种麻烦、苦恼,从而使其幸福感与心理安全感指数较低。例如,在我们调查的528人中,有301人感到收入过低;292人认为其所(租)住的社区干部对他们不关心;244人感到工作压力大;208人明显感到被歧视;203人感到孤独与人际关系冷漠；187人感到生活单调；160人认为生活没有安定感；158人有过被偷的经历；150人感到工作不稳定；101人感到没有奋斗目标；96曾被骗；82人曾被抢；81人认为不被当地人信任；68人因"无暂住"证而受处罚……

　　从上述访谈与数据不难看出，由于长期以来我国一直沿袭"城乡对立"的二元社会结构的影响，致使众多来自乡村的移民进入城市后备受歧视，遭受许多不公正待遇。他们不仅在劳动就业、居住条件、工伤治疗、子女教育等方面得不到最基本的保障，许多人在城市的一些公共场合经常无故遭遇白眼和奚落，甚至无故被遣返。在年复一年、日复一日的"讨生活"中，他们忙于生计，无暇也无力顾及其他，更何况也没有深度参与城市社会生活的经济基础，而后者不仅是制约他们在城市立足的根本因素，也是影响他们融入的首要障碍。

　　众所周知，生活是生命的基础和展开方式，离开生活就没有任何生命生长的基础。只有在不断追问生命意义的过程中才能真正认识生命，只有在开放的生活世界中才能不断扩大生命的视野，也只有在于生活的无限交往中生命才能不断生长。城市移民作为过渡性社会阶层，将在一个相当长的时期内在我们的城市里存在和发展，这个庞大的社会群体在城市里的生存状态如何，将制约和影响着我国现代化的进程。然而长期以来，我们多是习惯于把城市作为移民管理的单位，而忽略了城市也是移民的生活单位，是众多移民现在的以及未来的生活世界。所谓"生活世界"包含两种指向，一种指向日常性的社会生活，一种指向非日常性的精神生活。从生活实践来看，人不仅有日常性的社会生活，同时也有非日常性的精神生活。这表明生活世界并非仅仅体现为纯粹物质性的生活，而是物质生活与精神生活、日常生活与非日常生活的统一。① 外来移民进入城市的过程就是一个不断创造自己的生存生态，不断跨越"边界"和结构的宰制，不断开拓个体的多种"可能性"，寻求自身的生活方式，实现一种新的生存生态或秩序的建构过程。② 解决移民融入问题的最终指向，应该从两种生活世界的层面上帮助他们回归生活，尤其回归真正的、现实的、普通人的生活世界。因而，对移民群体的家庭关爱、社会交往、娱乐消遣、个人幸福、心理安全感等关涉其生活世界的关注无疑具有特殊的意义。

　　人生的本质问题或核心问题是对生命意义的追究。帮助外来移民在城市空间架构并夯实生命存在基础，使其在不同于故地的都市他乡依然能够实现神有所归，虑有所定，心有所寄，灵有所托，获得精神上的满足，是解决移民融入问题的最终指向。

---

① 甘剑梅：《关于教育起点观的哲学阐释》，《教育研究》2003年第1期。
② 潘泽泉：《底层生态和秩序建构：基于农民工问题的实证研究》，《湖南师范大学社会科学学报》2008年第5期。

第十六章

新移民与城市管理重大问题研究：
基于广州的调查

2011年7月19日，广州市委九届十一次全会举行，着重提出社会管理改革创新，其中对外来人口的管理服务作为重要内容被反复提及，获得空前重视。广州市现有人口近1500万，其中登记的外来人口为726万，与户籍人口基本持平。在广州一些村镇，本地人口与外来人口倒挂，如新塘镇外来人口与本地人口比是2∶1（50万∶22万）；大敦村这一比例更是高达11∶1（8万∶7 000），即外来人口超过本地户籍人口10倍以上。时任书记张广宁在当日的市委全会上指出，增城新塘镇大敦村"6·11"聚众滋事件给广州敲响警钟，必须高度重视解决经济发展过程中产生的社会问题，改变管理模式，同样重视对外来人口的服务管理[①]。

同年3月24日，全国城市规划与科学发展研讨会在穗召开，时任广州市市长万庆良也表示，广州实际的工作生活人口已经超过1 500万人，和广州人口控制总量目标1 500万人相差无几，人口压力大，旧城改造、城乡统筹问题迫切需要解决[②]。

实际上，广州的外来人口问题由来已久。改革开放以来，广州经济社会迅速发展，人口和城市建成区也迅速膨胀。广州的人口自然增长率一直比较稳定，人口膨胀主要由两大部分组成，一是历年来通过合法的、正式的渠道拥有广州户口

---

① 中新社广州2011年7月19日电：《广州将改革社会管理 空前重视外来人口》。
② http://news.cntv.cn/20110324/102487.shtml。

的外地人，二是在广州常住和工作但没有户口的务工人员。研究广州的人口发展与城市管理，主要是要认真研究第二类没有户口的外来人口的发展趋势和相应的管理问题。从研究和管理角度看，第一类落户广州的外来人，有详细的统计数据，而且一般而言，都属于高学历、有比较稳定的就业和收入的人群，他们给城市管理带来的压力并不大。而第二类外来常住人口，因为没有确切的统计数据，也没有完善的管理手段，所以迫切需要从学理角度寻找符合实践发展的理论视角，研究他们的演变过程和发展趋势，了解他们的生存和心理状况，这对于广州加强城市规划的配套、完善城市基础设施和提升社会管理水平，具有重要的意义。

16.1　广州市外来人口发展的主要阶段

外来人口（早期绝大部分是农民工）大量涌入广州，追根溯源，是我国城乡二元对立的体制下，城市和农村、工业和农业、沿海和内地等诸多发展不均衡的因素导致的，外来人口流入广州的趋势与全国的大趋势紧密相关，同时又体现出自身的某些特性。

从全国来看，农民进城务工大致经历了五个阶段，这与国家经济发展的进程、政策的开放密切相关，是一个逐渐变迁、壮大的过程。

第一个阶段是1979~1983年，国家的政策导向是严格控制流动，当时有严格的户籍制度和就业制度，流动的规模较小。

第二个阶段是1984~1988年，宏观政策开始允许流动。从1984年开始，国家准许农民自筹资金、自理口粮，进入城镇务工经商。这个口子一开，农村劳动力的转移和流动进入了较快增长期。

第三阶段是1989~1991年，控制盲目流动。在国家政策的鼓励下，20世纪80年代末，第一次出现了"民工潮"。出乎意料的是，农民大量流入，城市普遍准备不足，给城市交通、供应、治安等造成了很大的压力。

广州在这波"民工潮"中首当其冲。从20世纪80年代中期开始，先行一步的广东大力发展"三来一补"，提供了大量的就业机会，"东南西北中，发财到广东"，1989年春节后，民工终于成为"潮"。不少媒体惊呼：这是"盲目的洪流"！"盲流"一词开始被广泛用于民工身上。这一时期，广州对外来人口以严格管理为主。

有了1989年春节的经验，广东开始逐步完善了应对民工潮的措施。着重解决民工节前返乡、节后南下问题的"春运",成了广东尤其是广州一年一度的大事,各项工作也越来越人性化。这一点广州走在全国前面。与此同时,20世纪90年代初开始,广东限制企业用工的节后一个月招工"六不准"等也相继出台,以减少春运的压力。

第四阶段是1992~2000年,规范引导流动。自1992年邓小平南巡讲话后,中央政策发生了些变化,从控制盲目流动到"鼓励、引导,有序流动",开始实施以就业证卡管理为中心的农村劳动力跨地区流动的就业制度,并对小城镇的户籍管理制度进行了改革。这一阶段也是广州外来人口迅速膨胀的高峰时期。

第五个阶段是2001年至今,城乡统筹就业,完善农村劳动力外出就业管理与服务。国家在这个时候提出了"十六字方针",即"公平对待,合理引导,完善管理,搞好服务",从统筹城乡经济社会发展的高度,提出了一系列政策措施。

撇开国家的宏观政策调整,单纯从外来人口涌入广州的数量来看,可以分为三大阶段,一是1989年以前,属于开始阶段,人数还不算多;二是1989~2003年是巅峰阶段,整整持续了15年,人数不断增加;三是2004年以来,属平缓阶段。经过多年改革开放,内地经济也发展起来了,加之国家农业政策的调整、打工比较收益的下降等复杂因素,"东南西北中,发财未必到广东",从2004年开始,广东持续十多年的"民工潮"骤变"民工短缺"、"民工荒"。这一年,广东取消了"六不准",并提出要做好农民工来粤就业的服务工作,农民工求职"零收费"。实际上,就流入广州的外来人口而言,因为广州城区的扩张、镇村经济的发展、大批基建项目的上马等对劳动力有刚性需求,再加上流动方式逐步从由单个劳动力流入过渡到整个家庭的流入,每年的绝对数还是不少。

2010年1月31日,国务院发布的2010年《关于加大统筹城乡发展力度进一步夯实农业农村发展基础的若干意见》文件中,首次使用了"新生代农民工"的提法,并要求采取有针对性的措施,着力解决新生代农民工问题,让新生代农民工市民化。这将对整个人口流动产生长期的政策导向作用,对城市管理提出了更高的要求。

16.2　新移民:广州市外来人口发展的新动向和一种新的视角

从广州的情况看,近年来国家政策与广州的外来人口流动发生了一些新的变化,一是外来人口实现了分化,随着经济结构的多元化,外来人口也相应出现了多元化特征，从单纯的劳务型农民工逐步向各行各业转变，用"农民工"这一概念已经无法涵盖所有的外来人口，甚至不少外来人口财富增速比本地人还快；二是2000年开始，国家的宏观政策一直鼓励城乡统筹，鼓励大城市更宽容的姿态接纳流动人口，政策的效应虽然滞后一些，但这几年开始外来人口逐步了解到国家的政策，且部分外来人口物质积累开始雄厚起来，适应和融入，甚至在城市购房置业的人数也逐渐增加。三是与第一代农民工挣钱了回家盖房居住养老的想法不同，第二代也就是新生代农民工有些从小就随父辈在城市长大，有些初中、高中一毕业，根本没有接触过农业就开始外出，他们回家乡的愿望已经很淡薄。

广州的外来人口与全国大势紧密相关。结合全国的背景看，随着我国工业化城市化的深入，一方面，产业开始有序转移，工业发展呈现分散布局的趋势；另一方面，一线、二线城市寻求产业升级，发展服务经济；加上新农村建设的开展，我国城市化的形式将日益多元，职业分化也更加明显。与"农民工"表述的形成背景不同，现如今的社会经济环境已大不相同。第一，城市化正加速前进，而且城市化将是未来一段时间经济发展的主要动力；第二，从以往研究结果来看，大城市外来人口不再是乡下农村迁移者的天下，城镇背景的外来人口所占比例日益扩大；第三，外来人口的人力资本差异很大，从事的职业也非常广泛，从工程师、白领，到私营企业主、个体工商户，再到产业工人、散工等，应有尽有；第四，外来人口的阶层分布和职业分布类似，都比较分散；第五，外来人口在城市的社会流动是事实；① 第六，户籍制度以及分割性福利保障制度将继续存在；第七，市场化改革很大程度上瓦解了人口流动的制度障碍，而且有助于剥离制度性福利。

总之，一方面，外来人口本身出现了比较大的分化和多元化现象，外来人口适应与融入城市，乃至于定居，转换成城市居民的现象越来越多；另一方面，国家的宏观情况也在发生巨大变化，原有城乡二元结构的视角已经不适应当前实际的需要。新的情况和新的阶段，尤其是广州的情况更是走在全国前列，迫切需要我们从新的视角审视广州的外来人口问题，基于此，我们提出了城市新移民的视角（具体界定见第一章）。

我们在分析相关统计数据的基础上，采取问卷调查和深入访谈的方法，研究广州外来人口新变化与城市管理问题。根据配额，在广州发放了600份问卷，回收538份，其中智力型移民回收115份，劳力型移民回收277份，经营性移民回收146份，同时进行了深入访谈，收集了50个个案。全方位了解广州新移民生

---

① 我们认为外来人口社会流动很大一部分表现为体制外向体制内的转变的形式，在"农民工"表述的情境中无法被注意到。

存、发展、适应和诉求。

16.2.1 研究对象的基本情况和新移民的分化

从新移民的分化看,我们首先进行了劳力型移民、智力型移民与经营型移民的比较分析。

在538份有效问卷中,劳力型移民的平均年龄为27.45岁,比智力型移民大;经营型移民平均年龄高达31.52岁,31岁及以上的比例占43.87%(见表16-1)。所以就婚姻而言,经营型移民已婚比例最高68.52%,有孩子的比例当然也是最高,劳力型移民其次,智力型移民最低,仅占19.21%,与新生劳力移民(16.99%)差不多;其实资深劳力移民的已婚比例(89.05%)则远远高于任何群体,没有孩子的比例只有10.24%(见表16-2、表16-3)。劳力型、智力型移民男女比例差不多,经营型移民的男性比例明显多一点。至于受教育程度,绝大部分劳力型移民是大专以下的学历,智力型移民是大专及本科以上学历,而经营型移民主要是初中、高中及大专学历,小学及以下和本科及以上都有一些分布(见表16-4)。

表16-1　　　　　城市新移民年龄情况　　　　　　　单位:%

	智力型移民	劳力型移民	经营型移民
20岁以下	1.12	17.88	3.01
21~25岁	47.26	37.05	19.56
26~30岁	44.61	20.61	33.56
31~35岁	4.78	7.58	17.13
36~40岁	1.42	6.67	14.00
41岁及以上	0.81	10.23	12.73
均值(岁)	26.11	27.45	31.52

表16-2　　　　　城市新移民婚姻情况　　　　　　　单位:%

	智力型移民	劳力型移民	经营型移民
未婚	80.08	60.38	30.56
已婚	19.21	38.94	68.52
离异/丧偶后未再婚	0.71	0.68	0.93

表 16-3　　　　　　　城市新移民子女情况　　　　　　单位：%

	智力型移民	劳力型移民	经营型移民
无	90.75	66.52	41.20
1 个	8.64	21.14	37.04
2 个	0.61	9.77	17.82
3 个及以上		2.58	3.94
均值（个）	1.07	1.45	1.46

表 16-4　　　　　　　城市新移民受教育情况　　　　　　单位：%

	智力型移民	劳力型移民	经营型移民
小学及以下		7.88	7.29
初中		40.15	34.49
高中（包括中专）		49.62	34.72
大专	49.29	1.74	14.70
本科及以上	50.71	0.61	8.80

其次，根据基本特征、居住状况、工作状况、生活状况和社会网络五大特征，笔者分析劳力型移民的分化，用比较方法和差异检验技术明确新生劳力移民（基本上就是第二代农民工）和资深劳力移民的群体特征。通过分析发现（见表 16-5、表 16-6），资深劳力移民之所以"资深"，一是年龄大，平均年龄为 38 岁左右；二是资深劳力移民大部分有家庭、有儿女，这对我们的移民研究颇具意义；三是城市经历多，在目前城市居留时间较久，现职工作时间长。那么新生劳力移民之所以称为"新生"，一是年轻，平均年龄仅 22 岁；二是已婚比例小，家庭负担小；三是城市经历少，居留时间相对较短，经常换新工作。两者具有以下群体特征：

第一，资深劳力移民文化程度低，来城市的目的多为"提高收入"，也会考虑"子女将来的发展"；新生劳力移民受过较好的教育，主要冲着所在城市"事业发展机会多"。

第二，资深劳力移民更多是和家人亲戚住在一起，居住模式为初级关系型；新生劳力移民主要和朋友或同事一起，也有自己一个人住，是次级关系型或者独立型的居住模式。

第三，选择工作时，资深劳力移民主要看重收入待遇；新生劳力移民更看重工作前途以及个人兴趣。

第四,资深劳力移民和新生劳力型移民的月可支配收入都在3 000元以下,但资深劳力移民的开支结构倾向基本需要,而且家庭支出分量比较大;新生劳力移民则偏向个人享受,家庭负担相对比较小。

第五,资深劳力移民更看重家庭美满、子女孝顺、身体健康,新生劳力移民则希望生活富足,能实现理想,有知心朋友、搞好人际关系。

第六,资深劳力移民更明显地"觉得自己没用"、"觉得生活艰难";新生劳力移民多是"烦躁易怒"、"前途茫然",更"容易哭泣",也会多"感到孤独"。

第七,新生劳力移民的休闲伙伴通常是朋友、同事,还有同学也是比较多在一起的;资深劳力移民则更倾向与和家人亲戚、老乡和邻居,乡土色彩比较浓。

第八,在社会支持网中,新生劳力移民明显倾向于次级关系,资深劳力移民则比较依赖初级关系。

再次,通过研究,我们发现智力型移民和经营型移民的定居意愿均高于劳力型移民,两者的意愿也差不多。然而在某些方面,智力型移民与新生劳力移民以及经营型移民与资深劳力移民有相似之处;首先就是年龄相仿,新生劳力移民和智力型移民都比较年轻,资深劳力移民和经营型移民都比较年长;不过,他们刚好分属四个年龄层(22岁、26岁、32岁、38岁);所以像家庭和子女方面也是类似情况,这些对明晰智力型移民和经营型移民群体特征是有影响的。以下主要总结智力型移民和经营型移民的群体特征:

第一,智力型移民的学历绝大部分为大专及本科以上,他们有很多是毕业后留在目前城市工作;经营型移民主要看中目前城市"事业发展机会多",不过也和资深劳力移民一样会考虑"子女将来的发展",同样想着"提高收入"。

第二,由于年龄较小,智力型移民从毕业到现职的时间比较短;而经营型移民在目前城市居留时间较久,现职工作时间长。

第三,智力型移民和新生劳力移民类似,主要和朋友或同事一起,也有自己一个人住,是次级关系型或者独立型的居住模式;经营型移民大部分携家带口,为初级关系型的居住模式。

第四,劳力型移民选择工作所看重的因素为收入待遇、个人兴趣和工作环境,相对而言,智力型移民更看重工作前途和专业对口。

第五,智力型移民的月可支配收入比劳力型移民高,经营型移民则更高;智力型移民和新生劳力移民类似,偏向个人享受,而经营型移民主要需要维持家庭运转。

第六,智力型移民更看重事业成功、实现理想、生活富足,但他多抱怨一事无成、生活单调、工作压力大、收入低等,心理感受很差;经营型移民心理困扰程度则很轻,因为经营型移民更倾向于认为"家庭美满"、"子女孝顺"、"事业成功"、"身体健康"是幸福的,而他更少抱怨"收入低"、"一事无成",而且经营型移民有三分之二的人能够和家人亲戚住在一起。

表 16-5　　　　　城市新移民购房落户意愿　　　　　单位:%

	智力型移民	劳力型移民	经营型移民
愿意	77.13	54.77	66.32
愿意、但不敢想	11.69	23.03	16.67
不愿意	7.22	12.42	9.84
没必要	3.86	9.62	6.94
其他	0.10	0.15	0.23

表 16-6　　　　　城市新移民定居意愿　　　　　单位:%

	智力型移民	劳力型移民	经营型移民
非常同意、同意	62.70	52.20	64.47
完全不同意、不同意	12.70	23.71	17.82
一般	22.87	20.00	14.47
说不清	1.73	4.09	3.24

16.2.2　从总体看新移民在城市定居的意愿比较高

调查显示(见表 16-7),撇开新移民内部的分化,单纯看总体情况,新移民在城市定局的意愿很高,67.84%的被调查对象表示愿意在城市购房落户,18.59%的表示愿意,但不敢想,两者相加,达到了 86.43%。这是城市规划和管理最应该重视的问题,因为当前的外来人口已经与第一代农民工有了天壤之别——他们来到广州不仅仅是临时性的、为了谋生为目的,而是有强烈的定居倾向。

表 16-7　　　　　在城市购房落户的意愿

		N	%
在城市购房落户的意愿	愿意	365	67.84
	愿意,但不敢想	100	18.59
	不愿意	44	8.18
	没必要	29	5.39
	总计	538	100.00

更为重要的是，已经有29.74%的被调查对象表示可以接受广州的房价，这表明这部分人不仅愿意在广州落户，更表明他们具备购房的能力。表示无法接受的为47.03%（见表16-8）。

表16-8　　　　　　　　　对所在城市房价的看法

关于现在城市的房价情况		N	%
	可以接受	160	29.74
	不知道	125	23.23
	无法接受	253	47.03
	总计	538	100.00

从影响外地人在广州购房的原因来看，定居意向不确定的只占25.28%，主要还是67.1%的被调查者认为房价高（见表16-9）。

表16-9　　　　　　　　影响外地人在本地购房的原因

影响外地人在本地购房的原因		N	%
	户籍的限制	135	25.09
	房价高	361	67.10
	定居意向还不确定	136	25.28
	工作不稳定	237	44.05
	其他	11	2.04
	总计	538	100.00

16.2.3　新移民的身份认同

根据调查显示五成左右的城市新移民认为自己是外来人，其中智力型移民的比例要少一些（见表16-10）；有16.87%的智力型移民认为自己是本市人，这明显高于其他新移民；劳力型移民很少人认为自己是本市人，相反，更多人觉得自己只是"暂时呆在城里的人"或外来人，而且劳力型移民的定居意愿明显低于智力型移民和经营型移民。虽然如此，劳力移民却最"希望子女在本市发展"，因为按大致年龄看子女的未来居留意愿，新生劳力移民的意愿高于智力型移民，资深劳力移民也高于经营型移民；但在"本市是否比家乡好"上，二者持相反的态度，新生劳力移民并不觉得本市比家乡好，而资深劳力移民非常赞同"本市比家乡好"（见表16-11）。

表 16-10　城市新移民自我身份认同　　　　　　　　　　单位：%

	智力型移民	新生劳力移民	资深劳力移民	经营型移民
外来人	45.53	53.27	54.47	54.75
本市人	16.87	5.34	7.05	9.95
暂时待在城里的人	32.42	38.56	35.77	31.94
说不清楚	5.18	2.83	2.71	3.36

表 16-11　城市新移民对所在城市的认同情况　　　　　　单位：%

		智力型移民	新生劳力移民	资深劳力移民	经营型移民
本市是否比家乡好	是	53.56	49.13	67.75	59.38
	否	46.44	49.89	32.25	39.81
	说不清		0.98		0.81
自己和本地人是否平等	是	41.46	37.04	32.25	44.44
	否	57.52	61.33	65.31	53.71
	说不清	1.02	1.63	2.44	1.85
是否愿意在本市定居	是	63.81	53.45	56.98	66.63
	否	36.19	46.55	43.02	33.37
	说不清				
是否希望子女在本市发展	是	43.19	51.20	71.54	65.39
	否	46.34	39.11	22.49	26.62
	说不清	10.47	9.69	5.96	7.99

在与本地人的区隔标准上，劳力型移民倾向于把收入、工作和身份作为自己与本地人的区别标准，在交往中又觉得地位差异造成困难，所以劳力型移民很难认同自己是"本地人"。智力型移民则把想法放在"生活观念"、"社会角色"，相比之下他们遇到的困难比较少，没有交往困难的比例达 35.06%，所以智力型移民有相当比例的人认为自己是本市人。

可见，新移民对广州的认同非常多样，不同群体的认同也有差异。尽管如此，并不影响他们城市生活方式的获得和享受。有超过半数的新移民认为自己的生活方式与城里人无异（包括"很多方面一致"和"完全一致"选项），尤其是智力移民中，超过六成，但在劳力移民和经营移民中，却有超过近半数的人认为不太一致，关键的原因在于其个人的心理认同存在偏差，因为在他们当中，一方面，存在身份认同的多元性和混乱性；另一方面，城市生活方式的获得跟教育程度、职业技能、年龄、社会阅历等密切相关，而劳力移民和经营移民显然在这些方面具有相对的稳定性和低可塑性。

16.2.4 新移民的社区生活

影响新移民的城市融入有很多主客观方面的因素，比如对城市的认同度，职业的稳定性，城市管理制度，社会保障制度等，不过，对于具体的个人来说，这些因素可能聚焦在其对自身基本生活空间的直接感受上，意即他们日常生活所发生的社区空间。新移民的城市社区生活直接影响其城市融入的后果。那么，构成新移民的社区生活有哪些方面呢？我们确定了人口结构、居住方式和住房类型等三个因素。

通过调查发现（见表16-12、表16-13），进城的新移民中，两人住在一起的比例最高，达到25.89%，三人或者四人的"组合"也比较普遍，这是因为其中不少老年劳力移民和经营移民近八成与自己的妻子、孩子一起生活，形式家庭化趋势，这个现象说明，造成当今新移民群体形成的主导因素就是以家庭为单位的在同一城市工作和生活的移居形式的出现，这种情形容易促使新移民选择较为稳定的生活模式，譬如职业稳定、居家生活，以及能够守望相助的近邻而居，从而尽快地融入城市社会。

表 16-12　　　　　　　　　目前住房总人口数

		N	%
总人口数	1人	85	15.80
	2人	139	25.84
	3人	107	19.89
	4人	93	17.29
	5人	43	7.99
	6人	32	5.95
	7人及以上	39	7.25
	总计	538	100.00

表 16-13　　　　　　　　　现在与谁在一起生活

		N	%
一起生活的人	家人	260	48.33
	恋人	28	5.20
	朋友或者同事	153	28.44
	亲戚	37	6.88
	自己一个住	88	16.36
	合租者/室友	2	0.37
	其他	2	0.37
	总计	538	100.00

同时，我们也应该看到，有相当数量的老年劳力移民和经营移民目前还是与自己的配偶在城市打拼，把孩子留守在农村的老家，这也是他们现在城市生活中面临着的最大的困境。一方面，他们想把孩子带到城市，跟他们一起生活，接受父母的亲情、现代的城市生活和优质的教育资源；另一方面，由于低收入、无住房等客观原因，只能把孩子留守在农村的家乡，由年长的父母看管。不过，调查中也发现，现在越来越多的新移民愿意，并努力创造条件，把孩子带进城，这种"家庭移民"现象的日渐增多，将会加速新移民融入城市的进程。

调查统计表明（见表16-14、表16-15），新移民有自购房的平均比例只有12.27%，近2/3的新移民都是租住私房，还有近23.42%的人住在单位提供的集体宿舍里。不过，高级智力移民和经营移民的自购房比例相对比较高，超过两成，对于劳力移民群体，除了租住私房之外，条件好的单位多数有提供宿舍，而且只是收取比较低廉的房租，一方面体现单位的福利政策，另一方面也方便单位的日常管理。因为，所居住的地方直接影响到社区管理的品质和生活的质量。

表 16-14　　　　　　　　　　住房来源

		N	%
现在的住房状况	租住	328	60.97
	自购房	66	12.27
	借住	17	3.16
	单位宿舍	126	23.42
	其他	1	0.19
	总计	538	100.00

表 16-15　　　　　　　　　现有租房的类型

		N	%
现在的住房类型	单位宿舍	7	2.13
	城中村/村镇出租屋	203	61.89
	小区商品房	95	28.96
	政府廉租房	4	1.22
	外来工公寓	6	1.83
	工作场所	10	3.05
	其他	3	0.91
	总计	328	100.00

将近 2/3 的新移民还是租住房，而且半数以上（61.89%）都是租住在城中村或者村镇出租屋里，其次是小区的商品房，占 28.96%，而智力移民中将近一半的人倾向于租住或者购买小区商品房，尤其是高级智力移民，高达 57.87% 的人居住在小区商品房，个案访谈表明，他们中的相当部分是属于自购房。而 2/3 的劳力移民则选择租住在城中村里，此外，新移民还住在单位宿舍、政府廉租房、外口公寓，有些甚至居住在工作场所，尽管这些居住形式所占的比例不高，但是反映出新移民普遍存在"居无定所"的现实状况，显然，这种情形对新移民的社区认同和目前城市社区管理造成很大的困境。

我们再来看新移民的社区生活（见表 16-16）。在涉及自己"密切相关的社区管理内容"上，排在前三的选择依次为社区治安、社区环境和社区服务。而在"社区基层政权建设"、"社区保障"、"社区就业"、"社区计划生育"、"社区文化教育"、"出租屋管理"、"流动人口管理"等方面的认同度很低，对我们提出的政府对社区管理采取"退管"的假设性选项，他们的认同度最低。因为在他们的眼中，这些方面都是"政府的事情"，与自身无关。

表 16-16　　　　　　　　　关注的社区管理内容

		密切相关的		需改进的	
		N	%	N	%
社区管理内容	社区基层政权建设	33	6.13	51	9.48
	社区服务	237	44.05	161	29.93
	社区保障	111	20.63	96	17.84
	社区就业	84	15.61	72	13.38

续表

		密切相关的		需改进的	
		N	%	N	%
社区管理内容	社区环境	284	52.79	168	31.23
	社区治安	375	69.70	227	42.19
	社区计划生育	63	11.71	31	5.76
	社区文化教育	87	16.17	73	13.57
	社区退管	13	2.42	21	3.90
	出租屋管理	246	45.72	134	24.91
	流动人口管理	167	31.04	88	16.36
	没有	28	5.20	106	19.70
	总计	538	100.00	538	100.00

其实，除了上述原因之外，与我们现在采取以城市常驻居民为导向的社区建设政策和措施，把新移民当做流动的、寄寓的社区对象不无关系。"没有新移民的社区建设"，一方面造成了新移民的"社区冷漠"现状，另一方面也无形中加剧和构筑了生活在同一社区的城里人和新移民之间的"边界"，造成事实上的"二元社区"和无形的"底边社区阶层"。因此，了解和解决目前社区管理和社区建设必须提上议事日程了。

我们看看新移民的社区关注度和社区联系（见表16-17、表16-18、表16-19）。在新移民的眼中，与他们关注社区管理内容相一致的是，他们也迫切希望能够在社区治安、社区环境和社区服务等方面有明显的改观。但不同的新移民类型体现出来不同的社区观感和要求。总体来说，同劳力移民和经营移民比较而言，智力移民在所有涉及的社区管理内容方面都保持较高的关注度，超过三成的老年劳力移民和超过两成的经营移民更是对社区管理"漠不关心"（见回答"没有"的选项）。我们把社区管理的所有选项分为三类来具体分析，意即：社区组织（社区基层政权建设、社区退管）、社区服务（社区服务、社区保障、社区就业、社区文化教育）、社区管理（社区治安、社区计划生育、出租屋管理、流动人口管理），以及社区环境（社区环境）。

社区联系方面，从来没有与社区干部打交道的占到48.51%，认为社区干部对外地人不关心的占到52.23%，认为居委会选举与自己无关的占到26.39%，表明社会联系不够紧密。

表 16 – 17　　　　　　　　是否与社区干部打交道

		N	%
是否与社区干部打交道	从来没有	261	48.51
	很少	142	26.39
	偶尔	97	18.03
	经常	38	7.06
	总计	538	100.00

表 16 – 18　　　　　　（租）住的社区干部对外地人的态度

		N	%
（租）住的社区干部的态度	有歧视	36	6.69
	不关心	281	52.23
	关心	214	39.78
	其他	7	1.30
	总计	538	100.00

表 16 – 19　　　　　　　　是否愿意参与社区/居委会选举

		N	%
是否愿意参与社区/居委会选举	很愿意	237	44.05
	不愿意	159	29.55
	与我没关系	142	26.39
	总计	538	100.00

可见，社区户籍居民与新移民之间是"两张皮"，不过，这并不意味着他们之间已经是两个边界分明的人群共同体，相反，他们在一个社区里其实是"你中有我，我中有你"的分布状态，而且，新移民普遍处于社区的底层，形成无形的"底边社区阶层"，不仅如此，他们也缺乏自我组织的能力，所以，至少目前还没有成为"社区隔离"的力量。

在中国社会现存的组织架构中，无论是官方的还是民间社会的组织，新移民的参与度都是很低的。超过半数的新移民根本就没有参加过任何组织（见表16 – 20）。调查发现，新移民即使在参与的这些组织中，其实扮演的角色和组织行为也是很"低度的"，像共青团、中共党组织、工会、民主党派等"政治性"比较强、官方色彩比较浓的组织，即使像高级智力移民这样的新移民也多数只是充当"组织成员"的身份和角色,具体的组织活动很少参与的。相反,一些非正式的民间组织,比如同乡会、志愿者组织和一些社区性群众文娱类组织,常常成为他们唯一的、"奢侈的"组织活动,因此,新移民可以说是"没有组织的群体"。

表 16-20　　　　　　　　　组织活动参与情况

		参加过的组织活动		参加比较多的组织活动	
		N	%	N	%
参加过的组织活动	工会	50	9.29	26	5.58
	共青团	103	19.14	34	7.30
	中共党组织	33	6.13	19	4.08
	民主党派	1	0.19		
	同乡会	90	16.73	54	11.59
	商会	23	4.28	10	2.15
	志愿者组织	50	9.29	22	4.72
	群众文娱类组织	60	11.15	40	8.58
	专业技术协会	33	6.13	21	4.51
	宗教组织	11	2.04	5	1.07
	公司活动				
	其他	3	0.56	2	0.43
	无	272	50.56	272	58.37
	总计	538	100.00	466	100.00

没有组织不等于无纪律。生活在城市社区里的新移民尽管与社区"原住民"很少打交道,原因除了上班没有时间交流之外,最主要的因素应该是新移民多数都是生活在自我的个人化的圈子里。城市新移民的交往对象大多还是维持在原有的群体内,新移民进城以后为了在城市得到发展而不得不构建新的社会关系。构建新的社会关系并不是"打破重来",而是基于原有的以血缘、地缘为特征的社会关系网络,在此基础上拓展和构建新的社会关系网络。如此一来,常常结成我们所谓的非正式的社会组织。调查发现,劳力移民中的出现自己的"打工者之家"这样的组织,但是由于中国的社团管理制度,很难使之类组织合法化,于是他们都是处于公司化或者"地下状态",这些游走在法律灰色地带的新移民自组织是"有名无实的";在智力移民,尤其是居住在城市社区里的高级智力移民,出现了"虚拟的社区组织":外来者参与的"QQ"群,以此参与所在社区

的管理。不过所有这些所谓的自组织目前都不是"实体性的",只是社区里的松散的集合体而已。

可见,广州当下进行的社区建设过程中,应该要考虑新移民的因素,并因此探索建构城市新型社区共同体的可行性和具体路径。

我国目前的社区建设实践始于1999年,到目前为止,已经基本上形成了以街道办和社区居委会为结构的城市社区模式。这个模式的首要特征就是它不是严格意义上的公民自治型组织,而是国家政权建设在城市社区中的体现。譬如杨敏认为,目前我们城市社区的建设其实是为了解决"单位制"解体后城市社会整合和社会控制问题的自上而下的"国家治理单元",而不是一个可以促进公共领域形成或市民社会发育的地域社会生活共同体。在这个架构下,国家倡导通过居委会组织动员居民参与社区环境卫生、社区治安、社区服务、社区文化等方面的建设过程,但不鼓励居民在居委会组织网络以外进行自主性的利益表达[①]。

另一个重要的特点就是这样的社区建设是单纯建立城市社区户籍居民的基础之上的。鲜有关注社区建设与新移民之间的关联性,更不用说在社区建设实践的过程中充分考虑新移民的因素。不过,一个不可回避的事实是,外来人口在目前的社区人口结构中,已经成为社区成员的一部分,在广州的不少城中村、城乡结合部,外来人口甚至成为社区人口的主体组成部分,那么,就十分有必要在社区建设上进行制度创新,以适应社区结构变迁和社区人口变化的需要。但是,在国家治理下的社区建设架构里讨论所谓的"社区自治"或者"社区退管"之类"政治性话题",之于社区创新是没有意义的。那么,如何在国家治理架构下"制造"新型的社区共同体呢?

城市新移民的身份认同和社区生活已经在直接影响到他们的城市融入和当前的社区建设。具体来说:新移民"散居"在城市社区的各个角落,他们多数租住私房,自有房的比例很低,处于社会底层;新移民的社区生活处于"无组织有纪律"的状态,即使有组织,也是"有名无实",有些地方甚至出现了"隐形组织";新移民的身份认同上倾向于"外来者"心态,自我认同和他者认同的程度低;新移民具有明显的"社区冷漠"情节,社区参与度很低;新移民的生活方式基本上与广州本地人没有差异,但在各级政府主导的社区建设中,新移民并没有作为一个重要的因素考虑进去。

劳力移民眼中的乡村社区的"熟人社会"是由血缘性家族伦理、纵式社会结构、共享的社区文化信仰价值等构成的;在智力移民和经营移民(包括社区

---

① 杨敏:《作为国家治理单元的社区——对城市社区建设运动过程中居民社区参与和社区认知的个案研究》,《社会学研究》2007年第4期。

现有的户籍居民）的期望中，社区应拥有共同的社区认同，譬如社区精神、社区意识、社区文化等，而与户籍、贫富、社会地位等无关。费孝通在20世纪90年代中期曾在上海就社区建设调研时，居委会的干部曾提出要把城市社区建设成为一个新型的"熟人社会"，这个观点在费孝通看来，社区建设不单是"经济"或者"行政"上的问题，"也有人类学意义上的，更直接地说，是人类自身的问题，而且它们的解决不但要求针对性和规范性，也要求灵活性和创新性"①。那么，社区建设中的"灵活性和创新性"怎么体现呢？费孝通勾勒出了社区建设的"图像"：如何使那些在改革开放中从计划经济的单位体制中释放出来的市民能够继承我国古代已有的守望相助的传统精神；如何发展居民邻里间的合作互助的社会关系，使之适应当前城市的新格局，逐步由一切依赖上级安排的习惯心理改变为人人相互关心，出力自理解决问题的社区自立的精神；如何从社区自理进一步发展出基层自治的组织，进入有中国特色的社会主义的"草根民主"。

显然，这是一个较长的社会建构的过程，不仅需要完成"个人私人生活的变革"，更需要实现"公共生活的变革"。譬如公民社会的建构。杜维明在讨论现代的中国时，曾经提到，以家族为中心的社会，很难转换成公民社会②。如果可以把这个"以家族为中心的社会"狭隘地理解为中国现代的乡村社会的话，那么，在一个以国家治理为中心的城市社区里，"制造"一个公民社会，可能吗？麻国庆认为不但可能，而且还可行。不过，不是我们通常所认为的西方社会视角下的公民社会，而是很中国化的"家族化的公民社会"。因为在他的眼中，中国社会有着建设"家族化公民社会"的天然的基础：家族伦理、延续的纵式社会结构，以及中国社会里的"类别"与"关系"等人文资源③。至于如何建构涵盖新移民在内的城市社区建设的具体举措和行动策略，需要进一步研究。

16.3 国外的城市化与人口迁移

发达国家经过三次科技革命，都已完成工业化和城市化，而发展中国家普遍面临"时空压缩"，④ 其工业化和城市化纷纷遭遇问题；我国也经历着这一独特

---

① 费孝通：《对上海社区建设的一点思考》，费孝通2002年4月上海大学讲演。
② 杜维明：《现代精神与儒家传统》，三联书店1997年版。
③ 麻国庆：《类别中的关系：家族化的公民社会的基础——从人类学看儒学与家族社会的互动》，《文史哲》，2008年第3期。麻国庆：《家族化公民社会的基础：家族理论与延续的纵式社会》，《学术研究》2007年第8期。
④ 李培林：《现代性与中国经验》，《社会》2008年第3期。

的城市化过程,形成特殊的城乡二元社会结构。广州的外来人口问题正是在这一大背景下出现的。发展经济学认为城乡二元转型是任何国家都不可抗拒的经济社会发展趋势。城乡二元社会结构转型的机制是城市化推动农业社会向工业社会转变,促使更多的农业劳动力转移到收入较高的非农产业就业,进而促使社会结构由乡村社会向城市社会转变;笔者认为城乡二元经济社会结构的现代化转型其实就是移民的过程。而广州就是典型的人口输入型地区。

外来人口大规模涌入势必会给当地带来基础设施、交通、环境卫生、社会管理和公共服务等方面的压力。我们看看国外的应对之道:

1. 城市规划和布局上的优化。全球工业化城市化进程中人口向超大城市集聚的趋势一直存在。纽约、伦敦、东京,这些世界城市,也都面临人口膨胀的难题,建设大都市圈是世界各国解决人口压力的重要举措。以东京的三层都市圈为例,内层是核心区也就是东京市中心;中间层是东京都市圈,包括一都三县;外层是一都八县的首都圈。广州可以利用珠三角优势,与周边市联合起来,建设珠三角大都市圈,发展周边中小城市,建设卫星城和卫星城镇,形成各具特色、功能互补、布局合理的区域产业协作体系,形成人口流入广州的缓冲区。同时,引导政府机构和企事业办事机构外迁。自20世纪40年代以来,伦敦政府机关实行过三次机构疏散,广州可以借鉴伦敦的经验,有计划地限制政府和企事业办事机构在广州市中心区的扩张发展,可以在周边卫星城区,建立综合办公中心,迁移城区办公人口。

2. 美国和日本以信息化的"双轮驱动",夯实人口管理系统的基础。

美国人口信息的获得与统计工作,主要来源于两大系统的正常运转——生命登记制度和社会安全号制度,即"生命事件信息"与"公民身份信息"的累加。这两套系统各有侧重,分工明确。"生命登记制度"侧重于记录人口生命事件信息,即出生、死亡、婚姻、领养、胎儿死亡、流产、父母基本情况、父母与子女的社会关系等[1],此制度较少涉及国内人口迁移和流动信息的记录和采集。在美国,生命事件的行政信息记录与房屋建筑审批部门的行政记录、人口普查及年度住房调查信息一起,为宏观人口管理提供翔实的数据资料;美国的"社会保障号"则是政府管理常住人口的法宝,它记载着包括居住、纳税、迁移、驾照、补助金额等在内的企业管理信息,它是申请进学、贷款、信用卡、银行开户等重要事件的凭证,由美国社会保障局针对个人发行并由其负责管理,居民终身使用。各个地区、行业、部门都可以通过存储社会安全号信息的电脑系统查询个人

---

[1] John R. Weeks: *Population: An Introduction to concepts and Issues*. California: Wads worth Publishing Company, 1999. 19 – 22.

情况，实现了依靠社会安全号对迁移和流动人口进行有效的信息追踪和服务管理。然而，美国不实行迁移登记制度，人口迁移和流动的信息主要来自于社会安全号系统，它是基于个人税收和医疗登记而取得，即商务部人口普查局从财政部联邦税务局的个人税收记录单上获取65岁以下纳税人及其家属的当前住址，再通过社会安全号反查当事人上一年度的住址，以此判断公民在这一年度内是否发生了国内迁移，而对于65岁及以上人口的迁移率则是通过老年人的医疗登记单来推算。

日本采用的"户籍簿+住民票"双核心的人口管理体制，其中，户籍簿以家庭为单位，反映个人身份及其家庭成员关系，在记录出生、死亡、婚姻以及继承遗产时使用，类似于中国的"户籍卡"，而住民票以个人为单位，反映个人居所变动、迁移、纳税等信息，它是政府为个人提供公共服务的凭证，类似于中国的"暂住证"或"居住证"。从住民票的申请资格来看，住民票依据公民的居住地设立，公民只要满足了一定的居住年限并拥有固定职业均可申请登记住民票；从管理系统上来讲，住民基本台账系统负责住民票的管理，它由税务系统、国民健康保险系统和选举系统以及住民服务系统组成。注重居民身份管理是日本社会治安良好的一个重要原因，因为有严格的户籍登录制度做后盾，一旦发生案件，很容易找到线索。

目前广州的情况与日本比较类似，可以进一步借鉴。

3. 以"个人利益+公共福利"为动力，引导流动人口主动接受管理。

发达国家成熟的人口管理经验表明，与个人利益、企业管理、与公共福利相关联是这些国家成功实施某一项管理制度或手段最有效的诱导因素。在美国，社会安全号长期以来在常住人口管理方面发挥了重要的作用：第一，社会安全号码与领取工资紧密相连。雇主一般要向国税局报告每一个受薪者从该雇主处取得的全部收进，而受薪者自己也有义务每年向国税局和自己所居住的州申报个人所得税。就税务而言，社会安全号码是唯一的个人识别号码；第二，社会安全号与政府提供公共福利和社会救助紧密相连。例如，有些州向儿童提供免费的医疗保险。你只需要向有关机构提供儿童的社会安全号码以及你自己的有效收进证明，就能得到批准。提供儿童的号码，就可以通过全美联网的数据库更好地追踪他（她）的健康状况，而不论该名儿童随家长搬到什么地方；在教育方面，美国每个学区内的居民能够享受免费的义务教育，但是跨学区以及学区内的非居民则不能享受优惠；在高等教育阶段，州内的居民能否享受本州的教育优惠，要根据社会安全号所提供的居住地点和居住时间等信息来综合评定。在美国的一些州，没有达到一定居住时限的居民，无法享受得到本州大学的各项优惠政策。因此，美国居民会向政府部门主动提供人口的真实居住信息，以确保享受免费的义务教育和各州大学的优惠政策；第三，社会安全号码与个人信用消费紧密相连，记录着个人信用消费的全过程。如果一个人的记录良好，信用度高，还可以在许多方面得到优惠，例如教育、贷款等。反之，有关部门将出面予以法律制裁等。实际上，社会安全号已经成为了国民"身份证"[1]，在没有户口和个人档案制度的美国，它已成为一种有效的社会管理和人口管理的工具[2]。

在日本，居民迁徙是自由的，住民票是反映人口迁移和流动的重要依据。日本国民在哪里居住和工作由自己选择，办理完迁进手续后就享受迁进地的所有福利，并按照当地的相关政策和数额缴纳保险和税金等。也就是说，在日本，保险、纳税以及福利都与现住地的地址相关。但是，公民在迁出之前先要到当地政府办理住民票迁出证明，注明迁出原因和计划前往地址，迁进新址后14天内到新住地政府办理迁进登记。随着"电子政府"计划的实施，日本新近出台了《住民基本情况网络登记制度》，公民凭借个人登录号就可以在网上方便地完成迁移登记，政府也可以根据电子记录掌握公民的行踪。[3] 迁移人口如果逾期尚未办理迁进登记，那么会影响到个人的国民健康保险和驾照，不过，在法律上一般不会承担什么责任。总的来说，在日本，办理住民票的原动力包括两个方面：一个是与住民票企业管理在一起的政府福利，另一个是住民票不变更会给迁进者个人的医疗保险和车辆驾驶等带来的重要影响。

"个人利益+公共福利"的模式非常好，广州可以借鉴部分内容，还有一些福利不是某个城市单独可以决定的，需要国家宏观政策上做系统调整。

4. 以法律、税收等行政性限制措施，实现人口准进及分类管理。

美国虽是比较自由的国家，但美国公民自由迁徙同样必须符合一些准入条件。例如，美国公民从一个州到另一州的迁移虽然在地理意义上是自由的，但是完全进入目的地州社会权利体系是有条件的。常见的条件是[4]：第一，"等待期要求"。实行这类政策的州规定新进进该州的居民必须居住一般1年后，才能获得本州长期居民的待遇。居住不满一年的大学生，需要支付较高的高等教育学费；第二，"固定时点居住要求"，即要求在人生的某一特殊时期是该州的居民，例如出生时或者在某一年龄之前（一般为18岁）等。但联邦最高法院认为这种规定不合宪法要求，违反了平等保护条款，侵害了公民迁徙权；第三，"真诚居住要求"。所谓"真诚居住"就是现在实际居住，并且打算无限期的居住下去。

---

[1] Kouri, Jim: Social Security Cards: De FactoNational Identificatin. American Chronicle. March 9, 2005, www.americanchronicle/articles/viewArticle.asp? articleID = 3911.
[2] 薄晓光:《美国的社会保障制度》,《中外企业文化》2004 年第 6 期。
[3] 接栋正:《发达国家人口管理办法对我国的启示与思考》,《人口与经济》2008 年第 4 期。
[4] 曹淑江、张辉:《美国流动和迁徙人口的教育法律与政策及其对中国的启示》,《外国教育研究》2007 年第 1 期。

一旦某个人被确认为本州的真诚居住者,这个人就可以立即享受本州居民的待遇,获得本州居民的教育福利,免费进进基础教育公立学校读书,在高等教育中可以获得学费优惠。但"真诚居住要求"的判断比较困难,可以通过客观物质因素等来识别,例如孩子是否与父母或者其他法定监护人一起居住在学区内等。

此外,美国还通过社会安全号的不同类型实现对人口的分类管理。虽然社会安全号发放范围很广泛,包括美国公民、依法在美国永久居住的人、获得企业管理局批准可以在美国永久工作的人、其他在美国居住且符合申请条件的外籍人士等诸多人群,但是相对而言,后者的申请条件受到了较为严格的限制。从社会安全卡片的种类来讲,社会保障局针对不同人群提供不同类型的社会安全号卡片,并通过不同卡片的种类来限制就业机会和就业行为:最普遍的卡片发给美国公民和永久居民(绿卡持有者),注明了持卡人的姓名和号码,此卡拥有者就业相对自由;注明"NOT VALID FOR EMPLOYMENT"的卡片发给在美国有合法身份但不能在美国合法工作的外国人,它无法用于就业所需的证明;注明"VALID FOR WORK ONLY WITH DHSAUTHORIZATION"的卡片发给有美国国土安全部工作许可在美国可以临时短期工作的外国人。

还有一些国家还通过税收和法律的手段来限制人口的流进或过度聚集,这尤其值得广州借鉴。例如,法国巴黎是国际大都市中的"最矮都市",在市区比郊区征收更多的"建筑用地税",其城市规划也要求市内建筑物与其临近的街道宽度成一定比例,避免城市向空中发展和人口膨胀。巴黎还曾经规定流动人口要获得居住权必须先缴纳 10 年的赋税;韩国首尔通过对大型建筑物的建筑商征收"人口过密"税,来缓解中心城区人口压力①;英国运用法律规定了最低的人均居住面积,政府只需要通过控制房屋建筑总面积就能达到控制人口规模的目的。

5. 以"责权利相统一"为准绳,保障人口合理、有序流动。

美国基本公共服务供给原则是义务和权利的对等,不管是流动人口还是本地居民,依法纳税是享受各种公共福利的前提条件。作为一个日益重要的国家治理层级,区域和地方政府享有来源不同的税权、财权、事权。辖区内家庭和个人都有直接和间接向地方纳税的义务和责任,也有相应地享受当地政府用当地纳税人的钱提供或参与合作提供的公企业管理品和服务的权利。外地人没有向本地缴纳区域和地方税的义务和责任,当然也就不能像本地人一样享受本地政府用地方纳税人的钱提供或参与合作提供的公企业管理品和服务的权利,否则就是破坏了责权利相统一的原则,损害了他人利益。因此,国家内部地区间人的自由迁徙和居

---

① 翟振武、杨凡:《世界城市人口调控的政策措施及启示》,"北京社会建设论坛(2010)",中国人民大学,2010 年。

住必然要求有社会权利准进标准。

以美国教育为例,美国联邦政府通过建立地方学区征收财产税的分税制,来确保本学区义务教育的经费支出,因此,财产税的征收成为连接常住人口与地方政府的重要纽带,相关信息也被记录在社会安全号之中。此外,为了增强地方政府提供公共服务的能力,联邦政府对州和地方政府建立了比较全面的财政转移支付制度①,以期解决各地区间的财政不均衡。

6. 以成本调控为手段,引导人口流量和流向。

这一点尤其值得广州借鉴。国外发达国家主要通过提高城市中心区一些特定商品的价格,增加城市生活成本或者间接提高本地人的就业率,从而影响流动人口的规模和分布。具体措施包括:通过提高级差地租来调整城市地价、房价,影响城市经济结构布局;通过征收公共服务使用费等来提高城市生活成本,分散中心城区人口。例如,美国利用影子工资和社会工资的形式,鼓励本地失业者通过参加社会公益性或志愿性服务获得福利报酬,从而增加本地人口的就业率,减少对流动人口的需求。1901 年,纽约州出台了《1901 年出租房屋法案》,该法律针对纽约市制定了比先前法案更为严格的强制条款,包括对电灯、卫生、通风设备和使用期的要求,还对新住房及其维修标准以及对建造不合格房屋进行了定罪。此外,政府鼓励一些无法承担在中心城区昂贵生活成本的外来人口主动地向郊区迁移,这些人口的迁移适应了新兴城区服务业的发展需要,促进了新兴城区与经济的发展②。

16.4 广州市外来人口城市管理面临的重大问题

从上述研究看出,当前广州外来人口的情况已经发生深刻变化,一是与第一代劳务型、单纯谋生型的外来工相比,当前的外来工已经向城市新移民的方向演变,这种演变不仅仅是数量、类型的变化,更是一种质的更新和改变,虽然这种演变是渐进式的,但是给城市管理带来的问题是根本性的。二是城市新移民本身也涵盖了多种类型,我们从研究方便的角度,分为劳力型移民、智力型移民、经营型移民三类,对于研究相应的管理创新有一定的指导意义。

---

① 高如封:《农村义务教育财政体制比较:美国模式与日本模式》,《教育研究》2003 年第 5 期。
② 翟振武、杨凡:《世界城市人口调控的政策措施及启示》,"北京社会建设论坛(2010)",中国人民大学,2010 年。

16.4.1 理论及国家政策与现实的矛盾问题

从理论上讲，不论是城里人还是农村人，不论是本地人还是外来的人，只要是本国公民，就享受同等的待遇或权利，当然也承担同等的义务。把这种看法上升到理论层面，最集中反映的就是公民权理论，而"公民身份是社会政策学的核心概念①。"到了20世纪，这个概念被上升到体现人类文明的一种标志，其含义发生了很大的变化，T. H. 马歇尔认为，"西方'文明'社会在18世纪的首要任务不是改善社会环境，而是发展公民权利（civil rights），包括公民自由、财产权利和法典。"进入19世纪，又发展出政治权利（political rights），进入20世纪，出现社会权利（social rights），由此，公民身份的发展得以最终完成。他认为，这些权利可以保证所有公民拥有"一种普遍富裕、有实质内容的文明生活"。② 虽然马歇尔的线性公民身份进化理论遭到各种批判，但是他阐述的公民身份内涵却受到广泛的肯定，并且将公民身份与社会政策进行了有效的链接，为现代社会政策制定提供了基本的理论平台："执行社会政策是现代西方公民身份发展不可分割的一部分。这样一来，社会层面和社会平等问题最终进入了公民身份议程之中。"③ 也就是说，每个公民享有这些权利的公平机会。这意味着所有的中国公民都应享受平等的就业机会、居住机会、受教育机会、社会保障机会、社会参与机会、起码的医疗卫生服务、基本生存安全等由国家社会政策提供的福利权利。这就是我们在讨论广州外来人口管理问题时的一个重要的理论支撑点。

但在事实上，由于我国各地经济社会发展差异巨大，而且人口总量巨大，像广州这一类大城市，很难做到让外来人口和新移民享受到所谓的"公民权"、"市民权"。洪朝辉认为，中国的农民工在迁徙、居住、工作和求学四大社会权利方面受到长期的制度性歧视，他们自由和平等地离开农村、定居城市、获得就业、接受教育的权利和机会遭到排斥和剥夺（洪朝辉，2007）。苏黛瑞直接从公民权角度提出农民工在城市的不平等地位，认为，"只依靠市场本身是无法为外来人口的公民权问题提供成熟的或者永久性的解决方案的。"④ 但是这种状况是不可持续的，因为国家政策和新移民本身的诉求都发生了转向，广州必须未雨绸缪，主动谋划，如果一味采取被动态度，问题就会越拖越不好解决。市委市政府已经认识到必须主动积极面对这个问题，正如张广宁指出，增城新塘镇大敦村"6.11"聚众滋事事件给广州敲响警钟，必须高度重视解决经济发展过程中产生

---

①②③ 哈特利·迪安：《社会政策十讲》，上海人民出版社2009年版。
④ 苏黛瑞：《在中国城市中争取公民权》，浙江人民出版社2009年版。

的社会问题，改变管理模式，同样重视对外来人口的服务管理。

16.4.2 从外来人口到新移民的转变，意味着城市管理的理念必须从过去的被动式的管理向主动式的服务转变

从国家政策看，近年来，我国的农民工（国家层面仍然采用"农民工"这一概念，我们预计，随着实践的不断发展，国家层面也会采用更符合实践的概念）政策经历了不断的调整，2006年中央关于《国务院关于解决农民工问题的若干意见》文件提出了提高农民工工资、将农民工纳入社会保障和城市公共服务体系、确保农民工子女享有平等的教育机会、深化户籍制度改革等政策。2009年《中共中央国务院关于2009年促进农业稳定发展 农民持续增收的若干意见》文件那样明确地提出农民工的城市化政策。这一文件要求放宽中小城市的户籍限制，推进"80后"、"90后"新生代农民工的城市化，虽然还没有涉及大城市户籍限制的放开，对目前广州的城市管理没有造成大的冲击，但是今后的户籍政策走向一定会更加开放。从"盲流"到"农民工"到"新移民"，改变的不仅仅是称谓，更是广州这一类城市外来人口内涵和本质的根本改变。今后城市管理必须未雨绸缪，充分考虑到这一部分人的有效管理、主动服务。

从广州的实际看，广州作为广东的省会城市和政治、经济和文化中心，号称广东的"首善之区"，城市管理的起点和要求要比珠三角一般城市高。同时，在整个珠三角的新移民中，因为城市功能、城市类型、经济结构和产业结构等的差异，广州的智力型和经营型明显比珠三角的东莞、佛山和中山等地要多，也就意味着有定居倾向的新移民明显高过这些城市，所以城市管理的理念必须从过去的被动式的管理向主动式的服务转变，整个制度和管理机构的设计、整个社会和舆论氛围也要做相应的调整。

16.4.3 从外来人口到新移民的转变，且新移民有购房落户意向、购房能力人数的逐年增加，意味着城市规划管理、基础设施配套必须统筹考虑这一部分人群的需要

囿于当时的政策和现实，广州历次的城市总体规划和控制性详细规划都没有充分考虑到外来人口的问题，自然也没有考虑到新移民的问题。到目前这个阶段，不仅要充分考虑现有的外来人口和新移民基数，而且要结合全国发展的趋势和广州在全国发展格局中的地位，充分考虑未来几十年内的外来人口和新移民的

趋势，城市容量和城市功能分布，必须按照"事实居民"而不是户籍人口来规划。

在战略规划上，广州提出将人口总量控制在1 500万内，预留1 800万人口的发展空间。广州常住人口1 033万，中央给广州的用地指标、用地规模都是按照这个数字来配置的，但实际上的人口却超过1 500万人，别说公共配套，光用地指标广州也解决不了。到2020年，如果不做政策性宏观调控，广州人口还会继续增长，估计会超过1 800万人。因此，城市规划和基础设施必须相应调整。

16.4.4 从外来人口到新移民的转变，且宏观政策倾向于支持新移民在迁入地实现市民化，意味着城市的社会保障和公共服务必须统筹考虑这一部分人群的需要

早在2006年中央关于《国务院关于解决农民工问题的若干意见》文件中，就已经明确提出："农民工面临的问题仍然十分突出。主要是：工资偏低，被拖欠现象严重；劳动时间长，安全条件差；缺乏社会保障，职业病和工伤事故多；培训就业、子女上学、生活居住等方面也存在诸多困难，经济、政治、文化权益得不到有效保障。这些问题引发了不少社会矛盾和纠纷。解决好这些问题，直接关系到维护社会公平正义，保持社会和谐稳定。"为此，该文件提出了提高农民工工资、将农民工纳入社会保障和城市公共服务体系、确保农民工子女享有平等的教育机会和深化户籍制度改革等政策。这些都是针对农民工的社会政策，涉及就业、收入、社会保障、医疗、教育、居住以及社会参与和政治参与等等领域。

在所有上述的社会保障和公共服务事项中，新移民最关心的问题其实是两个，一是自身的社会保障问题，二是子女的教育和成长问题。很多新移民之所以愿意留在广州，也是为子女的教育和前途考虑。在他们中的大部分人看来，通过城市化很难获得社会地位的提升和尊严的实现，而更多的是为了子女教育、改善生计、提升技能、有好的就业和福利保障等。接下来广州必须充分考虑这个问题。

以义务教育问题为例，这是一项喊得比较响的社会政策举措。早在1998年，教育部、公安部联合颁发的《流动儿童少年就学暂行办法》就规定，流动儿童少年的就学形式，以在流入地全日制公办中小学借读为主，也可入民办学校、专门招收流动儿童少年的全日制公办中小学附属教学班（组）或者简易学校就读。2001年，国务院印发的《关于基础教育改革与发展的决定》进一步明确地要求，"要重视解决流动人口子女接受义务教育问题，以流入地区政府管理为主，以全日制公办中小学为主，采取多种形式，依法保障流动人口子女接受义务教育的权

利。"2003年9月，国务院办公厅转发教育部、中央编办、公安部、国发展和改革委员会、财政部和劳动保障部《关于进一步做好进城务工就业农民子女义务教育工作的意见》，指出地方各级政府特别是教育行政部门和全日制公办中小学要建立完善的保障进城务工就业农民子女接受义务教育的工作制度和机制，使进城务工就业农民子女受教育环境得到明显改善，九年义务教育普及程度达到当地水平；农民子女与城市学生上学收费一视同仁。2006年1月，中央关于《国务院关于解决农民工问题的若干意见》文件进一步要求将农民工子女义务教育纳入当地教育规划。安排农民工子女就读公办学校，并按当地政府规定的项目和标准收费，不得加收借读费及其他任何费用。家庭经济困难的农民工子女纳入"两免一补"大范围。

我们的调查表明，与前五年相比，有越来越多的农民工子女进入公办学校接受义务教育，但是，他们并不是免费的，而都要缴纳相应的"赞助费"，尽管国家乃至许多省级政府在政策上规定，农民工子女在流入地享受九年义务教育的权利，但是，学校照样要求农民工缴纳"赞助费"，这不是个别现象，而是一种普遍的行为。

这种学校要求收取"赞助费"的做法实际上涉及我国教育制度的问题。在这一制度中，地方政府是义务教育的主要责任者，承担着支付本地义务教育的大部分资源的重担，外地孩子在本地接受义务教育，也就意味着增大它们的教育负担，却不能彰显它们的政绩，存在着权利与责任不对称的问题。因此，尽管上级政府大力倡导解决农民工子女义务教育问题，但是，地方政府则暗中支持各个学校以各种名义和方式向外来人口收取"赞助费"，这种做法起到一举两得的效果：一是如果真的想进流入地学校念书，就得交纳"赞助费"，增加教育收入；二是逼迫那些承担不起"赞助费"的农民工将孩子留在家乡，减轻流入地的人口和教育压力。

16.4.5 新移民中的"第二代农民工"存在很多特性，城市管理尤其要针对性地考虑他们的情况，从行为方式、生活方式乃至价值观念层面实现"城市化"

进入新世纪后，国家的政策演变使农民工看到了城市化的希望，尤其是第二代农民工，不仅看到城市化的希望，也有深刻的城市化的愿望。但对新生代农民工来说，他们的"市民化"面临三方面张力：政策的"碎步化"调整与他们越来越强烈的城市化渴望和要求之间的张力；他们对城市化的向往与他们实现城市化的能力之间的张力；中央城市化政策与地方落实城市化措施之间的张力。这些张力极易引发社会矛盾和社会问题，出现突发事件和群体性事件。这是广州必须面对的问题。

世界各国的城市化实践表明，即使在没有像中国城乡二元体制的情况下，农村人口进入城市、外地人进入陌生的地方、完成城市化是一个需要不断学习和适应的过程，并不是一蹴而就的，这个过程一般要历时一代人。因为城市与农村不仅人口规模、密度不同，而且更重要的是有着明显的生活方式、价值观念的差异，比如农村没有过马路的问题，农村走路也不需要像在城市那样一律靠右或靠左走。当然，并不是所有国家的农村人口进城后完全适应和融入城市社会，如一些发展中国家，有不少农村人口在城市形成了自己的聚落乃至贫民窟，出现城市"亚文化"圈。相对其他国家而言，在过去30年中，我国的"农民工"经历了不止一代人，而今还没有完成城市化的学习和适应。当然，这并不是因为农民工没有这个学习和适应能力，也不是因为他们不愿意去学习和适应，也不是像广州这样的城市没有作为，而是因为我国独特的城乡体制和行政管理制度在延缓、阻止了农民工的城市化学习和适应进程。当然，无论是广州还是全国，"农民工"还没有像其他一些发展中国家那样完全沦为"贫民窟"成员，但是，农民工与城市社会之间不论在社会认同、价值观念还是在行为方式上都存在一定的张力、冲突和紧张。这有城乡传统之间的磨合问题，更有社会政策和制度差异导致的问题。因此，我们研究外来人口与广州城市管理时，还要从行为方式、生活方式乃至价值观念层面去进行相关的分析。

新生代农民工对城市的了解、学习和适应比第一代更快、更多、更好，他们从观念、生活方式到行为，都很快地"城市化"，但是，他们对自己的身份和城市居民的看法、态度则显得更敏感。在多次调查中我们发现，当年轻的访谈对象被问到是什么地方的人的时候，他们一开始并不想告诉我们他们来自的具体乡镇，而仅仅告诉我们是某某市，等交谈多了，相互熟悉了，经追问才会告诉我们他们的家乡情况。他们确实不想向陌生人显示自己来自"太农村"的地方，他们对城乡二元体制下铸就的"城市高于农村"、"城市居民比农村居民高一等"的社会地位等级现象有着更多的敏感性，他们在与城市社会近距离的交往中深切地感受到对乡村人的普遍歧视现象。

在20世纪80年代和90年代，城市社会以公开形式表露出对农民工的社会歧视，从语言上对农民工"污名化"（如盲流，社会治安的罪魁祸首，素质差等），限制"农民工"的就业范围，随时对农民工进行搜身检查和驱赶、强制遣送等。进入21世纪，公开的歧视表达越来越少，但是隐蔽性的、潜在的和根深蒂固的社会歧视仍然存在，不时地在一些场合或言语中流露出来，甚至出现在一些行动中。有越来越多的新生代农民工开始意识到"农民工"这样的称呼的歧视性。

新生代农民工还开始意识到，城市是一个充满势利、人情冷漠的社会，但是他们会以自己独特的方式对城市的社会歧视和冷漠做出回应，而不会像第一代农民工那样选择"沉默"和"忍耐"，默默地接受不公的对待。一开始，他们是带着羡慕的心态进入城市，希望获得城市社会的认同和接纳，并不是想跟城市社会作对。迄今为止，他们的反抗方式正如大家从媒体获知的那样几种：为了讨回被拖欠的工资，他们会采用一些极端的方式，比如跳塔楼、跳珠江相要挟，来给政府以压力，迫使工资拖欠者还清拖欠工资；还比如他们会采取集体行动，上街抗议，或罢工瘫痪企业，或堵截公路或卧轨以中断交通，或围堵政府大楼等等。有些农民工结群居住（聚居），结成团伙关系，以保护自己不受城市社会的欺压和排斥。某市抓到几位破坏公园路灯的"农民工"，问他们为什么采取这种破坏行为时，得到的回答是，你们城市搞得那么漂亮，而我们却在那里生活得那么差，实在看不下去，接受不了，就有这样的冲动，不是为了其他原因。

当然，新生代农民工对城市的感受是非常复杂的，他们觉得城市比他们老家好很多，很愿意成为城市居民。新生代农民工的另一点复杂感受就是在城市没有家的感觉。在这样的生活处境中，新生代农民工在观念和认同层面，与城市社会的互相评判存在着相当程度的负面效果。

由此看来，新生代农民工对城市和农村都怀有矛盾的心态：城市可以给他们提供更多的收入和就业机会，城市生活也是他们羡慕的，但是城市并没有给他们安稳的生存保障，而对农村，那里有他们的家人、房子以及熟悉的邻里，还有可供温饱的田地，但是农村还是那么落后和贫穷。他们俳徊在城乡之间，在观念、价值、生活方式和行为上表现出矛盾特性。

16.5 建 议

我们在讨论广州外来人口或者说新移民的城市融入和城市管理问题时，关注的并不是所有新移民都要转变为城市居民的问题，因为每个新移民是否想成为城市居民，是他们自己的选择，而我们更关注的是他们移民的意愿对城市管理的压力以及如何完善相应社会管理。新移民已经不再是临时人口，也不是单纯的"农民工"，而是需要统筹的服务对象。既要立足当前治标，也要着眼长远治本；既要注重管理理念，又要注重管理政策；既要注重规模调控，又要注重结构优化；既要注重依法行政，又要注重配套服务。

16.5.1 管理理念：从管制向服务转变，建立以"成本调控"为基础的市场化调节机制

树立统筹原居民和新移民的理念，强化各级党政、各部门和各相关单位的服务理念。在一定的财力和监管机制等客观约束下，新移民应该能够有机会逐步获得包括政治选举权、平等就业权和家庭团聚权等在内的多项权利。因此，促进新移民的城市社会融合成为广州乃至全国未来人口服务管理工作所要达到的最终目标。

树立"成本调控"的理念，通过政府主导、部门协调和市场调节，增加流动人口就业成本和生活成本，从而达到调控常住人口总量、优化区域人口结构的目标。在就业成本调控方面，要着力严惩违法用工单位，既有利于维护流动人口的劳动权益，也间接提高了流动人口的择业成本。严惩违法用工单位，强化劳动执法力量，重点查处外来人口聚居区内的个体工商户、"五小三小"等存在事实劳动关系的单位。

在居住成本调控方面，各个部门要统筹协作，积极做好以下工作：第一，积极建立并完善出租房屋综合执法长效机制，尽快出台违法出租的处罚性法律法规。不断完善外来人口居住场所管理的法律法规，强化出租房主的履责义务；对违法建设并出租的房屋、违反规划用途并出租的地下室要出台明确的管理罚则；尽快完善对群租房管理的相关规定，明确规定群租房的管理标准和处罚标准；加强对出租房主偷税漏税的监管力度和处罚力度，通过强化对违规中介机构和个人房东的间接执法，提高外来人口在广州滞留的各项成本。第二，建立出租房主和外来人口的自律机制。出租房屋管理公约明确了出租房主与居（村）委会之间的权责关系，房屋租赁合同确定了外来人口（承租人）与出租房主之间的权责关系。第三，建立居（村）委会的自治机制。公约反映居（村）民的集体意志，除了倡导性规定对出租房主有一定的道德约束力以外，还有符合地区实际的自治制裁措施。对居（村）委会督促整改后经审核达标的，才允许出租，予以挂牌或公开信息。

此外，还应提早建立政策统筹协调机制和会商制度，在各项政策法规颁布前进行审查，对不符合流动人口成本调控思路或其他重大执政目标的政策提出修改和完善意见，交由相关部门进行充分协调，待形成一致意见后再颁布实施。

16.5.2 管理基础：完善机构，整合力量，积极构建全市统一的涵盖外来人口在内的居民服务平台

目前，外来人口管理分属多个部门，分别涉及公安、劳动保障、医疗、计生

和房管等，这些部门大多没有实现信息的共享和协调。同时，各县区之间、同一系统的不同层级之间，信息共享机制也未建立，不利于及时准确全面掌握流动人口情况。因此，应完善相关管理机构，在现有计生局流动人口管理办的基础上，建立流动人口管理工作领导小组和协调办公室，协调办设在流动人口管理办，由协调办牵头建立各部门参与、全市联网的包含外来人口在内的居民信息服务平台，一方面全面掌握外来人口的各项信息，精确把握流动轨迹，为外来人口的管理和合理流动提供支持；另一方面，信息平台的建立，有利于续接各项社会保障政策，有利于提供就业信息等各方面的社会服务。

16.5.3 管理手段：完善居住证办理制度，加大宣传力度，形成全社会高度重视的氛围

早在 2006 年，上海就开始启用的居住证制度。这是一项兼顾管理和服务的制度。有利于还原"户口"的人口登记职能，将各种公共福利，包括教育、医疗、养老等，从户口上剥离下来，并运用居住证的形式，将这些福利分阶段、渐进式地给予新移民。2010 年开始，广东开始为外来人口办理居住证。广州从 2011 年 6 月已经在全市范围内铺开流动人员清查登记，强制要求流动人员办理居住证。不主动登记办理居住证将失去享受服务的资格，相关责任单位、个人将面临种种不便；居住登记、变更登记、首次领取居住证和办理居住证延期手续均免费。房东及用人单位不督促流动人口登记办理居住证将受到处罚。出租屋内发生治安、消防安全事件，屋主将受到行政拘留等处罚。这项制度很好，但还需要在主流媒体和各种宣传媒介上连续宣传几个月，做到家喻户晓，在全社会形成强大的舆论氛围，使政策尽早落到实处。

广州进行居住证制度改革时，还需注意四个问题：第一，要实行居住证的分类管理。针对前面提到的不同类型的三类新移民发放不同阶段的居住证，以达到渐进式给予公共福利的目的；第二，要重点区分"真诚居住"和"福利流动"的两类人群。要通过居住时间、纳税记录等多项指标，综合判断流动人口是否仅仅只是为了享受广州较优的公共福利或优惠而迁移流动；第三，凸显居住证的综合管理职能。要将居住、纳税、子女义务教育、医疗保险、驾照和贷款等多项记录于此证，使之成为外来人口在穗居住时必须使用的身份证件，从而达到政府部门掌握流动人口信息的目的；第四，通过居住证，建立流动人口的诚信系统。通过居住证记录的各项记录，建立人口信用指标体系，提高违规成本，形成良好的社会导向，如遵纪守法、实行计划生育等。

16.5.4 服务配套：通过分税和转移支付，实现公共福利均衡供给

广州的外来人口管理不仅与广州的政策有关，也与全国的相关政策紧密相关。在全国实现人口合理流迁、有效管理的根源在于地区间公共福利相对无差异供给，而在其背后是以有效的财政税收体制作为支撑。

因此，未来财税体制应该着重进行以下两项改革：第一，要深化分税制改革。在保证中央财政收进增长的情况下，建立地方财政特别是基层财政税种，类似于美国地方学区的房产税。这样，人口流动能够增加地方政府的财政收进，而不会加重其财政支出的额外负担，从而实现人口自由流动、地方政府良好服务的双赢局面。第二，要强化中央转移支付制度，必要时可以建立某项公共服务的专项资金，支持地方财政。通过这项制度，改变国内城乡差异和地区差异的现状，实现公共服务的均衡供给，促进人口有序流动和合理分布，避免人口向大城市、特大城市聚集。

16.5.5 空间布局：完善城市定位和主体功能布局，加快经济结构与产业结构的调整

这个问题看起来与外来人口管理无关，实际上关系很大。什么样的城市定位、什么样的主体功能布局和产业结构，决定了什么样的就业结构和人口结构。广州的新移民绝不是什么"盲流"，都是依附在一定的产业和职业基础上的。广州提出到2020年，要建设成为"经济高效、社会和谐、环境友好、资源节约、文化昌盛、风貌独特"的国际城市。因此要控制人口总量，调整人口结构，优化人口分布。积极引进智力型、投资型等高素质人才，增加高新技术行业、金融等高端服务业的从业人口比重，实现产业升级转型，减少从事劳动密集型产业人口质量。优化人口分布，规划建设一批卫星城和现代化居住新城，如南沙新区、知识城等，通过完善新城区公共设施配套，引导新移民、"新客家"分布在外围新城，使人口分布更加合理。

《广州市建设现代产业体系规划纲要》提出，要强化广州国家中心城市、综合性门户城市和区域文化教育中心的地位，建设以现代服务业为主导、高技术产业为引擎、先进制造业加速发展和优势传统产业巩固提高的主体产业群，把广州市建设成为产业高端发展、产业能级提升及产业功能辐射的全省现代产业体系的"首善之区"。但就目前广州的现实来看，距离产业结构高级化、产业发展集聚化、产业竞争力高端化的要求还有不少差距，尤其是散落在城中村和城乡结合部

的各种类型的低端产业和小企业、小作坊还不少，这些产业和作坊吸纳了大量的低端劳务型移民，与经济高效、环境友好的国际城市目标不相称。

广州市曾多次对对无照经营的"五小"企业（小浴室、小美容美发厅、小歌舞厅、小旅馆、小网吧）及食品卫生"三小"企业（小餐饮店、小副食品店、小食品加工店）进行清理整顿，但由于这类企业的空间基础——城中村没有被彻底改造，所以死灰复燃非常容易。再加上小制衣厂、小五金厂等小型企业，使广州的城市人口形象与国际城市极不相称。对于广州而言，接下来的产业规划和产业发展，非得经历一次"腾笼换鸟"才行。

16.5.6 重典治乱：借鉴合肥经验，来一次大规模的"大拆违"，彻底整治城中村，进而引导外来人口的流入质量

就广州而言，最头疼的问题是100多条城中村积累了太多历史遗留问题，包括低层次的外来人口问题，这是广州的顽疾，在全国恐怕都没有那个城市有广州这么严重。合肥从2005年开始，下达决心制订了完善的方案和政策，历时1年多拆除1 380万平方米的违章建筑，实现零赔偿、零上访。要缓解人口爆棚给广州土地、资源、环境、市政基础设施和就业、教育、医疗、社会保障等多方面带来的巨大压力，非要铁腕整治城中村不可。城中村楼房密集，楼距小，违章建筑多，远远没有达到国家规定的标准。要制订切实可行的方案，按照拆除违章建筑、提高规划水平和建设标准进行城中村改造。否则，广州提出的"到2020年人均生产总值达2万美元，领先全国进入社会经济发达地区行列；城镇人均公共绿地达50平方米；城镇生活污水集中处理率达百分百"等目标很难实现。

第十七章

总结与建议

17.1 总　结

目前城市新移民的提法在我国学术界和决策界并不多见。国家正式承认的"移民"，主要是开发性的非资源移民，比如说工程移民、水库移民等此类。而与"城市新移民"相关研究往往以"流动人口"或"农民工"研究的面貌出现。从20世纪80年代末出现第一波"民工潮"至今，我国城乡之间、区域之间的人口迁移已经进入新的阶段，表现出新的特征。涌入城市的劳动力大潮已经出现人群分化：职业结构上，外来群体的城市生存和生活状况出现较为明显的职业分化和社会分层；意愿结构上，部分外来群体表现出强烈的城市迁移和定居意愿，并有步入家庭化移民阶段的趋势；年龄结构上，"新生代农民工"已经日益成为当今城市新移民的重要组成，他们对城市的认同甚至超过对农村的认同。

虽然在来源和职业分布上各不相同，但从迁移趋势上看，城市新移民多是从乡村向城市迁移、从中小城镇向大都市迁移。该群体不但在城市中工作和生活，并有在城市定居的意愿，因此我们将其统一归为"城市新移民"并界定含有以下几大要素：出生地与原户籍都不在本地，在本地居住2~5年；有在城市（城镇）定居的意愿；具有合法居所；具有合法收入；主要包括劳工型移民、智力型移民和经营型移民三大类。

当前制度结构性限制因素与该群体强烈的移民意愿与行为之间的张力一时难以平和,"流而不迁、迁而不定"引发的社会后果甚至在一定程度上影响到社会深层结构稳定。因此,城市新移民问题及其对策研究对我国经济发展和社会稳定具有重大意义。首先,随着我国现代化和城市化进程的发展,城乡之间与城市之间的劳动力流动和定居都已成为常态,新移民群体数量将不断增加,如何解决这部分新城市成员的融入问题,是关系到社会公平和社会稳定发展的重大问题。其次,在初始阶段,城市新移民往往从事一些城市居民不愿从事的脏累苦活,工作风险大,工作环境差,社会地位偏低。在这一庞大的群体中,还有数量可观的妇女和儿童,这些相对的社会弱势群体的基本权益保障还有很多工作要做。最后,将城市新移民纳入城市社会建设和居民管理范畴是社会公平与效率兼顾的需要,是保证人民安居乐业的重要前提,也是我国社会主义制度优越性的体现。城市新移民问题课题重点关注城市新移民的分类及各群体特征,以及该人群的社会分化及对城市社会结构的影响,进而探讨新移民的适应与融入,乃至于定居和城市居民身份的转换。

我们对三类城市新移民的迁移和立足过程进行了分析,发现:智力型移民有着高学历的知识背景和较为清晰的城市化意愿和进入策略,知识资本成为智力型移民最为突出的优势。总体上说,凭借其较高的学历和智力资本,他们在城市中会慢慢寻找到合适的发展平台。劳工型移民是经济建设的积极参与者,但在现有国家政策和市场经济条件下,他们很难获得市民待遇,在城市社会中被严重隔离。他们虽然有城市定居意愿,但工作的不稳定和收入的微薄,使得"回老家"成为他们在耗费青春后的终极打算,他们可能依然是为这个城市做出贡献的"过客"。相当比例的经营性移民由劳工型移民转化而来,他们通过早期资本积累开始了自己的经营生活。与劳工型移民相比,他们的城市定居意愿更强烈,家庭化趋势明显。但考虑到城市家庭生活成本以及农村土地收益等因素,他们希望在城市经营和农村土地两方面都收益。因而,这无形中影响着他们移居城市生活的愿望。

三类城市新移民在城市中的社会网络以及动员社会网络资源的能力也有差异。围绕社会网络形成的资源聚集是经营型移民重要的城市适应策略,它能有效帮助新移民提高社会地位。对珠三角潮汕籍经营型移民的调查显示,基于地缘关系的社会网络资源聚集所提供的强大支持正是潮汕年轻人能够创业成功的关键因素。劳工型移民的工作圈子和生活交流圈多限亲戚老乡,朋友也往往产生于亲戚老乡之中。但仍然有相当部分的劳工型移民在积极构建新的社会关系网络,这一构建过程也是劳工型移民城适应城市生活的过程。智力型移民可以动员的社会网络和资源较多,使其较为顺利地找到一个安身之地,但与本地人的隔阂并未完全消除，外来智力型移民与本地居民进行初级关系的结构性融入依然需要较长的过程。

研究发现，城市新移民的身份认同和社区生活已经在直接影响到他们的城市融入和当前的社区建设。具体来说，新移民"散居"在城市社区的各个角落，他们多数租住私房，自有房的比例低，处于社会底层；新移民的社区生活处于"无组织有纪律"的状态，即使有组织，也是"有名无实"，有些地方甚至出现了"隐形组织"；新移民的身份认同上倾向于"外来者"心态，自我认同和他者认同的程度低；新移民具有明显的"社区冷漠"情结，社区参与度很低；新移民的生活方式基本上与城市人没有差异，但在各级政府主导的社区建设中，新移民并没有作为一个重要的因素考虑进去。

在社会保障上，改革开放以后，为了适应市场经济体制改革需要，我国的社会保障制度开始进行变革。在城市移民陡增的社会背景下，各个城市开始酝酿与城市新移民发展相适应的社会保障体系。但调研结果显示，调查地城市的公共产品供给（如住房、教育和基础设施等）都表现出滞后的情况，户口、档案、保险等都设置了层层限制，不能满足城市新移民移居城市的基本需要，或者说造成了社会保障的制度排斥。目前由于户籍的限制，劳工型移民大多被排斥在城市社会保障体制之外，在生活条件、就业、医疗等诸多方面，都处于一种体制外状态，受到不公正的市民待遇，这无论是对其基本生活，还是对其在城市定居的意愿都造成了很大的打击。对于经营性移民来说，由于其自主经营，自负盈亏的非正式就业特点，他们经常游离在国家正规就业和社会基本保障制度之外。但对一些具有保险意识、经营收入较为可观的经营型移民来说，购买商业保险成为他们获得未来保障的一条途径。相比之下，智力型移民享受各种保险和单位提供的福利的比例都多于其他新移民，这成为他们具有较高市民性和市民认同的重要原因。

因而，"回流"作为老一代劳力型移民对未来生活的一次重新选择和定位，实际上是他们生活的一个新的开始，这种选择更突出了外出务工作为一种"权宜之计"的性质。"回流"是他们依照自己的生存逻辑而进行的主体性选择，这种选择更符合其自身的需求。同时这一结论也说明，老一代劳力型移民留在城市的可能性并不大，我们既不能想当然地认为他们会禁锢在家乡的土地上，也不能简单按照我们的逻辑去探讨他们未来如何融入城市生活。事实上，他们只有通过自身的努力，从劳力型向经营型、智力技术型转化，才有可能留在城市。而频繁转工不仅是作为一种常态现象存在，在这种现象的背后，隐藏的是新生代移民群体对于"成功、好"的界定和追求以及实现这些目标的策略的选择，更进一步还隐含着新生代移民群体在适应城市生活上的调适方式上的转变。

17.2 政策建议

17.2.1 突破对外来人口的单一界定,重视新移民的分化

当前的外来人口相关政策主要是以农民工为主要对象制定的。20世纪80年代民工潮的出现,使一向采取限制人口流动和稳定城市人口政策的城市措手不及,城市外来人口管理是以应对农民工群体大量涌入为开端的。这种政策导向到今天都没有本质变化。以"农民工"为导向的政策在制定和实施过程中有许多前提假设:一是引导人们关注城市的农民工问题,而忽视了城市其他的外来人口。特别是外来人口群体日益复杂的今天,这种政策导向很难覆盖全部需要服务和管理的外来人口群体,比如受过高等教育的智力型移民、在输入地投资产业的经营型移民,在政策的目标群体定位上有所偏差。二是以"农民工"为导向的外来人口管理政策制定上,形成了对外来人口群体的刻板印象。"农民工"的出现被认为是城乡二元结构的结果。"农民工"的涌入一方面是被认为对城市是一种潜在危险,有可能会给城市的正常秩序带来负面影响,特别是社会治安、城市环境、公共资源的分配等方面;另一方面他们被认为是弱势的、边缘的,他们居住在出租屋中、收入低下、难以适应城市等等。上述对农民工的两种刻板印象,带来了两种类型的政策。一是提倡对农民工的有效管理,防止他们为城市社会带来负面影响;二是提倡对"农民工"的政策扶持,确认他们对城市社会建设的贡献。两类政策对于有效的城市管理都是十分必要的,但共同的弱点是缺乏应对外来人口群体自身变迁的灵活性;三是由于部分城市"农民工"基数规模过大,导致政府在出台相关改善政策方面显得极为谨慎。如果以农民工群体作为政策的目标群体,城市如果要解决外来人口与城市协调发展的问题需要付出沉重的代价,每一项改善"农民工"生存发展条件政策的出台,都将对城市经济社会发展带来深远影响。同时,由于公众舆论对农民工平等待遇的呼吁,以及中央、省级政府建设和谐社会的政策指导,地方政府处境十分尴尬,每一步改革都必须小心谨慎。

由此,课题组认为,以一般意义上的"农民工"为目标人群的政策导向需要调整,制定人口与城市协调发展的相关政策中,急需正视新移民群体中出现的分化,调查掌握新移民中不同群体的特征,评估不同群体的新需求和发展趋势,

制定符合不同群体特征的城市管理政策。

17.2.2 以满足具有定居意向能力的城市新移民需求为重点

人口迁移潮流出现的近三十年来，外来人口群体最大的分化就是出现了一批长期在城市工作和生活的外来人口。课题组对在六城市持续居住2~5年新移民的探索性调查表明，这一人群与一般意义上的农民工、流动人口有很大的区别，新移民群体在人口特征、利益诉求和城市认同等方面与一般的流动人口有显著差异。

根据探索性研究，建议应以这部分有定居意愿和定居能力的新移民为主要对象，制定逐步满足新移民需要，实现他们融入城市社会和公平享有社会公共福利的政策。重点需要改善的是子女教育福利，包括在子女接受义务教育、在当地参加中考和高考实现升学的问题；在社保方面，在现有基本保障的基础上，逐步扩大社保范围；在入户政策方面，针对新移民群体尽快制定实施积分入户政策；在社会服务方面，为新移民的生活提供便利。

首先，智力型移民这一群体成员与其他两类新移民相比，是一个比较年轻的群体，而且定居都市的意愿非常高。他们一般尚未结婚，在城市漂荡几年之后，很大一部分人很有可能在城市中找到稳定的工作，并在城市中买房入户，最终融入城市之中，成为城市的居民。但是融入城市的道路非常艰难，对于这一群体需要激发他们的积极创造能力，保持他们对未来生活的期望。针对这一群体的特点和需求，课题组认为相关政策的重点可放在住房制度、公共文化娱乐福利、工作权益保障等方面。在住房制度方面，智力移民一般与同学、同事合租，散居在各市中心的楼盘或城中村的出租屋中。我们认为，可重点发展廉租房，把受过高等教育，在城市持续居住一定年限以上、具有合法收入的智力移民纳入保障对象。在文化娱乐福利方面，建议综合利用网络、共青团、公司企业、社区的力量，丰富智力移民的业余生活。在工作权益保障方面，调查发现智力移民的工作变动频繁，在一些非公有制单位就业的智力移民在工作中超时加班、克扣工资等违反劳动法的现象并不少见，建议参照农民工工作权益保障的相关政策，制定一系列政策保障智力移民合法工作的权益。

其次，劳工移民表现出有定居意愿，但仅有少数受访者认为自己有能力在城市定居。从定性访谈资料来看，这一群体受访者，很多人虽然长期倾向于长期居住于城市，并且有举家迁移的倾向，但并未真正寄希望于定居城市，但他们的子女"新生代的农民工"几乎没有务农经历，对城市的认同超过了对农村的认同。劳工移民普遍希望自己的子女能够留在城市受教育、发展，成为真正的城市人。

课题组认为对于这一人群，最为关键的问题是如何满足子女教育的需求，并扩大社保在这一人群中的覆盖面。

最后，受访的经营型移民的平均年龄比劳工移民和智力型移民要大。定性访谈表明，他们中很多人是从农民工开始干起，逐步积累资本，最后拥有自己的产业。这些经营型移民常常以亲属和同乡联系为纽带，呈现出显著的地域性和产业性聚集。他们是劳动力链式迁移中重要的节点，不但为新来的移民提供了最初的栖身和工作场所，更是为他们提供了一个很好的创业平台和融入环境。在运用亲属和同乡关系的基础上，这是一种有效的实现新移民适应和社会流动的民间机制。课题组认为，在今后的政策调整中可充分考虑利用这一人群来有序化管理各类非正式就业的新移民，并为这个群体在城市的生存和发展提供更好的政策环境，特别是解决他们子女受教育问题和计划生育问题。

17.2.3 继续加强对一般流动人口的有序化管理

针对各城市在今后的相当长一段时间内，仍将是各类新移民集中的地区。课题组认为，需要进一步完善外来人口的有序化管理，特别是对一般流动人口的有序化管理有待加强。加强有序化管理的重点应放在一般流动人口信息的采集、管理和共享上，这是实现有序化管理的基础。课题组认为需要在以下几个方面加以完善：

一是扩大人口信息化管理覆盖的范围，特别是对非正式就业散工群体的覆盖。目前以出租屋、工作为切入点建立起的有序化管理体系中，其他居住类型、非正式就业的流动人口难以包容进这一管理体制中来。如工棚、集体宿舍、小旅店等流动人员集中的居住点。大量流动人口从事学徒、收废品、搬运、无证小贩等非正式职业。这类人群流动性更大、隐蔽程度更高，治安、计生、卫生管理难度更大，一直疏于管理。这批人是今后有序化管理需要重点关注的人群。我们认为，一方面可利用非正式就业的雇主，特别是经营移民群体的协助来帮助掌握非正式就业人员的信息，促使经营移民加入到了非正式就业散工的管理中，并将之作为经营移民融入城市的社会责任之一。另一方面要对城市内各类非法建筑、非法用工场所进行彻底清查，以此掌握非正式就业人员的信息。

二是加强流出地与流入地间的信息交流。部分城市已逐步建立起人口管理信息系统，但是人口流出地对人口流入地信息系统的建构却常常无法与流入地的信息系统实现对接，信息系统没有完全发挥出应有的功能，导致在人口迁移管理上的漏洞。同时人口信息的采集内容可以适当考虑扩大，既包括个人性别、年龄、出生日期、指纹、血型等不变信息，也包括户籍所在地和现居住地、工作单位和工种、婚姻状况或离开某地的时间、社会保险等可变信息。

三是统筹人口信息与其他部门信息，加强各部门的协作，建立完整的人口动态管理信息库。目前以出租屋、工作为入口的流动人口管理，主要还停留在信息采集，以及以信息采集带动其他管理的阶段。该人群管理的重要前提是建立一个能够共享资源的信息系统，这对节约管理成本至为关键。而且各级人口信息还需要与各级其他部门的信息实现有效对接，才能真正为各个部门开展工作提供有效的信息基础。各个层级政府和部门信息共享前提下，要明确各级的管理职能，把管理中心尽量下移到区和街道。市政府出政策、构建管理模式和数据库，基层的日常管理要落到实处，实行街区化、方格化、网格化管理。

17.2.4 提高新移民的城市认同，倡导多元和谐文化

新移民在城市长期居住，但他们中的多数人在心理上却始终认为是外来人，这对于新移民的城市融入极为不利。我们认为，可以从以下几个方面提高新移民的城市认同，倡导多元文化的和谐城市建设。

其一，大力发展志愿服务，推动城市新移民参与城市社会的建设。以广州市为例，广州志愿服务的发展走在全国前列，其分支正在深入各个社区和企业。广州志愿者协会通过网络平台，以"我志愿、我快乐"的口号，吸引了一大批乐于助人的志愿者参与，对于提升群众对城市认同起了很大的作用。课题组在访谈中就发现，有的新移民已经是志愿服务组织的成员，并已经从中体会到了助人助己的快乐。课题组建议，可以利用志愿者协会这一现有平台，与市团委合作，设计专门的项目，把新移民纳入到志愿服务体系中，使新移民通过志愿服务获得对城市的认同。

其二，积极与社会性、民间性组织合作，推动政府购买公共服务的试点工作，建立社区、企业针对新移民的社会工作网络。政府购买公共服务就是指政府将原来由政府直接举办的、为社会发展和人民生活提供服务的事项交给有资质的社会组织来完成，并根据社会组织提供服务的数量和质量，按照一定的标准进行评估后支付服务费用，这是一种"政府承担、定项委托、合同管理、评估兑现"的新型的政府提供公共服务方式。政府购买公共服务在很多城市还没有形成气候，建议可先由工青妇等群团组织作为试点，在认真考察、论证的基础上提出一批对提升新移民城市认同有直接推动作用的具体项目，公开向有资质的社会组织招标，由政府提供一定年限（如三年一期）的经费支持；三年之后，又再组织下一轮招标。

这方面，中国香港有非常成熟的经验可资学习和借鉴。比如中国香港的朗晴

居，就是为受家庭暴力侵害的妇女提供食宿和心理辅导等服务；香港小童群益会为新来港家庭提供服务等，都是由政府资助，有一定期限的服务。香港在将部分政府公共服务职能转移给社区和民间组织方面做得十分成功。全港社区民间组织多达 17 000 个，是社区事务的积极参与者和社会服务的有效提供者，对香港的贡献极为显著。目前香港上千家福利服务机构绝大部分是社区和民间组织承办。社区和民间组织从事社区服务、安老服务、家庭及儿童服务、康复服务、青少年发展等，大约为 200 万人提供福利服务，在香港社会中扮演着重要角色。在公共服务的承办方面，香港成功建立了政府与非政府机构的"伙伴"关系，明确了公共服务由政府与非政府机构共同负责的模式。经费以政府提供为主，民间筹措为辅；服务以民间提供为主，政府提供为辅，香港的社区和民间组织呈蓬勃发展之势。政府购买服务，是全世界公共管理改革的核心，既可以让新移民享受多样化、高质量的服务，也可以减少政府机构臃肿、服务大包大揽的包袱，真正实现小政府、大社会。

其三，文化娱乐方面，政府服务要重心下移，改善群众文化生活，保障人民群众的文化权益。根据基层公共文化阵地建设的特点分类制定建设标准和服务标准，把基层文化阵地建设的目标任务细化、量化，便于实施和落实。要扩大公共财政覆盖基层文化阵地建设的范围，不断提高文化经费用于基层的比例。争取社会资金向基层文化建设领域配置，逐步改变群众文化活动场地、设备、器材等设施不足的状态。扶持基层文化设施建设和文化活动建设，逐步完善基层文化服务体系基础框架。在这方面，成都的做法值得注意。2006 年，成都在全国率先提出了"文化超市"建设概念，打造覆盖全市的"15 分钟文化圈"和"10 分钟体育健身圈"，让社区居民在步行时间 15 分钟的距离内就能参与到文化活动中去，10 分钟的距离内就能彻底"动"起来，像逛超市一样享受公共文化服务。

17.2.5 推动参与式城市管理，提高新移民的社会参与度

针对新移民城市社会参与度低的情况，我们认为有必要推动参与式的城市管理，吸引新移民参与社区管理。参与式社区管理是 20 世纪 90 年代以来在国际发展项目领域内兴起的一套新的项目实施理念和方式。参与式强调在对各个利益相关群体分析的基础上，各个利益相关群体，特别是以往被忽略的普通民众、弱势群体等都有机会在项目设计、实施、管理、监督过程中有机会表达自己的声音，由此提高项目实施的公众认可率及其与地方性文化的互适性。课题组认为，城市新移民从以下两个方面参与城市社会的管理：

一是作为城市公共服务与公共物品供给政策的利益相关者。围绕城市公共服

务与公共物品的供给，新移民与一般市民和企业等组织同样是关键的主体，他们应有权利充分了解城市公共服务的具体做法和过程，参与到城市公共服务和公共物品规划的实际过程，充分反馈自己的利益、愿望和要求，作为利益相关群体之一对公共服务的监督、认可和利益的共享。特别是那些与新移民密切相关的公共政策的出台，尤其需要城市新移民的参与。新移民参与对城市公共政策的参与，也可帮助锻炼新移民组织和个人的经济能力与社会承担能力，增强社会自组织功能，减轻政府执行过程中的阻力，使城市管理的效力更容易发挥。

二是发掘城市新移民及其自组织的潜力，参与到城市社区和外来人口管理。课题组调研发现，新移民自组织在新移民群体中比较普遍，一般以亲戚、同乡、同学好友、同行等为纽带呈现出一定程度的聚居。利用这些新移民自组织，为社区和外来人口管理服务，可缓解政府公共管理的压力，并推动新移民参与城市社区管理。可考虑由地方政府指导，聘请新移民人员中素质比较高者，组建成外来人员服务中心，以此加强外来人员的管理。还可尝试在外来人员中建立党支部、团支部、计生协会、妇女协会、法律维权站、培训站等等。当然，首先需要的是提高新移民的社区参与意识，使他们意识到必须依靠自己的积极参与才能有效改善社区的管理，自己越积极主动参与社区服务管理工作，实现自身的利益越多，反之，若消极被动状态，社区的各项工作就会停滞不前。其次，当地政府要注意对新移民自组织进行合理引导，杜绝拉帮结派现象的产生，这样才能实现新移民自组织为外来人口服务的目的。

17.2.6 引导新移民与本地居民建立和谐的社会关系

人际环境是影响新移民城市定居意愿的决定性环境因素。调查显示：新移民越是接受现住城市的人际环境，越容易产生定居意愿。新移民能否在现住城市拥有规模和质量都较理想的移民网络，将直接影响其定居决策。这个网络可以提供政府、工作单位、市场都难以提供的各种社会支持，这些社会支持比收入、工作环境、社会福利、生活环境更重要，它决定新移民能否在城市立足。

新移民与本地居民的社会支持关系，不但能为外来移民提供更为丰富的社会资源，也能直接反映外来移民的社会融合程度。然而许多研究表明，作为国内移民的主力部队，农民工有着与本地居民交往的主观意愿，但却由于居住方式、户籍制度、文化教育、自身素质、社会意识等原因，使得"农民工"被本地居民排除在圈外，最终使农民工的社会网呈现出同质性交往的模式，更不要说与本地人构建社会支持关系了。与农民工相比，智力移民大多教育水平高、工作稳定、经济收入高，他们不但有机会跨越制度的屏障，有适应新文化的能力，从居住、工作和生活等各方面都增加了与本地人交往的机会。调查发现：大多数智力新移民与本地居民建立过社会支持关系，其中建立工具性支持和社交陪伴关系的智力新移民多于建立情感支持关系的人，但所有类型支持关系的总量均不多。从影响因素来看，女性、居住时间长、工作情境和居住小区中本地居民的比例越高的智力新移民，其与本地居民建立各种社会支持关系均会更多；拥有本地户口的智力移民与本地居民建立的工具性支持关系更多，但经济收入越高的智力新移民与本地居民建立的情感性支持关系反而更少。劳工移民的社会关系网络和智力新移民有相同点也有很大的差异。劳工移民的社会网络包括：与老乡、亲戚、同学的交往；与同事、邻居的交往；与上司、老板的交往；与城市居民的交往等。因此，课题组建议：在运用好血缘和地缘关系网络的基础上，政府应该引导新移民与本地居民一种有效实现新移民适应和社会流动的民间机制。

17.2.7 实现新移民的梯级安置

我国正处于并将长期处于社会主义初级阶段，是当今全球重要的发展中国家。城市化和现代化是我国发展的重要道路。正是在以城市化和现代化为方向的社会转型过程中，出现了"城市新移民"这一时代性问题。人口迁移是城市化过程中必不可少的因素。都市地区聚居人口占总人口的比例或是这种比例的增加常被用作衡量城市化的重要指标。人口之所以向城市集中，一方面是经济的发展使城市就业机会增加，生活的现代性获得可能性也吸引了乡村居民的移入，另一方面是乡村人口自然速度过快与乡村地区本身的就业机会增加速度不足之间的矛盾生产出过剩人口。

新中国成立后的中国城市发展传统得到了延续，被国家政治体系紧密的掌控并建立起了更为完备的城市等级制度。重要特征之一就是行政机构的分级设置和集中体制下的非均衡注入式投资相结合。所在城市的行政级别越高，该城市得到的投资就越多，其经济与社会规模发展也就越快。当前城市新移民问题突出的城市，大多是直辖市、省会城市或国务院计划单列城市。在这种城市的差序格局中，乡村的地位最低。许多县无论是人口规模还是经济实力都高于坐落于本地的市，但在行政上却要隶属于这个市，县自然成为市的输血库。另外，城乡分割政策体系进一步扩大了城乡差别，并带来了将农村劳动力推拉向城市尤其是中心城市的持续至今的城市新移民大潮。

从第三世界国家城市化发展的经验教训来看，人口毫无限制地从农村聚集到都市，使都市急剧膨胀。迅速的都市化给国家带来大量的社会问题。失业、贫困、犯罪、环境污染等都已经并正在发生。因此，片面发展城市，人口增长过快和过分集中是值得吸取的教训。

因而，城市化并非简单地指越来越多的人居住在城市和城镇，而应该是指社会中城市和非城市地区之间的往来和互相联系日益增多的过程。城市化应当包括原有城市的发展和乡村的就地都市化和现代转型两种形态。事实上，中国的城市化进程是从乡村都市化和城市国际化两端同时进行的。在乡村到都市的谱系上，分别是村落的集镇化、集镇的市镇化、市镇的城市化、县城和小城市的大都市化和大中城市的国际化几个阶段和类型。我们认为，都市化包括五个方面：一是人口结构的分化，从事非农业的人增多；二是经济结构的多元化，第二、三产业比重逐渐增加，农业经营方式从传统农业向外向型、商品化和现代化农业转变；三是生活方式的都市化，人们的衣食住行和休闲生活向都市生活转变；四是大众传媒的普及化，随着乡村生活水平的提高，大众传播日益渗透到乡村社会，成为乡村社会变迁的动力之一；五是思想观念的现代化，人们的思想观念从保守、落户、守旧转为开放、先进和进去，人的文化水平提高，人的总体素质提供。这五个方面的变化才是发展我国现代化和城市化的正确方向和思路，与科学发展观保持内在一致性。

将这种思路应用在城市新移民问题的解决上，就是将农村劳动力的就地和就近就业和迁移就业相结合，要用整体性观点，一方面从全国大、中、小城市及城镇一盘棋的角度思考城市新移民特别是劳工型移民的梯度安置，另一方面对城市新移民内部做好分层分类调研，将其作为各阶层来考虑各自的安置政策，处理好阶层关系和市场关系，实现新移民就业结构合理化和定居空间布局的有序化。

问卷编号：_____
一审：_____
二审：_____

附件：

城市新移民问题及其对策研究调查问卷

亲爱的朋友：

您好！当您接到问卷的时候，请接受我们的问候！为了全面客观地了解城市新移民群体在城市生活的现状与利益诉求，中山大学组织了本次调查。

本次调查按照严格的科学抽样，选定您作为本地五百名调查对象之一，希望得到您的支持与帮助。您的认真作答，将有助于我们客观真实地了解与您有类似情况的大量新移民群体的现状与看法。您需要认真理解每项选项的意义，然后根据您的实际情况耐心回答调查员提问即可。

问卷中的每一个问题都没有对错之分，我们只是通过统计方法了解人们的观念与行为。对于涉及个人资料的部分，我们将根据国家有关法规予以保密。在进行分析前，所有的资料将转变为数字代码输入计算机数据库进行处理。原来的问卷将全部销毁，因而不会对您个人造成任何不便。请您务必根据自己的真实情况认真填答。

非常感谢您抽出宝贵时间回答我们的问题，并希望我们能继续合作！

广州中山大学人类学系
"城市新移民问题及其对策研究"课题组
2008年12月

样本区域   **(110)**

广州…………………………………………………… 1
东莞…………………………………………………… 2
沈阳…………………………………………………… 3
成都…………………………………………………… 4

杭州……………………………………………………… 5
郑州……………………………………………………… 6
样本类型　　　　　　　　　　　　　　　　　　　**（115）**
智力型移民………………………………………………… 1
劳工型移民………………………………………………… 2
投资型移民………………………………………………… 3

访问记录	被访者情况	被访者姓名										
		联系电话										（120，130）
		联系地址	＿＿＿＿市　＿＿＿＿区　＿＿＿＿街道　＿＿＿＿居委会 （133，135）（136，138）（139，141）（142，144）									
		访问员姓名			访问员编号：							（147，149）
		访问日期	2008年＿＿＿＿月＿＿＿＿日 （155，156）　（157，158）									
		开始时间	时　　分（24小时制）									（160，163）
		结束时间	时　　分（24小时制）									（165，168）

甄别问卷

_____先生/小姐：

您好！我是×××××大学的学生，现正在进行一项社会调查，有几个问题想请教您。耽搁您一会儿，可以吗？

S1.【出示卡片】【读出答案】请问，您的家人、亲友有在以下单位工作的吗？（单选）

市场研究公司 …………………………………… X→终止访问

移民局/人口统计局等机关部门 …………………… X→终止访问

以上都没有 …………………………………………… 1

S2. 请问，您在过去半年内有没有接受过有关城市移民方面的访问呢？（单选）

有 ……………………………………………………… X→终止访问

没有 …………………………………………………… 1

S3. 请问，您呆在这个城市多久了？（单选）　　（170）

2 年以下 ……………………………………………… X→终止访问

2 年 …………………………………………………… 1

3 年 …………………………………………………… 2

4 年 …………………………………………………… 3

5 年 …………………………………………………… 4

5 年以上 ……………………………………………… X→终止访问

S4. 请问，您当时迁往这个城市的主要原因是什么呢？（单选）

（173）

定居 …………………………………………………… 1

工作 …………………………………………………… 2

读书 …………………………………………………… 3

其他 …………………………………………………… X→终止访问

S5. 您的职业是？　　　　　　　　　（176，177）

公务员 ………………………………………………… X→终止访问

国有企业正式编制职工 ……………………………… X→终止访问
事业单位正式编制职工 ……………………………… X→终止访问
私营企业主 …………………………………………… 01
自由职业者 …………………………………………… 02
一般职员 ……………………………………………… 03
其他 …………………………………………………… 98

正 式 问 卷

B 部分　居住状况

下面，我会向您了解一些有关您居住方面的信息，谢谢！

B1. 请问，您现在与谁生活在一起呢？（可多选）

(210)

家人…………………………………………… 1
恋人…………………………………………… 2
朋友或者同事………………………………… 3
亲戚…………………………………………… 4
自己一个住…………………………………… 5
其他（请注明：_____）…………………… 0

B2. 目前住房面积有多少平方米？

| 总人口数： | | | | 人 | (215, 216) |
| 总住房面积： | | | | 平方米 | (220, 222) |

B3. ［出示卡片］［读出答案］请问，您现在的住房状况是？（单选）

(230)

租住…………………………………………… 1
自购房………………………………………… 2
借住…………………………………………… 3 →跳问 B6
单位宿舍……………………………………… 4
其他（请注明：_____）…………………… 0

B4. 请问，您租房居住的原因是？（可多选）　(250)

工作单位不提供宿舍………………………… 1

离工作地点近……………………………………… 2
生活便利…………………………………………… 3
价格比较便宜……………………………………… 4
工作单位所提供的宿舍条件太差………………… 5
能够和家人或朋友住在一起……………………… 6
其他（请注明：_____）………………………… 0

B5. ［出示卡片］［读出答案］请问您现在的住房类型是？（单选）
（260）

单位宿舍…………………………………………… 1
城中村/村镇出租屋 ……………………………… 2
小区商品房………………………………………… 3
政府廉租房………………………………………… 4
外来工公寓………………………………………… 5
工作场所…………………………………………… 6
其他（请注明：_____）………………………… 0

B6. ［出示卡片］［读出答案］请问，您的住房中现在拥有以下哪些东西呢？（可多选）： （310）

自来水……………………………………………… 1
电…………………………………………………… 2
煤气………………………………………………… 3
下水道……………………………………………… 4
抽水马桶…………………………………………… 5
热水器……………………………………………… 6
电话………………………………………………… 7
电视机……………………………………………… 8
洗衣机……………………………………………… 9
手机………………………………………………… 0

（311）

影碟机……………………………………………… 1
音响………………………………………………… 2
电冰箱……………………………………………… 3
微波炉……………………………………………… 4
照相机……………………………………………… 5
电脑………………………………………………… 6

宽带上网…………………………………… 7
自行车……………………………………… 8
摩托车……………………………………… 9
电动车……………………………………… 0
(312)
私家车……………………………………… 1
货车………………………………………… 2

B7. ［出示卡片］［读出答案］请问，您居住地附近的交通设施有哪些？（可多选） (340)
公交………………………………………… 1
地铁………………………………………… 2
出租车……………………………………… 3
摩的………………………………………… 4
小区巴士…………………………………… 5
脚踏人力车………………………………… 6
其他（请注明＿＿＿＿）………………… 0

B8. ［出示卡片］［读出答案］请问，您认为现在城市的房价情况是怎样的呢？（单选） (345)
可以接受…………………………………… 1
不知道……………………………………… 2
无法接受…………………………………… 3

B9. 如果政策允许，您是否愿意在城市购房落户？（单选）
(350)
愿意………………………………………… 1
愿意，但不敢想…………………………… 2
不愿意……………………………………… 3
没必要……………………………………… 4

B10. 请问，您认为影响外地人在本地购房的主要原因是什么呢？（可多选）
(355)
户籍的限制………………………………… 1
房价高……………………………………… 2
定居意向还不确定………………………… 3
工作不稳定………………………………… 4
其他（请注明：＿＿＿＿）……………… 0

C 部分　工作状况

下面，我想向您了解一些工作方面的信息，谢谢！

C1. 除了原籍地，请问您在这个城市工作之前，还曾在多少个城市工作过？

　　工作过的城市个数：☐☐　个　（410. 411）

C2-1. 请问，在这个城市，截止到目前，您共换了多少次工作（不包括目前从事的这份工作）？

　　转换的工作次数：☐☐　次　（415，416）

C2-2. 请问，您从事现在这份工作的时间有多长了？

　　工作时长：☐☐☐　月
　　　　　　（420）（421）（422）

C3. ［出示卡片］［读出答案］请问，您目前的工作状况是以下哪种情况呢？（单选）　　　　　　　　　　　　　　　　　　　　（425）

有固定工作 ……………………………… 1 ⎫
自由职业 ………………………………… 2 ⎬→问 C4－C9
自己做生意 ……………………………… 3 → 跳问 C10
正在找工作/待业 ………………………… 4 ⎫
家庭主妇 ………………………………… 5 ⎬ 跳问 D 部分
其他（请注明：＿＿＿）………………… 0 ⎭

C4. ［出示卡片］［读出答案］在选择工作时，您觉得最重要的是？（单选）
　　　　　　　　　　　　　　　　　　　　　　　　（430）

收入待遇 ………………………………… 1
工作环境 ………………………………… 2
个人的兴趣 ……………………………… 3
社会地位 ………………………………… 4
专业对口 ………………………………… 5
工作前途 ………………………………… 6
其他（请注明：＿＿＿）………………… 0

C5-1. 请问，您一般每周工作几天？（填实际工作时间）

（435）

固定 …………………………………………… 1

☐☐ 天　（440）

不固定 ………………………………………… 2

C5-2. 请问，您一天一般工作几个小时？（填实际工作时间）

（445）

固定 …………………………………………… 1

☐☐ 小时　（450, 451）

不固定 ………………………………………… 2

C6.［出示卡片］［读出答案］请问，您平时放假的日子是什么时候呢？（单选）　　　　　　　　　　　　　　　　（455）

周六和周日 …………………………………… 1

周日 …………………………………………… 2

每周或者每个月的特定日子 ………………… 3

轮休 …………………………………………… 4

无固定休息时间 ……………………………… 5

没有假期，一直需要上班 …………………… 6

C7.［出示卡片］［读出答案］请问，您对目前工作的以下各方面的满意情况是怎样的呢？请给每项进行打分，最高分为5分，最低分为1分，谢谢！（横向单选）

1	收入待遇	1	2	3	4	5	（510）
2	工作环境	1	2	3	4	5	（511）
3	工作的社会地位	1	2	3	4	5	（512）
4	职位升迁机会	1	2	3	4	5	（513）
5	工作压力	1	2	3	4	5	（515）
6	单位人际关系	1	2	3	4	5	（516）
7	事业前途	1	2	3	4	5	（517）
8	总体说来，您对现在工作的态度是	1	2	3	4	5	（518）

C8. ［出示卡片］［读出答案］请问，您在本单位的待遇与本地同事相比，其差别在于？（可多选）　　　　　　　　　　（520）

同工不同酬 ································ 1
福利社保差异 ······························ 2
培训机会较少 ······························ 3
晋升机会少 ································ 4
无差别 ···································· 5
其他（请注明：＿＿＿）·················· 0

C9. ［出示卡片］［读出答案］请问，您认为影响事业前途的主要因素是什么呢？（可多选）　　　　　　　　　　　　（525）

家庭背景 ·································· 1
学历 ······································ 2
机遇 ······································ 3
能力和技术 ································ 4
领导赏识 ·································· 5
性格 ······································ 6
人际关系 ·································· 7
户籍 ······································ 8
年龄 ······································ 9
性别 ······································ 0

　　　　　　　　　　　　　　　　　　（526）

婚姻状况 ·································· 1
生育状况 ·································· 2
其他（请注明：＿＿＿）·················· 0

C10. 您的生意雇佣了□□□□个人？（535，537）

C11. ［出示卡片］如果您需要雇佣员工，您会雇用下列哪些人，首先，其次，再次分别是什么：

	首先	其次	再次
	（540，541）	（545，546）	（550，551）
家庭成员	01	01	01
亲戚	02	02	02
同学、校友	03	03	03
老乡（认识的或别人推荐的）	04	04	04
市场招聘人员	05	05	05

其他（请注明_____）……………… 98 ………… 98 ……… 98

C12. ［出示卡片］请问您生意的经营信息主要来源于（可多选）

（560）

媒体和网络…………………………………… 1
亲朋/老乡 …………………………………… 2
生意同行……………………………………… 3
政府部门……………………………………… 4
展销会………………………………………… 5
行业协会……………………………………… 6
配套经销商＼企业…………………………… 7
其他（请注明_____）……………………… 0

C13. ［出示卡片］请问吸引您在本市做生意的主要原因是什么？（可多选）

（570）

铺面/厂房租金成本 ………………………… 1
优惠政策……………………………………… 2
劳动力成本…………………………………… 3
人才优势……………………………………… 4
接近市场……………………………………… 5
接近能源或原材料…………………………… 6
人际关系网络………………………………… 7
其他（请注明_____）……………………… 0

C14. 请问本市政府为您经营提供的服务如何？请给每项打分，最高分为5分，最低分为1分，谢谢！

1	创业审批难易程度	1	2	3	4	（610）
2	政府优惠政策	1	2	3	4	（611）
3	借贷融资服务	1	2	3	4	（612）
4	税负情况	1	2	3	4	（613）
5	维护市场秩序	1	2	3	4	（615）
6	信息提供	1	2	3	4	（616）

D 部分　社会保障

下面，我会向您了解一些有关社会保障方面的信息，谢谢！

D1．［出示卡片］［读出答案］请问，您目前的户籍情况是？（单选）

(620)

户籍不在本市……………………………………… 1→跳问 D3

本市户籍…………………………………………… 2

D2．［出示卡片］［读出答案］那您在本市的户籍类型是＿＿＿（625）（626）

D3．［出示卡片］［读出答案］请问，您最关注的社会公共福利是什么呢？（单选）　　　　　　　　　　　　　　　　　(630)

教育福利…………………………………………… 1

卫生福利…………………………………………… 2

文化康乐福利……………………………………… 3

住房福利…………………………………………… 4

其他（请注明：＿＿＿＿）………………………… 0

D4．［出示卡片］［读出答案］请问，您目前在本市所享受的各类公共福利与本地人的差异情况是以下哪一种呢？（横向单选）

序号	项目	完全一致	有一些差异，享受了绝大部分的福利	有很大差异，只享受了少部分的福利	完全没有享受	不清楚［不读出］	
01	教育福利	4	3	2	1	X	(640)
02	卫生福利	4	3	2	1	X	(641)
03	文化康乐福利	4	3	2	1	X	(642)
04	住房福利	4	3	2	1	X	(643)
	其他（请注明：＿＿）						(645)
	A：＿＿＿＿＿＿	4	3	2	1	X	(645)
	B：＿＿＿＿＿＿	4	3	2	1	X	(646)
	C：＿＿＿＿＿＿	4	3	2	1	X	(647)
09	最后，您认为在本城市享受的福利与本地人相比，总体的差别是	4	3	2	1	X	(660)

D5．如果您认为自己目前在本市所享受的公共福利与本地人有差异，那么造

成差异的主要原因是什么呢？（可多选）　　　　（710）

　　公共福利资源太少………………………………… 1

　　公共福利资源分布不均………………………… 2

　　户籍不在本市……………………………………… 3

　　本市户籍类型的限制…………………………… 4

　　其他（请注明：_____）　　　　　　　　　0

D6. ［出示卡片］［读出答案］请问，您本人享有以下哪些项目的保险呢？那您的配偶、子女以及父母呢？（纵向可多选）

	本人	配偶	子女	父母
	（715）	（720）	（725）	（730）
医疗保险	1	1	1	1
工伤保险	2	2	2	2
养老保险	3	3	3	3
生育保险	4	4	4	4
失业保险	5	5	5	5
商业保险	6	6	6	6
其他（请注明：_____）	0	0	0	0
以上都没有［不读出］	X	X	X	X

D7. ［出示卡片］［读出答案］除了奖金、保险之外，请问您的单位还提供哪些福利项目？（可多选）　　　　（745）

　　产假…………………………………………………… 1

　　免费午餐…………………………………………… 2

　　年度体检…………………………………………… 3

　　年度职业技能培训……………………………… 4

　　子女托管…………………………………………… 5

　　带薪病假与休假………………………………… 6

　　回乡路费报销…………………………………… 7

　　其他（请注明：_____）　　　　　　　　　0

　　没有［不读出］…………………………………… X

D8. 请问您有无子女？（单选）　　　　　　　（750）

　　无………………………………………………… 1→跳至 D15_1

　　有（请注明：_____个）（752）…………… 2

D9. 请问您有子女正在上学吗？（单选）　　（760）

　　无………………………………………………… 1 →跳至 D15_1

有（请注明：_____个）（762） ………………… 2

D10. ［出示卡片］［读出答案］请问您的子女在何处就学？（单选）
(810)

原籍就学 ……………………………………… 1→跳至 D15_1
本市公立学校 ………………………………… 2
本市私立学校 ………………………………… 3
本市外来工子弟学校 ………………………… 4
其他（请注明：_____） ……………………… 0

D11. ［出示卡片］［读出答案］请问，影响您子女在本市顺利接受教育的因素有哪些呢？（可多选） (815)

获得学位难 …………………………………… 1
受教育成本高 ………………………………… 2
子女的适应难 ………………………………… 3
学校质量有待改进 …………………………… 4
其他（请注明：_____） ……………………… 0

D12. ［出示卡片］［读出答案］请问，您的子女就读学校在哪些方面还有待改进呢？（可多选） (820)

教师素质 ……………………………………… 1
办学水平 ……………………………………… 2
管理规范 ……………………………………… 3
教学设施 ……………………………………… 4
学校声望 ……………………………………… 5
其他（请注明：_____） ……………………… 0
不清楚/无所谓 ［不读出］ …………………… X

D13. 请问，您的子女读书是否需要赞助费/借读费？（单选）
(825)

有 ……………………………………………… 1
无 ……………………………………………… 2

D14. 请问，您一年用于子女教育的费用是多少元呢？

| (830) | (831) | (832) | (833) | (834) | 元 |

D15_1. ［出示卡片］［读出答案］请问，您最近身体状况是以下哪种情况呢？（单选） (838)

非常健康 …………………………………… 1→跳至 E 部分
生过病…………………………………… 2
生过_____病（只填最近一次生病）（840，851）_____
D15_2．［出示卡片］［读出答案］请问，你怎样治疗这个病？（可多选）
（870）

去大医院……………………………… 1
去中小型医院………………………… 2
去私人诊所…………………………… 3
找土医生……………………………… 4
自己买药……………………………… 5
扛过去………………………………… 6
其他（请注明：_____）…………… 0

E 社会生活

E1. 请问，您闲暇时会选择的休闲活动有哪些呢？（可多选）

(910)

看电视/影碟 …………………………………	1
玩电脑、上网 ………………………………	2
听音乐/收音机 ……………………………	3
阅读、摄影、书法 …………………………	4
上夜总会、KTV、卡拉OK …………………	5
运动、健身 …………………………………	6
逛街、购物 …………………………………	7
上酒吧、理发厅、美容院 …………………	8
种花、养盆景、养动物 ……………………	9
访友/聊天 …………………………………	0

(911)

打桌球 ………………………………………	1
下棋、打牌、搓麻将 ………………………	2
饮茶/吃东西、睡觉、发呆 ………………	3
作家务 ………………………………………	4
玩手机 ………………………………………	5
彩票 …………………………………………	6
其他（请注明：＿＿＿）…………………	0

E2. 请问，您休闲聚会时会选择哪些场所？（可多选）

(920)

麻将馆 ………………………………………	1
网吧 …………………………………………	2
歌舞厅 ………………………………………	3
自己或者朋友家里 …………………………	4
体育馆 ………………………………………	5
公园 …………………………………………	6
游乐场 ………………………………………	7
酒吧茶座 ……………………………………	8
饭馆 …………………………………………	9

其他（请注明：_____）…………………………… 0

以上都没有（不读出）………………………… X→跳至 E4 部分

E3. 请问，您平时休闲时的伙伴一般是哪些人呢？（可多选）

（930）

家人亲戚…………………………………… 1

同学………………………………………… 2

同事………………………………………… 3

老乡………………………………………… 4

朋友………………………………………… 5

客户、商业伙伴…………………………… 6

邻居………………………………………… 7

其他（请注明：_____）………………… 0

E4. 除了家人和亲戚外，请您列出三位最好的朋友的情况以及与您的关系。（横向可多选）

多重身份可多选，如：您的第一位好朋友既是同事又是同学

编号	性别 1.女 2.男	年龄 （岁）	现在何处			关系类型								A： ___	B： ___	C： ___
			1.在本市	2.在家乡	3.在其他地方	上司	同事	当地人	客户/商业伙伴	同学	老乡	邻居	其他（请注明）			
第一位	→1 →2 （935）	（940，941）														（955）
第二位	→1 →2 （936）	（945，946）														（960）
第三位	→1 →2 （937）	（950，951）														（965）

E5. ［出示卡片］［读出答案］假设出现下表中的难处和紧急情况时，您会向谁求助呢？［纵向选择，可多选］

紧急情况求助对象	1. 借钱	2. 看病就医	3. 被骗钱	4. 一段时间找不到工作（或没有收入）	5. 没地方住	6. 子女上学难	7. 和别人发生纠纷时帮忙处理	8. 出交通事故	9. 工伤
	(1010)	(1015)	(1020)	(1025)	(1030)	(1035)	(1040)	(1045)	(1050)
家乡政府	1	1	1	1	1	1	1	1	1
本市政府相关部门	2	2	2	2	2	2	2	2	2
家人	3	3	3	3	3	3	3	3	3
亲戚	4	4	4	4	4	4	4	4	4
同学	5	5	5	5	5	5	5	5	5
同事	6	6	6	6	6	6	6	6	6
老乡	7	7	7	7	7	7	7	7	7
工作单位	8	8	8	8	8	8	8	8	8
保险公司	9	9	9	9	9	9	9	9	9
社会救济	0	0	0	0	0	0	0	0	0
	(1011)	(1016)	(1021)	(1026)	(1031)	(1036)	(1041)	(1046)	(1051)
朋友	1	1	1	1	1	1	1	1	1
其他，请注明____	0	0	0	0	0	0	0	0	0
没有人可以求助	9	9	9	9	9	9	9	9	9
不适用/不清楚	X	X	X	X	X	X	X	X	X

E6. ［出示卡片］［读出答案］请问，您平时吃饭主要是：（可多选）
(1110)

自己煮……………………………………………… 1
单位饭堂（包括单位包伙食）………………… 2
小饭店……………………………………………… 3
快餐外卖…………………………………………… 4
与家人一起煮……………………………………… 5
与同住者一起煮…………………………………… 6

外单位饭堂…………………………………… 7
其他（请注明：_____）…………………… 0

E7. ［出示卡片］［读出答案］请问，您对本市的物价满意度如何？请对以下每项进行打分，5 分代表"非常满意"；1 分代表"非常不满意"，谢谢！（横向单选）

序号	物价细项	非常满意	满意	一般	不满意	非常不满意	
1	房价	5	4	3	2	1	（1115）
2	生活必需品价格	5	4	3	2	1	（1116）
3	城市平均医疗收费水平	5	4	3	2	1	（1117）
4	闲暇费用	5	4	3	2	1	（1118）
5	交通费用	5	4	3	2	1	（1120）
6	人际交往费用	5	4	3	2	1	（1121）
7	教育或培训费用	5	4	3	2	1	（1122）

E8. ［出示卡片］［读出答案］请问，您日常开支最大的三项内容的第一，第二，第三位分别是什么呢？（纵向单选）

	第一位	第二位	第三位
	（1130）（1131）	（1135）（1136）	（1140）（1141）
伙食……………………	01	01	01
穿衣……………………	02	02	02
供房……………………	03	03	03
房租……………………	04	04	04
交通费…………………	05	05	05
抚养小孩………………	06	06	06
赡养父母………………	07	07	07
人际交往………………	08	08	08
买书、学习和培训……	09	09	09
化妆美容………………	10	10	10
娱乐消遣………………	11	11	11
医疗保健………………	12	12	12
通讯费（手机、电话、上网等）…	13	13	13
保险费…………………	14	14	14
其他（请注明：_____）…	98	98	98

E9. ［出示卡片］［读出答案］请问，您目前的收支状况如何？（单选）
(1145)

收大于支，固定有节余……………………… 1 ⎫
收支刚好平衡，节余不多…………………… 2 ⎬→跳问 E11
收支紧张，控制不好钱就不够花…………… 3
入不敷出……………………………………… 4
不确定/不清楚 ［不读出］………………… X

E10. 请问，根据您现在的消费水平，要保证收支平衡，每月的月薪应该是多少元呢？

| (1150) | (1151) | (1152) | (1153) | (1154) | 元 |

E11. ［出示卡片］［读出答案］请问，您目前生活中苦恼的事情都有哪些呢？（可多选）
(1160)

收入低………………………………………… 1
工作不稳定…………………………………… 2
工作压力大…………………………………… 3
孤独，人际关系冷漠………………………… 4
身体不好……………………………………… 5
家庭不和……………………………………… 6
为情所困……………………………………… 7
没有一技之长………………………………… 8
知识不够用…………………………………… 9
一事无成……………………………………… 0

(1161)

生活单调……………………………………… 1
没有奋斗目标………………………………… 2
其他（请注明：_____）…………………… 0
以上都没有（不读出）……………………… X

E12. ［出示卡片］［读出答案］请问，您在本市工作期间，下列情况的出现程度是怎样的呢？（横向单选）

细项	没有	有时有	经常有	很严重	说不清	
1. 失眠	1	2	3	4	X	(1210)
2. 觉得身心疲惫	1	2	3	4	X	(1211)
3. 烦躁易怒	1	2	3	4	X	(1212)
4. 容易哭泣或想哭	1	2	3	4	X	(1213)
5. 前途茫然	1	2	3	4	X	(1215)
6. 感到孤独	1	2	3	4	X	(1216)
7. 觉得自己没有用	1	2	3	4	X	(1217)
8. 觉得生活艰难	1	2	3	4	X	(1218)

E13.［出示卡片］［读出答案］请问，您认为三项生活幸福的主要标准是什么？（多选）

(1225)

家庭美满……………………………………… 1
事业成功……………………………………… 2
生活富足……………………………………… 3
得到别人的尊重……………………………… 4
实现自己的理想……………………………… 5
赚到很多钱…………………………………… 6
为社会作贡献………………………………… 7
知足…………………………………………… 8
子女孝顺……………………………………… 9
身体健康……………………………………… 0

(1226)

有知心朋友…………………………………… 1
搞好人际关系………………………………… 2
其他（请注明：_____）…………………… 0

F 部分　社区建设和城市管理

下面，我想与您聊聊社区建议和城市管理方面的信息，谢谢！

F1. ［出示卡片］［读出答案］请问，您与社区干部打交道吗？（单选）
(1230)

经常……………………………………………… 4
偶尔……………………………………………… 3
很少……………………………………………… 2
从来没有………………………………………… 1

F2. ［出示卡片］［读出答案］您认为，您所（租）住的社区干部对你们的态度是？（单选）
(1235)

关心……………………………………………… 3
不关心…………………………………………… 2
有歧视…………………………………………… 1

F3_1. ［出示卡片］［读出答案］对下述社区管理的工作内容中，您认为与您密切相关的是哪些？（可多选）

F3_2. 你认为需要改进的方面是哪些？（可多选）

	密切相关的（F3_1）	需改进的（F3_2）
	(1240)	(1245)
社区基层政权建设	1	1
社区服务	2	2
社区保障	3	3
社区就业	4	4
社区环境	5	5
社区治安	6	6
社区计划生育	7	7
社区文化教育	8	8
社区退管	9	9
出租屋管理	0	0
	(1241)	(1246)
流动人口管理	1	1
没有	9	9

F4. 如果可能的话，请问您愿意参与社区/居委会选举吗？（单选）

                                              （1250）

愿意…………………………………………… 1

不愿意………………………………………… 2

与我没关系…………………………………… 3

F5.［出示卡片］［读出答案］请问，您与邻居的关系如何？（单选）

                                                （1255）

不认识………………………………………… 1

见面打招呼…………………………………… 2

经常串门……………………………………… 3

遇事相互帮助………………………………… 4

F6_1.［出示卡片］［读出答案］请问，您都参加了以下哪些组织活动？（可多选）

F6_2.［针对 F6_1 的答案追问］其中您参与活动相对较多的是哪些组织活动呢？（可多选）

                          参加过的（F6_1）   参与较多的（F6_2）

                              （1260）   （1265）

工会………………………………… 1 …………………… 1

共青团……………………………… 2 …………………… 2

中共党组织………………………… 3 …………………… 3

民主党派…………………………… 4 …………………… 4

同乡会……………………………… 5 …………………… 5

商会………………………………… 6 …………………… 6

志愿者组织………………………… 7 …………………… 7

群众文娱类组织…………………… 8 …………………… 8

专业技术协会……………………… 9 …………………… 9

宗教组织…………………………… 0 …………………… 0

                              （1261）   （1266）

其他（请注明：_____）……… 0 …………………… 0

无…………………………………… 9 …………………… 9

F7.［出示卡片］［读出答案］请问，您在工作和生活中是否遇到过以下麻烦？（可多选）

                                                （1310）

没有遇到什么麻烦…………………………… 1

因无暂住证而受处罚……………………………	2
有的工作岗位不能应聘……………………………	3
结婚受限制…………………………………………	4
小孩入当地学校要交高额赞助费…………………	5
年年要回家办计划生育证…………………………	6
办各种执照受限制…………………………………	7
出国、赴港澳受限制………………………………	8
继续深造受限制……………………………………	9
办信用卡受限制……………………………………	0

(1311)

生活没有安定感……………………………………	1
不被当地人信任……………………………………	2
被偷…………………………………………………	3
被抢…………………………………………………	4
被骗…………………………………………………	5
其他（请注明：_____）…………………………	0

F8．[出示卡片][读出答案] 以下政策中，您最关注的三项：首先，其次，再次分别是什么？（纵向单选）

	首先 (1320, 1321)	其次 (1325, 1326)	再次 (1330, 1331)
就业入户政策…………	01	01	01
投资入户政策…………	02	02	02
购房入户政策…………	03	03	03
引进人才政策…………	04	04	04
外来人口子女受教育政策…	05	05	05
住房政策………………	06	06	06
社保制度………………	07	07	07
医疗保健制度…………	08	08	08
外来人口计划生育管理…	09	09	09
暂住证制度……………	10	10	10
其他（请注明：_____）…	98	98	98

F9. ［出示卡片］［读出答案］请问，您对本市生活中下列方面的感受如何？请对每项进行打分，5分代表"很好"，1分代表"很差"，谢谢！（横向单选）

项目	很好	好	一般	差	很差	很难说	
1. 居住环境	5	4	3	2	1	X	(1335)
2. 卫生环境	5	4	3	2	1	X	(1336)
3. 治安环境	5	4	3	2	1	X	(1337)
4. 城市交通	5	4	3	2	1	X	(1338)
5. 城市管理	5	4	3	2	1	X	(1340)
6. 社会保障	5	4	3	2	1	X	(1341)
7. 日常伙食	5	4	3	2	1	X	(1342)
8. 闲暇生活	5	4	3	2	1	X	(1343)
9. 看病求医	5	4	3	2	1	X	(1345)
10. 当地人好不好相处	5	4	3	2	1	X	(1346)
11. 城市生活适应	5	4	3	2	1	X	(1347)
12. 您对您现在生活的总体评价是	5	4	3	2	1	X	(1348)

G 部分　身份认同

下面，我想与您聊聊您对所居城市的认同，谢谢！

G1. ［出示卡片］［读出答案］请问，您认为自己目前的身份是？（单选）
(1410)

外来人 …………………………………… 1
本市人 …………………………………… 2
暂时待在城里的人 ……………………… 3
说不清楚［不读出］ …………………… X

G2. ［出示卡片］［读出答案］您认为本地人认为您目前的身份是？（单选）
(1415)

外来人 …………………………………… 1
本市人 …………………………………… 2
暂时待在城里的人 ……………………… 3
说不清楚［不读出］ …………………… X

G3. ［出示卡片］［读出答案］请问，您认为自己目前的生活方式与本地人是？（单选）
(1420)

完全一致 ………………………………… 4
很多方面一致 …………………………… 3
大多数不一致 …………………………… 2
不一致 …………………………………… 1
很难说清楚［不读出］ ………………… X

G4. ［出示卡片］［读出答案］请问，您选择来本市工作或居住的主要原因是什么？（可多选）
(1425)

就读的大学在本市 ……………………… 1
配偶或恋人在本市 ……………………… 2
朋友等人际关系在本市 ………………… 3
工作单位所在 …………………………… 4
事业发展机会多 ………………………… 5
提高收入 ………………………………… 6
喜欢这里的生活方式 …………………… 7
为了子女将来的发展 …………………… 8
其他原因（请注明：＿＿＿） ………… 0

G5. ［出示卡片］［读出答案］请问，您对本市语言的熟悉程度如何？（单选）　　　　　　　　　　　　　　　　　　　　（1430）

　　完全可以听说……………………………… 5
　　基本可以听说……………………………… 4
　　能听但不能说……………………………… 3
　　能听一些但不能说………………………… 2
　　既不能听也不能说………………………… 1

G6. ［出示卡片］［读出答案］请问，您与本地人交往中的困难是什么？（可多选）　　　　　　　　　　　　　　　　　（1435）

　　语言问题…………………………………… 1
　　观念不同…………………………………… 2
　　生活习惯不同……………………………… 3
　　没有交往的机会…………………………… 4
　　地位差异…………………………………… 5
　　本地人看不起外地人……………………… 6
　　没有困难［不读出］……………………… 7
　　其他（请注明：_____）………………… 0

G7. ［出示卡片］［读出答案］经过这几年的居住，请问您觉得本地人对外来人口的态度是？（单选）
　　　　　　　　　　　　　　　　　　　　（1440）

　　一直比较好………………………………… 4
　　比以前好…………………………………… 3
　　比以前差…………………………………… 2
　　没什么变化………………………………… 1

G8. ［出示卡片］［读出答案］请问，您认为自己与本地居民最大的区别是什么？（可多选）　　　　　　　　　　　　（1445）

　　收入………………………………………… 1
　　生活观念…………………………………… 2
　　风俗习惯…………………………………… 3
　　阶层………………………………………… 4
　　语言………………………………………… 5
　　命运………………………………………… 6
　　社会角色…………………………………… 7
　　工作………………………………………… 8

身份……………………………………… 9
其他（请注明：_____）……………………… 0
不清楚/不关心 ……………………………… X

G9.［出示卡片］［读出答案］请问，对于以下的城市定居意向说法，你本人的认同程度是怎样的呢？请给每项打分，5分代表"非常同意"；1分代表"完全不同意"，谢谢！（横向单选）

序号	项目	非常同意	同意	一般	不同意	完全不同意	说不清	
1	自己现所在的这个城市比家乡好	5	4	3	2	1	X	(1450)
2	我带来的价值大于这个城市给予我的回报	5	4	3	2	1	X	(1451)
3	自己和本地人很平等	5	4	3	2	1	X	(1452)
4	自己现所在的城市很有人情味	5	4	3	2	1	X	(1453)
5	在这个城市生存压力很大	5	4	3	2	1	X	(1455)
6	我愿意在现在这个城市定居	5	4	3	2	1	X	(1456)
7	我有能力在现在的这个城市定居	5	4	3	2	1	X	(1457)
8	我希望我的孩子今后也能在这个城市发展	5	4	3	2	1	X	(1458)

A 部分　个人基本状况

下面，我想了解一下您个人的基本背景资料，仅供统计分析使用，谢谢！

A1. ［访问员直接记录］性别：（单选）　　　　　（1510）
男 ………………………………………………… 1
女 ………………………………………………… 2

A2. 请问您今年多大了（周岁）？

　　□□ 岁
　　　（1515，1516）

A3. ［出示卡片］［读出答案］请问，您的民族性质是？（单选）
　　　　　　　　　　　　　　　　　　　　（1520）
汉族 ……………………………………………… 1
少数民族（请注明具体名称：＿＿＿）（1525，1526）… 2

A4. ［出示卡片］［读出答案］请问，您的文化程度是？（单选）
　　　　　　　　　　　　　　　　　　　　（1530）
小学及以下 ……………………………………… 1
初中 ……………………………………………… 2
高中（包括中专）………………………………… 3
大专 ……………………………………………… 4
本科及以上 ……………………………………… 5

A5. ［出示卡片］［读出答案］请问，您的职业是＿＿＿（1535，1536）

A6. ［出示卡片］［读出答案］请问，您在本市工作的稳定性如何？（单选）
　　　　　　　　　　　　　　　　　　　　（1540）
经常变动（周期半年或者更短）………………… 1
偶尔变动（周期一年）…………………………… 2
很少变动（周期两三年）………………………… 3
稳定，未变动 …………………………………… 4

A7. 请问，您目前的月可支配收入（拿到手可用的钱）是多少呢？（单选）
　　　　　　　　　　　　　　　　　　　　（1545，1546）
1 000 元以下 …………………………………… 01
1 001～1 500 元 ………………………………… 02
1 501～2 000 元 ………………………………… 03
2 001～2 500 元 ………………………………… 04

2 501~3 000 元 ·································· 05
3 001~3 500 元 ·································· 06
3 501~4 000 元 ·································· 07
4 001~4 500 元 ·································· 08
4 501~5 000 元 ·································· 09
5 001 元以上 ····································· 10
没有收入 ··· 97

A8. 请问，您老家还有几口人需要供养呢？

岁
(1550, 1551)

A9. ［出示卡片］［读出答案］请问，您的婚姻状况是以下哪种呢？（单选）

(1555)

未婚 ··· 1
已婚 ··· 2
离异/丧偶后未再婚 ···························· 3
离异/丧偶后再婚 ······························· 4

A10. ［出示卡片］［读出答案］请问，您家庭上个月的下列项目的开支大概是多少元呢？［访问员注意，请从打"√"处开始循环问］

( )	1	伙食费	→					元	(1610, 1613)
( )	2	住房费用（分期付款、房租、取暖、物业等相关费用）	→					元	(1620, 1623)
( )	3	通信费用	→					元	(1630, 1633)
( )	4	交通费用	→					元	(1640, 1643)
( )	5	娱乐休闲费用	→					元	(1650, 1653)
( )	6	人际交往（请客、送礼等）费用	→					元	(1660, 1663)
( )	7	寄回老家	→					元	(1670, 1673)

访问到此结束，谢谢您的合作，祝您身体健康，万事胜意！

参考文献

中文文献：

[1] 白南生、何宇鹏：《回乡，还是外出？——安徽四川二省农村外出劳动力回流研究》，《社会学研究》2002年第3期。

[2] 包亚明：《现代性与空间的生产》，上海：上海教育出版社2003年版。

[3] 薄晓光：《美国的社会保障制度》，《中外企业文化》2004年第6期。

[4] 贲成龙：《进城还是返乡？——新形势下进城务工农民回流现象分析》，载《农村经济》2007年第11期。

[5] 边燕杰、张文宏：《经济体制、社会网络与职业流动》，载《中国社会科学》2001年第2期。

[6] 蔡昉：《未来的人口红利——中国经济增长源泉的开拓》，载《中国人口科学》2009年第1期。

[7] 蔡禾、王进：《"农民工"永久迁移意愿研究》，载《社会学研究》2007年第6期。

[8] 蔡禾主编：《城市化进程中的农民工：来自珠江三角洲的研究》，社会科学文献出版社，2009年。

[9] 曹淑江、张辉：《美国流动和迁徙人口的教育法律与政策及其对中国的启示》，《外国教育研究》2007年第1期。

[10] 陈良谨编：《社会保障教程》，知识出版社，1990年。

[11] 陈佩华：《生存的文化——通过私人信件透视外来工人的生活》，《清华社会学评论》（2002卷），北京：社会科学文献出版社，2003年。

[12] 陈文哲、朱宇：《流动人口定居意愿的动态变化和内部差异——基于福建省4城市的调查》，载《南方人口》2008年第2期。

[13] 陈映芳：《关注城市新移民》，载《解放日报》2004年8月22日。

[14] 陈映芳：《"农民工"：制度安排与身份确认》，载《社会学研究》2005年第3期。

[15] 成艾华：《中国农民工回流的动力机制研究》，载《安徽农业科学》2007年第2期。

[16] 董克用编：《中国经济改革30年：社会保障卷（1978~2008）》，重庆大学出版社，2008年。

[17] 杜维明：《现代精神与儒家传统》，三联书店，1997年。

[18] 杜鹰：《走出乡村——中国农村劳动力流动实证研究》，经济科学出版社，1997年。

[19] 费孝通：《江村经济》，商务印书馆，2001年。

[20] 费孝通：《乡土中国 生育制度》，北京大学出版社，1998年。

[21] 费孝通：《中国现代化：对城市社区建设的再思考》，载《江苏社会科学》2001年第1期。

[22] 风笑天：《"落地生根"——三峡农村移民的社会适应》，载《社会学研究》2004年第5期。

[23] 甘剑梅：《关于教育起点观的哲学阐释》，《教育研究》，2003年第1期。

[24] 高君：《促进农民工就业与实现农民工市民化》，载《理论月刊》2008年第10期。

[25] 高强、贾海明：《农民工回流的原因及影响分析》，载《农业科技管理》2007年第4期。

[26] 高如封：《农村义务教育财政体制比较：美国模式与日本模式》，《教育研究》2003年第5期。

[27] 龚永：《招聘固定工 顶替农民工 南京氮肥厂挖掘厂内劳务潜力》，载《人民日报》1988年8月17日第2版。

[28] 辜胜阻、易善策、郑凌云：《基于农民工特征的工业化与城镇协调发展研究》，载《人口研究》2006年第5期。

[29] 辜胜阻：《人口迁移与流动研究》，载《武汉大学学报》（社会科学版）1989年第2期。

[30] 国务院研究室课题组：《中国农民工调研报告》，中国言实出版社，2006年。

[31] 郭星华、储卉娟：《从乡村到都市：融入与隔离》，载《江海学刊》2004年第3期。

[32] 李亚琴、李开荣：《基于农民工定居性迁移的有效性研究》，载《农村经济》2007年第12期。

[33] 郭正林、周大鸣：《外出务工与农民现代性的获得》，载《中山大学学报》1996年第5期。

［34］哈特利·迪安：《社会政策十讲》，上海人民出版社，2009年。

［35］和丕禅、郭金丰：《制度约束下的农民工移民倾向探析》，载《中国农村经济》2004年第10期。

［36］胡春娟：《促进农民工市民化应注重分类引导》，载《光明日报》2009年11月13日。

［37］华金·阿朗戈（Joaquin Arango）：《移民研究的评析》载《国际社会科学杂志（中文版）》2001年第3期。

［38］黄平：《寻求生存——当代中国农村外出人口的社会学研究》，云南人民出版社，1997年。

［39］黄乾：《农民工定居城市意愿的影响因素——基于五城市调查的实证分析》，《山西财经大学学报》2008年第4期。

［40］黄晓燕：《新市民社会融入维度及融入方式》，载《社会科学家》2010年第3期。

［41］接栋正：《发达国家人口管理办法对我国的启示与思考》，《人口与经济》，2008年第4期。

［42］李德滨：《当代中国流动人口的特质与成因》，载《社会学研究》1993年第4期。

［43］李汉林：《关系强度与虚拟社区——农民工研究的一种视角》，载李培林：《农民工：中国进城农民工的经济社会学分析》，社会科学文献出版社，2003年。

［44］李珂、柳娥：《城镇化进程城镇化进程亟须农民工实现城市融入》，载《理论前沿》2009年第23期。

［45］李迎生：《社会保障制度的中国模式》，《人民论坛》，2009年第5期。

［46］李明欢：《20世纪西方移民理论》，载《厦门大学学报》2000年第4期。

［47］李培林：《流动民工的社会网络与社会地位》，载《社会学研究》1996年第4期。

［48］李培林：《现代性与中国经验》，载《社会》2008年第3期

［49］李培林：《巨变：村落的终结——都市里的村庄研究》，载《中国社会科学》2002年第1期。

［50］李强、唐壮：《城市农民工与城市中的非正规就业》，载《社会学研究》2002年第6期。

［51］李强：《中国城市农民工劳动力市场研究》，载《大连民族学院学报》2000年第7期。

［52］李强：《中国大陆城市农民工的职业流动》，载《社会学研究》1999

年第 3 期。

[53] 李若建：《地位获得的机遇与障碍：基于外来人口聚集区的职业结构分析》，载《中国人口科学》2006 年第 5 期。

[54] 李若建：《广东省外来人口的定居性与流动性初步分析》，载《人口研究》2007 年第 6 期。

[55] 李若建：《广州市外来白领群体现状分析》，载《中国人口科学》2009 年第 2 期。

[56] 李伟东：《从社会距离看农民工的社会融入》，载《北京社会科学》2007 年第 6 期。

[57] 渠敬东：《生活世界中的关系强度——农村外来人口的生活轨迹》，载柯兰君、李汉林：《都市里的村民——中国大城市的流动人口》，中央编译出版社，2001 年。

[58] 廖正宏：《人口迁移》，台北：三民书局，1985 年。

[59] 林南、V. M. 恩塞、J. C. 沃恩：《社会资源和关系强度：职业地位获得中的结构性因素》，郑路编译，载《国外社会学》2001 年第 3 期。

[60] 林彭：《迈向"后生存时代"的青年农民工研究》，载中国农村研究网 2003 年 11 月 3 日，www.ccrs.org.cn/NEWSgl/ReadNews.asp? NewsID=5251。

[61] 林毅夫：《农村现代化与城市发展》，载《中国财经报》2001 年 8 月 17 日，第 3 版。

[62] 刘成斌、雷洪：《三峡移民的角色行为障碍》，《河海大学学报》，2002 年第 2 期。

[63] 刘传江：《中国农民工市民化研究》，载《理论月刊》2006 年第 10 期。

[64] 刘传江、徐建玲等著：《中国农民工市民化进程研究》，人民出版社，2008 年。

[65] 刘纯彬：《论中国的二元社会结构——阻滞中国农村工业化城市化过程探析》，《社会》1989 年第 8 期。

[66] 刘辉武：《文化资本与农民工的城市融入》，载《农村经济》2007 年第 1 期。

[67] 刘建娥：《乡—城移民社会融入的实践策略研究社区融入的视角》，载《社会》2006 年第 1 期。

[68] 刘欣：《阶级惯习与品味：布迪厄的阶级理论》，载《社会学研究》2003 年第 6 期。

[69] 刘玉照、梁波：《上海市"新移民"身份获得与结构分化——转型期外来人口的"移民化"研究》，载《文化复兴与秩序重构——上海市社会科学界

第四届学术年会2006年度青年文集》,上海人民出版社,2006年。

[70] 刘铮:《劳动力无限供给的现实悖论——"农民工回流"的成因及效应分析》,《清华大学学报(哲学社会科学版)》2006年第3期。

[71] 陆学艺:《当代中国社会流动》,社会科学文献出版社,2004年。

[72] 马驰:《吸引外地人的磁场,新"闯关东"热折射沈阳嬗变》,《沈阳日报》2008年2月18日。

[73] 麻国庆:《家族化公民社会的基础:家族理论与延续的纵式社会》,载《学术研究》2007年第8期。

[74] 麻国庆:《类别中的关系:家族化的公民社会的基础——从人类学看儒学与家族社会的互动》,《文史哲》2008年第3期。

[75] [美] 马斯诺:《动机与人格》,许金声等译,华夏出版社,1987年。

[76] 米庆成:《进城农民工城市归属感问题探析》,载《青年研究》2004年第3期。

[77] 潘泽泉:《底层生态和秩序建构:基于农民工问题的实证研究》,《湖南师范大学社会科学学报》2008年第5期。

[78] 潘毅:《中国女工——新兴打工阶级的呼唤》,香港:明报出版社有限公司2007年版。

[79] 任远、戴星翼:《外来人口长期居留倾向的模型分析》,载《南方人口》2003年第4期。

[80] 任远、邬民乐:《城市流动流动人口的社会融合文献述评》,载《人口研究》2006年第3期。

[81] 任远:《"逐步沉淀"与"居留决定居留"——上海市外来人口居留模式分析》,载《中国人口科学》2006第3期。

[82] 施国庆、陈阿江:《工程移民中的社会学问题探讨》,《河海大学学报》1999年第3期。

[83] 苏黛瑞:《在中国城市中争取公民权》,浙江人民出版社,2009年。

[84] 谭深:《搜身事件与萌生的阶级意识》,"三农论坛",http://www.wyzxsx.com/Article/Class4/200608/9298.html

[85] 田毅鹏:《"典型单位制"对东北老工业基地社区发展的制约》,《吉林大学社会科学学报》2004年第4期。

[86] 童星、马西恒:《"敦睦他者"与"化整为零"——城市新移民的社区融合》,载《社会科学研究》2008年第1期。

[87] 王传鸯:《转型期社会学若干问题研究》,国家行政学院出版社,1998年。

[88] 王春光:《农村流动人口的"半城市化"问题研究》,载《社会学研究》2006年第5期。

[89] 王春光:《农民工的社会流动和社会地位的变化》,《江苏社会科学》2007年第2期。

[90] 王春光:《新生代农村流动人口的社会认同与城乡融合的关系》,载《社会学研究》2001年第3期。

[91] 王春兰、丁金宏:《流动人口城市居留意愿的影响因素分析》,载《南方人口》2007年第1期。

[92] 王东、秦伟:《农民工代际差异研究——成都市在城农民工分层比较》,载《人口研究》2002年第5期。

[93] 王光玲、杨晨:《金融危机背景下进城务工人员社会融入困境解析》,载《理论学刊》2010年第3期。

[94] 王淼:《大学生就业:无法逃离大城市"黑洞"》,载《中国改革报》2010年6月24日。

[95] 王小章:《从"生存"到"承认":公民权视野下的农民工问题》,载《社会学研究》2009年第1期。

[96] 王艳华:《新生代农民工市民化的社会学分析》,载《中国青年研究》2007年第5期。

[97] 王毅杰:《流动农民留城定居意愿影响因素分析》,载《江苏社会科学》2005年第5期。

[98] 文军:《论我国城市劳动力新移民的系统构成及其行为选择》,载《南京社会科学》2005年第1期。

[99] 文军:《是流动性人口,还是永久性居民?——1980年代以来上海劳动力新移民研究》,中共上海市委宣传部编:《现代意识与城市研究》,上海人民出版社2006年版,第32~67页。

[100] 文军:《从生存理性到社会理性:当代中国农民外出就业动因的社会学分析》,载《社会学研究》2001年第6期。

[101] 吴晓刚:《下海:中国城乡劳动力市场转型中的自雇活动与社会分层(1978~1996)》,载《社会学研究》2006年第6期。

[102] 吴新慧:《关注流动人口子女的社会融入状况》,载《社会》2004年第9期。

[103] 熊波、石人炳:《农民工定居城市意愿影响因素——基于武汉市的实证分析》,载《南方人口》2007年第2期。

[104] 熊彩云:《农民工城市定居转移决策因素的推——拉模型及实证分

析》,载《农业经济问题》2007年第3期。

[105] 吴兴陆:《农民工定居性迁移决策的影响因素实证研究》,载《人口与经济》2005年第1期。

[106] 项飚:《传统与新社会空间的生成:一个中国流动人口聚居区的历史》,载《战略与管理》1996年第6期。

[107] 杨宏山:《珠江三角洲"民工潮"的调研分析》,载《人口研究》1995年第2期。

[108] "外来农民工"课题组:《珠江三角洲外来农民工状况》,载《中国人口科学》1995年第4期。

[109] 杨菊华:《从隔离、选择融入到融合:流动人口社会融入问题的理论思考》,载《人口研究》2009年第1期。

[110] 杨敏:《作为国家治理单元的社区——对城市社区建设运动过程中居民社区参与和社区认知的个案研究》,载《社会学研究》2007年第4期。

[111] 杨韶刚:《罗洛·梅的存在分析观阐释》,《吉林大学社会科学学报》1995年第1期。

[112] 姚俊:《农民工定居城市意愿调查——基于苏南三市的实证分析》,载《城市问题》2009年第9期。

[113] 易清传、易园华、谭洋金:《农民工"精英群体"回流建设新农村的研究》,《乡村经济》2007年第9期。

[114] 殷晓清:《农民工:一种就业模式的形成及其社会后果》,载《南京师大学报(社会科学版)》2001年第5期。

[115] 俞宪忠:《中国人口流动态势》,载《济南大学学报》2004年第6期。

[116] 曾旭晖、秦伟:《在城农民工留城倾向影响因素分析》,载《人口与经济》2003年第3期。

[117] 翟振武、侯佳伟:《北京市外来人口聚集区:模式和发展趋势》,载《人口研究》2010年第1期。

[118] 翟振武、杨凡:《世界城市人口调控的政策措施及启示》,"北京社会建设论坛(2010)",中国人民大学,2010年。

[119] 张成:《中国农民工回流现象分析》,载《南京林业大学学报(人文社会科学版)》2007年第3期。

[120] 张洪涛、郑功成:《保险学》,中国人民大学出版社,2008年。

[121] 张继焦:《差序格局:从"乡村版"到"城市版"——以迁移者的城市就业为例》,载《民族研究》2004年第6期。

[122] 张继焦:《城市的适应》,商务印书馆2004年版。

［123］张文宏、雷开春：《城市新移民社会认同的结构模型》，载《社会学研究》2009年第4期。

［124］张文宏、雷开春：《城市新移民社会融合的结构、现状与影响因素分析》，载《社会学研究》2008年第5期。

［125］张文宏：《社会资本：理论争辩与经验研究》，载《社会学研究》2003年第4期。

［126］章铮：《进城定居还是回乡发展？——民工迁移决策的生命周期分析》，载《中国农村经济》2006年第7期。

［127］张智勇：《农民工市民化的代际实现——基于农户兼业、农民工就业与农民工市民化比较的视角》，载《江汉论坛》2009年第11期。

［128］赵延东、王奋宇：《城乡流动人口的经济地位获得及决定因素》，载《中国人口科学》2002年第4期。

［129］郑传贵、卢晓慧：《当前我国城市社群隔离产生的原因、危害及对策》，载《城市问题》2003年第6期。

［130］郑功成、黄黎若莲等：《中国农民工问题与社会保护》，人民出版社2007年版。

［131］郑功成：《推进我国社会保障改革的几点思考》，《中国软科学》，2001年第4期。

［132］郑杭生、洪大用：《重视和发展城市农民工的社会保障事业——社会转型过程中的一个重要问题》，《学术交流》，1994年第5期。

［133］郑杭生、李路路等：《当代中国城市社会结构》，北京：中国人民大学出版社，2004年。

［134］仲大军：《国民待遇不平等审视——二元结构下的中国》，工人出版社2002年版。

［135］周天勇：《中国推进城市化的犹豫、失误和后果》，载《城市观察》2009年第1期。

［136］周大鸣：《广州外来"散工"调查研究》，载《社会学研究》1994年第4期。

［137］周大鸣：《渴望生存：农民工流动的人类学考察》，中山大学出版社2005年版。

［138］周大鸣：《移民文化——一个假设》，载《江苏社会科学》2005年第5期。

［139］周大鸣：《永恒的钟摆》，载柯兰君、李汉林：《都市里的村民——中国大城市的流动人口》，中央编译出版社2001年版。

[140] 周大鸣、周建新、刘志军：《"自由"的都市边缘人——中国东南沿海散工研究》，中山大学出版社 2007 年版。

[141] 周聿峨、阮征宇：《当代国际移民理论研究的现状与趋势》，载《暨南学报》（哲学社会科学）2003 年第 2 期。

[142] 朱考金、刘瑞清：《青年农民工的社会支持网与城市融入研究》，载《青年研究》2007 年第 8 期。

[143] 朱力：《从流动人口的精神文化生活看城市适应》，载《河海大学学报》2005 年第 3 期。

[144] 朱力：《论农民工阶层的城市适应》，载《江海学刊》2002 年第 6 期。

[145] 朱力：《农民工阶层的特征与社会地位》，载《南京大学学报》（哲学人文科学社会科学）2003 年第 6 期。

[146] 朱力：《群体性偏见与歧视》，载《江海学刊》2001 年第 6 期。

[147] 朱力：《如何认识农民工阶层（代前言）》，朱力、陈如主编：《城市新移民——南京市流动人口研究报告》，南京大学出版社 2003 年版。

[148] 朱力敏：《企业大量招收农民工进厂顶岗利弊析》，载《上海企业》1988 年第 8 期。

[149] 朱宇：《国外对非永久性迁移的研究及其对我国流动人口问题的启示》，载《人口研究》2004 年第 5 期。

[150] 朱宇：《户籍制度改革与流动人口在流入地的拘留意愿及其制约机制》，载《南方人口》2004 年第 3 期。

[151] 卢卫：《居住城市化：人居科学的视角》，高等教育出版社 2005 年版，第 140 页。

英文文献：

[1] Alan B. Simmons and Ramiro Cardona G.: *Rural - Urban Migration: Who Comes, Who Stays, Who Returns? The Case of Bogotá, Columbia, 1929 - 1968. International Migration Review*, Vol. 6, No. 2, *Internal Migration in Latin America* (Summer, 1972), pp. 166 - 181.

[2] Alan B. Simmons and Ramiro Cardona G.: *Rural - Urban Migration: Who Comes, Who Stays, Who Returns?*

[3] Alden Speare, Jr.: *A Cost - Benefit Model of Rural to Urban Migration in Taiwan, Population Studies*, Vol. 25, No. 1 (March, 1971), pp. 117 - 130.

[4] Arnold Rose & Leon Warshay: *The Adjustment of Migrants to Cities, Social Force*, (October, 1957), pp. 72 - 76.

[5] Blaine E. Mercer: *Rural Migration to Urban Settings: Educational and Wel-*

fare Problems, *International Migration Digest*, Vol. 2, No. 1 (Spring, 1965), pp. 52 – 62.

[6] Blau, Peter M. and Otis Dudley Duncan: *The American Occupational Structure*. New York: Wiley, 1967, p. 269.

[7] Calvin Goldscheider: *Migration and Social Structure: Analytic Issues and Comparative Perspectives in Developing Nations*, Sociological Forum, Vol. 2, No. 4, Special Issue: Demography as an Interdiscipline (Autumn, 1987), pp. 674 – 696.

[8] Charles Hirschman: *Problems and Prospects of Studying Immigrant Adaptation from the 1990 Population Census: From Generational Comparisons to the Process of "Becoming American"*, International Migration Review, Vol. 28, No. 4, Special Issue: The New Second Generation (Winter, 1994), pp. 690 – 713.

[9] E. G. Ravenstein: *The Birthplace of the People and the Laws of Migration*, The Geographical Magazine, Vol. 3 (1876), pp. 173 – 177, 201 – 206, 229 – 233.

[10] E. G. Ravenstein: *The Laws of Migration*, Journal of the Statistical Society of London, Vol. 48, No. 2. (June, 1885), pp. 167 – 235.

[11] E. G. Ravenstein: *The Laws of Migration*, Journal of the Royal Statistical Society, Vol. 52, No. 2. (June, 1889), pp. 241 – 305.

[12] E. S. Lee: *A Theory of Migration.* Demography, Vol. 3, No. 1. (1996), pp. 47 – 57.

[13] Everett S. Lee: *A Theory of Migration*, Demography, 1966, 3 (1), pp. 47 – 57.

[14] Granovetter, M. S.: *The Strength of Weak Ties*, The American Journal of Sociology, 1973, Vol. 78 (6), pp. 1360 – 1380.

[15] Hagen Koo: *Rural – Urban Migration and Social Mobility in Third World Metropolises: A Cross – National Study*, The Sociological Quarterly, Vol. 19, No. 2 (Spring, 1978), pp. 292 – 303.

[16] Harley L. Browning and Waltraut Feindt: *Selectivity of Migrants to a Metropolis in a Developing Country: A Mexican Case Study*, Demography, Vol. 6, No. 4 (November, 1969), pp. 347 – 357.

[17] Hyung – Kook Kim: *Social Factors of Migration from Rural to Urban Areas with Special Reference to Developing Countries: The Case of Korea.* Social Indicators Research, Vol. 10, No. 1 (Jan., 1982), pp. 29 – 74.

[18] James Coleman: *Social Capital in the Creation of Human Capital*, American Journal of Sociology, Supplement 94, 1988: S95 – S120.

[19] John R. Weeks: *Population: An Introduction to concepts and Issues*. California: Wads worth Publishing Company, 1999, pp. 19 – 22.

[20] Jorge Balan: *Migrant – native socioeconomic differences in Latin American cities: a structural analysis*, Latin American Research Review Vol. 4, No. 1, (Spring, 1969), pp. 3 – 29.

[21] Josh DeWind and Philip Kasinitz: *Everything Old is New Again? Processes and Theories of Immigrant Incorporation*, International Migration Review, Vol. 31, No. 4, Special Issue: Immigrant Adaptation and Native – Born Responses in the Making of Americans (Winter, 1997), pp. 1096 – 1111.

[22] Kouri, Jim: *Social Security Cards: De FactoNational Identificatin*. American Chronicle. March 9, 2005, www. americanchronicle/articles/viewArticle. asp? articleID = 3911.

[23] Lipset, Seymour M. and Reinhard Bendix: *Social Mobility in Industrial Society*. Berkeley: University of California Press, 1959, pp. 204 – 216.

[24] Manoela Guidorizzi Borges: *Citizenship for the Urban Poor? Inclusion trough Housing Program in Rio De Janeiro, Brazil*, Doctoral Dissertation, the University of Colorado, 2005.

[25] Michael P. Todaro: *A Model of Labor Migration and Urban Unemployment in Less Developed Countries*, The American Economic Review, Vol. 59, No. 1 (1969), pp. 138 – 148.

[26] Milton M. Gordon: *Assimilation in America: Theory and Reality*, Daedalus, Vol. 90, No. 2, Ethnic Groups in American Life (Spring, 1961), pp. 263 – 285.

[27] Ray M. Northam, *Urban Geography*, New York: John Wiley & Sons, 1975, pp. 65 – 67.

[28] Richard Alba and Victor Nee: *Rethinking Assimilation Theory for a New Era of Immigration*, International Migration Review, Vol. 31, No. 4, Special Issue: Immigrant Adaptation and Native – Born Responses in the Making of Americans (Winter, 1997), pp. 826 – 874.

[29] Robert V. Kemper: *Rural – Urban Migration in Latin America: A Framework for the Comparative Analysis of Geographical and Temporal Patterns*, International Migration Review, Vol. 5, No. 1 (Spring, 1971), pp. 36 – 47.

[30] Ronald S. Burt, Structural Holes: *The Social Structure of Competition*. Cambridge, MA: Harvard University Press, 1992.

[31] Ruben G. Rumbaut: *The Crucible within: Ethnic Identity, Self - Esteem, and Segmented Assimilation among Children of Immigrants*, International Migration Review, Vol. 28, No. 4, Special Issue: The New Second Generation (Winter, 1994), pp. 748 - 794.

[32] Stanley Lieberson: *Generational Differences among Blacks in the North*, American Journal of Sociology, Vol. 79, No. 3 (November, 1973), pp. 550 - 565.

[33] William P. Mangin: *Latin American squatter settlements: a problem and a solution*, Latin American Research Review, Vol. 2, No. 3 (Summer, 1967), pp. 65 - 98.

[34] W. Arthur. Lewis: *Economic Development with Unlimited Supplies of Labor*, Manchester School of Economic and Social Studies, Vol. 22, No. 2. (1954), pp. 139 - 191.

教育部哲学社会科学研究重大课题攻关项目成果出版列表

书 名	首席专家
《马克思主义基础理论若干重大问题研究》	陈先达
《马克思主义理论学科体系建构与建设研究》	张雷声
《马克思主义整体性研究》	逄锦聚
《改革开放以来马克思主义在中国的发展》	顾钰民
《新时期 新探索 新征程 ——当代资本主义国家共产党的理论与实践研究》	聂运麟
《当代中国人精神生活研究》	童世骏
《弘扬与培育民族精神研究》	杨叔子
《当代科学哲学的发展趋势》	郭贵春
《服务型政府建设规律研究》	朱光磊
《地方政府改革与深化行政管理体制改革研究》	沈荣华
《面向知识表示与推理的自然语言逻辑》	鞠实儿
《当代宗教冲突与对话研究》	张志刚
《马克思主义文艺理论中国化研究》	朱立元
《历史题材文学创作重大问题研究》	童庆炳
《现代中西高校公共艺术教育比较研究》	曾繁仁
《西方文论中国化与中国文论建设》	王一川
《楚地出土戰國簡册［十四種］》	陳 偉
《近代中国的知识与制度转型》	桑 兵
《中国抗战在世界反法西斯战争中的历史地位》	胡德坤
《京津冀都市圈的崛起与中国经济发展》	周立群
《金融市场全球化下的中国监管体系研究》	曹凤岐
《中国市场经济发展研究》	刘 伟
《全球经济调整中的中国经济增长与宏观调控体系研究》	黄 达
《中国特大都市圈与世界制造业中心研究》	李廉水
《中国产业竞争力研究》	赵彦云
《东北老工业基地资源型城市发展可持续产业问题研究》	宋冬林
《转型时期消费需求升级与产业发展研究》	臧旭恒
《中国金融国际化中的风险防范与金融安全研究》	刘锡良
《中国民营经济制度创新与发展》	李维安
《中国现代服务经济理论与发展战略研究》	陈 宪

书　名	首席专家
《中国转型期的社会风险及公共危机管理研究》	丁烈云
《人文社会科学研究成果评价体系研究》	刘大椿
《中国工业化、城镇化进程中的农村土地问题研究》	曲福田
《东北老工业基地改造与振兴研究》	程　伟
《全面建设小康社会进程中的我国就业发展战略研究》	曾湘泉
《自主创新战略与国际竞争力研究》	吴贵生
《转轨经济中的反行政性垄断与促进竞争政策研究》	于良春
《面向公共服务的电子政务管理体系研究》	孙宝文
《产权理论比较与中国产权制度变革》	黄少安
《中国企业集团成长与重组研究》	蓝海林
《我国资源、环境、人口与经济承载能力研究》	邱　东
《"病有所医"——目标、路径与战略选择》	高建民
《中国加入区域经济一体化研究》	黄卫平
《金融体制改革和货币问题研究》	王广谦
《人民币均衡汇率问题研究》	姜波克
《我国土地制度与社会经济协调发展研究》	黄祖辉
《南水北调工程与中部地区经济社会可持续发展研究》	杨云彦
《产业集聚与区域经济协调发展研究》	王　珺
《我国民法典体系问题研究》	王利明
《中国司法制度的基础理论问题研究》	陈光中
《多元化纠纷解决机制与和谐社会的构建》	范　愉
《中国和平发展的重大前沿国际法律问题研究》	曾令良
《中国法制现代化的理论与实践》	徐显明
《农村土地问题立法研究》	陈小君
《知识产权制度变革与发展研究》	吴汉东
《中国能源安全若干法律与政策问题研究》	黄　进
《城乡统筹视角下我国城乡双向商贸流通体系研究》	任保平
《产权强度、土地流转与农民权益保护》	罗必良
《矿产资源有偿使用制度与生态补偿机制》	李国平
《生活质量的指标构建与现状评价》	周长城
《中国公民人文素质研究》	石亚军
《城市化进程中的重大社会问题及其对策研究》	李　强
《中国农村与农民问题前沿研究》	徐　勇
《西部开发中的人口流动与族际交往研究》	马　戎

书　名	首席专家
《现代农业发展战略研究》	周应恒
《综合交通运输体系研究——认知与建构》	荣朝和
《中国独生子女问题研究》	风笑天
《我国粮食安全保障体系研究》	胡小平
《城市新移民问题及其对策研究》	周大鸣
《中国边疆治理研究》	周　平
《边疆多民族地区构建社会主义和谐社会研究》	张先亮
《中国大众媒介的传播效果与公信力研究》	喻国明
《媒介素养：理念、认知、参与》	陆　晔
《创新型国家的知识信息服务体系研究》	胡昌平
《数字信息资源规划、管理与利用研究》	马费成
《新闻传媒发展与建构和谐社会关系研究》	罗以澄
《数字传播技术与媒体产业发展研究》	黄升民
《互联网等新媒体对社会舆论影响与利用研究》	谢新洲
《网络舆论监测与安全研究》	黄永林
《教育投入、资源配置与人力资本收益》	闵维方
《创新人才与教育创新研究》	林崇德
《中国农村教育发展指标体系研究》	袁桂林
《高校思想政治理论课程建设研究》	顾海良
《网络思想政治教育研究》	张再兴
《高校招生考试制度改革研究》	刘海峰
《基础教育改革与中国教育学理论重建研究》	叶　澜
《公共财政框架下公共教育财政制度研究》	王善迈
《农民工子女问题研究》	袁振国
《当代大学生诚信制度建设及加强大学生思想政治工作研究》	黄蓉生
《从失衡走向平衡：素质教育课程评价体系研究》	钟启泉　崔允漷
《处境不利儿童的心理发展现状与教育对策研究》	申继亮
《学习过程与机制研究》	莫　雷
《青少年心理健康素质调查研究》	沈德立
《WTO主要成员贸易政策体系与对策研究》	张汉林
《中国和平发展的国际环境分析》	叶自成
＊《中国政治文明与宪法建设》	谢庆奎
＊《非传统安全合作与中俄关系》	冯绍雷
＊《中国的中亚区域经济与能源合作战略研究》	安尼瓦尔·阿木提
＊《冷战时期美国重大外交政策研究》	沈志华
……	

＊为即将出版图书